珞珈史苑

2021研究生卷

武汉大学历史学院 主编

本卷主编 杨国安

本卷执行主编 李兆宇

编委（按姓氏音序排列）

陈 宁 黄宇嘉 李鹏飞 李钟鼎

李兆宇 陆家振 杨国安 张 楠

WUHAN UNIVERSITY PRESS
武汉大学出版社

图书在版编目（CIP）数据

珞珈史苑.2021 研究生卷/武汉大学历史学院主编 . —武汉：武汉大学出版社,2023.6

ISBN 978-7-307-23472-7

Ⅰ.珞… Ⅱ.武… Ⅲ.史学—文集 Ⅳ.K0-53

中国版本图书馆 CIP 数据核字（2022）第 226617 号

责任编辑:黄河清 责任校对:李孟潇 版式设计:马 佳

出版发行:**武汉大学出版社** （430072 武昌 珞珈山）

（电子邮箱:cbs22@whu.edu.cn 网址:www.wdp.com.cn）

印刷:武汉邮科印务有限公司

开本:720×1000 1/16 印张:31.5 字数:467 千字 插页:1

版次:2023 年 6 月第 1 版 2023 年 6 月第 1 次印刷

ISBN 978-7-307-23472-7 定价:92.00 元

目　　录

浙江余杭卞家山遗址
良渚文化墓葬分期研究

李宗洋

摘要： 卞家山遗址位于浙江省余杭市瓶窑镇的东南部，是余杭地区一处新石器时代晚期良渚文化遗址。1999 年，浙江省文物考古研究所调查此地时发现了该遗址，随后于 2002—2005 年对该遗址进行了发掘。卞家山遗址清理出 66 座良渚文化平民墓葬，本文将该遗址的墓地分时间跨度较长的三期五段，卞家山墓地第一期前段对应良渚文化早期晚段，第一期后段相当于良渚文化中期早段，第二期前段和后段相当于良渚文化中期晚段，第三期相当于良渚文化晚期早段，反映了良渚文化时期一处平民墓葬的肇始、发展以及废弃的过程。

关键词： 卞家山遗址；墓葬；良渚文化

一、绪　　论

卞家山遗址位于浙江省余杭市瓶窑镇东南部长命村，北距莫角山遗址约 1000 米。遗址位于东西向长条形状的卞家山西部，隆起的主体长 800 米，宽 30 米~50 米。浙江省文物考古研究所 2003—2005 年共清理出良渚文化墓葬 66 处，码头遗迹 1 处，大型灰沟 2 处，排水沟房址各 1 处，灰坑 5 处，出土陶、玉、石、漆木等器物 1400 余件，其中墓葬陶器 208 件，其余遗迹单位及地层出土陶器

400 余件。①（见图 1）

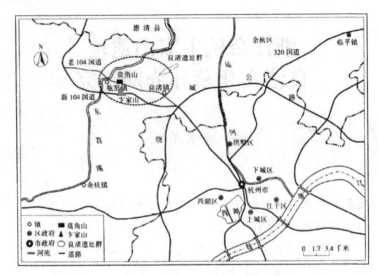

图 1　卞家山遗址位置图②

二、陶 器 分 析

卞家山遗址墓地整体规格不高，随葬品之间差距较小，难以看出等级身份上的差异。除 M49 无随葬品外，其余墓葬均随葬有 1～7 件陶器，大部分有 4～5 件陶器。墓葬陶器 229 件，可辨器形者有204 件，从数量看，"鼎 48 件，占比 22%，豆 55 件，占比 24%，罐或尊 41 件，占比 17.9%，盆 33 件，占比 14.4%，壶及双鼻壶 12 件，占比 5.2%，杯或宽把杯 15 件，占比 6.6%，纺轮 16 件，占比8.3%"。可以看出，在卞家山遗址中鼎、豆、罐或尊、盆是常见的随

---

① 浙江省文物考古研究所：《卞家山》，文物出版社 2014 年版，第 1 页。

② 根据浙江省文物考古研究所：《卞家山》，文物出版社 2014 年版，第 2页，图 1-3 改制。

葬品组合。①

考古学文化的多元谱系结构主要是由陶器来表达，这种结构中的主体部分是若干种最常见的、经常伴出的陶器，通常情况下这几种陶器的形态循一定规律演进，这一部分陶器可称作特征结构。② 卞家山遗址反映良渚文化特征结构的主要器型有鼎、豆、罐、尊、盆、壶、杯等。以下列举几类典型器物。

鼎 分三型。

A 型 扁三角鱼鳍形足鼎。标本 M15：7，夹砂红陶，罐形，侈口，方唇，腹部较鼓，扁三角鱼鳍形足(图 2，1)。

B 型 分两亚型。

Ba 型 罐形，分四式。

Ⅰ式 长方形鱼鳍形足鼎。标本 M66：5，夹砂红陶，罐形，侈口，卷沿，圆唇，鼓腹，圜底，鱼鳍形足(图 2，2)。

Ⅱ式 长方形鱼鳍形足鼎，足截面外侧略微加宽。标本 M21：3，夹砂红陶，罐形，侈口，折沿，方唇，鼓腹，鱼鳍形足外侧微宽(图 2，3)。

Ⅲ式 鼎足足截面外侧明显加宽。标本 M1：1，夹砂红陶，罐形，侈口，折沿，方唇，鼓腹，圜底，鱼鳍形足外侧较宽(图 2，4)。标本 M8：1，夹砂红陶，罐形，侈口，尖唇，折沿，内起一道凸棱，束颈，鼓腹，平底，鱼鳍形足外侧较宽(图 2，5)。

Ⅳ式 T 形足鼎。标本 M60：9，夹砂红陶，罐形，侈口，卷沿，尖唇，鼓腹，圜底，T 形足(图 2，6)。

Ba 型 罐形鼎由长方形鱼鳍形足鼎演变到 T 形足鼎。

Bb 型 分四式。

Ⅰ式 长方形鱼鳍形足鼎，标本 M18：5，夹砂红陶，盆形，侈口，圆唇，鼓腹，圜底，长方形鱼鳍形足(图 2，7)。

---

① 浙江省文物考古研究所：《卞家山》，文物出版社 2014 年版，第 124 页。

② 陈冰白：《陶器谱系研究的问题与前景》，张忠培等主编：《中国考古学跨世纪的回顾与前瞻》，科学出版社 2000 年版，第 160~165 页。

Ⅱ式　长方形鱼鳍形足鼎，足截面外侧略微加宽。标本M20：2，夹砂红陶，盆形，侈口，尖唇，沿面略内凹，折沿，内起一道凸棱，鼓腹较浅，圜底，长方形鱼鳍形足外侧微宽(图2，8)。

Ⅲ式　鼎足足截面外侧明显加宽，近似T形。标本M6：5，夹砂红陶，盆形，侈口，方唇，弧腹微鼓，圜底近平，鼎足足截面外侧较宽，近似T形(图2，9)。

Ⅳ式　T形足。标本M45：1，夹砂红陶，盆形，侈口，卷沿，尖唇，弧腹，圜底近平，T形足(图2，10)。

Bb型　罐形鼎同样由鱼鳍形足鼎演变到T形足鼎。

C型　圆锥足。标本M50：6，夹砂红陶，盆形，敞口，尖唇，浅腹，圜底，圆锥足(图2，11)。

其他鼎　标本M32：7，夹砂灰陶，盆形，侈口，尖唇，沿面内凹近似盘口，附有双耳，浅腹，圜底近平，鱼鳍形足残缺(图2，12)。

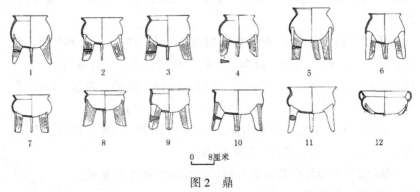

图2　鼎

1.A型(M15：7)　2.Ba型Ⅰ式(M66：5)　3.Ba型Ⅱ式(M21：3)　4、5.Ba型Ⅲ式(M1：1、M8：1)　6.Ba型Ⅳ式(M60：9)　7.Bb型Ⅰ式(M18：5)　8.Bb型Ⅱ式(M20：2)　9.Bb型Ⅲ式(M6：5)　10.Bb型Ⅳ式(M45：1)　11.C型(M50：6)　12.其他(M32：7)

豆　分两型。

A型　折腹豆，分两亚型。

Aa 型　直敞口，分四式。

Ⅰ式　直口微敞，豆盘深，豆把粗矮。标本 M17：1，泥质红陶，直敞口，卷沿，折腹，腹部有 3 道凹弦纹，豆把较粗矮，有两组凸棱，每个棱间各有 5 组穿孔，每组有 4 个呈菱形分布的扁圆镂孔(图 3，1)。标本 M63：6，泥质灰陶，直口微敞，圆唇，折腹，豆把粗矮，上部有一圈凹弦纹，弦纹上饰 4 个扁圆镂孔(图 3，2)。

Ⅱ式　直口大敞，豆盘浅，豆把细且高。少部分豆盘上饰凸弦纹，豆把多饰有弦纹。标本 M48：5，泥质红陶。敞口，略卷沿，圆唇，豆把细高，外饰 3 组凹弦纹，3 组弦纹之间戳 2 个扁圆镂孔，2 组镂孔之间竖向错位(图 3，3)。

Ⅲ式　直口大敞，豆盘极浅，豆把细且高，呈竹节状。标本 M45：5，泥质红陶，敞口，尖圆唇，浅豆盘，喇叭形细高圈足，上饰有 3 道凸弦纹(图 3，4)。

Aa 型　折腹直敞口豆由口部逐渐外敞，豆盘由深变浅，豆把由粗矮演变到细高竹节细把。

Ab 型　折沿。豆把上饰有弦纹，弦纹内或近旁饰有少量扁圆孔，圈足抖直，粗矮。标本 M21：2，泥质红陶，平折沿，折腹，腹外壁和圈足有褶棱，褶棱间和褶棱下饰 3 组品字形分布的扁圆孔(图 3，5)。

B 型　弧腹豆，分两亚型。

Ba 型　折沿口，分三式。

Ⅰ式　腹较深，圈足较矮。标本 M10：9，泥质红陶，敞口，折沿，弧腹，圈足中部饰有 2 道凹弦纹，弦纹之间有 3 个扁圆孔(图 3，6)。

Ⅱ式　腹略浅，圈足略高。标本 M18：6，泥质灰陶，折沿微卷，圆唇，弧腹，圈足上饰有一圈凹弦纹和一道凸棱，弦纹间有 5 个未透的扁圆孔(图 3，7)。

Ⅲ式　腹较浅，圈足较高。标本 M50：5，泥质灰陶，折沿外翻，尖唇，浅弧腹，圈足饰有多道凹弦纹，弦纹上饰有零星扁圆孔(图 3，8)。

Ba 型　弧腹折沿豆腹部由深及浅，圈足由矮及高。

Bb 型　直敞口，圈足粗大且内收，分两式。

Ⅰ式　腹浅，圈足稍高。标本 M37：2，泥质红陶，敞口，圆唇，豆盘较浅，弧腹，大圈足上有 2 道凹弦纹，弦纹间饰有 5 个扁圆孔（图 3，9）。

Ⅱ式　腹深，圈足高。标本 M22：6，泥质灰陶，敞口，圆唇，弧腹，大圈足内收，圈足上饰有两道凹弦纹，旋弦间饰有 4 个扁孔（图 3，10）。

Bb 型　弧腹折沿豆腹部由浅及深，圈足由矮及高。

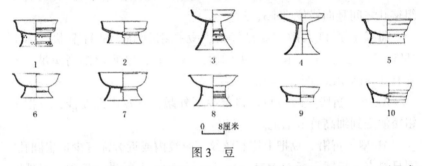

图 3　豆

1、2. Aa 型Ⅰ式(M11：7、M63：6)　3. Aa 型Ⅱ式(M48：5)　4. Aa 型Ⅲ式(M45：5)5. Ab 型(M21：2)　6. Ba 型Ⅰ式(M10：9)　7. Ba 型Ⅱ式(M18：6)8. Ba 型Ⅲ式(M50：5)　9. Bb 型Ⅰ式(M37：2)　10. Bb 型Ⅱ式(M22：6)

罐　分两型。

A 型　2 件，平底。标本 M26：1，泥质灰陶，敞口，卷沿，圆唇，束颈，溜肩略鼓，弧腹，平底(图 4，1)。标本 M50：4，泥质灰陶，敞口，卷沿，尖唇，束颈，溜肩，圆鼓腹，平底(图 4，2)。

B 型　圈足，分两亚型。

Ba 型　泥质，分三式。

Ⅰ式　最大径居下，器身扁矮，圈足低矮。标本 M14：2，泥质灰陶，侈口，卷沿，圆唇，束颈，扁球腹，矮圈足，圜底中部低于圈足(图 4，3)。

Ⅱ式　最大径居上，略耸肩，器身显高，圈足大且高。标本 M2：2，泥质灰陶，侈口方唇，扁球腹(图 4，4)。标本 M60：8，泥质灰陶，敞口鼓腹(图4，5)。

Ba 型　泥质圈足罐最大径逐渐居上，器身及圈足由矮及高。

Bb 型　夹砂，分四式。

Ⅰ式　最大径靠下，器身扁矮，圈足矮。标本 M66：4，夹砂红陶，侈口，尖圆唇，扁鼓腹(图4，6)。

Ⅱ式　最大径居中，器身较高，圈足稍高。标本 M16：5，夹砂红陶，侈口，卷沿，方唇，扁球腹，最大径居中，圈足外撇(图4，7)。

Ⅲ式　最大径居上，略耸肩，圈足较高。标本 M5：3，夹砂红陶，口部略斜，侈口，方唇，鼓腹，最大径偏上，圈足较高(图4，8)。

Ⅳ式　最大径居上，耸肩，圈足更高。标本 M59：6，夹砂红陶，侈口，折沿方唇，耸肩，圈足较高外撇(图4，9)。

Bb 型　夹砂圈足罐最大径不断靠上，器身及圈足由矮及高。

尊　分三式。

Ⅰ式　最大径居中，圈足较矮。标本 M20：3，泥质灰陶，敞口外敞，球腹，圈足外撇(图4，10)。

Ⅱ式　最大径居上，略耸肩，圈足稍高。标本 M6：7，泥质灰陶，敞口，弧肩(图4，11)。

Ⅲ式　最大径居上，耸肩，圈足较高。标本 M45：2，泥质灰陶，直敞口，耸肩，圈足高且外撇(图4，12)。

尊的最大径不断靠上，圈足由矮及高。

盆　分三型。

A 型　小矮圈足，分五式。

Ⅰ式　直口深腹，腹壁直。标本 M66：3，泥质灰陶，直口，平折沿，沿面上有 3 个浅凹槽，直腹，腹壁外侧中部有一圈凹弦纹(图5，1)。

Ⅱ式　腹较深，腹壁较直。标本 M36：3，泥质灰陶，斜折沿，沿面有 4 个凹槽，深腹，腹壁较直，外侧有凸棱，圈足内底部有一圈凸棱(图5，2)。

Ⅲ式　腹略深，微外敞。标本 M31：1，泥质灰陶，平折沿稍卷，

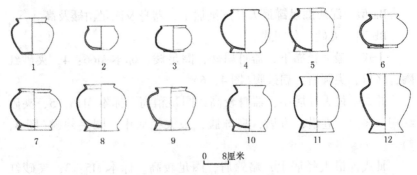

图 4　罐、尊

　　1、2. A 型罐(M26：1、M50：4)　3. Ba 型Ⅰ式罐(M14：2)　4、5. Ba 型Ⅱ式罐(M2：2、M60：8)　6. Bb 型Ⅰ式罐(M66：4)　7. Bb 型Ⅱ式罐(M16：5)　8. Bb 型Ⅲ式罐(M5：3)　9. Bb 型Ⅳ式罐(M59：6)　10. Ⅰ式尊(M20：3)　11. Ⅱ式尊(M6：7)　12. Ⅲ式尊(M45：2)

　　圆唇，腹略深，腹壁较外敞，腹外侧有褶棱，圈足较矮(图 5，3)。

　　Ⅳ式　腹较浅且较外敞。标本 M27：1，泥质灰陶，口沿残缺，腹外侧有一周褶棱(图 5，4)。

　　Ⅴ式　浅腹，腹壁敞。标本 M52：4，泥质灰陶，敞口，卷沿，沿面有 3 道凹槽，其中一个凹槽下有 2 个小圆孔，浅腹外敞，矮双圈足(图 5，5)。

　　A 型　小矮圈足盆腹部趋浅，腹壁趋敞。

　　B 型　平底。标本 M46：1，泥质灰陶，侈口，卷沿，圆唇，束颈，溜肩，弧腹，平底(图 5，6)。

　　C 型　大圈足，假腹底，分三式。

　　Ⅰ式　腹较深，腹壁较陡。标本 M13：1，泥质灰陶。敞口，卷沿，尖唇，弧腹，圈足顺腹壁延伸，大圈足陡直(图 5，7)。

　　Ⅱ式　腹略浅，腹壁变敞。标本 M45：15，泥质灰陶，敞口，尖唇，圈足顺腹壁延伸，圈足上饰有 4 个扁圆孔(图 5，8)。

　　Ⅲ式　浅腹，腹壁更敞。标本 M9：7，泥质红陶，敞口，折沿，尖唇，斜直腹，大圈足内敛(图 5，9)。

C 型　大圈足假腹底盆腹部趋浅，腹壁趋敞。

壶　分两型。

A 型　双鼻壶，分二式。

Ⅰ式　颈较粗且短，体较宽矮。标本 M47：1，带盖，泥质灰陶，短颈，扁方腹，矮圈足，圈足上饰有弦纹和扁孔(图5，10)。

Ⅲ式　颈较细且长，体较细高。标本 M5：4，带盖，泥质灰陶，直口，长颈，腹扁，圈足上部有两圈凸棱，凸棱间和凸棱下各有 4 个扁孔(图5，11)。

A 型　双鼻壶颈部变细变长，体型趋细高。

B 型　无鼻，短束颈，分两亚型。

Ba 型　腹方，分三式。

Ⅰ式　器身显瘦，口沿和圈足较矮。标本 M37：1，泥质灰陶，敞口，卷沿，尖唇，束颈，方弧腹，矮圈足较为陡直(图5，12)。

Ⅱ式　器身略胖，口沿和圈足略高。标本 M47：8，泥质灰陶，直口微侈，卷沿，圆唇，束颈，方弧腹，圈足较陡直(图5，13)。

Ⅲ式　器身扁胖，耸肩，口沿和圈足更高。标本 M31：2，泥质灰陶，直口，尖唇，折肩较耸，方弧腹，圈足较陡直(图5，14)。

Ba 型　壶器身趋扁胖，口沿及圈足趋高。

Bb 型　腹圆，分三式。

Ⅰ式　球腹，口沿和圈足较矮。标本 M23：3，泥质红陶，直口，尖唇，短颈，球腹，圈足(图5，15)。

Ⅱ式　腹扁，口沿和圈足较矮。标本 M27：9，泥质灰陶，直口微敞，扁球腹，圈足较矮(图5，16)。

Ⅲ式　腹扁，口沿和圈足高。标本 M9：8，泥质红陶，直口稍弧收，尖唇，长颈，扁圆腹，圈足较陡直且高(图5，17)。

Bb 型　壶器身趋扁，口沿及圈足趋高。

杯　分两型。

A 型　宽把杯。标本 M62：3，泥质灰陶，宽把带流，器身较瘦长，宽把上部有 2 个小圆孔，平底(图5，18)。

B 型　无把，分两亚型。

Ba 型　敛口或直口，分三式。

Ⅰ式 矮胖,腹部较鼓。标本 M3:2,泥质灰陶,敛口,圆唇,垂鼓腹,圈足较高,体较矮(图5,19)。

Ⅱ式 器身较瘦高。标本 M36:1,泥质灰陶,直口,圆唇,浅鼓腹,腹内壁有数道凸棱,圈足较高(图5,20)。

Ⅲ式 器身瘦高。标本 M54:1,带盖,泥质灰陶,直口,尖唇,垂鼓腹,圈足较陡直,器身较瘦高(图5,21)。

Ba 型 敛口杯器身不断趋瘦变高。

Bb 型 折沿,敞口较长。标本 M38:2,泥质灰陶,敞口较长,尖唇,鼓腹,肩部饰有两道凸弦纹,圈足外撇(图5,22)。

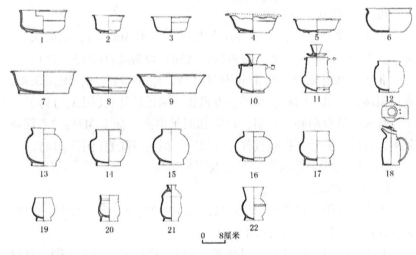

图5 盆、壶、杯

1. Ⅰ式盆(M66:3) 2. Ⅱ式盆(M36:3) 3. Ⅲ式盆(M31:1) 4. Ⅳ式盆(M27:1) 5. Ⅴ式盆(M52:4) 6. B型盆(M46:1) 7. C型Ⅰ式盆(M13:1) 8. C型Ⅱ式盆(M45:15) 9. C型Ⅲ式盆(M9:7) 10. A型Ⅰ式壶(M47:1) 11. A型Ⅱ式壶(M5:4) 12. Ba型Ⅰ式壶(M37:1) 13. Ba型Ⅱ式壶(M47:8) 14. Ba型Ⅲ式壶(M31:2) 15. Bb型Ⅰ式壶(M23:3) 16. Bb型Ⅱ式壶(M27:9) 17. Bb型Ⅲ式壶(M9:8) 18. A型杯(M62:3) 19. Ba型Ⅰ式杯(M3:2) 20、Ba型Ⅱ式杯(M36:1) 21. Ba型Ⅲ式杯(M54:1) 22. Bb型杯(M38:2)

三、分期与年代

（一）分期

陶鼎是最能反映该遗址年代变化的器类，而卞家山遗址随葬的鼎数量较多，仅次于豆，且变化幅度又比较大。整体上来讲，是由长方形鱼鳍形足鼎发展到 T 形足鼎，B 型鼎的鼎足外侧不断加宽，最终演变成标准的 T 字形的逻辑演变顺序；Aa 型豆折腹直敞口，口部逐渐外敞，豆盘由深及浅，豆把粗矮由粗矮到细高，到Ⅲ式豆盘极浅，豆把为竹节细把。Ba 型豆弧腹折沿口，腹部由深及浅，圈足不断变细变高。罐与尊二者略微相似，无论是 B 型圈足罐还是尊，其共同特点就是最大径由下及上，圈足由矮到高，以此显现出整体器型由矮到高；盆以小圈足底的 A 型盆为主，总体变化趋势是腹由深到浅，腹壁由直腹到外敞，但变化很微弱；除 A 型双鼻壶外，B 型壶主要是在整体的由瘦高到扁矮，圈足由低到高的变化之中；杯有 A 型宽把杯与 B 型无把杯之分，B 型无把杯由矮胖发展到细高。

除 8 座墓葬因无随葬品或随葬品无分期特征故无必要分期外，其余墓葬可分五组（见表 1），这五组内的叠压打破关系如下：M5→M29；M19→M36→M39；M16→M17→M36；M16→M22；M25→M50；M40→M41；M44→M43；M48→M49；M55→M56；M59→M66；M60→M61、M66。

可以认识到，五组中，第一组最早，第五组最晚，且每一组可成为一段。第一、二段之间，第三、四段之间变化较小，而第二、三段之间，第四、五段之间变化相对较大，表明第一、二段之间，第三、四段之间衔接较为紧，第二、三段之间，第四、五段之间可能相隔时间较长。由此可将卞家山墓地分三期五段，第一段为第一期前段，第二段为第一期后段，第三段为第二期前段，第四段为第二期后段，第五段为第三期。

表 1 　　　　　　　　　　卞家山遗址墓葬分期表

组别	期段	墓 葬	数量
第一组	第一期前段	M3、M12、M14、M63、M66	5
第二组	第一期后段	M2、M7、M10、M11、M15、M17、M18、M20、M21、M24、M26、M28、M32、M33、M36、M37、M43、M46、M47、M48、M53、M56、M58	23
第三组	第二期前段	M1、M8、M31、M40、M41、M44	6
第四组	第二期后段	M5、M6、M16、M22、M23、M27、M30、M35、M52、M54、M55、M59、M60	13
第五组	第三期	M9、M13、M25、M34、M45、M50、M51、M57、M62、M64、M65	11
	其他	M4、M19、M29、M38、M39、M42、M49、M61	8

第一期前段典型陶器有 BaⅠ 鼎、BaⅠ 鼎、AaⅠ 豆、BbⅠ 豆、BaⅠ 罐、BbⅠ 罐、AⅠ 盆、BaⅠ 杯。

第一期后段典型陶器有 A 鼎、BaⅠ 鼎、BbⅠ 鼎、BaⅡ 鼎、BbⅡ 鼎、瓿、AaⅠ 豆、Ab 豆、BaⅠ 、Ⅱ 豆、BbⅡ 豆、A 罐、BaⅡ 罐、BbⅡ 罐、Ⅰ 、Ⅱ 尊、AⅡ 盆、B 盆、AⅠ 壶、BaⅠ 、Ⅱ 壶、BaⅡ 杯。

第二期前段的典型陶器有 BaⅢ鼎、Ab 豆、BHⅡ罐、BaⅢ壶、Bb 杯。

第二期后段的典型陶器有 Bb Ⅲ 鼎、Bb Ⅳ 鼎、Bb Ⅲ 罐、Bb Ⅳ 罐、Ⅱ 尊、AⅡ 壶、BbⅠ 壶。

第三期的典型陶器有 BbⅣ鼎、C 鼎、AaⅢ 豆、Ba Ⅲ 豆、Ba Ⅲ 罐、BbⅣ罐、Ⅲ 尊、C 盆、Bb 壶、A 杯、BaⅢ杯(图6)。

由是，根据卞家山遗址随葬品共存关系及型式变化，可制成表2。

表2 　　卞家山遗址随葬品共存关系及器物类型变化表

期段 ＼ 器类	鼎	豆	罐	尊	盆	壶	杯
第三期	BbⅣ、C	AaⅡ 、Aa Ⅲ 、BaⅢ	BaⅡ 、Bb Ⅲ 、BbⅣ	Ⅲ	C	Bb Ⅲ	A、Ba Ⅲ

期段＼器类	鼎	豆	罐	尊	盆	壶	杯
第二期后段	BaⅣ、BbⅢ	AaⅠ、BbⅡ		Ⅱ	A	AⅡ、BbⅠ、BbⅡ	
第二期前段	BaⅢ	AaⅠ、Ab	BaⅡ、BbⅡ		A	BaⅢ	Bb
第一期后段	A、BaⅡ、BbⅡ	AaⅠ、AaⅡ、Ab、BaⅠ、BaⅡ、BbⅡ	A、BaⅡ、BbⅠ、BbⅡ	Ⅰ、Ⅱ	A、B	AⅠ、BaⅠ、BaⅡ	BaⅡ
第一期前段	BaⅠ、BbⅠ	AaⅠ、BbⅠ	BaⅠ、BbⅠ		A		BaⅠ

(二) 年代

新地里遗址墓葬年代跨度大，随葬品数量众多，演变序列较为清晰明了且距离卞家山遗址较近。经过观察可以看出两处墓地相接近的器物：

卞家山 M41：2 的鼎与新地里 M72：9 的鼎相似；卞家山 M60：9 的鼎与新地里 M130：5 鼎接近；卞家山 M9：6 圆锥足鼎与新地里 M70：6 圆锥足鼎接近；卞家山 M66：4 的夹砂陶圈足罐与新地里 M118：11 夹砂陶圈足罐接近；卞家山 M26：1 的平底罐与新地里 M95：4 的罐相似；卞家山 M50：7 尊与新地里 M119：12 尊接近；卞家山 M52：4 盆与新地里 M66：10 盆接近；卞家山的 M13：1 盆与新地里 M5：11 盆相似；卞家山的 M64：4 杯与新地里 M32：2 杯相似 (图 7)。

按照《新地里》两期六段分期，M118 为第一段，M95 为第二段，M72、M130、M66 为第四段，M70、M119 为第五段，M5、M32 为第六段。① 在卞家山遗址三期五段分期中，M66 为第一段，M26 为第二段，M41 为第三段，M60、M52 为第四段，M9、M50、M13、M64 为第五段。对应关系如下：卞家山第一期前段对应新地里第一段，卞家

① 浙江省文物考古所、桐乡市文物管理委员会：《新地里》，文物出版社 2006 年版，第 432 页。

器型		豆			盉				罐		
		A（倒三角锥形）	B（长方形-T字形）Ba（罐形）	Bb（盆形）	C（圆锥形）	A（折裆）Aa（直腹口）	Ab（折沿）	B（弧裆）Ba（折沿）	Bb（孔口）	A（平底）	Ba（泥质）	Bb（夹砂）
第一期	前段	1										
第一期	后段		2, 3, 4, 5	6, 7, 8, 9, 10	11	12, 13, 14, 15, 16	17, 18	19, 20	21, 22	23, 24	25, 26, 27, 28	29, 30, 31, 32
第二期	前段											
第二期	后段											
第三期												

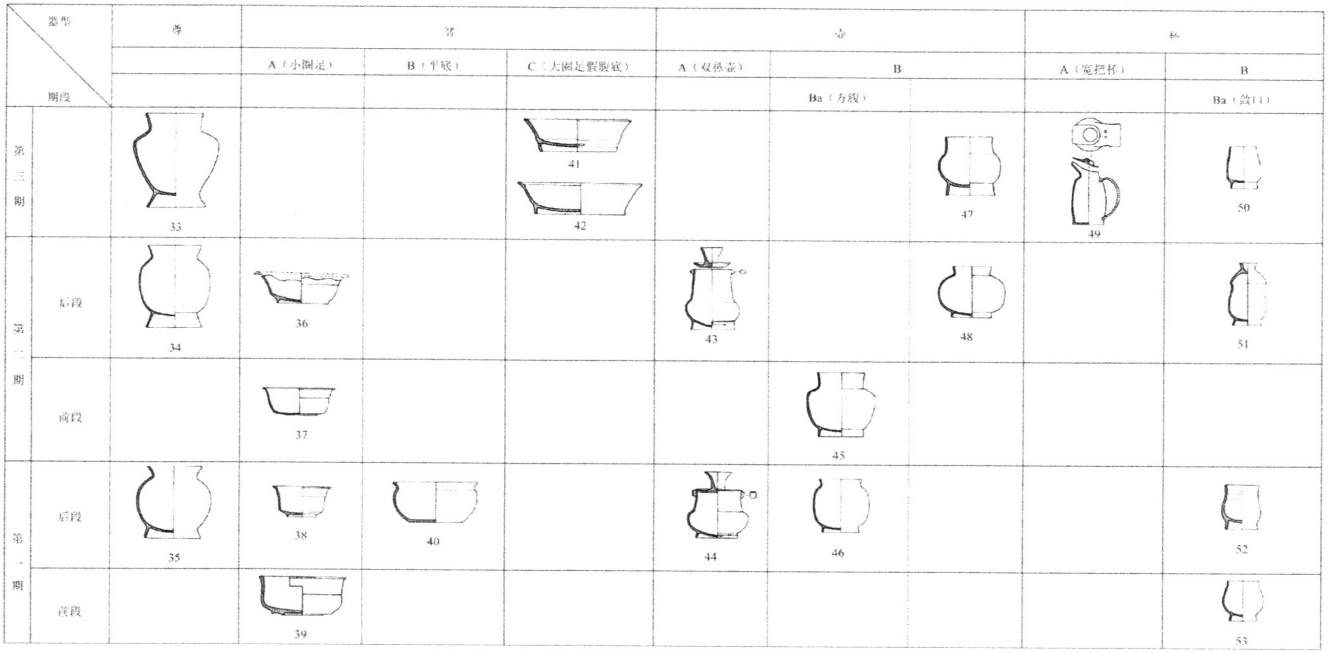

图6 卞家山遗址墓葬典型陶器分期变化图

1-11.鼎（M15：7、M60：9、M1：1、M21：3、M66：5、M45：1、M6：5、M30：10、M20：2、M63：5、M50：6） 12-22.豆（M45：5、M55：3、M31：4、M46：10、M63：6、M40：1、M21：2、M50：5、M10：7、M22：6、M37：2） 23-32.罐（M50：4、M26：1、M60：8、M41：1、M2：2、M14：2、M5：3、M1：2、M16：5、M66：4）

33-35.尊（M45：2、M6：6、M20：5） 36-42.尊（M27：1、M31：1、M36：3、M66：3、M46：1、M45：15、M9：7） 43-48.壶（M5：4、M47：1、M31：2、M37：1、M9：8、M27：9） 49-53.杯（M62：3、M25：11、M54：1、M36：1、M3：2）

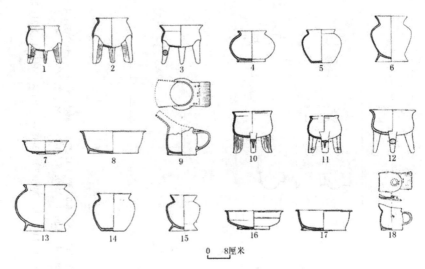

图 7　卞家山遗址与新地里遗址陶器比较

1、2、3、10、11、12. 鼎（卞家山 M41：2、卞家山 M60：1、卞家山 M9：6、新地里 M72：9、新地里 M130：5、新地里 M70：6）　4、5、13、14. 罐（卞家山 M66：4、卞家山 M26：1、新地里 M118：1、新地里 M95：4）　6、15. 尊（卞家山 M50：7、新地里 M119：12）　7、8、16、17. 盆（卞家山 M52：4、卞家山 M13：1、新地里 M66：10、新地里 M5：11）　9、18. 杯（卞家山 M64：4、新地里 M32：2）

山第一期后段对应新地里第二段，卞家山第二期前段、第二期后段对应新地里第四段，卞家山第三期对应新地里第五、六段。在《文家山》报告中，文家山第一期前段和后段都对应新地里的第二段，文家山的第二期前段对应新地里的第四、五段，文家山的第二期后段对应新地里的第六段。①

　　依据良渚文化三期六段的分期方式，② 可将卞家山遗址墓葬的相

① 浙江省文物考古研究所：《文家山》，文物出版社 2011 年版，第 82 页。
② 赵晔：《良渚遗址群的时空观察》，浙江省文物考古研究所：《浙江省文物考古研究所学刊——纪念良渚遗址发现七十周年学术研讨会文集》第八辑，科学出版社 2006 年版，第 462~482 页。

对年代定为良渚文化早期偏晚到晚期偏早阶段，卞家山第一期前段的年代相当于良渚文化早期晚段，第一期后段相当于良渚文化中期早段，第二期年代相当于良渚文化中期晚段，第三期相当于良渚文化晚期早段。绝对年代在距今4900~4400年。①

四、墓地布局

从墓葬布局上看(图8)，第一期前段的五座墓葬，除 M63 位于西南部以外，四座墓葬南北分布于发掘区东部。在第一期后段的 24 座墓葬中，基本呈现东北—西南分布，分布区域也向北和向西扩大，其中值得注意的是，在 24 座墓葬之中偏西北的几座墓葬围绕着一片空地分布，在这片空地中，既无建筑物分布，也无建筑物相关的生活设施垃圾，鉴于这些墓葬开口均被破坏，可能在后期空地原有的建筑物及相关生活设施和生活垃圾被一并破坏殆尽，原报告认为其是"享堂"一类的建筑，氏族或者家族的墓葬均围绕此处;② 也有可能此处原本就无建筑存在，为一处广场。第二期前段和后段共计 18 座墓葬，可以看出这一阶段依然有墓葬围绕着上一阶段的建筑或是广场分布，与此相对应，东南部的墓葬与上一阶段的几座墓葬如 M56、M58、M53、M32、M33 之间，也出现了一个空白区域，似乎这些墓葬也是围绕着建筑或者广场分布，可以认识到第一期后段和第二期有着时间上的延续性，并且如果空地上为建筑，则可能在这个阶段，家族或者氏族出现了分化。相对于前四个阶段集中分布在东北部且有着一定的分布规律，第三期的墓葬则较少而且分布散乱，不过第三期的墓葬分布区域很广，在最北端和最南端、最西端都有墓葬分布，墓地向西南和东南发生了多次拓展，此时的墓葬之间的逻辑关系无法确定，可能是因为此时进入了遗址晚期阶段，原有的墓葬分布规律少有遵循，人口减少，遗址趋于废弃。

---

① 浙江省文物考古研究所:《卞家山》，文物出版社 2014 年版，第 159 页。
② 浙江省文物考古研究所:《卞家山》，文物出版社 2014 年版，第 160 页。

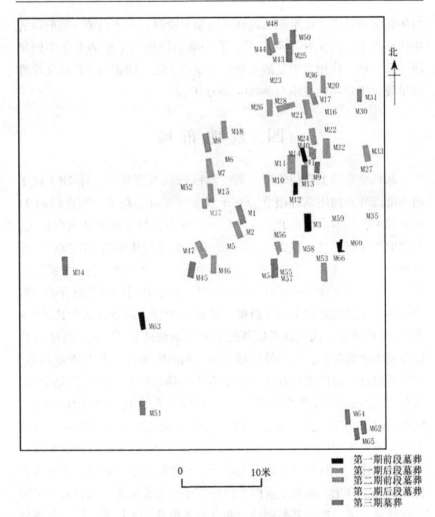

图 8　卞家山遗址墓葬分布变化图

五、结　语

陶鼎作为最具类型学分期意义的器物，在分期中成为了主要线索。在卞家山遗址中，鼎足由鱼鳍形足鼎到 T 字形足鼎的变化并非十分剧烈，第一期到第三期的鼎足在缓慢地加宽，在稍晚的期段中，仍旧有个别鱼鳍形足鼎的出现,可以意识到,鼎的变化是较为平稳和缓慢且有一定延续性的。豆的变化则较为激烈,豆把由矮到高、由粗到细,豆把矮宽者居多,这也说明了卞家山遗址可能在良渚文化中期早段发展迅速。

从年代上看,卞家山遗址墓地分三期五段,从良渚文化早期晚段持续到良渚文化晚期早段。从墓葬规模与随葬品特点上看,少有高等级或高规格墓葬,应是一处平民墓葬区,而其所在的良渚遗址群集中的墓地多为贵族墓地,如反山遗址①、瑶山遗址②、莫角山遗址③、汇观山遗址④等墓地等级较高,而卞家山墓地较多,墓主以平民为主,而又出现了能够承担运输功能的码头,证明其是一处规模较大的生活居址,其间以平民为主,并与周围的高等级遗址有着密切的联系。

(作者系武汉大学历史学院硕士研究生)

---

① 浙江省文物考古研究所:《反山》,科学出版社 2005 年版。
② 浙江省文物考古研究所:《瑶山》,科学出版社 2003 年版。
③ 浙江省文物考古研究所:《良渚遗址群》,科学出版社 2005 年版。
④ 浙江省文物考古研究所:《浙江余杭汇观山良渚文化祭坛与墓地发掘简报》,《文物》1997 年第 7 期,第 4~19 页;浙江省文物考古所:《良渚文化汇观山遗址第二次发掘简报》,《文物》2001 年第 12 期,第 36~40 页。

陶寺遗址再分期

伍腾飞

摘要：《襄汾陶寺——1978—1985 年考古发掘报告》(以下简称为原报告)将陶寺遗址主体遗存分为庙底沟二期文化与陶寺文化两类，又将陶寺文化分为早、中、晚三期六段。不过原报告所定的庙底沟二期文化遗存和陶寺文化早期遗存的文化性质，历来争议较大。笔者通过类型学的分析，认为"庙底沟二期文化遗存"的文化年代为仰韶文化晚期。另"陶寺文化"的文化性质并不单纯，其中"陶寺文化"早期当属于庙底沟二期文化晚期。"陶寺文化"中、晚期则为陶寺文化，分为两期三段。

关键词：庙底沟二期文化；陶寺文化；类型学；分期

陶寺遗址位于山西省襄汾县东北部的陶寺乡，距离县城约 6 公里，汾河以东，塔儿山西北麓，是一处龙山时代的大型城址。[①] 遗址面积 400 多万平方米，其中城址面积约 280 万平方米，发现并确认了一大批重要的遗迹与遗物。原报告将陶寺遗址的主体遗存分为庙底沟二期文化和陶寺文化两类。[②] 但是长期以来关于陶寺遗址的文化内涵与分期，存在着不同的意见，争论的焦点就在于遗址"庙底沟二期遗存"与"陶寺文化"早期的性质与归属问题。

[①] 高江涛：《陶寺遗址聚落形态的初步考察》，《中原文物》2007 年第 3 期，第 13~16 页。

[②] 中国社会科学院考古研究所、山西省临汾市文物局：《襄汾陶寺——1978—1985 年考古发掘报告》，文物出版社 2015 年版，第 22 页。

一、陶寺"庙底沟二期文化遗存"

原报告所定的庙底沟二期文化遗存，仅发现于陶寺遗址Ⅲ区，叠压于陶寺文化遗存之下，故这里称为陶寺遗址Ⅲ区早期遗存。出土陶器主要有罐、缸、盆、钵、盂、盘、豆、尖底瓶等。这种罐、缸、钵、尖底瓶的陶器组合颇具仰韶文化西王村类型①的特色。器形上如H370：18(图1，1)这件双錾罐，素面，圆鼓腹，腹中部附有索状泥条一周，与西王村 H29：2：14(图1，6)类似。② H384：59(图1，4)，这件敛口钵同于西王村 H4：2：10(图1，10)。③ 另外，同出的还有饰多圈附加堆纹的罐、尖底瓶、折腹豆等，都可以在西王村晚期遗存中找到同类器，因此将这批材料定为仰韶晚期似乎更为妥当。其实早在1990年，卜工先生就在《庙底沟二期文化的几个问题》一文中就提到襄汾陶寺喇叭口瓶和夹砂罐的年代为仰韶文化晚期。④

二、"陶寺文化"早期遗存

原报告根据出土器物将"陶寺文化"划分为三期六段，这种分期的早晚框架大体不差，只是"陶寺文化"早期的性质还有待讨论。有学者认为这批遗存仍属于庙底沟二期文化，以卜工为代表；⑤ 有学者则坚持"陶寺文化"早期已经脱离于庙底沟二期文化，属于一个新的

---

① 李友谋：《东庄村西王村遗存的文化性质与年代分析》，《中原文物》1985年第4期，第46~48。

② 中国科学院考古研究所山西工作队：《山西芮城东庄村和西王村遗址的发掘》，《考古学报》1973年第1期，第54页。

③ 中国科学院考古研究所山西工作队：《山西芮城东庄村和西王村遗址的发掘》，《考古学报》1973年第1期，第51页。

④ 卜工：《庙底沟二期文化的几个问题》，《文物》1990年第2期，第41~43页。

⑤ 卜工：《庙底沟二期文化的几个问题》，《文物》1990年第2期，第43页。

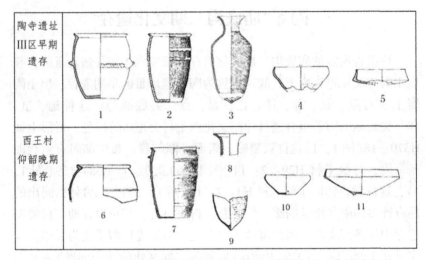

图 1　陶寺遗址Ⅲ区早期遗存与西王村仰韶晚期遗存出土陶器对比图

1. 陶寺 H370：18　2. 陶寺 H384：52　3. 陶寺 H372：17　4. 陶寺 H384：59　5. 陶寺 H356：24　6. 西王村 H29：2：14　7. 西王村 M2：1　8. 西王村 H4：2：45　9. 西王村 H33：1：4　10. 西王村 H4：2：10　11. 西王村 H4：2：14

考古学文化——陶寺文化，以何驽为代表；① 另外还有学者认为"陶寺文化"早期虽然属于庙底沟二期文化文化系统，但作为一个地方类型，并不妨碍和晚期共同组成陶寺文化。② 本文从陶器器物组合出发，通过类型学的分析，将原报告认定的陶寺文化分为 A、B 两类遗存，并主张将 A 类从陶寺文化中分离出来，归入庙底沟二期文化中。

A 类遗存包括 H442、H3421、H393、H325、H102、F321 等单位。出土陶器以夹砂灰陶和泥质灰陶为主，少量夹砂褐陶、泥质褐陶

① 何驽：《陶寺文化谱系研究综论》，《古代文明（辑刊）》第 3 卷，2004年，第 63~66 页。

② 罗新、田建文：《陶寺文化再研究》，《中原文物》1991 年第 2 期，第 20页。

以及泥质黑皮陶。纹饰以绳纹为主，少量篮纹，另可见附加堆纹、素面陶等。陶器的基本组合为斝、釜灶、鼎、小口高领罐、缸、扁壶、深腹盆、浅腹盆、豆、单耳杯等。根据陶器类型以及器物组合来看，这批遗存应属于庙底沟二期文化的范畴。A类遗存中釜灶在垣曲古城东关庙底沟二期文化遗存中十分常见，且形制属于庙底沟二期文化晚期。如F321：5(图2，1)侈口、折沿，上腹部为深腹釜，舌形双鋬位于腹中的位置，釜灶连接处位于釜中，灶门为拱形，与垣曲东关Ⅰ H30：20(图2，6)一致。① 垣曲东关遗址陶斝可以分为盆形斝和罐形斝，其中罐形斝又可以分为单耳罐形斝、横耳罐形斝以及无耳罐形斝，这几类斝也基本见于陶寺文化早期遗存，如无耳罐形斝H442：3(图2，2)直腹，平裆，圜底，与垣曲东关Ⅰ H121：36(图2，7)相似；② 单耳罐形斝H102：29折腹，圜底(图2，3)与Ⅰ H96：1(图2，8)类似。③ 小口高领罐H393：5(图2，4)，高领、鼓肩的特征同于古城东关遗址庙底沟二期文化晚期的B型高领罐。另有饰多圈附加堆纹的陶缸H334：23(图2，5)和古城东关遗址的C型缸Ⅰ H108：22(图2，10)相似。④ 此外陶寺遗址A类遗存出土的鼎足较少，且多是宽扁足。

综上，A类遗存的典型器物都可以在古城东关庙底沟二期文化晚期遗存或龙山文化早期遗存中找到对应器物。另外，由于发现的鼎较少，且A类遗存的陶斝基本上都是罐形斝，这类陶斝多出现在龙山文化早期。因此A类遗存文化年代属于庙底沟二期文化晚期偏晚阶段。

---

① 中国历史博物馆考古部、山西省考古研究所、垣曲县博物馆：《垣曲古城东关》，科学出版社2001年版，第300页。

② 中国历史博物馆考古部、山西省考古研究所、垣曲县博物馆：《垣曲古城东关》，科学出版社2001年版，第361页。

③ 中国历史博物馆考古部、山西省考古研究所、垣曲县博物馆：《垣曲古城东关》，科学出版社2001年版，第361页。

④ 中国历史博物馆考古部、山西省考古研究所、垣曲县博物馆：《垣曲古城东关》，科学出版社2001年版，第306页。

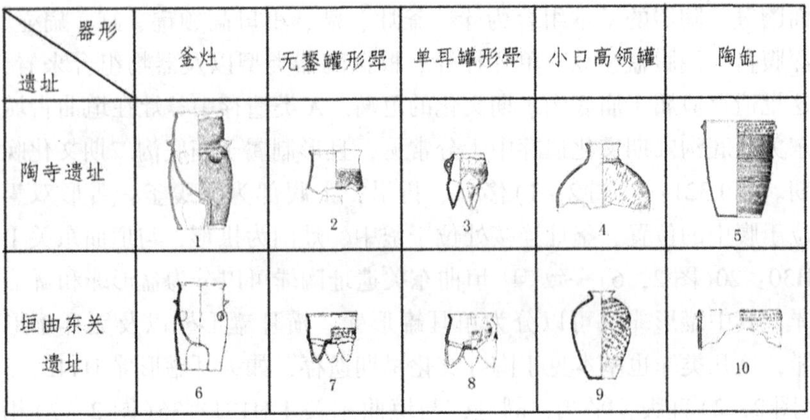

器形 遗址	釜灶	无鋬罐形斝	单耳罐形斝	小口高领罐	陶缸
陶寺遗址	1	2	3	4	5
垣曲东关 遗址	6	7	8	9	10

图 2　陶寺遗址 A 类遗存和垣曲东关庙底沟二期文化晚期遗存对比图

1. 陶寺 F321：5　2. 陶寺 H442：3　3. 陶寺 H102：29　4. 陶寺 H393：5 5. 陶寺 H334：23　6. 东关ⅠH30：20　7. 东关ⅠH121：36　8. 东关ⅠH96：1　9. 东关ⅠH145：34　10. 东关ⅠH108：22

三、陶寺文化的分期

　　B 类遗存，即"陶寺文化"中、晚期遗存，这应当是真正意义上的陶寺文化。可以将陶鬲的出现作为划分 A、B 两类遗存的标志。这样原报告对陶寺文化的分期需要重新检阅。本文将其分为两期三段。

　　陶寺遗址 B 类遗存出土的典型的器物有鬲、斝、甗、折肩罐、扁壶、深腹盆、折腹盆、豆、单耳杯等，这也构成了陶寺文化陶器的基本组合。本文通过陶寺文化典型器物的分型分式，来进行分期。

　　鬲，是陶寺遗址最主要的炊器之一。依据形态差异可以分为单把鬲、肥袋足鬲、高领双鋬鬲等。

　　A 型鬲，单把鬲，形制与高领双鋬鬲相似，附有单耳，变化主要体现在领部和腹部，可以分为三式。

　　AⅠ式，领部较矮，斜弧腹。如 H365：7（图 3，15）。

　　AⅡ式，侈领较宽，弧腹略鼓。如 H376：29（图 3，8）。

AⅢ式，高领，鼓腹，最大腹径上移至领部以下，袋足肥硕。如T403④C：49(图3，1)。

B型鬲，肥袋足鬲，其上为口圜底釜，下接三个袋足，附有双鋬。依据袋足的位置以及腹深的变化，可以将其分为三式。

BⅠ式，腹部较深，袋足外撇，裆部平裆较宽，如H430：6(图3，16)。

BⅡ式，圜底釜的腹部由深变浅，袋足的位置上移，裆部也由平裆变为窄平裆，如02ⅠH6：36(图3，9)。

BⅢ式，腹部更浅，袋足更加肥硕，足由外撇到直立，见H301：6(图3，2)。

C型鬲，高领双鋬鬲，典型的特点是普遍有高领，领下下接三个对称的袋足拼接而成的器腹。根据领部的差异又可以分为两个亚型。

Ca型为直领双鋬鬲，根据领部及腹部的差异可以分为三式。

CaⅠ式，束颈，斜弧腹，袋足较为瘦长，如H365：38(图3，17)。

CaⅡ式，束颈、高领，弧腹略鼓，袋足变得肥硕，如H376：28(图3，10)。

CaⅢ式，高直领，鼓腹，如J401：111(图3，3)。

Cb型为侈领双鋬鬲，根据腹部差异可以分为三式。

CbⅠ式，斜弧腹，最大腹径位于腹中偏下的位置，如T421④D：23(图3，18)。

CbⅡ式，弧腹略鼓，最大腹径位于腹部偏上的位置，实足根，如H302：26(图3，11)。

CbⅢ式，鼓腹，最大腹径为上腹部，如H425：41(图3，4)。

陶鬲的总体演变趋势是腹部由深腹到浅腹，由斜直腹到鼓腹，袋足由瘦长变得肥硕。

斝，是陶寺文化的典型炊器之一。主要有圆腹釜形斝、敛口罐形斝两型。

A型斝，圆腹釜形斝。器身为一圆腹圜底的釜，腹部有双鋬，下接三袋足。形态变化不明显，无法分式。

25

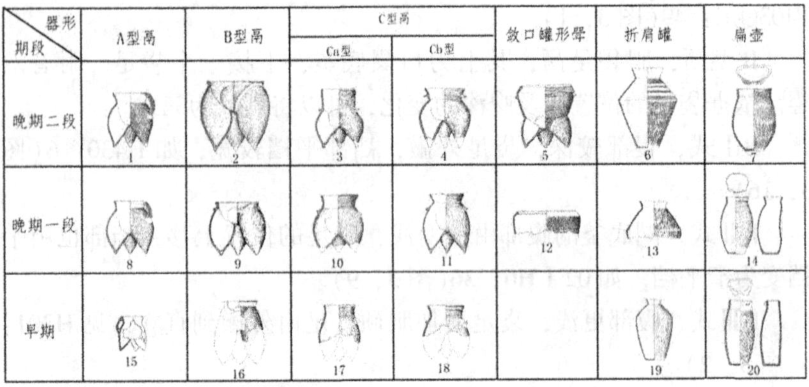

器形／期段	A型鬲	B型鬲	C型鬲		敛口罐形斝	折肩罐	扁壶
			Ca型	Cb型			
晚期二段	1	2	3	4	5	6	7
晚期一段	8	9	10	11	12	13	14
早期	15	16	17	18		19	20

图3 陶寺遗址陶寺文化陶器分期图

1. H302：24 2. H301：6 3. J401：111 4. H425：41 5. T339③B：5 6. J401：133 7. H303：16 8. T403④C：49 9. 02ⅠH6：36 10. H376：28 11. H302：26 12. T335③D：27 13. T335③ⅠA：29 14. H412：13 15. H365：7 16. H430：6 17. H365：38 18. T421④D：23 19. J301：18 20. T404④F：68

B型斝，敛口罐形斝。根据下腹斜收程度可以分为两式。

BⅠ式，下腹斜收较缓，口沿外侧无弦纹。如T335③D：27(图3，12)。

BⅡ式，下腹斜收较急，口沿外侧饰有多道弦纹。如T339③B：5(图3，5)。

折肩高领罐 是陶寺文化常见的储藏器之一。根据肩、腹差异可以分为三式。

Ⅰ式，侈领微束，弧肩，下腹弧收。如J301：18(图3，19)。

Ⅱ式，侈领，弧肩较直，下腹弧收。如T335③ⅠA：29(图3，13)。

Ⅲ式，侈领较高，肩部硬折，下腹斜收较急。如J401：133(图3，6)。

折肩高领罐的总体演变趋势，主要体现在肩、腹部有一个由弧到直的过程。

　　扁壶，是陶寺文化特有的典型器物，是一种汲水器。造型特征是腹部呈一面扁平，一面鼓凸。扁壶最早可以见于侯马东呈王遗址，①在陶寺遗址从庙底沟二期文化晚期也已经出现，并一直延续到陶寺文化晚期。特征的变化主要体现在口部双鋬、领部和腹部上。这里将陶寺文化的扁壶分为三式。

　　Ⅰ式，口部一侧扁平，双鋬位于口沿一侧，深直腹。见 T404④F：68（图3，20）。

　　Ⅱ式，口部一侧扁平，双鋬位于口沿一侧，深弧腹。如 H412：13（图3，14）。

　　Ⅲ式，口部一侧扁平，双鋬位于口沿一侧，弧腹较鼓。如 H303：16（图3，7）。

　　综上，扁壶的总体演变趋势在于口部由近圆形到一侧扁平，双鋬的位置由颈部上移至口沿处，由深腹较直到弧腹略鼓。

　　上述陶寺文化的典型器物不同型式之间存在明确的共存关系。这些共存关系是我们进行遗址分期的依据。这里将各型式器物的共存关系列表如表1所示。

表1　　　陶寺遗址陶寺文化各期段典型器物共存关系表

分期	分段	器别 A 型鬲	B 型鬲	C 型鬲 Ca 型	Cb 型	敛口罐形斝	折肩罐	扁壶
晚期	三段	Ⅲ	Ⅲ	Ⅲ	Ⅲ	Ⅱ	Ⅲ	Ⅲ
	二段	Ⅱ	Ⅱ	Ⅱ	Ⅱ	Ⅰ	Ⅱ	Ⅱ
早期	一段	Ⅰ	Ⅰ	Ⅰ	Ⅰ		Ⅰ	Ⅰ

　　从典型器物的演变关系来看，第一、二段之间的联系不如第二、三段紧密。如陶鬲，第一段皆为斜弧腹，即袋足较为瘦长，第二、三段总体特征为鼓腹，最大腹径上移，对应的袋足又瘦长型变为肥硕

──────────

　　① 山西省考古研究所、山西大学历史系考古专业：《山西侯马东呈王新石器时代遗址》，《考古》1991年第2期，第116页。

型。敛口斝出现在第二、三段，形制相似，区别体现在腹部的斜收程度。折肩罐在第一段为溜肩、下腹斜收较弧，第二段和第三段，为折肩较硬、下腹斜直。扁壶在庙底沟二期文化晚期就已经出现，这里分析的是其中间形态的变化。第一段和第二、三段之间最大的差别体现在腹部，即由深弧腹演变为鼓腹。这样，我们就可以将第一段单独划分为一期，将第二、三段合并为一期，分别为早期和晚期。以上述典型器物的演变为依据，将陶寺遗址陶器分为两期三段，基本可以概括陶寺遗址的分期情况。

以上分期还需要接受地层学的检验。原报告提供的地层关系以及各遗迹的叠压打破关系的参考意义并不是很大，其中有一组叠压打破关系，即 H3403→F324→H393，可以检测上述的分期结果。扁壶 H393：7(图 4，1)双鋬位于领中，且分置两侧，口呈近椭圆形，溜肩，属于扁壶的早期形态；扁壶 H3403：10(图 4，4)出土的扁壶当属于较晚阶段的形态，双鋬位于口沿之下的一侧，壶口较扁平，弧肩鼓腹。这和我们之前对于扁壶从早到晚的形态变化的判断是一致的。

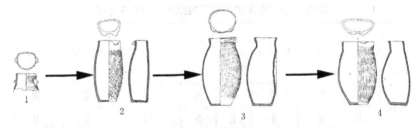

图 4　陶寺遗址扁壶的演变趋势图

1. H393：7 2. T404④F：68 3. J401：33 4. H3403：10

本文对陶寺遗址陶寺文化遗存重新进行了分期，将不属于陶寺文化的遗存排除在外。作为陶寺文化主体遗址，陶寺遗址的分期大体上可以代表整个陶寺文化的分期，因此可以作为陶寺文化其他遗址分期的标尺，判断并检验陶寺文化其他遗址的文化年代，进而为之后研究陶寺文化的聚落变迁以及人群流动做好前期准备。但是本文仅仅对单个遗址进行了分期，所以可供分析的材料有限，部分器物的演变可能存在着缺环，还需要其他遗址的材料来对该分期方案进行补充和完善，在此基础上形成整个陶寺文化的分期。

（作者系武汉大学历史学院硕士研究生）

安徽阜南迎水寺遗址出土植物遗存分析

黄馨豫

摘要：迎水寺遗址位于安徽省阜阳市阜南县，遗址为近圆形的台墩。本文通过对采集土样的植物浮选分析，获取了该遗址龙山、二里头、商和西周时期的炭化植物遗存，包括稻、粟、黍、藜、梅核等。分析显示，迎水寺遗址从龙山到西周时期，都为稻旱混作农业，且稻一直是迎水寺遗址最重要的农作物。此外，迎水寺遗址先民应当一直采集野菜作为食物补充。

关键词：迎水寺遗址；植物遗存；龙山时期；商；西周

迎水寺遗址位于安徽省阜阳市阜南县许堂乡大桥村大桥集，遗址为近圆形的台墩，总面积约为 4000 平方米。因 302 省道拓宽工程占用遗址西侧，2018 年 3 月至 7 月，安徽省文物考古研究所联合武汉大学历史学院考古系、阜南县文物管理所对被工程占压的遗址西侧部分进行了抢救性考古发掘。迎水寺遗址在 400 平方米的发掘范围内，共清理了灰坑 103 个，房址 8 座，墓葬 1 个。遗址堆积的主要年代为龙山、商和西周时期，其中商时期的遗存最为丰富。[①]

一、材料与方法

本次分析的浮选土样都是 2018 年发掘期间用针对性采样法采集

---

① 蔡波涛、何晓琳、朱静：《安徽阜南迎水寺遗址发现龙山到西周遗存》，《中国文物报》2019 年 11 月 29 日第 8 版。

的，即有针对性地选择不同遗迹单位(如灰坑、灰沟、房址、墓葬等)进行采样。① 浮选土样包括龙山时期土样5份(全部取自灰坑)，二里头时期土样2份(全部取自灰坑)，商代土样44份(2份取自地层，2份取自房址垫土，40份取自灰坑)，西周土样9份(1份取自地层，8份取自灰坑)，共计60份，总量145.5升。浮选在安徽省寿县工作站进行，采用小水桶浮选法，轻浮和重浮分别采用80目和20目的分样筛进行收集。轻浮样品在阴干后，运回武汉大学历史学院进行分类、鉴定和拍照。炭化遗存的鉴定和拍照均使用奥林巴斯SZX7显微镜。种属鉴定参考了各类植物鉴定图谱以及一些已经发表的论文。②

二、浮选结果

浮选土样以灰坑土样为主，一共55份，占总数的91.67%。通过浮选获得的炭化遗存主要有炭屑和炭化植物种子、果实两类。

(一)木炭

浮选发现的炭屑主要为木炭。炭化木屑主要来源于未燃尽的燃料或遭到焚烧的建筑木材和其他用途的木料。③ 对于本次浮选发现的大于1毫米的炭屑进行了称重，共计309.96克，平均密度为2.13克/升，木炭含量较高。其中来自灰坑浮选土样中的炭屑共294.777克，平均密度为2.23克/升；来自地层浮选土样中的炭屑共13.571克，平均密度为1.59克/升；来自房址垫土浮选土样中的炭屑共1.252

---

① 赵志军：《植物考古学的田野工作方法——浮选法》，《考古》2004年第3期，第80~87页，第2页。

② 刘长江、靳桂云、孔昭宸：《植物考古：种子和果实研究》，科学出版社2008年版；赵志军：《植物考古学：理论、方法和实践》，科学出版社2010年版；郭巧生：《中国药用植物种子原色图鉴》，中国农业出版社2009年版；中国科学院植物志编辑委员会：《中国植物志》第41卷，科学出版社2004年版。

③ 赵志军、何驽：《陶寺城址2002年度浮选结果及分析》，《考古》2006年第5期，第77页。

克，平均密度为 0.21 克/升。灰坑浮选发现的炭屑量最大、密度最高。而灰坑各单位的木炭含量也严重不均，有不足 1 克的，也有超过 10 克的，可能与各单位所处遗址功能分区有关。

(二)炭化植物种子、果实

60 份土样中，52 份发现有炭化植物种子。浮选发现的炭化植物种子、果实一共有 486 粒(块)(见附表)，其中龙山时期发现 54 粒(块)，二里头时期发现 11 粒(块)，商时期发现 343 粒(块)，西周时期发现 78 粒(块)(图 1)。浮选发现的炭化植物遗存能鉴定到种属的种子、果实共计 380 粒(块)，未能鉴定种属的种子、果实 72 粒(块)，以及由于破碎，不具备鉴定特征的种子 34 粒。对于能鉴定种属的炭化种子，可将其划分为农作物、杂草、果实、其他四类。

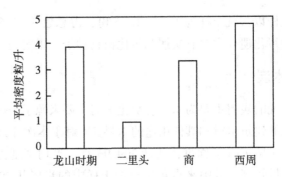

图 1　迎水寺遗址各时期种子出土密度统计图

1. 农作物

本次迎水寺遗址浮选出土的农作物种子数量共 121 粒，占能鉴定炭化植物种子总数的 31.84%，包括稻(*Oryza sativa*)、粟(*Setaria italica*)、黍(*Panicum miliaceum*)三种(图 2)。

稻是出土数量最多的农作物，共 97 粒，占农作物总数的 80.16%，出土概率为 46.67%。稻整体形状为长椭圆体，两侧压扁，表面有两条纵棱。炭化稻在龙山、二里头、商和西周四个时期都有出

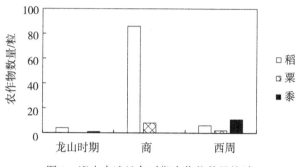

图2 迎水寺遗址各时期农作物数量统计

土，但主要集中在商时期(图3，1)。

粟是典型的旱地作物，出土数量较少，共12粒，在龙山、商和西周三个时期有发现，主要集中在商时期。粟占农作物总数的9.92%，出土概率为10%。发现的炭化粟近圆球形，背腹部均拱凸状，胚区为果长的4/5以上(图3，2)。

黍也是旱地作物，出土有12粒，黍占农作物总数的9.92%，出土概率为5%。发现的黍主要集中在西周时期。黍表面光滑，近圆球形，胚区长约为果长的1/2(图3，3)。

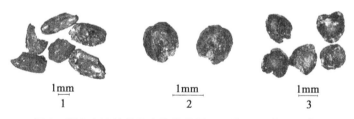

图3 迎水寺遗址炭化农作物种子(1. 稻 2. 粟 3. 黍)

2. 杂草

杂草种子较多，共计220粒，占总数的57.89%，包括禾本科(*Poaceae*)、豆科(*Fabaceae*)、藜科(*Chenopodiaceae*)、蓼科(*Polygonaceae*)、

唇形科（*Lamiaceae*）、莎草科（*Cyperaceae*）、苋科（*Amaranthaceae*）、大戟科（*Euphorbiaceae*）、茜草科（*Rubiaceae*）、茄科（*Solanaceae*）、马齿苋科（*Portulacaceae*）共 11 个科的植物，其中 12 种能鉴定到种属，3 种只能鉴定到科。

杂草种子以藜属为最多，共 94 粒，占杂草总数的 42.52%，出土概率为 20%，龙山、商、西周三个时期都有。藜属种子基本呈圆形，表面光滑，有光泽。藜是一种一年生草本植物，其嫩叶可吃，古时常作为野菜食用，其籽粒也可食用（图 4，1）。

杂草种子数量其次为豆科，豆科杂草种子有 35 粒，龙山、商、西周三个时期都有，还有 2 粒发现于商时期的草木樨。

还有禾本科杂草，包括狗尾草属、马唐属、稗属及一些未能鉴定到种属的禾本科种子。狗尾草属和马唐属都是常见的旱田杂草，稗属则是常见的稻田杂草。禾本科的这些杂草都集中出现在商时期（图 4，2、3）。

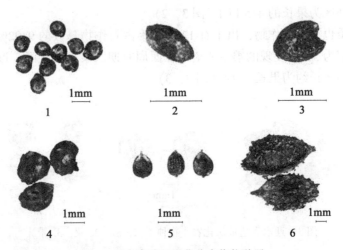

图 4　迎水寺遗址炭化非农作物种子
1. 藜属　2. 马唐属　3. 狗尾草属　4. 拉拉藤属　5. 两歧飘拂草　6. 苍耳

此外还有紫苏、拉拉藤属、马齿苋、反枝苋、两歧飘拂草等杂草种子。紫苏也是常见的草本植物，在古时常被采集当作野菜食用（图

4，4、5）。

3. 果实

发现有商时期6块梅核，皆为残块。梅核表面粗糙，腹面和背棱上均有明显纵沟，表面有圆形小孔。梅是古时重要的水果之一，梅子味酸，在醋发明、流行之前，也是重要的酸味的调味品。[①]

4. 其他

苍耳。西周时期，发现苍耳残块2块。苍耳表面多数有突起小刺，可附着在人身上，是一种常见的田间杂草（图4，6）。

野大豆。野大豆发现5粒，二里头、商、西周三个时期都有发现。野大豆的豆粒呈椭圆形或扁圆形，炭化的野大豆粒一般变形不明显。[②]

三、分析与讨论

迎水寺遗址位于阜阳市阜南县，地处淮河中游皖北地区。淮河是我国重要的地理分界线与气候过渡带，以淮河为界，地理条件与气候的差异，使得南北分别形成稻作农业和旱作农业两种农业种植模式。而淮河流域正处于两种农业的过渡地带，因此形成了独特的旱稻混作模式。近年来，学界对安徽境内不少淮河流域的遗址进行了炭化植物遗存的研究，而迎水寺遗址炭化植物遗存的研究有助于了解龙山到西周时期皖北地区农业发展演变情况，以及补充淮河中游皖北地区商时期的农业结构特征的研究。

由于二里头时期只有两份样品，浮选发现炭化植物种子数量很少，且无农作物，故此处不对二里头时期的样品进行分析。分析与讨

---

① 程杰：《论梅子的社会应用及文化意义》，《阅江学刊》2016年第1期，第115页。

② 赵志军、杨金刚：《考古出土炭化大豆的鉴定标准和方法》，《南方文物》2017年第3期，第149~159页。

论主要集中在龙山、商和西周三个时期。

（一）迎水寺遗址的农作物结构

1. 龙山时期

龙山时期浮选样本量较少，一共只浮选发现了 54 粒种子。浮选发现的农作物种子数量只有 7 粒（4 粒稻、2 粒粟、1 粒黍），占浮选发现植物种子总数的 12.96%。这一数据与淮河中游皖北同时期发现有农作物种子的蚌埠钓鱼台遗址①、萧县金寨遗址②、宿州芦城孜遗址③、蒙城尉迟寺遗址④、临泉宫庄遗址⑤和蚌埠禹会村遗址⑥相比，要低很多。稻的出土概率为 40%，粟、黍为 20%，三种农作物的出土概率与以上遗址相差不大。从稻、粟、黍的绝对数量和出土概率可以看出，稻的种植占优势。龙山时期迎水寺遗址的农业模式是以稻作为主、旱作为辅。

2. 商时期

商时期浮选发现 343 粒种子，其中农作物种子共 94 粒，占浮选总数的 27.41%，这一比例较龙山时期有了大幅度提升。稻共出土 86 粒，占农作物总数的 91.49%，出土概率为 47.73%。粟出土 8 粒，占农作物总数的 8.51%，出土概率为 11.36%。稻的出土概率较龙山时

---

① 张娟、杨玉璋、张义中等：《安徽蚌埠钓鱼台遗址炭化植物遗存研究》，《第四纪研究》2018 年第 2 期，第 393～405 页。

② 杨凡、段绮梦、张小雷、靳桂云：《安徽萧县金寨遗址（2017）植物遗存分析》，《东南文化》2020 年第 3 期，第 112～121 页。

③ 王育茜、陈松涛、贾庆元、高雷、靳桂云：《安徽宿州芦城孜遗址 2013 年度浮选结果分析报告》，2016 年，第 365 页。

④ 中国社会科学院考古研究所、安徽省蒙城县文化局：《蒙城尉迟寺第二部》，科学出版社 2007 年版，第 328～337 页。

⑤ 程至杰、杨玉璋、张东、张居中：《安徽临泉宫庄遗址炭化植物遗存分析》，《农业考古》2019 年第 3 期，第 13～19 页。

⑥ 尹达：《禹会村遗址浮选结果分析报告》，《蚌埠禹会村》，科学出版社 2013 年版，第 250～268 页。

期也有明显提高。迎水寺遗址这一时期并未发现黍。

这一时期还发现有黍亚科杂草，包括狗尾草、马唐和稗。狗尾草和马唐都是典型的旱地杂草，而稗是典型的稻田杂草。这些禾本科杂草种子的发现，也印证了当时稻作和旱作兼有的农业模式。同时，禾本科的这些杂草种子作为田间杂草，进入遗址的最大可能途径是混杂在收获的农作物中被带入人类住地。因此，杂草种子数量以及与农作物的比值，在一定意义上能反映当时的农业水平。① 商时期，稻与稻田杂草比例为85∶1，而粟和旱地杂草的比例为1∶2，可以很明显地看出，此时稻作农业水平已经相对较高了，而粟作农业水平还比较低。同时，从稻、粟的绝对数量和出土概率可以看出，此时迎水寺遗址仍然延续了稻作为主、旱作为辅的农业模式，且旱作农业依旧以粟种植为主。近年来，安徽除了临泉宫庄遗址浮选发现有商周时期的炭化植物种子外，未再有其他发现。且农作物方面，宫庄遗址只发现了炭化稻。② 本次迎水寺遗址除了炭化稻外，还发现有炭化粟，迎水寺遗址的植物遗存分析为这一地区商时期农业情况提供了重要资料。

3. 西周时期

西周时期浮选土样发现了78粒种子，其中农作物种子19粒，占浮选种子总数的24.36%。稻6粒，占农作物总数的31.58%（出土概率44.44%）；粟2粒，占农作物总数的10.53%（出土概率11.11%）；黍11粒，占农作物总数的57.89%（出土概率为22.22%）。这一时期，稻在农作物中的百分比和出土概率均较商时期有所下降，但稻的出土概率在三种农作物中仍然最高，说明此时稻作农业依旧十分重要。另外两种农作物中，黍的百分比和出土概率明显提高，粟的百分比和出土概率低于黍。可以看出，西周时期迎水寺遗址的旱作农业有

---

① 中国社会科学院考古研究所、安徽省蒙城县文化局：《蒙城尉迟寺 第二部》，科学出版社2007年版，第328～337页。

② 程至杰、杨玉璋、张东、张居中：《安徽临泉宫庄遗址炭化植物遗存分析》，《农业考古》2019年第3期，第13～19页。

了进一步发展，虽然该时期仍为旱稻混作的农业模式，但旱作农业的比重有明显提升，且旱作农业转变为以种植黍为主。而安徽另一处发现有西周时期炭化植物遗存的宿州芦城孜遗址中，也是旱稻混作的农业模式，但旱作以粟为主。① 同时，西周时期迎水寺遗址浮选未发现狗尾草、马唐和稗等田间杂草。一方面这可能与浮选样品数量少，发现炭化植物种子数量少有关，另一方面，也可能说明此时迎水寺遗址的农业耕作技术有了明显提高。

（二）迎水寺遗址不同时期农作物结构的变化

从以上的分析讨论可以看出，迎水寺遗址从龙山时期开始一直为旱稻混作的农业模式，且到商时期为止，稻无论是绝对数量还是出土概率都占有明显优势，龙山和商时期旱作农业都以粟为主；西周时期，黍的数量增加，在农作物中所占比重超过稻，但水稻的出土概率仍然最高。据此可以推测，迎水寺遗址从龙山时期到西周时期，水稻一直是迎水寺遗址先民最重要的农作物，旱作农业则经历了粟到黍作为主的转变。

稻属植物是一种半水生的热带植物，具有喜温好湿的生物特性，水量的多寡决定了一个地区能否种植稻谷以及稻作在农业生产中所占的比重。② 迎水寺遗址紧邻润河的支流沿岸，为稻作农业的用水提供了强有力的保障。③ 适宜的水热环境为水稻的生长提供了良好的条件，为稻成为迎水寺遗址最重要的农作物奠定了种植基础。粟和黍都是常见的旱地农作物。粟生长期短，具有顽强的适应性和耐瘠性，生长耗水量低，籽粒耐储藏，是优良的救灾作物。④ 粟在三个时期都有

① 王育茜、陈松涛、贾庆元、高雷、靳桂云：《安徽宿州芦城孜遗址 2013 年度浮选结果分析报告》，2016 年，第 365～380 页。

② 中国社会科学院考古研究所、安徽省蒙城县文化局：《蒙城尉迟寺　第二部》，科学出版社 2007 年版，第 328～337 页。

③ 蔡波涛、何晓琳、朱静：《安徽阜南迎水寺遗址发现龙山到西周遗存》，《中国文物报》2019 年 11 月 29 日，第 8 版。

④ 刘长江、靳桂云、孔昭宸：《植物考古：种子和果实研究》，科学出版社 2008 年版，第 96～98 页。

发现，但数量都较少，推测其可能作为一种补充性作物，种植在距水源较远的地区，在水稻种植收益不好的年份，提供食物资源保障。西周时期，黍在发现的农作物中数量最多。但与粟相比，黍产量低，且黍黏性较高，不易消化。[1] 根据考古发现，黍自新石器时代中期以来在农作物中的地位下降。[2] 而迎水寺遗址西周时期，黍在农作物中占比最高，是一个值得关注的现象。但考虑到迎水寺遗址西周时期发现的黍共 11 粒，其中 10 粒都出自同一灰坑，且西周只采集了 9 份样品，样品数量较少。因此，也不排除这一现象的出现存在因采集样品量不足而造成的误差。

(三) 对其他植物资源的利用情况

除了农作物种子，迎水寺遗址也发现了大量非农作物种子，共计 260 粒，占浮选发现种子总数的 53.49%。在这些非农作物种子中，以藜属种子最多，占非农作物种子总数的 36.15%，且龙山、商、西周三个时期的都有发现。同时，还发现商时期的紫苏、马齿苋。藜、紫苏、马齿苋植物的茎叶都可以作为野菜食用，藜的籽粒亦可食用，这些植物炭化种子的数量不少，推测除了农业种植外，迎水寺遗址先民也可能会采集野菜作为食物补充。此外，商时期，迎水寺遗址发现有梅核残块，表明这一时期迎水寺遗址的先民可能已经开始食用水果了。

四、结　语

通过对迎水寺遗址龙山到西周时期浮选土样的植物遗存分析表明，从龙山到西周时期迎水寺遗址先民经营旱稻混作的农业模式，且

---

[1]　刘长江、靳桂云、孔昭宸：《植物考古：种子和果实研究》，科学出版社 2008 年版，第 95 页；赵越云、樊志民：《粟·黍·猪：论原始旱作农业类型的形成与发展》，《中国农史》2016 年第 6 期，第 29 页。

[2]　陈雪香、王良智、王青：《河南博爱县西金城遗址 2006—2007 年浮选结果分析》，《华夏考古》2010 年第 3 期，第 67~76 页。

水稻一直是最重要的农作物。龙山和商时期，无论是绝对数量还是出土概率，稻都占有绝对优势，是明显以稻作为主的、旱作为辅的农业模式。西周时期，黍的数量在农作物中占有绝对优势，尽管黍的出土集中，可能存在判断偏差，但粟作也占有一定比例。因此可以肯定，西周时期迎水寺遗址旱作农业逐渐发展起来。尽管稻在此时仍然重要，但以稻作为主的农业模式逐渐开始向旱作转变。从杂草的数量与比值来看，迎水寺遗址的农业水平也在不断提高。此外，迎水寺遗址的先民也会采集野菜作为食物资源补充。

附记：在本次研究中，安徽省考古研究所寿县工作站、武汉大学历史学院考古系何晓琳副教授给予了大力支持和帮助，武汉大学历史学院考古系王欣老师给予了悉心指导，在此一并表示衷心的感谢。

附表　　**迎水寺遗址出土各时期炭化植物种子统计表**（单位：粒）

炭化植物种子分类			龙山	二里头	商	西周	总计
农作物	禾本科	稻（*Oryza sativa*）	4	1	86	6	97
		粟（*Setaria italica*）	2		8	2	12
		黍（*Panicum miliaceum*）	1			11	12
非农作物	黍亚科	野大豆（*Glycine soja*）		1	3	1	5
		狗尾草属（*Setaria*）			15		15
		马唐属（*Digitaria*）			1		1
		稗属（*Echinochloa*）			2		2
	禾本科（Poaceae）				16		16
	豆科	豆科（Fabaceae）	3		26	6	35
		草木樨（*Melilotus officinalis*）			2		2
	藜科	藜属（*Chenopodium*）	38		33	23	94
		地肤（*Kochia scoparia*）			2		2

续表

炭化植物种子分类			龙山	二里头	商	西周	总计
非农作物		蓼科(Polygonaceae)			14		14
	唇形科	紫苏(*Perilla frutescens*)			4		4
	莎草科	两歧飘拂草(*Fimbristylis dichotoma*)			5		5
	马齿苋科	马齿苋(*Portulaca oleracea*)			5		5
	茜草科	拉拉藤属(*Galium*)			7	2	9
	苋科	反枝苋(*Amaranthus retroflexus*)			7	2	9
	大戟科	泽漆(*Euphorbia helioscopia*)	2	1	6	10	19
非农作物		茄科(Solanaceae)				2	2
	菊科	苍耳(*Xanthium strumarium*)				2	2
	蔷薇科	梅核(*Armeniaca mume*)			6		6
		未知核			12		12
		未知	4	6	55	7	72
		破碎		2	28	4	34
		总计	54	11	343	78	486

(作者系武汉大学历史学院硕士研究生)

随州叶家山西周墓地
年代排序问题研究评述

宋 宇

摘要： 随州叶家山墓地的前后两次发掘引起了学术界的极大关注。学者们普遍认为墓地年代属于西周早期偏晚，但对于 M65、M28、M111 三座曾侯级别墓葬的年代排序、具体身份问题，存在较多争议。本文通过探讨不同观点的主要依据、出现原因、背后逻辑，最终得出墓地年代北早南晚、M65 为曾侯谏墓的结论。最后，文章梳理了墓葬年代研究上被普遍使用的依据，试图总结出更具普适性的方法论。

关键词： 叶家山墓地；年代排序；墓主身份；方法论

随州叶家山墓地经过前后两次大规模发掘，揭露了 140 座墓葬、7 座马坑，出土了大量青铜器、玉器、陶器和原始瓷器，引起了学术界的极大关注。墓地中由北至南分布着 M65、M28、M111 三座大中型墓葬，一般被认为是曾侯墓，其东侧分布的 M2、M27 等一般被认为是曾侯夫人墓，大中型墓葬朝向均为东西向，由北至南墓葬规模逐渐变大(图 1)。目前学界对叶家山墓地内墓主身份、早晚排序等问题，仍旧莫衷一是。本文将从以上问题入手，整理和比较不同的看法，并略做评析。

一

叶家山墓地属于西周早期这一共识的达成经过了较长时间的讨

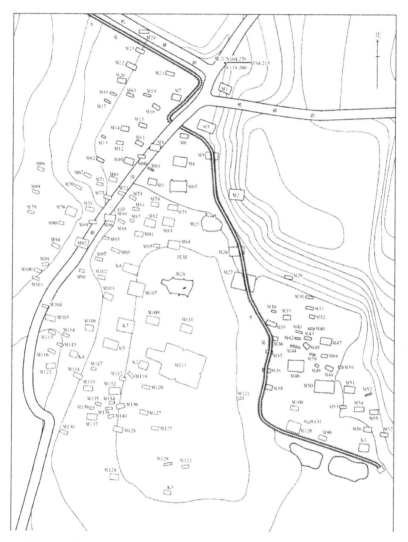

图 1　叶家山墓地墓葬分布图(取自《湖北随州叶家山 M28 发掘简报》)

论。发掘者在一系列简报中做出判断，认为叶家山墓地整体年代属于西周早期，其中 M1 最早，年代在成康时期，M2 在康、昭之世，M65 定在康、昭之际，M28 年代偏晚，大致在昭王前期，M27 在昭王晚期或昭穆之际。① 这些观点得到了较多认可。

叶家山墓地发掘之后，学术界开展了前后两次笔谈讨论。在第一次笔谈中，李学勤认为，M1 的年代应为成王至康王早年，M2 与 M1 年代相近，M27 年代较晚，不会早于昭、穆之世。② 他还指出，见于 M65 和 M2 青铜器铭文上的曾侯谏当为成、康时人，即西周初期第一代曾侯。③ 张昌平认为，即使是颇具争议的 M27 和 M65，年代仍属于西周早期。他提出，随枣走廊发现的一系列周文化遗址，主要属于西周中期偏晚之前，联系历史文献记载的昭王南征，暗示了周人在西周中期之后对随枣走廊以南以东地区的失控。④ 这一基于政治地理角度的判断，分析了叶家山墓地年代下限可能止于昭王之世的社会背景，为众多学者接受。

第二次笔谈中，李伯谦进一步指出墓地的年代为成、康、昭，最晚的墓葬与晋侯墓地 M114 同时或更早，因此下限不会晚至穆王时期。⑤ 徐少华提出，第一期发掘中具有代表性的几座贵族墓葬其上限

---

① 湖北省文物考古研究所等：《湖北随州叶家山 M65 发掘简报》，《江汉考古》2011 年第 3 期，第 3~40 页；湖北省考古研究所、随州博物馆：《湖北随州叶家山西周墓地发掘简报》，《文物》2011 年第 11 期，第 4~60 页；湖北省文物考古研究所等：《湖北随州叶家山西周墓地》，《考古》2012 年第 7 期，第 31~52 页；湖北省文物考古研究所、随州市博物馆：《湖北随州叶家山 M28 发掘简报》，《江汉考古》2013 年第 4 期，第 3~57 页；湖北省博物馆、湖北省文物考古研究所、随州博物馆：《随州叶家山——西周早期曾国墓地》，文物出版社 2013 年版；湖北省文物考古研究所等：《湖北随州叶家山 M107 发掘简报》，《江汉考古》2016 年第 3 期，第 3~40 页；湖北省文物考古研究所、随州市博物馆：《湖北随州叶家山 M111 发掘简报》，《江汉考古》2020 年第 2 期，第 3~86 页。

② 李学勤等：《湖北随州叶家山西周墓地笔谈》，《文物》2011 年第 11 期，第 64~77 页。

③ 李学勤：《试说叶家山 M65 青铜器》，《楚简楚文化与先秦历史文化国际学术研讨会论文集》，湖北教育出版社 2013 年版，第 1~2 页。

④ 李学勤等：《湖北随州叶家山西周墓地笔谈》，《文物》2011 年第 11 期，第 64~77 页。

⑤ 李伯谦等：《随州叶家山西周墓地第二次发掘笔谈》，《江汉考古》2013 年第 4 期，第 58~63 页。

不早于成、康之际，下限不晚于昭王后期，主要集中于康、昭两世。① 至此基本确定叶家山墓地年代下限为昭王时期。

对墓葬年代的具体论述，不同学者也有不同的重点。黄凤春根据墓葬出土材料进行对比研究，认为其年代属于西周早期。② 张昌平认为"对墓葬年代下限的判断，通常是以随葬品中年代最晚者作为参照。但问题是，有时我们认为某器不早于某一时期，只是基于其年代特征得出的结论"。③ 一方面，多件商周之际的青铜器器类，是存在较多的徽识铭文青铜器。兽面纹仍然占据主要地位，西周中期流行的鸟纹还居少数，基本不见西周中期的年代特征；另一方面，象目纹鬲、长腹贯耳壶、背带纹壶都在西周早中期出现，因此不能根据这些青铜器来判定叶家山 M27 或 M65 晚至西周中期即穆王时期。因此张昌平认为叶家山墓地的年代下限属于西周早期。

M2、M27 中出土较多陶器和原始瓷器，推测为女性墓，根据墓葬位置关系，有学者推测分别为 M65、M28 的夫人墓，被绝大多数学者接受。位于最南端的 M111 的墓葬规模最大，出土了墓地中仅有的 3 件曾侯犺器，其为曾侯犺墓已成学界共识。

二

讨论叶家山墓地各大中型墓葬的墓主身份及相互关系，对厘清西周早期曾国的世系演变具有重要意义。学界争论的焦点在于曾侯谏墓究竟是 M65 还是 M28。

一种观点认为曾侯谏墓为 M65。张昌平提出，M65 反复出现"曾侯谏"铭文，多兵器、车马器，当为曾侯谏墓；M2 无兵器、车马器，同样存在曾侯谏圆鼎，又有曾侯谏作媿器物，这显然是曾侯谏为其夫

① 李伯谦等：《随州叶家山西周墓地第二次发掘笔谈》，《江汉考古》2013年第 4 期，第 58~63 页。

② 黄凤春、黄建勋：《论叶家山西周曾国墓地》，《随州叶家山——西周早期曾国墓地》，文物出版社 2013 年版，第 262~269 页。

③ 张昌平：《论随州叶家山墓地 M1 等几座墓葬的年代以及墓地布局》，《中国国家博物馆馆刊》2012 年第 8 期，第 77~87 页。

人所作。因此 M65 与 M2 为夫妻异穴合葬墓。① 陈丽新更加注重铭文青铜器及其与墓主的关联。② 16 件"曾侯谏"器，字形、排列、形制、纹饰、制作风格一致，应属于同一批次。③ 9 件"曾侯谏作媿"器，在女性墓中仅见于 M2，因此 M2 为曾侯谏夫人墓，而 M2 分布接近 M65，从这个关系看 M65 为曾侯谏的可能性更大。

两位学者都是从 M2 随葬品入手，首先通过"曾侯谏作媿"器确定其作为曾侯谏夫人的身份，再通过墓葬的相对位置推导曾侯谏墓的位置，最终确定 M65 即为曾侯谏墓。从墓葬的位置关系上看，具有较强的说服力。

另一种观点则认为，曾侯谏墓为 M28 而非 M65。张天恩提出，M65 所出曾侯谏青铜器仅相当于 M28 的五分之一，故真正的曾侯谏墓当为 M28。④ 任雪莉分析了叶家山"曾侯"铭文青铜器在墓葬中的"分器"现象，认为 M28 出土曾侯谏器远多于 M65，且前者器用组合完整，器物多成对出现；后者仅出土食器，数量单一。M28 中出土的"曾侯谏作媿"器更是从组合上填补了曾侯谏器组中缺少的酒器，有互补的意图。那么 M28 当为曾侯谏墓，M65 中的曾侯谏器系分流所得。⑤

曾侯谏青铜器的数量是这一观点的重要依据，但事实上决定墓葬中随葬品多寡的往往是后立新君。在墓地年代排序尚不明晰时，提出因 M28 中曾侯谏器远多于 M65 便确定 M28 为曾侯谏墓且年代较早，暗示 M65 作为年代较晚的曾侯决定了这种分配方式，又因 M28 年代

---

① 张昌平：《叶家山墓地相关问题研究》，《随州叶家山——西周早期曾国墓地》，文物出版社 2013 年版，第 270~284 页。

② 陈丽新：《也谈叶家山曾侯墓葬的排序问题》，《故宫博物院院刊》2020 年第 2 期，第 42~50 页。

③ 张昌平、李雪婷：《叶家山墓地曾国铭文青铜器研究》，《江汉考古》2014 年第 1 期，第 65~75 页。

④ 张天恩：《试论随州叶家山墓地曾侯墓的年代和序列》，《文物》2016 年第 10 期，第 44~53 页。

⑤ 任雪莉：《叶家山曾国墓地"分器"现象与墓葬年代另探》，《陕西师范大学学报》2015 年第 6 期，第 23~29 页。

较早，所以其决定了曾侯谏器在 M28 和 M65 中的分配，这似乎就成为了悖论。任雪莉先生论证的"分器"现象，不仅提到同一器组分埋于不同墓葬，更提出不同功能的器物在不同墓葬之间的互补关系，反过来可以证明不同墓葬的关系，具有合理性。

另外，张天恩和任雪莉都同意黄凤春关于曾侯犺身份的看法，M111 出土青铜方座簋上铭文"犺作烈考南公宝尊彝"表明，曾侯犺称南公为"考"，可知犺必为南公之子，犺作器以祭祀其父。南宫适被封曾国后仍在周廷领有重职，其子辈代替南宫适前往南土，就封于曾国，在周畿内可见到大量南公或南宫之器也就不足为奇。由此，曾侯犺应为代南宫适就封的嫡长子，即第一代曾侯。① 这也是张天恩和任雪莉认为 M111 为年代最早墓地的关键信息。但黄凤春认为曾侯谏和曾侯犺极有可能是兄终弟及的关系，并未明确提及两者的先后关系，判断曾侯犺为嫡长子赴封国就封的信息，是张、任二位学者根据历史文献记载推测的。

笔者并不认同这一说法。首先，出土的众多"南公"器中，便有"公"与"宫"之分，如何确定此"公"即为彼"宫"，曾侯犺墓中青铜器上的"南公"就一定是西周重臣南宫适吗？仅一"南"字相同就将地域上相隔甚远的两人联系起来，有些不妥。其次，私以为引用历史文献要有切实的根据，不能因为少数文字的重合，便依据各路历史记载，逐步引申出许多的结论来，这样可能逐渐偏离了考古材料原本承载的真实信息。

三

叶家山墓地核心曾侯墓的年代排序历来存在较大争议，形成了"由北至南渐晚"和"由南至北渐晚"两种观点。

① 黄凤春、胡刚：《说西周金文中的"南公"——兼论随州叶家山西周曾国墓地的族属》，《江汉考古》2014 年第 2 期，第 50~56 页；黄凤春、胡刚：《再说西周金文中的"南公"——二论叶家山西周曾国墓地的族属》，《江汉考古》2014 年第 5 期，第 41~45 页。

第一种观点认为，M65（曾侯谏）→M28（曾侯？）→M111（曾侯
犹）。张昌平着重从出土青铜器体现的年代特征进行分析——四座墓
葬年代相近，很难根据形制变化排列出早晚关系；铜器组合方面，
M1 觚爵斝组合完整，M2 无酒器，M65 无觚、斝，酒器减少，而西
周时期更为典型的鼎、簋数量大，指向较晚的年代特征；纹饰种类方
面，鸟纹由配饰逐渐演变为主体纹饰，兽面纹部件的风格也逐渐鸟纹
化，分析 M1 可能略早，M111 明显较晚。① 根据器物组合、纹饰变
化的趋势判断相对早晚，具有较强的说服力。

参与了墓地发掘与整理工作的黄凤春和陈丽新也持近似的意见。
陈丽新提出，M111 中出土的编钟是南方地区出土最早的编钟，也是
曾国高等级墓葬中随葬编钟的肇始，根据编钟流行的年代判断，
M111 在三座曾侯墓中年代最晚。叶家山墓地中由北向南，墓葬的规
模在不断扩大，随葬器物不断丰富，符合历史发展脉络。②

张昌平和陈丽新都认为，根据随葬品配置规律和西周礼法，子辈
作器不可能出于其父辈墓葬中，即"年代较早的埋葬者一般来不及使
用后立新君所铸铜器"。M65、M2、M28 中均有曾侯谏器出土，此外
M28 中还出土了不见私名的曾侯器，因此 M65 墓主当为 M28 墓主的
父辈，M28 作为子辈使用了其父辈作的曾侯谏器。笔者对这一观点存
疑，李伯谦曾提出，"某人所作的铜器可以出在本人的墓中，可以传
之后世出于儿孙辈的墓中，亦可以作为陪葬出于父辈的墓中，但绝不
可能出于祖辈或者更早的先祖墓中"。③《礼制·王制》记载："天子
七月而殡，七月而葬。诸侯五日而殡，五月而葬。卿大夫、士、庶人
三日而殡，三月而葬。"可以明确的是诸侯宾天后并不会马上下葬，
而是要停丧数月。也就是说新继位的诸侯有足够的时间铸造属于自己
的青铜器，并可能将其作为父辈的随葬品来表达自己的孝道，因此不

---

① 张昌平：《叶家山墓地相关问题研究》，《随州叶家山——西周早期曾国
墓地》，文物出版社 2013 年版，第 270～284 页。

② 陈丽新：《也谈叶家山曾侯墓葬的排序问题》，《故宫博物院院刊》2020
年第 2 期，第 42～50 页。

③ 李伯谦：《从晋侯墓地看西周公墓制度的几个问题》，《考古》1997 年第
11 期，第 51～59 页。

能武断子辈青铜器不会出于父辈墓葬中。

第二种观点则认为，M111（曾侯犺）→M28（曾侯谏）→M65（曾侯?）。张天恩将墓地以 M30、M109、M104 为界，分为南、北两区。[①] 他认为 M111 中出土的先周晚期典型器云雷乳钉纹簋，此类乳钉纹鼎、簋当是从关中故地带来的早期礼器，未发现于其他北区墓葬，这传递出南区墓地相对偏早的信息。根据《周礼》记载，西周墓地布局情况往往是有意安排的，其余墓葬围绕 M111 为中心分布，因此 M111 年代最早。他主要根据叶家山墓地所出青铜器与宝鸡地区年代较为明确的青铜器做比较，得出年代信息。曾侯谏方鼎形近宝鸡茹家庄 M1 乙：16 鼎这类昭穆之际的方鼎，曾侯犺簋与成康之际竹园沟墓地 M13 出土的方座簋相类。M28 则出现了与康昭之际的竹园沟 M4、M7 以及茹家庄 M1 相类的器物，年代约为康昭之际或昭王前期。

任雪莉将叶家山墓地出土的青铜器，与年代较为确定的其他诸侯国尤其是宝鸡地区诸侯国的同类器进行比较，从而判断出各铭文青铜器的绝对年代。她提出，M111 出土的方鼎，造型和纹饰都显示出较早的年代特征，墓葬年代约在成康之际。[②]

总结以上观点，我们可以得知张天恩和任雪莉都是将叶家山墓地出土的青铜器与年代较为确定的其他诸侯国的同类器进行比较，寻找所谓标准器，推测出墓葬的绝对年代，最后进行排序。这种研究方法事实上存在较大的争议，在年代相差不大的早晚排序研究中，由于器物纹饰、造型的变化跨度并不大，类型学分析比对的结果可能并不那么准确，绝对年代的结论也会显得并不可靠。

四

对墓地布局、墓葬排列形制的研究，往往离不开与其他同等级墓

① 张天恩：《试论随州叶家山墓地曾侯墓的年代和序列》，《文物》2016 年第 10 期，第 44~53 页。

② 任雪莉：《叶家山曾国墓地"分器"现象与墓葬年代另探》，《陕西师范大学学报》2015 年第 6 期，第 23~29 页。

地的比较。一方面，将叶家山墓地与同时期中原地区诸侯国墓地进行比较，探讨曾国处南土而产生的与中原文化丧葬观念上的异同；另一方面，将其与同属曾国但年代略晚的曾侯墓地进行比较，可以探讨这种观念的继承与变化。

山西北赵晋侯墓地延续时间为西周早期偏晚至春秋初年，在时间上与叶家山西周墓地有一定的重合，这一时期二者在墓地布局上也具有一定的相似性。墓地东西长约 150 米，南北宽约 130 米，墓葬基本分为北中南三排，北排 4 组，南排 3 组，北排与南排之间的东西两端各有 1 组，其间分布有不带墓道但有车马坑的 M112，或被认为是一代未即位储君之墓。李伯谦提出，"现在晋侯墓地各组主墓已被彻底揭露出来，如果按照 9 组主墓的先后顺序连接起来，倒很像英文字母中横置的 'S'，这种安排，是无意还是有意，反映了什么规律，确实是还需要认真研究的"。①

晋侯墓地中的 M114、M113 组与 M9、M13 组墓葬在年代上与叶家山墓地同属于西周早期。与晋侯墓地最大的不同是，叶家山西周墓地墓向朝东(以墓主头向为准)，而非南北向，这也是其相对于其他诸侯国贵族墓地的个性色彩。叶家山墓地中前后三代曾侯，发生了有无墓道、规模增减上的变化；晋侯墓地早期墓葬规模和形制都没有明显变化，但整体上看，从早至晚墓葬规模呈现出逐渐增大的趋势，在墓地最晚阶段还出现了带两条墓道的中字形大墓。此外，叶家山墓地的车马坑都安排在主墓的西侧，而晋侯墓地的车马坑均位于主墓的东北方向，这种安排反映了二者在随葬习俗上的不同选择。

单论同一时期的墓地布局，晋侯墓地中南侧的 M114 组年代上早于北侧的 M9 组；叶家山西周墓地，暂且不论其南北早晚关系，墓葬的整体布局也是按南北向单向排列。在夫妻墓位的安排上，叶家山西周墓地与北赵晋侯墓地相同，国君墓位于夫人墓之西侧，呈东西并列的关系。

中原地区另一个姬姓诸侯国应国，受滍阳岭狭长地形限制，其墓

① 李伯谦:《晋侯墓地发掘与研究》,《文明探源与三代考古论集》，文物出版社 2011 年版，第 276~286 页。

地总体上的形成顺序是由南及北渐晚，这与叶家山墓地南北向的排列顺序一致；但其墓葬方向仍为各诸侯国普遍流行的南北向。应国西周早期墓地中，共揭露出两座应侯墓，并没有发现诸侯夫人墓。[①] 值得注意的是，西周早期以后的应侯夫妇墓多是东西并列，应侯墓处西侧，夫人墓居东侧。

比较完与叶家山墓地同时期的两处诸侯墓地，我们再将视野拉回到曾国本身。随州枣树林墓地发现了 3 组曾侯墓葬，填补了曾国考古不见春秋中期曾侯的空白，为曾国墓地布局的研究提供了新的材料。5 座高等级墓葬均为东西向，墓道朝东南。由北至南分布着曾公求夫人渔墓（M191）、曾公求墓（M190）、曾侯宝（M168）、曾侯宝夫人芈加墓（M169）、曾侯得墓（M129），墓地年代北早南晚，曾侯夫人墓位于曾侯墓之北，形制略小，南北并列。[②] 事实上，曾国国君级墓葬的朝向在战国早期的曾侯乙墓之前，一直为东西向，这是其与中原地区诸侯墓葬的重要区别；其南北单向排列的形式与叶家山墓地一致。

五

考古学在给定年代时有相对年代和绝对年代两种表达方式，其中相对年代仅表明时间上的先后关系，绝对年代常用历史纪年表达，给出具体的年代数值。[③] 考古学常用的类型学排序就属于相对年代方法，[④] 在此基础上与某一历史纪年拟合，便会被归入绝对年代方法的范畴。

综合研究可知，张昌平从青铜器组合中酒食器地位、鸟纹装饰地位的变化着手，结合墓葬中变化更为敏感的陶器材料，利用类型学分析几座大中型墓葬的相对年代。陈丽新同样重视西周时期随葬品在前

---

① 河南省文物考古研究所：《平顶山应国墓地（上）》，大象出版社 2012 年版，第 14~344 页。

② 枣树林墓地具体资料尚未发表。

③ 张弛：《考古年代学四题》，《文物》2015 年第 9 期，第 66~74 页。

④ 科林·伦福儒、保罗·巴恩：《考古学：理论、方法与实践》，中国社会科学院考古研究所译，文物出版社 2004 年版，第 121 页。

后世代的配置规律，将之与青铜器铭文传递出的信息结合，对墓主之间的相对年代做出判断。张天恩和任雪莉则利用类型学分析叶家山墓地出土的青铜器，寻找对应的标准器，再与历史纪年结合起来，推测出墓葬绝对年代，从而得出年代排序(表1)。

表1   观点总结(按观点提出年代排序)

学者＼观点	曾侯谏墓	年代排序	年代判断依据
张昌平	M65	M65→M28→M111	铜器组合中酒食器地位变化；鸟纹装饰地位的变化；陶器形制演变；随葬品配置规律
任雪莉	M28	M111→M28→M65	与年代较为明确的标准器进行比较；西周重臣南宫适与曾国之关系；"分器"现象
张天恩	M28	M111→M28→M65	与年代较为明确的"弓鱼"国青铜器进行同类器比较；西周重臣南宫适与曾国之关系
陈丽新	M65	M65→M28→M111	利用铭文信息判断墓主身份；父辈墓葬不会出现子辈所作器

笔者更倾向于认同张昌平、陈丽新的观点，理由如下：一是进行年代排序时，尤其是时间跨度小的年代序列，相对年代比绝对年代的论证更加可靠。二是 M111 虽然处于墓地最核心显著的位置，有学者据此判断其为尊贵的始封者。但根据历史发展趋势，叶家山墓地由北向南，墓葬规模不断扩大，M65 作为墓地最早下葬者拥有较小的墓葬规模，符合当时国情。三是对曾侯犹身份的看法，仅因"南公"二字便引申至地域相隔甚广的南宫适，难以使人信服。据上文分析，枣树林墓地布局情况和叶家山墓地高度一致，显示出曾国丧葬观念上的一脉相承，其北早南晚的特点或许也暗示着叶家山墓地的年代顺序。

总结各位学者在进行墓地年代研究时采用的依据，我们会发现这些依据各有其优劣和争议之处。

（1）随葬器物。随葬品是墓葬研究中的重要一环，带有铭文的器物本身可能就承载着重要的年代信息甚至直接纪年，如晋侯墓地的排序和晋侯身份的确认，都离不开墓地中出土的青铜器铭文信息。西周时期的青铜器序列已经较为完善，从早至晚都有可以对应到王世的标准器，这样就建立起了年代研究的标尺。但就叶家山墓地而言，由于早晚年代跨度小，这一年代标尺的精度不能满足要求。因此使用绝对年代的方法，将类型学排序比较的结果与历史纪年结合起来，结论可能并不可靠。

（2）墓位安排。在历史文献记载中，周人生前聚族而居，死后合族而葬，"族坟墓"是周人的基本墓地制度，墓地布局会进行有意识的规划，最早下葬者身份特殊，其墓位安排关系到整个墓地的格局，如平顶山应国墓地便是以地势最高的滍阳岭南端作为开端。这一依据有其合理性，但在叶家山墓地研究中，同一依据的利用却产生了不同的看法。张昌平认为 M1 位于墓地所处岗地最为前出的位置，其墓主"师"在墓位安排上当是最早下葬者，此举是为了后来者墓葬排列之便。而张天恩提出，M111 位于岗地最高处，占据着最显耀的位置，因此于曾国意义重大，其墓主曾侯犹当为最早下葬者。

（3）墓葬规模演变。我们设想的前提往往是诸侯国实力日渐强大，因此墓葬规模随之增大，如晋侯墓地的墓葬规模由早及晚不断扩大，尤其表现在其墓道的数量和长度上。另一种情况则可能是，诸侯国在分封之初受周廷庇护较多，而后力不足，致使国运衰落，造成贵族墓葬规模缩小也未可知。且作为一个存续时间较长的诸侯国，其间国力的起伏也是不足为奇的。而因国力的大小变化，诸侯国墓葬规模亦可能随之发生相应的改变。

（4）历史史实。结合西周中晚期南阳盆地诸侯国地望的变化，学者们分析是昭王南征不复这一重大历史事件，改变了这一地区的政治格局，因此叶家山墓地下限当为昭王时期，此后曾国势力逐渐退缩到随枣走廊以西。对历史史实的利用要把握好程度，尤其是要持谨慎态度将考古信息与历史事件结合起来。部分学者仅凭单一的铭文信息对 M111 中所见"南公"身份进行确证，显得证据单薄，无甚说服力。

墓地年代的研究结果是综合多种依据得出的，学者们观点和思路的相互影响也不容忽视。不同的观点或将持续存在，在观点的不断交锋讨论中，正视各种研究方法或者各种依据的不足，将更有利于接近考古材料背后承载的真实信息。

（作者系武汉大学历史学院硕士研究生）

汉代南程墓地结构分析

崔瑞阳

摘要： 墓地结构研究对于探讨古代社会组织形态和历史文化变迁有重要意义。本文以汉代南程墓地为对象，以西汉末期为界将其分为两个发展阶段：第一阶段是形成和繁荣期，墓葬数量众多，均为竖穴土坑墓，以南北向为主，分布密集；遵循家葬制，可见并穴合葬、多座单人墓聚葬等墓位关系，可能代表了一夫一妻、核心家庭、主干家庭等社会组织。第二阶段是衰落期，墓葬数量骤减，出现洞室墓、单室墓和前堂后室墓，以东西向为主，分布面大范围断裂，部分区域发生了使用人群的延续或更替；双人或多人合葬墓出现，可能存在联合或扩展家庭，反映了家葬制的进一步发展。南程墓地是当地传统与外来因素、时代风貌相结合的产物，其兴衰与元氏故城的发展息息相关。

关键词： 汉代；南程墓地；墓地结构；家葬制

墓地是社会生活的投影，墓地结构的研究对探讨古代社会组织形态和历史文化变迁有重要价值。以往学界的关注点主要放在商周族墓葬制度上，近年来随着多处两汉墓地资料的发现与发表，对汉代墓地结构的研究也日益重视起来，主要体现在对族葬制向家葬制转变、家葬制特点及其发展、合葬制的特点及其发展的宏观概括上，① 以李如

---

① 种建荣：《关中郿城汉墓墓地结构研究》，《北方文物》2018 年第 4 期，第 40~46 页。

森①、韩国河②、徐苹芳③、俞伟超④、巫鸿⑤等先生的文章为代表，成果颇丰。

然而，目前针对具体墓地的系统研究仍然较少，主要见于发掘报告、研究文章和学位论文等，例如：南阳丰泰墓地的发掘报告从形成过程、文化内涵、局部布局、墓向及变化、合葬墓等方面进行了详细分析，总结了墓地的布局规律和结构特点；⑥ 王洋、种建荣先生对关中郿城墓地的形成过程、埋葬制度、社会结构等进行了分析，根据使用人群的不同将墓地分为了不同的发展阶段；⑦ 胡兵先生对江苏王庄村汉墓群的墓地排葬规律进行了分析⑧。以上成果的研究思想较为深入，但在研究视野上需要进一步拓宽，有待加强对墓葬与城址、地形、地貌等周边环境关系的探究。蒋晓春先生注意到了这一点，她结合自然环境对三峡地区秦汉时期墓地的选址情况进行了详细讨论，为

① 李如森：《汉代家族墓地与茔域上设施的兴起》，《史学集刊》1996 年第 1 期，第 18~24 页；李如森：《汉代丧葬礼俗》，沈阳出版社 2003 年版，第 217~227 页。

② 韩国河：《秦汉魏晋丧葬制度研究》，陕西人民出版社 1999 年版，第 202~261 页；韩国河：《论秦汉魏晋时期的家族墓地制度》，《考古与文物》1999 年第 2 期，第 60~66 页、第 76 页；韩国河：《试论汉晋时期合葬礼俗的渊源及发展》，《考古》1999 年第 10 期，第 69~79 页。

③ 徐苹芳：《中国秦汉魏晋南北朝时期的陵园和茔域》，《考古》1981 年第 6 期，第 521~531 页。

④ 俞伟超：《考古学中的汉文化问题》，《古史的考古学探索》，文物出版社 2002 年版，第 185~187 页。

⑤ 巫鸿：《武梁祠：中国古代画像艺术的思想性》，柳扬、岑河译，生活·读书·新知三联书店 2006 年版，第 37~43 页。

⑥ 河南省南阳市文物考古研究所、武汉大学历史学院考古系编著：《南阳丰泰墓地》，科学出版社 2011 年版，第 251~259 页。

⑦ 王洋：《关中郿城汉墓研究》，中山大学硕士学位论文，2013 年，第 31~35 页；种建荣：《关中郿城汉墓墓地结构研究》，《北方文物》2018 年第 4 期，第 40~46 页。

⑧ 胡兵：《江苏淮安王庄村汉墓群的发现与研究——兼谈淮安地区汉代土墩墓》，《东南文化》2016 年第 5 期，第 71~81 页、第 127~128 页。

本文的研究提供了借鉴。①

汉代墓地结构个案研究匮乏，主要是由墓地资料发掘不完整、保存情况差的局限性导致的。② 此外，由于西汉墓葬中姓氏资料极为匮乏，墓主身份及家族墓葬难以确认，使得墓地结构研究很难展开，因此学者们多注重东汉墓地，对西汉墓地关注较少。但无论如何，墓地结构是墓葬研究中不可或缺的一部分。本文以常山郡元氏故城南程墓地为研究对象，尝试对其进行墓地结构分析，以期弥补过往汉墓研究的不足。

一、研究对象与方法

南程墓地位于河北省石家庄市元氏县城西北，处于殷村镇南程村与陈郭庄村之间，北距汉代常山郡治所元氏故城仅 1.6 千米，是元氏故城的墓葬区，规模极大。2009—2010 年，考古工作者为配合基础建设共发掘了 A、B、C 三个区（见图 1）。③ A 区为石武铁路客运专线沿线发掘的南程墓地；B 区为南北调中线发掘的南程墓地北区，在A 区之西 150 米；C 区的发掘报告尚未发表，本次研究主要针对 B 区和 A 区。

B 区共计发掘汉墓 126 座、砖窑 2 座、窑前操作坑 1 处。地势西高东低、南高北低，南部有一东西向断面，北部有一古河道，因此该区形成了一个较为封闭的埋葬区域，与 C 区相隔离。报告将该区墓葬分为四期（见图 2）：第一期为西汉中期，上限为文帝前元五年（前175 年）发行四铢半两，下限为武帝元狩五年（前 118 年）发行五铢钱前后；第二期为西汉晚期，大致对应武帝发行五铢钱之后到元帝时期；第三期为西汉末期至东汉初期；第四期为东汉中晚期，约在光武

----

① 蒋晓春：《三峡地区秦汉墓研究》，巴蜀书社 2010 年版，第 131～163页。

② 徐承泰：《汉代考古遗存的埋藏学特征及其影响》，《江汉考古》2015 年第 4 期，第 105～109 页。

③ 南水北调中线干线工程建设管理局、河北省南水北调工程建设领导小组办公室、河北省文物局编著：《常山郡元氏故城南程墓地》，科学出版社 2014年版，第 1 页。

帝建武十六年(40 年)发行东汉五铢以后。由于墓葬破坏严重,发掘者根据墓葬形制演化规律和打破关系等,将没有标型器物出土的竖穴土坑墓均归入西汉中晚期,土洞墓、单砖室墓归入第三期,双砖室墓归入第四期。①

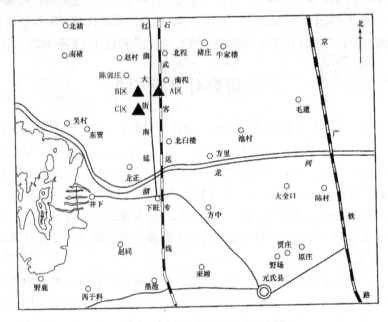

图 1　南程墓地发掘区位置示意图②

A 区分为四个亚区(见图 3—图 6),共计发掘汉墓 65 座和唐墓 1 座。地势平坦,墓葬布局分散。墓葬破坏严重,明确的纪年器物出土较少,发掘者结合墓葬结构、打破关系、器型类比、陶器组合和共出

---

① 南水北调中线干线工程建设管理局、河北省南水北调工程建设领导小组办公室、河北省文物局编著:《常山郡元氏故城南程墓地》,科学出版社 2014 年版,第 19~23 页、第 203~210 页。

② 原图见南水北调中线干线工程建设管理局、河北省南水北调工程建设领导小组办公室、河北省文物局编著:《常山郡元氏故城南程墓地》,科学出版社 2014 年版,第 213 页。

关系等推断，该墓地年代为西汉晚期至东汉初期。其中，竖穴土坑墓属于第一期，即西汉晚期，土洞墓、单墓道砖石混筑墓、双墓道砖石混筑墓属于第二期，即西汉末至东汉初期。①

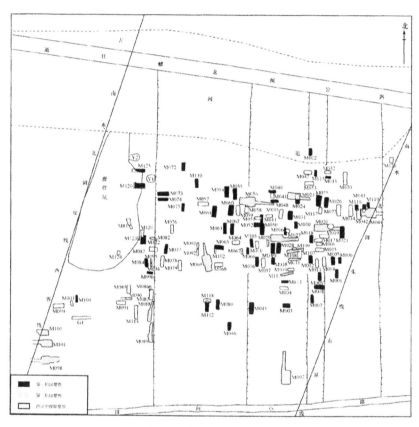

图2　B区墓葬分期图②

①　南水北调中线干线工程建设管理局、河北省南水北调工程建设领导小组办公室、河北省文物局编著：《常山郡元氏故城南程墓地》，科学出版社2014年版，第213~243页。

②　原图见南水北调中线干线工程建设管理局、河北省南水北调工程建设领导小组办公室、河北省文物局编著：《常山郡元氏故城南程墓地》，科学出版社2014年版，第22页。

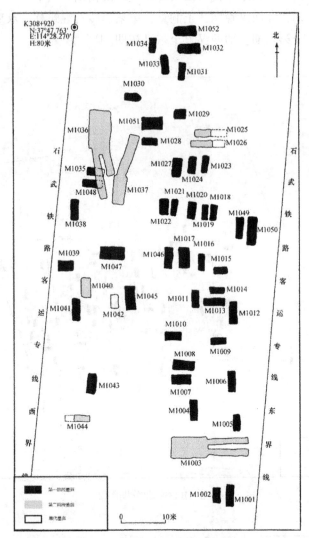

图 3　A 区第一亚区墓葬分期图①

————————

① 原图见南水北调中线干线工程建设管理局、河北省南水北调工程建设领导小组办公室、河北省文物局编著：《常山郡元氏故城南程墓地》，科学出版社 2014 年版，第 216 页。

图 4　A 区第二亚区墓葬分期图①

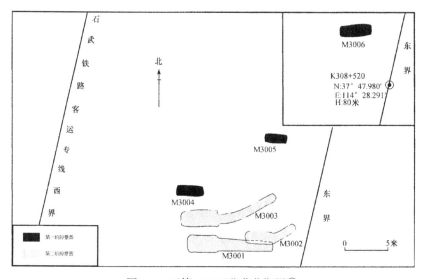

图 5　A 区第三亚区墓葬分期图②

---

　　① 原图见南水北调中线干线工程建设管理局、河北省南水北调工程建设领导小组办公室、河北省文物局编著：《常山郡元氏故城南程墓地》，科学出版社 2014 年版，第 215 页。
　　② 原图见南水北调中线干线工程建设管理局、河北省南水北调工程建设领导小组办公室、河北省文物局编著：《常山郡元氏故城南程墓地》，科学出版社 2014 年版，第 226 页。

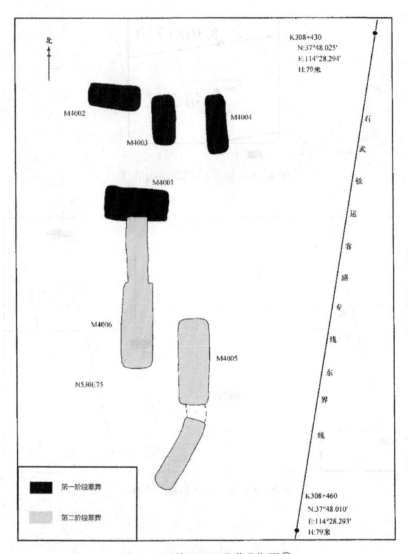

图 6　A 区第四亚区墓葬分期图①

---

①　原图见南水北调中线干线工程建设管理局、河北省南水北调工程建设领导小组办公室、河北省文物局编著:《常山郡元氏故城南程墓地》，科学出版社 2014 年版，第 229 页。

南程墓地是河北地区少见的跨越两汉的大型墓地，对它的研究有利于了解该地区汉代埋葬制度和历史文化的演变。下文的分析主要分两个步骤进行：①

（1）以墓葬分期为基础，根据墓葬数量、形制、方向、打破关系、使用人群等的变化对墓地进行发展阶段划分，结合历史背景和相关研究分析墓地结构的形成过程。

（2）由于墓葬破坏严重，人骨和随葬品资料较少，难以推断墓主人的性别、亲缘关系和族属姓氏，不少墓葬的具体期段也不明确，因此本文主要以墓位关系为依据，综合考虑墓葬聚集程度、空白区域、墓向、形制、葬俗、时代等因素，划分出不同的家庭组织，以探讨家葬制。

二、墓地发展阶段划分

B 区和 A 区的年代有所交叉，且距离较近，具有相似的发展轨迹和结构特征，可以西汉末期为界划分为两个阶段。第一阶段为两个墓地的形成和繁荣发展期，包括 B 区的第一、二期，即西汉中晚期，A 区的第一期即西汉晚期；第二阶段为两个墓地的衰落期，包括 B 区的第三、四期即西汉末期至东汉中晚期，A 区的第二期即西汉末期至东汉初期。从第一阶段到第二阶段，两个墓地的墓葬数量、形制、方向、布局等发生了巨大变化，以下做具体分析。

（一）第一阶段

B 区，该阶段共有墓葬 108 座，占该区墓葬总数的 85.6%，均为竖穴土坑墓。其中，南北向墓 75 座，东西向墓 33 座。西汉中期时，该区墓葬布局很分散，从东到西都有，表明几座墓之间关系比较疏远，同时也是为以后的墓预留空间；之后的墓葬基本上是围绕前期的墓进行布局，出现了若干座墓葬相聚集的情况，可能代表了不同的人

---

① 步骤参考自种建荣：《关中郡城汉墓墓地结构研究》，《北方文物》2018年第4期，第40~46页。

群或家庭。墓葬打破现象较少，说明当时墓上有坟丘标志或有预先规划墓位。

A 区，该阶段共有墓葬 53 座，占该区墓葬总数的 81.5%。均为竖穴土坑墓。其中，南北向墓 31 座，东西向墓 22 座。第二、三、四亚区的墓葬较少，无分布规律可循；第一亚区墓葬较多，同 B 区一样可分辨出若干组成对成群的墓葬，无打破现象。

（二）第二阶段

B 区，该阶段共有墓葬 18 座，占该区墓葬总数的 14.4%。墓葬形制包括竖穴墓道土洞墓、带墓道土坑墓、带墓道单砖室墓、带墓道前堂后室墓。其中，南北向墓 6 座，东西向墓 12 座。随着砖室墓的流行，墓地西北部出现了两座砖窑和共用的窑前操作坑，建于东汉初年，应是为了烧砖就近使用。[①] 墓葬分布有三种情况：（1）一些墓穿插在第一阶段的墓葬群内，如 B 区西南部的 M090、M088 和 M089，与前期墓葬没有打破关系且墓向一致，可能是同一群人埋葬的延续。（2）一些墓打破了第一阶段的墓葬，如 B 区东北部的 M056、M023 和 M044 等，墓向和墓形也发生了显著变化。一种可能是该区域的使用人群发生了更替，与第一阶段的墓主人缺乏密切的社会联系；另一种可能是同一群人埋葬的延续，只是随着时间推移，一些早期墓葬的墓上标志遭到了破坏，所以才会发生打破，而墓向和墓形的改变可能是因为社会风尚的变化。（3）一些墓脱离了第一阶段的墓群向墓地南部扩展，形成了新的埋葬单元，如 M100—M101—M098、M097，一方面可能是因为墓地中部的墓葬分布密集、接近饱和，而北部地势较低，有河道阻挡，只能向南扩展；另一方面显示了这些人群与第一阶段墓主之间疏远的社会关系。总之，由于墓葬数量骤减，绝大多数区域的墓葬分布发生了断裂。

---

① 南水北调中线干线工程建设管理局、河北省南水北调工程建设领导小组办公室、河北省文物局编著：《常山郡元氏故城南程墓地》，科学出版社 2014年版，第 168~169 页。

A区，该阶段共有墓葬 12 座，占该区墓葬总数的 18.5%。墓葬形制包括斜坡墓道土洞墓、单墓道砖石混筑墓、双墓道砖石混筑墓。其中，南北向墓 5 座，东西向墓 7 座。墓葬分布也存在穿插和打破两种情况，如 M1040 埋葬在第一阶段的 M1041 旁、M1036 打破了第一阶段的 M1035 和 M1048、M4006 打破了 M4001 等，可能代表了墓地使用人群的延续或更替。M1025 和 M1026 为洞室墓，与其他竖穴土坑墓和砖室墓所代表的文化属性明显不同，可以确定是新进入该区域的人群。A区并未看到像 B 区一样明显向外扩展的情况，但该区的墓葬分布也发生了大范围断裂。

(三) 墓地形成过程分析

墓葬形制上，两个墓区第一阶段均流行竖穴土坑墓，葬具以木椁、砖椁、石椁为主；第二阶段出现土洞墓、砖室墓和砖石混筑墓。根据宋蓉的研究，冀中南地区西汉时期流行竖穴土坑木椁墓，是当地战国文化传统的延续；西汉中晚期出现砖椁墓和洞室墓，但数量很少，应是分别受鲁北和三河地区文化的影响；西汉晚期出现砖室墓，但直到东汉早期才广泛流行，是汉墓的共性因素。[1]

随葬品上，B区第一期墓葬出土的高领罐、圜底釜、折腹碗均继承自战国赵文化。西汉中期以后，赵文化因素逐渐消失，汉文化器物占据主流，如鼎、盒、壶等仿铜陶礼器、模型明器、人物俑、车马器等，此外还可见蒜头壶等关中秦文化因素。[2]

墓葬方向上，两个墓地均以南北向和东西向为主。B区南北向墓 81 座，东西向墓 45 座，前者约为后者的两倍；A区南北向墓 36 座，东西向墓 29 座，前者也比后者略多。虽然南北向墓在总数上多于东西向墓，但从发展趋势上看，两个墓地在第二阶段均出现了南北向

---

① 宋蓉：《汉代冀中南地域文化的考古学研究——以汉墓为中心》，《文物春秋》2015 年第 1 期，第 30~39 页。

② 南水北调中线干线工程建设管理局、河北省南水北调工程建设领导小组办公室、河北省文物局编著：《常山郡元氏故城南程墓地》，科学出版社 2014 年版，第 170~211 页。

墓少于东西向墓的变化，这一变化在西安北郊战国秦汉墓上也可见。据朱连化统计，战国晚期至西汉初期，西安北郊地区的墓向呈多元形态；西汉中后期，北向墓减少，东向墓开始占据主流；东汉时期，东向墓完全占据主导地位。墓向选择发生变化的背后，反映了随着时间推移，人们逐渐失去原本的文化属性，最终融入汉文化的大一统中来。[1]

综上可知，南程墓地的形成与发展，伴随着该区域战国旧文化传统的消退和统一汉文化面貌的形成，是当地传统与外来因素、时代风貌相结合、演化的产物。[2]

另外，南北向墓一般在 350°~0°~15°、180°~200° 之间，东西向墓一般在 80°~100°、260°~280° 之间，大多接近正向（见图7、图8），说明古人在安排墓位时有认真测量过方向，墓向具有一定意义，可能反映了墓主人的文化传统、亲缘关系等信息。从墓葬分布看，空间上聚集的几座墓葬一般方向相同，但南北向墓群与东西向墓群之间没有严格的界线，呈杂处状态，可能说明了不同文化传统之间关系比较亲密。也有一些墓群内部墓葬方向不同，可能是同一家庭内部依据亲缘关系有特定的墓位排列方式，或者是不同文化传统的人因某些原因聚葬在一起，由于资料的局限性而无法进行验证。

从墓葬数量和布局来看，B区、A区西汉中晚期时墓葬数量较多、分布密集，但在西汉末期之后数量骤减，出现分布面大范围断裂的现象和使用人群更替的情况，A区在东汉初期之后即被废弃，不再有新的汉墓进入。结合相关历史背景来看，南程墓地作为汉代常山郡元氏城的居民墓地，其发展演变与元氏的兴衰息息相关。元氏兴起于公元前225年赵国建元氏城，两汉时期郡国屡遭兴废，均以元氏为治所，因此两汉是元氏城的鼎盛期，故城周围大量的遗址和墓葬均反映

---

① 朱连化：《西安北郊战国晚期至东汉时期墓葬方向的几点认识》，《文博》2016 年第 1 期，第 38~43 页。

② 南水北调中线干线工程建设管理局、河北省南水北调工程建设领导小组办公室、河北省文物局编著：《常山郡元氏故城南程墓地》，科学出版社 2014 年版，第 211 页。

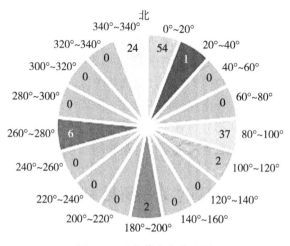

图 7　B 区墓葬墓向分布图

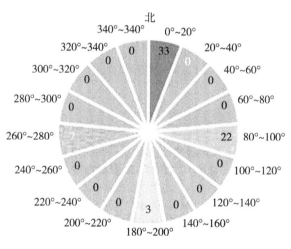

图 8　A 区墓葬墓向分布图

出这个情况。西汉末年天下大乱，该地区战乱频繁，人口流动大、流失严重，反映在墓地上，就是丧葬人口的减少和更替。到了东汉，元氏城发展重新趋向繁荣，一方面是由于郡县两级行政机构都设在元氏城，另一方面是因为统治者的优待政策。① 按理说，东汉时期元氏城附近的墓葬数量应该较多，但 B 区东汉中晚期的墓葬仅有 4 座，A 区不见，应该是因为人们的埋葬区域发生了转移。据报告公布的信息，B 区南部的 C 区共计发掘了中小型砖室墓 30 余座，年代为东汉至曹魏时期，可能是东汉时期人们新开发的墓葬区之一。② 而且从聚落布局来看，元氏故城位于南程墓地西北方，陈郭庄的西部、东部以及南程村的南部、西北部都分布有大片遗址区，③ 所以南程墓地发展到一定程度向南也就是向城外扩张是符合逻辑的。

三、墓位关系所见家葬制

秦汉以来，随着中央集权的巩固和发展，以宗法关系和土地公有为基础的族葬制逐渐瓦解，至西汉中期随着墓地买卖的自由化而彻底崩溃。家葬制代之而起，在一个墓地中出现了若干不同姓氏的、以家族为单位的茔域。东汉时期，由于大土地所有制的发展和庄园经济的膨胀，地主阶级的家庭关系变得十分紧密，表现在埋葬方式上，是单姓氏的大家族墓地的流行，并一直延续到魏晋隋唐时期。④

---

① 南水北调中线干线工程建设管理局、河北省南水北调工程建设领导小组办公室、河北省文物局编著：《常山郡元氏故城南程墓地》，科学出版社 2014年版，第 17~18 页。

② 南水北调中线干线工程建设管理局、河北省南水北调工程建设领导小组办公室、河北省文物局编著：《常山郡元氏故城南程墓地》，科学出版社 2014年版，第 14 页。

③ 南水北调中线干线工程建设管理局、河北省南水北调工程建设领导小组办公室、河北省文物局编著：《常山郡元氏故城南程墓地》，科学出版社 2014年版，第 18 页。

④ 徐苹芳：《中国秦汉魏晋南北朝时期的陵园和茔域》，《考古》1981 年第6 期，第 521~531 页；李如森：《汉代家族墓地与茔域上设施的兴起》，《史学集刊》1996 年第 1 期，第 18~24 页；韩国河：《秦汉魏晋丧葬制度研究》，陕西人民出版社 1999 年版，第 231~239 页。

两汉时期墓地制度的发展还与汉代家庭结构的演变密切相关。①
由于秦汉以来析户政策的推行和社会生产力的发展，家庭成了基层的
社会组织和经济单元。汉代平民阶层的家庭人数一般在五口左右，②
以一对夫妻及其未婚子女组成的核心家庭为主流，兼有一定数量的主
干家庭(包括父母妻子、祖孙三代)，③ 成年已婚兄弟同居的联合家
庭(或称共祖家庭)④和由几个核心家庭构成的扩展家庭⑤在汉代下层
社会并不多见。核心、主干等小规模家庭对应的墓葬形式往往是单人
墓和由这种墓组成的小型墓群。⑥ 到东汉以后，联合、扩展等大规模
家庭逐渐增多，与此变化相应，家族墓葬和墓地也随之扩大，适合家
庭多人合葬的多室墓兴起，大家族墓地也出现了。⑦

南程墓地延续时间长，年代跨越两汉时期，是研究家葬制发展过
程的重要材料。如前文所述，由于资料的限制，无法准确判断墓主人
的亲缘关系和入葬先后，只能根据墓位关系划分家庭并根据埋葬人数
大致推断家庭结构的大小。

(一) 第一阶段

B区、A区该阶段所见的墓位关系主要有以下几种：

(1)一小片区域内只有单独的一座墓。此类墓数量较多，如
BM072、BM002、AM1043、AM3005 等。

---

① 巫鸿：《武梁祠：中国古代画像艺术的思想性》，柳扬、岑河译，生
活·读书·新知三联书店 2006 年版，第 39 页。

② 杜正胜：《传统家族试论(上)》，《大陆杂志》1982 年第 65 卷第 2 期，
第 12~29 页。

③ 赵沛：《两汉宗族研究》，山东大学出版社 2002 年版，第 75 页。

④ 李根蟠：《从秦汉家庭论及家庭结构的动态变化》，《中国史研究》2006
年第 1 期，第 3~24 页。

⑤ 瞿同祖：《汉代社会结构》，邱立波译，上海人民出版社 2007 年版，第
9 页。

⑥ 巫鸿：《武梁祠：中国古代画像艺术的思想性》，柳扬、岑河译，生
活·读书·新知三联书店 2006 年版，第 39 页。

⑦ 赵沛：《两汉宗族研究》，山东大学出版社 2002 年版，第 77 页；瞿同
祖：《汉代社会结构》，邱立波译，上海人民出版社 2007 年版，第 15 页。

(2)两座时代相近的墓聚葬，一般形制相似、大小相若、方向平行，即通常所说的对子墓。① 如 BM073—BM074、BM054（男）—BM055、BM063—BM062、BM093—BM092、BM063—BM062（男）、BM067—BM066（女）、BM105（男）—BM010、BM049（男）—BM028（女）、BM113（女）—BM004、BM032—BM033（男）、AM1052—AM1032、AM1035（女）—AM1048、AM1049—AM1050、AM1008—AM1007、AM1002—AM1001。此类墓大部分可能为夫妻并穴合葬墓，代表以一夫一妻为核心的家庭。其中，BM073（一期一组）—BM074（二期四组）时代差距较大，如果发掘报告断代准确，那么可能是子孙祔葬墓。据李如森考证，汉人有子孙祔葬旧茔的习俗，其形式一般是同一茔地各自为墓。②

(3)一座双人合葬墓和一座单人墓聚葬。如 AM1051—AM1028，AM1051 为并列砖椁墓(图9)，报告说也有可能是并列的南、北两座

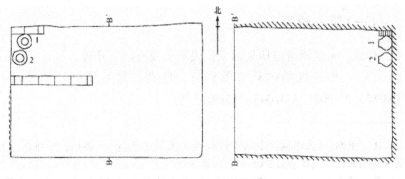

图 9　AM1051 平剖面图③

---

① 种建荣：《关中邹城汉墓墓地结构研究》，《北方文物》2018 年第 4 期，第 40~46 页。

② 李如森：《汉代丧葬礼俗》，沈阳出版社 2003 年版，第 220 页。

③ 南水北调中线干线工程建设管理局、河北省南水北调工程建设领导小组办公室、河北省文物局编著：《常山郡元氏故城南程墓地》，科学出版社 2014 年版，第 219 页。

有打破关系的竖穴土坑墓，因盗扰严重，无从分辨先后关系。① 此类墓可能埋葬了一对父母及其未婚子女两代人，代表一个核心家庭。

（4）三座时代相近、形制相似、大小相若、方向平行的墓聚葬，其中两座往往是对子墓。如 BM060（女）—BM059 加 BM058，BM051—BM052 加 BM011，M036（男）—BM037 加 BM038，BM025—BM026（男）② 加 BM117（男），AM1046—AM1017 加 AM1016、AM1027、AM1024 和 AM1023，此类墓很可能代表核心家庭。此外，也有方向垂直的三座墓聚葬的，如 BM040（女）—BM041（男）—BM048（女），BM118—BM112（男）—BM080，AM4003—AM4004—AM4002，还有跨两个阶段的 AM4006—AM4005—AM4001。陕西杨凌饲料厂的一组西汉中期墓也呈丁字形相交（图 10），③ M34、M37 为夫妇合葬，M35、M36 为后代祔葬，④ 所以这种墓位排列可能用于区分辈分，代表了同一家庭两代人的聚葬。

（5）多座时代相近、形制相似、大小相若、方向平行的墓聚葬，其中也可分辨出对子墓。如 BM034—BM042、BM043（女）—BM119 和 BM116（男），BM012、BM013（男）、BM014 和 BM005（男）—BM006，AM1022—AM1021（男）、AM1019（女）—AM1018 和 AM1020。也有方向不同的几座墓聚葬的，如 BM019、BM017、BM016、BM015、BM018，AM1011、AM1014、AM1013、AM1012。此类墓群一般埋葬 4~5 人，可能代表了核心家庭或主干家庭等较小的家庭结构。

---

① 南水北调中线干线工程建设管理局、河北省南水北调工程建设领导小组办公室、河北省文物局编著：《常山郡元氏故城南程墓地》，科学出版社 2014 年版，第 218~219 页。

② BM026 人骨朽烂，无法鉴定性别，但出土有铜镞，因此推测墓主为男性。

③ 陈国英、孙铁山：《陕西省饲料加工厂周、汉墓葬发掘简报》，《考古与文物》1989 年第 5 期，第 14~27 页。

④ 韩国河：《秦汉魏晋丧葬制度研究》，陕西人民出版社 1999 年版，第 254~255 页。

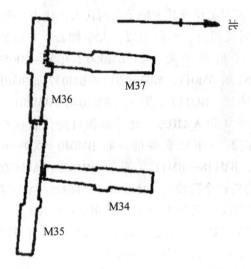

图 10　陕西杨凌饲料厂一组汉墓位置示意图

（二）第二阶段

B 区、A 区该阶段所见的墓位关系有以下几种：

（1）一小片区域内只有单独的一座墓，埋葬一人或多人。如 BM081、BM050、AM1044 为土洞墓或带墓道土坑墓，墓室面积较小，为单人墓；BM023、BM027、BM020、BM097、AM1003 为带墓道单砖室墓或砖石混筑墓，墓室面积较大，可能为双人或多人合葬墓；BM069、BM056、BM044 为前堂后室墓，这种墓前堂近方形，为墓中设奠的场所，后室呈长方形，用于置棺木，① 应为多人合葬墓。由于该阶段墓葬无人骨出土，因此无法得知合葬人数。其中，BM056、BM023、BM069、BM050、BM027、BM044 等虽然分布在 B 区东部上一阶段的墓葬群内，但使用人群已经发生了变更，与周围的墓葬可能不再有亲缘关系，因此可算作单独的墓葬。

---

①　刘庆柱、白云翔主编，中国社会科学院考古研究所编著：《中国考古学·秦汉卷》，中国社会科学出版社 2010 年版，第 398 页。

（2）对子墓聚葬，各埋葬一人。如 BM108—BM071、BM039—BM111（女）、AM1025（男）—AM1026（女），可能为夫妻并穴合葬。

（3）两座墓聚葬，埋葬多人。如 AM1036—AM1037，前者为双墓道砖石混筑墓，后者为单墓道砖石混筑墓，墓葬面积较大，可能埋葬了多人，尤其是 AM1036。

（4）三座及以上的墓聚葬，每 7 座墓埋葬一人或多人。如 BM100、BM101、BM098，为面积较大的单砖室墓和双砖室墓，每座墓可能埋葬了多人，可能为几个核心家庭的聚葬；又如 BM088—BM089 加 BM087，AM3003—AM3001 加 AM3002（可能加上 AM3004）、AM4006—AM4005 加 AM4001，每座墓可能埋葬了单人，可能代表较小的家庭结构。

综上，南程墓地第一阶段遵循家葬制，可见并穴合葬、多座单人墓聚葬的墓位形态，很可能代表了一夫一妻、核心家庭、主干家庭等社会组织，仅见 AM1051 一例可能的夫妻同穴合葬墓。第二阶段的墓地中，上一阶段的几种墓位形态仍然存在，新出现了可用于双人或多人合葬的单室砖墓和前堂后室墓，这种墓或单独分布，或与其他合葬墓、单人墓聚集，除核心、主干家庭外，可能还存在联合、扩展家庭，反映了西汉末期以后家葬制的进一步发展，也从侧面体现了家庭血亲关系的强化和财富以家庭为单位的集中。[1] 不同的家庭死后葬入同一墓地，并非商周族葬制下以血缘关系为纽带的同宗同族聚葬，而是由地缘关系联系起来的地缘组织。

四、结　　语

本文对汉代南程墓地 B 区、A 区的形成过程和社会组织结构进行了分析，根据墓葬数量、形制、方向、布局、使用人群等方面的变化

---

① 李如森：《汉代家族墓地与茔域上设施的兴起》，《史学集刊》1996 年第 1 期，第 18~24 页；韩国河：《试论汉晋时期合葬礼俗的渊源及发展》，《考古》1999 年第 10 期，第 69~79 页；朱津：《从大传统和小传统的理论看"汉制"的形成与发展》，《中原文物》2017 年第 5 期，第 77~83 页。

将墓地分为两个阶段：第一阶段是墓地的形成和繁荣发展期，包括 B
区的第一、二期和 A 区的第一期，时代上涵盖西汉中晚期。该阶段
墓葬数量多，均为竖穴土坑墓，以南北向墓为主，分布密集；遵循家
葬制，可见并穴合葬、多座单人墓聚葬的墓位形态，可能代表了一夫
一妻、核心家庭、主干家庭等社会组织，少见合葬墓。第二阶段是墓
地的衰落期，包括 B 区的第二、三期和 A 区的第二期，时代上涵盖
西汉末期至东汉中晚期。该阶段墓葬数量骤减，开始出现洞室墓、单
室墓和前堂后室墓，以东西向墓为主，分布面发生大范围断裂，部分
区域发生了使用人群的更替；同一家庭的双人或多人合葬墓出现，可
能存在联合家庭或扩展家庭，反映了家葬制的进一步发展。南程墓地
是当地传统文化与外来因素、时代风貌相结合、演化的产物，其兴衰
演变与元氏故城的发展息息相关。

截至目前，全国已发掘的汉墓数以万计，但学者们的目光往往聚
焦于考古学文化时空框架的建立，对墓地结构的研究仍然很薄弱，远
不及史前和商周墓地的研究成果那样丰硕。这提醒我们需尽快开展对
墓地布局结构的研究，加大重视程度，尽快建立起针对汉代墓地埋藏
学特征的研究理论与方法。本文的研究是该方面的一次有益尝试，对
于展示河北地区两汉时期中小型墓地的面貌、探讨两汉的埋葬制度和
社会历史有积极意义。

（作者系武汉大学历史学院硕士研究生）

《村中南》319 号中甲卜辞
集合庙主(神主)群初探^①

唐　朋

摘要：《村中南》319 是一版师历间组的龟腹甲刻辞，其中甲上有一条合祭多个集合庙主(神主)群的卜辞，不同的集合庙主(神主)群的用牲不一样，且呈递减趋势，其祭祀的先王规模也极其浩大，应该引起学界的重视，该文即是尝试对其中不同的集合庙主(神主)所包含的庙主(神主)做出推测。

关键词：《村中南》319；集合庙主(神主)；先王；祭祀

《村中南》319 号中甲卜辞释文旧隶定作：

(1) 乙亥卜：□五廿五，五示册六，四示七□，三示五，□
三示［三］，四示二九□。②

---

①　本文引用甲骨文材料来源书籍如下：1. 中国社会科学院考古研究所：《殷墟小屯村中村南甲骨》，云南人民出版社 2012 年。(文中简称《村中南》)2. 郭沫若主编，胡厚宣总编辑：《甲骨文合集》(十三册)，中华书局 1979—1982 年版。(文中简称《合集》)3. 蔡哲茂：《甲骨缀合汇编——释文与考释》，台湾花木兰出版社 2013 年版。(文中简称《缀汇》)4. 彭邦炯、谢济、马季凡：《甲骨文合集补编》，语文出版社 1999 年版。(文中简称《合补》)5. 林宏明：《醉古集：甲骨的缀合与研究》，台湾万卷楼 2011 年版。(文中简称《醉古》)
②　见刘一曼、岳占伟：《殷墟近出刻辞甲骨选释》，《考古学集刊》第 18 辑，2010 年，第 219 页。中国社会科学院考古研究所：《殷墟小屯村中村南甲骨》，云南人民出版社 2012 年版，第 693 页。孙亚冰：《读〈村中南〉札记二则》，《古文字研究》第 30 辑，2014 年，第 103 页。

王子杨看过实物后提出了不同看法，他认为"册"可能是"廿"，而"六"是泐痕或因清除字口而误剔出的笔画；卜辞第三列用牲数量为"五"的集合庙主(神主)不是"三示"而是"二示"，且"二示"前还有字，可辨认的是"六"字，前面可能也是一个集合庙主(神主)群，由此重新隶写释文作：

> (2) 乙亥卜：奚五廿五，五示(主)廿，四示(主)七，□[主]六，二示(主)五，三示(主)三，⊘，四示(主)二，九一? ⊘。①

朱凤瀚大抵同意王子杨的释文隶写，只是有一处不同：

> (3) 乙亥卜，奚五廿五，五示廿，四示七，□示六，二示五，三示三，四示二，九……②(朱凤瀚认为"奚五廿五"之间可能漏刻一字，按文例是"五示廿五"③)

对该辞中的集合庙主(神主)做出推测的目前只有王子杨和朱凤瀚(见前引两文)。该辞中集合庙主(神主)群连祭，且用牲数量逐渐递减，即意味着所合祭先王地位大致也是递减。王子杨不认为"五廿五"是"五示廿五"漏刻"示"字，因此只有一个"五示"，指的是上甲、大乙、大丁、大甲、祖乙五位先王，且引用了《合集》248 来证明；又认为用牲数量为"七"的"四示"是指大庚、大戊、中丁、祖辛(或祖丁)，且认为用牲数量为"六"的"□示"指的是祖丁(或祖辛)、父乙(或许还有父庚、父辛)；还推定用牲数量为"二"的"四示"是指小

---

① 王子杨：《〈村中南〉319 号中甲卜辞的释读》，《古文字研究》第 30 辑，2014 年，第 105~106 页。

② 朱凤瀚：《〈村中南〉319 片龟腹甲刻辞读后记》，《古文字研究》第 33 辑，2020 年，第 45 页。

③ 笔者同意朱凤瀚的这个观点，首先"五廿五"这种记数方式在卜辞中似乎从未见过，其次，无论将"五廿五"理解成"五个廿五"还是"五、廿五"，其数量与卜辞所记用牲数总和都不一样。

甲、戔甲、羌甲、阳甲四位。然而大乙、大丁、大甲、祖乙常与大庚、大戊、中丁、祖辛、祖丁一起合祭，即是武丁时期卜辞里常见的"九示"，往往再加上"上甲"即是"十示（自上甲十示）"。如：

（4）乙丑□，彗自大乙至丁祖九示。　　　　　《合集》14881

（5）……九示自大乙至丁祖，其比侯專。　　　《合集》20065

（6）己未卜，彗上甲、大乙、大丁、大甲、大庚、大戊、中丁、祖乙、祖辛、祖丁十示率牡。　　　　　　　《缀汇》109

又王子杨将武丁的父辈四王中的三王盘庚、小辛、小乙置于用牲数量为"六"的"□示"中，却将另一父辈先王阳甲与小甲、戔甲、羌甲一起置于用牲数量为"二"的"四示"里，此种做法有待商榷。在殷卜辞中，羌甲地位似乎远远高于其他旁系先王：

（7）王占曰：（不吉），南庚害，祖丁（害），大示、祖乙、祖辛、羌甲害。　　　　　　　　　　　《合集》1772反

上述卜辞中，羌甲与祖乙、祖辛等直系先王并列，可见其地位特殊。李学勤根据《合补》10659、《合补》10627、《合集》32757等版卜辞的系连，得出了部分先王祭祀用牲的数据，其中祭祀羌甲的用牲数远高于其他旁系先王戔甲，[①]也是一个证明。裘锡圭亦认为羌甲地位特殊："羌甲由于有子南庚继羌甲之兄祖辛之子祖丁为王（其位传祖丁之子阳甲），在旁系先王中有特殊的地位。"[②]王子杨推定小甲、戔甲、羌甲、阳甲为用牲数量为"二"的"四示"，可能是据《缀汇》109推定的，但从其他卜辞来看，还有待商榷。

朱凤瀚在王子杨的基础上，做了一定的修改，首先他认为命辞中

---

① 李学勤：《论清华所藏的一版历组岁祭卜辞》，《文物中的古文明》，商务印书馆2008年版，第153~159页。

② 裘锡圭：《〈醉古集〉第207组缀合的历组合祭卜辞补说》，《古文字研究》第29辑，2012年，第5页。

的"五廿五"很可能是漏刻了一字,应是"五示廿五",还说:

> 上述规模较大的合祭所祀即使没有不常见于祀典的外丙、外壬,但也应有"南庚",而且在"四示"位置中应有对于武丁来说亲属关系较近的先王,如般庚(父庚)、小辛(父辛),但如将此二王归入配以"六"个人牲的"□示"中,所配人牲相对配以两个人牲的羌甲、阳甲(卜辞中称 甲)又显得过多。①

朱凤瀚据此推测用牲数量为"廿五"的"五示"是指上甲、大乙、大丁、大甲、祖乙,用牲数量为"廿"的"五示"是指大庚、大戊、中丁、祖辛、祖丁;此种推定较王子杨的更为合理。两个五示相加恰好是"自上甲十示",且前文就说过大乙、大丁、大甲、祖乙常与大庚、大戊、中丁、祖辛、祖丁一起合祭为"九示",又大乙、大丁、大甲、祖乙几位先王较大庚、大戊、中丁几位地位似乎隐隐更高:其一,武丁时期合祭五示,有大乙、大丁、大甲、祖乙,却跳过了大庚、大戊,如《合集》248:"翌乙酉业伐于五示:上甲、成、大丁、大甲、祖乙",本版(即《村中南》319)也有合祭"上甲、大乙、大丁、大甲、祖乙"的卜辞;其二,李学勤根据《合集》32384 与《醉古》207 复原出一条重要卜辞(释文略有改动):"乙未酌系品:上甲十,匚乙三,匚丙三,匚丁三,示壬三,示癸三,大乙十,大丁十,大甲十,大庚七,小甲三,大戊十(?),中丁十,戋甲三,祖乙十,祖辛十,羌甲三(?),祖丁十,阳甲三,父乙十。"②王子杨认为大戊、中丁的祀品为七,李学勤也在文中说过:"大戊和中丁的祀品数或许并不是十,而是和大庚一样的'七'。"③我们也同意其祀品数量为七。也可证明大庚、大戊、中丁的地位略低于大乙、大丁、大甲和祖乙。其三,前

① 朱凤瀚:《〈村中南〉319 片龟腹甲刻辞读后记》,《古文字研究》第 33 辑,2020 年,第 46 页。

② 李学勤:《一版新缀卜辞与商王世系》,《文物中的古文明》,商务印书馆 2008 年版,第 142~150 页。

③ 李学勤:《一版新缀卜辞与商王世系》,《文物中的古文明》,商务印书馆 2008 年版,第 142~150 页。

面提到过的李学勤《论清华所藏的一版历组岁祭卜辞》一文，根据《合补》10659、《合补》10627、《合集》32757等版卜辞的系连，得出的部分先王祭祀用牲的数据中，大戊、中丁用牲数也少于大甲、祖乙等先王。[1] 第二个"五示"(大庚、大戊、中丁、祖辛、祖丁)用牲数量为"廿"，低于第一个"五示"(上甲、大乙、大丁、大甲、祖乙)的用牲数，但又比该辞其他集合庙主(神主)的用牲数更多，符合殷人祭祀先王的祭礼。

另外，朱凤瀚将用牲数量为"七"的"四示"推定为时王武丁的四位父辈先王：阳甲、盘庚、小辛、小乙，也较王子杨的推定更为合理，在殷祭祀卜辞中，时王对亲属关系较近的父辈先王、祖辈先王往往祭礼较为隆重。

其他的几组集合庙主(神主)，朱凤瀚只提到一句"第四、五、六组正可用以安置下世系较远与稍远的旁系先王"[2]。并未对如何推定其组成做出什么解释，现在看来还是可以商榷的。首先是将用牲数量为"六"的"□示"定为"三示"指报乙、报丙、报丁，将用牲数量为"五"的"二示"定为示壬、示癸，然从殷卜辞来看，示壬、示癸的祭礼要略高于报乙、报丙、报丁：

(8)辛亥卜，毛上甲牛，三报羊，二示牛。　　《合集》32349

其次是认为用牲数量为"三"的"三示"是指外丙、雍己、小甲，用牲数量为"二"的"四示"是指外壬、戋甲、羌甲、南庚。在现有殷卜辞里，羌甲、戋甲、小甲几位先王或多或少都显得有点特殊，尤其是羌甲，在某些合祭卜辞里其祭礼不逊于直系先王(前文有提及，可参看)；戋甲有时也被用作"九示"的终止点：

① 李学勤：《论清华所藏的一版历组岁祭卜辞》，《文物中的古文明》，商务印书馆2008年版，第153~159页。
② 朱凤瀚：《〈村中南〉319片龟腹甲刻辞读后记》，《古文字研究》第33辑，2020年，第47页。

(9)己……自大乙九示至戔甲。　　　　　　　　　《合集》21281

在《缀汇》109 中，小甲、戔甲、羌甲、阳甲更是唯四的与一众直系先王合祭，且祭礼用牲等同于二示三报五位直系先王，可见其地位较为特殊；从甲骨文反映的数据来看，殷人在祭祀时对距离时王较近（或者说亲属关系较近）的先王的祭礼往往比较远（亲属关系较远）的先王的祭礼更隆重，外壬、戔甲、羌甲、南庚的祭礼也应该高于外丙、雍己、小甲。

我们赞同朱凤瀚对该条卜辞前三组集合庙主(神主)(五[示]、五示、四示)以及用牲数量为"五"的"二示"的推定，对其他几组则另有不同：第四组集合庙主(神主)在图版中的位置恰好残缺，王子杨根据实物及该条卜辞补充"□[主]六"，示(主)前一字是何，王子杨认为或是"二"或是"四"，① 朱凤瀚补定为"三"。② 从该条卜辞所祭集合庙主(神主)来看，其前面的集合庙主(神主)分别是"五示""四示"，后面的集合庙主(神主)分别是"二示""三示""四示"，朱凤瀚的推测较为合理；朱凤瀚补为"三"的另一条理由应该是"以上共二十六示，与黄组周祭卜辞中从上甲到小乙的二十六位先王相应"，③《村中南》319 号卜甲，整理者定为自组，④ 王子杨定为自历间组，⑤ 朱凤瀚说"其年代大致应在武丁中期"，⑥ 也就是说该条卜辞祭祀先王的最高数量应是二十六位(上甲到小乙，《史记·殷本纪》记载商王世

① 王子杨：《〈村中南〉319 号中甲卜辞的释读》，《古文字研究》第 30 辑，2014 年，第 108 页。

② 朱凤瀚：《〈村中南〉319 片龟腹甲刻辞读后记》，《古文字研究》第 33 辑，2020 年，第 46 页。

③ 朱凤瀚：《〈村中南〉319 片龟腹甲刻辞读后记》，《古文字研究》第 33 辑，2020 年，第 46 页。

④ 中国社会科学院考古研究所：《殷墟小屯村中村南甲骨》，云南人民出版社 2012 年，第 693 页。

⑤ 王子杨：《〈村中南〉319 号中甲卜辞的释读》，《古文字研究》第 30 辑，2014 年，第 105 页。

⑥ 朱凤瀚：《〈村中南〉319 片龟腹甲刻辞读后记》，《古文字研究》第 33 辑，2020 年，第 45 页。

系从上甲到小乙一共二十八位，然中壬、沃丁不见于卜辞，故共有二十六位）。将缺失的一个集合庙主（神主）补定为"三示"刚好符合，但此"三示"用牲数量为"六"，高于"二示"的用牲数量，不太可能指三报三位先王，戋甲、羌甲、小甲又是殷商旁系先王中地位较特殊的几位，因此此"三示"可能指的是戋甲、羌甲、小甲三位。至于用牲数量为"三"的"三示"则是指报乙、报丙、报丁三位，用牲数量仅为"二"的"四示"应该是殷商先王中地位最低的几位旁系先王，即外丙、雍己、外壬、南庚。

最后我们结合王子杨、朱凤瀚的观点，做出了自己的推测：

祭祀对象	祀品数量	所指先王
五[示]	廿五	上甲、大乙、大丁、大甲、祖乙
五示	廿	大庚、大戊、中丁、祖辛、祖丁
四示	七	阳甲、盘庚、小辛、小乙
[三]示	六	小甲、戋甲、羌甲
二示	五	示壬、示癸
三示	三	报乙、报丙、报丁
四示	二	外丙、雍己、外壬、南庚

（作者系武汉大学历史学院硕士研究生）

五一广场简"黄详遇刺案"文书编联试探

蔡雨萌

摘要：《长沙五一广场东汉简牍选释》有木两行 CWJ1①：89-1 一枚，整理者认为其与选释中的另一枚木两行 CWJ1③：193 相关，均涉及一桩遇刺案件。陈伟老师根据两枚简的文意，认为其应当连读。① 本文根据五一广场简新公布的材料，对这份文书的编联作了一定程度的修改，认为选释 141（CWJ1-3：193）号简应当与 1279＋1272（木两行 2010CWJ1③：265-25＋265-18）号简连读，而非与选释 5（CWJ1-1：89-1）号简连读。同时根据文书笔迹以及形制的不同将这一案件所涉及的简牍材料分为两组，结合文书的文本内容，与解书这一文书类型的特点进行对照，最终将这一案件的文书性质确定为解书。

关键词：五一广场东汉简；编联；解书

一、编 联 新 探

《长沙五一广场东汉简牍选释》这两枚简的释文分别为：

> 廷书曰：故亭长李嵩病，邮亭掾赵竟勅楮溪例亭长黄详次领嵩职（职）。其夜鸡鸣时，详乘马，将子男顺起例之广成，到赤

---

① 陈伟：《长沙五一广场东汉简牍141、5号试读》，简帛网 2016 年 2 月 8 日，http：//www.bsm.org.cn/show_article.php？id＝2467，2021 年 7 月 5 日。

坑冢间。① 详从马上见不知何一141（CWJ1-3：193）②

男子曰："我穷人，勿迫我。掾还。"详曰："何如还者？"下马。男子以解刀刺详，不中。详以所有把刀研男子，创二所。男子复走五步所，详追逐，及。男子还，反顾芎（向）详，尚持兵，未疆赴。详复研男子，创二5（CWJ1-1：89-1）③

从以上两条简文可知，因故亭长李嵩病，楮溪例亭长黄详在接受邮亭掾赵竟的命令后次领嵩之职务，夜里鸡鸣之时黄详乘马带着子男顺从楮溪例前往广成乡，途经赤坑冢时，黄详从马上看见不知何一男子。在黄详尚未有任何动作之时，男子说："我穷人，勿迫我。掾还。"但从之前的文句看不出详在逼迫该男子。因此连读后文意仍有不顺，该编联存在疑问。在五一广场简新公布的材料中，有三枚简与该案密切相关，可为以上两枚简的编联提供新的思路。为便于讨论现将三枚简列举如下，标点为笔者所加。

盾随详行，详乘马在前，顺后，欲之竟所，西行去详例十四里所，欲明未到广成大里可十里所至赤坑冢闲，详从马上见不知何一男子伏在草中，去大道可529（木两行2010CWJ1③：261-7）④

卷（？）楬道偏抚告上下丘里，行道过客无有识有（？）男子者。疑远所奸人，刺贩顺腋下衣一所，臧直十钱，考问详辤与竟、顺、宗等验证，不知何一男子公夜行伏道旁草1260（木两行

---

① "冢"，整理者释为"家"，从字形看当是"冢"字。参见伊强《长沙五一广场东汉简牍中的"例"及相关职官问题初论》，《简帛》第十六辑，上海古籍出版社2018年第1期，第174页。

② 长沙市文物考古研究所等编：《长沙五一广场东汉简牍选释》，中西书局2015年版，第218页。

③ 长沙市文物考古研究所等编：《长沙五一广场东汉简牍选释》，中西书局2015年版，第125~126页。

④ 长沙市文物考古研究所等编：《长沙五一广场东汉简牍[贰]》，中西书局2018年版，第194页。

2010CWJ1③：265-6）①

男子伏在道旁草中，详苛问不应，详谓顺往捽男子头，顺即往男子走，顺追搩男子背衣，男子拔所持解刀刺顺右腋下，贯衣，不中肉，顺还呼曰："人杀我"，详追逐谓1279+1272（木两行2010CWJ1③：265-25+265-18）②

以上三枚简均涉及了亭长黄详、黄详子男顺以及袭击黄详与顺的不知名男子，这说明三枚简与前文所述的141号简、5号简涉及同一个案件。在529号简和1260号简中有"不知何一男子伏在草中"与"不知何一男子公夜行伏道旁草"的表述，这对寻找141号简后所编联之简有一定的指示作用，即141号简的最后一句"详从马上见不知何一"后所接的大致情形应为男子夜里伏在道旁的草中，而1279+1272号简的开头首句即为"男子伏在道旁草中"，这说明141号简与1279+1272号简可以连读。

廷书曰：故亭长李嵩病，邮亭掾赵竟劾楮溪例亭长黄详次领嵩戳（职）。其夜鸡鸣时，详乘马，将子男顺起例之广成，到赤坑冢间。详从马上见不知何一141（CWJ1-3：193）③男子伏在道旁草中，详苛问不应，详谓顺往捽男子头，顺即往男子走，顺追搩男子背衣，男子拔所持解刀刺顺右腋下，贯衣，不中肉，顺还呼曰："人杀我"，详追逐谓1279+1272（木两行2010CWJ1③：265-25+265-18）④

将两枚简连读后，可知黄详所见到的是不知何一男子，该男子伏在道路一旁的草中，黄详苛问该男子但其并未回应，于是黄详让顺去抓住

---

① 长沙市文物考古研究所等编：《长沙五一广场东汉简牍[肆]》，中西书局2019年版，第162页。

② 长沙市文物考古研究所等编：《长沙五一广场东汉简牍[肆]》，中西书局2019年版，第164页。

③ 长沙市文物考古研究所等编：《长沙五一广场东汉简牍选释》，中西书局2015年版，第218页。

④ 长沙市文物考古研究所等编：《长沙五一广场东汉简牍选释》，中西书局2015年版，第125~126页。

男子头，男子见到顺走过来便要离开，顺追逐男子捉住了男子后背的衣服，男子便拔出所持有的解刀向顺刺去，刺中了顺右腋下的衣物，没有伤及皮肉，顺受到惊吓回身呼救。从文意上看将 141 号简与 1279+1272 号简连读是非常顺畅的。同时也部分弥补了将 141 号简与 5 号简直接连读后存在的情节缺失。其次我们来看两简之形制是否匹配。

从表 1 可知 141 号简长 23.2 厘米、宽 3 厘米，1279+1272 号简为两枚残断简拼合而成，总长度为 24.6 厘米，宽 3.1 厘米。可以看出两支简在宽度方面相同，但是在长度方面相差有 1.4 厘米之多。究其原因，笔者认为主要是 1279+1272 号简为残断简拼合而成，在对残简进行测量时一般会选取其最长部分进行测量，但在对简进行拼合时两枚简长短相对，就会抵消掉一部分的长度，只将 1279 与 1272 两枚残简长度简单相加所得出的长度未必是 1279+1272 号简的最终长度。要得出 1279+1272 号简的长度，我们可减去 1279 或 1272 所多出的长度，经过大致测量，1272 多出的长度为 1.6 厘米左右，而 1279 多出的长度为 1.5 厘米左右。这一长度与 1279+1272 号简和 141 号简所差之 1.4 厘米极为相近，而考虑到计算还有一定的误差值，因此笔者认为 1279+1272 号简和 141 号简在形制上基本没有差距。所以不论是从文意还是从形制来看 141 号简后都应当接连 1279+1272 号简。

表 1

141	木两行	长 23.2 厘米，宽 3.0 厘米	
1279	木两行	长 6.8 厘米，宽 3.1 厘米	1279+1272
1272	木两行	长 17.8 厘米，宽 3.1 厘米	1279+1272

在确定 141 号简与 1279+1272 号简的连读关系之后，原本被认为应当置于 141 号简后的 5 号简该置于何处便成为必须要讨论的问题。从 5 号简的文意来看，其涉及了黄详与该袭击男子之间的对话和打斗过程，该内容看似是 141 与 1279+1272 号简所记载案件的后续情形。但是若将 5 号简直接与 1279+1272 号简连读也略有不妥。从简文可知 1279+1272 号简以"详追逐谓"为结尾，据此推断其后应当接黄详所说的内容，但 5 号简以"男子曰：我穷人，勿迫我。掾还"为开头，可知 5

号简的开头句非为黄详所说而是由袭击男子所说，这说明 5 号简并不能直接与 1279+1272 号简相接。因此笔者认为这三枚简的关系如下：

　　廷书曰：故亭长李蒿病，邮亭掾赵竟勑楮溪例亭长黄详次领蒿臧（职）。其夜鸡鸣时，详乘马，将子男顺起例之广成，到赤坑冢间。详从马上见不知何一141（CWJ1-3：193）①男子伏在道旁草中，详苟问不应，详谓顺往捽男子头，顺即往男子走，顺追搕男子背衣，男子拔所持解刀刺顺右腋下，贯衣，不中肉，顺还呼曰："人杀我"，详追逐谓1279+1272（木两行 2010CWJ1③:265-25+265-18）②
　　（缺简）
　　男子曰："我穷人，勿迫我。掾还。"详曰："何如还者？"下马。男子以解刀刺详，不中。详以所有把刀斫男子，创二所。男子复走五步所，详追逐，及。男子还，反顾艻（向）详，尚持兵，未彊赴。详复斫男子，创二5（CWJ1-1：89-1）③

二、文书性质探究

　　除上述三枚可编联之木两行外，剩余的 529 号与 1260 号两枚木两行的记录也较为完整，529 号简记载了黄详在去往广成的路途中，行至赤坑冢遇见路旁一男子之事。从其内容来看与选释 141 所记之内容高度相似，仅多出案发地点与各地之间的距离。1260 号简记载了为了寻找该袭击男子，在丘里张贴告示，但无人认识这一男子，故认为该男子来自外地，同时对此案造成的损失进行了认定，在最后还涉及了总结性的案件陈述。只从文意上看并不能确定 529 号、1260 号

---

　　① 长沙市文物考古研究所等编：《长沙五一广场东汉简牍选释》，中西书局2015 年版，第 218 页。
　　② 长沙市文物考古研究所等编：《长沙五一广场东汉简牍[肆]》，中西书局2019 年版，第 164 页。
　　③ 长沙市文物考古研究所等编：《长沙五一广场东汉简牍选释》，中西书局 2015 年版，第 125~126 页。

两枚简与前述的选释 141、1279+1272、选释 5 之间的关系。因此笔者试图通过对形制以及书手的分析来确定二者之间的关系。首先来看 529 号、1260 号简与三枚木两行在书手方面的比较：

从表 2 可以看出，选释 141、1279+1272 与选释 5 号简的"详"字右侧偏旁"羊"的最后一横有明显的顿压和起钩，而 529 与 1260 号简的"详"字未有此特征。同样的前三简"男"字的上侧的"田"靠左，且下侧的"力"有明显的起钩，而后两枚简的"男"字，上侧的"田"靠近中间，且下侧的"力"也没有起钩的现象。最后前三支简与后两枚简在"辶"的写法上也有很大的不同，前三枚简枚简倾向于将"辶"分几笔写成，而 529 与 1260 号简则是将"辶"这一笔画连笔写成。因此从笔迹方面可以大致推断选释 141、1279+1272 与选释 5 为同一书手，而 529 号简与 1260 号简属于另一书手。而既然出现两个书手，那么极有可能这五枚简并不属于同一册。其次来看五枚简的形制，如表 3 所示。

表 2

	选释141	1279+1272	选释5	529	1260
详					
详					
详					
男					
男					
男					
辶					
辶					
辶					

表3

选释 141	木两行	长 23.2 厘米，宽 3.0 厘米	
1279	木两行	长 6.8 厘米，宽 3.1 厘米	1279+1272
1272	木两行	长 17.8 厘米，宽 3.1 厘米	1279+1272
选释 5	木两行	长 23.2 厘米，宽 3.0 厘米	
529	木两行	长 24.0 厘米，宽 2.9 厘米	
1260	木两行	长 24.0 厘米，宽 3.0 厘米	

根据表3可知，除简 1279+1272 由于残断长度较为不同外，选释 141 号简与选释 5 号简的长度均为 23.2 厘米，而 529 号简与 1260 号简的长度则为 24 厘米，较前者要多出 1 厘米。因此从形制上来看，529 号简、1260 号简与选释 141、1279+1272、选释 5 也分别属于两册不同的简，这就与根据书手所判断出的结果相吻合。所以从目前的情况来看 529 号简、1260 号简与选释 141、1279+1272、选释 5 应当是涉及了同一案件的两组文书。

既然以上五枚简涉及同一案件，那为何又出现两组文书，这一问题需要进一步探讨。在五一广场简中有一类文书称解书，而这种文书的特点似与本文所出现的同一案件两组文书的特殊情况相符。关于解书前人已有不少的讨论。李均明先生认为："廷书是县亭的文书，以机构命名。解书是对县廷文书的一种解释，是与廷书相对应的。"①唐俊峰先生同样认为"'解书'主要目的在于解释某事，其前提是上级机关之前曾就该事询问下属机构，要求它们调查并回覆"②。为了更好地对解书这一文书的特点进行分析，暂举五一广场简中的四则解书相关材料：

---

① 夏笑容：《"2013 年长沙五一广场东汉简牍学术研讨会"纪要》，《文物》2013 年第 12 期，第 91 页。

② 唐俊峰：《东汉早中期临湘县的行政决策过程——以五一广场东汉简牍为中心》，简帛网 2019 年 12 月 20 日，http://www.bsm.org.cn/show_article.php?id=3481，2021 年 7 月 11 日。

（一）广亭长晖言傅任将杀人贼由并

小盗由肉等妻归部考实解书　　六月廿九日开654（木两行2010CWJ1③：263-4）

永元十六年六月戊子朔廿八日乙卯，广亭长晖叩头死罪，敢言之。前十五年男子由并杀桑乡男子黄徼，匿不觉。并同产兄肉，复盗充丘男子唐为舍。今年三月不处

664+542（木两行2010CWJ1③：263-14+261-22）

广亭长毛晖名印

六月　日邮人以来

史　白开664+542（木两行2010CWJ1③：263-14+261-22）背

日并、肉各将妻子俱于郡下燔溪上，士食湘中游徼家，田姓棋不处名。到其年六月不处日为吏所捕得，晖叩头死罪死罪。辄考问肉妻弄及652（木两行2010CWJ1③：263-2）

并妻妃辟：随夫家客田。弄、妃疑不知情，晖谨诡具任五人将归部，考实杀人、小盗，具位证左，复处言，晖职事留迟，惶恐叩头死罪死罪敢言之。655（木两行2010CWJ1③：263-5）①

（二）东部贼捕掾阳言考 AI

·伤人者吴统竟解书 AⅡ

八月十四日发丞 BⅡ1118（木两行2010CWJ1③：264-272）②

永初三年八月戊午朔八日甲子，东部贼捕掾阳、游徼范、杅亭长郁，叩头死罪敢言之。Ⅰ

廷书：效功亭长龚均捕得伤李朕者吴统，书到，亟考实辨状，正处Ⅱ1383（木两行2010CWJ1③：265-129）

东部贼捕掾连阳名印 AI

---

① 周海锋：《长沙五一广场东汉简牍》文书复原举隅（一），简帛网2018年12月26日，http：//www.bsm.org.cn/show_article.php? id=3280，2021年7月8日。

② 长沙市文物考古研究所等编：《长沙五一广场东汉简牍[叁]》，中西书局2019年版，第194页。

八月　日　邮人以来 AⅡ

史　白开 BⅠ 1383(木两行 2010CWJ1③：265-129)背①

(三)待事掾祉言考实亭长Ⅰ

乐誧受邓登钱牛塞却解书Ⅱ 1350(木两行 2010CWJ1③：265-96)②

问武不敢证加功，誧受钱八万、牛四头，登为家私使龙亡皆不问，即元布Ⅰ奴武等证，牛二头直钱万二千，见钱万六千，布九匹，匹直钱三百，盗赋臧并三Ⅱ 531(木两行 2010CWJ1③：261-9)③

胡朗议，誧吏盗赋，受所监臧皆二百五十以上，以县官事他贼殴人，有疻痏，Ⅰ数罪，龙为人行言以钱赇与吏，所不当得，为前失不分别，并结誧假错所Ⅱ 1378(木两行 2010CWJ1③：265-124)④

廷谒傅前解，严小武陵曲平亭复侁、宝举劾龙、誧及何人□，祉职事无Ⅰ状，惶恐叩头死罪死罪敢言之。Ⅱ 1103(木两行 2010CWJ1③：264-257)⑤

(四)君教若 AⅠ

左贼史式、兼史顺、详白，前部左部贼捕掾笃等考实 BⅠ 南乡丈田史黄宫、趣租史李宗殴男子邓官状。今 BⅡ 笃等书言，解

①　长沙市文物考古研究所等编：《长沙五一广场东汉简牍[肆]》，中西书局 2019 年版，第 180~181 页。

②　长沙市文物考古研究所等编：《长沙五一广场东汉简牍[肆]》，中西书局 2019 年版，第 176 页。

③　长沙市文物考古研究所等编：《长沙五一广场东汉简牍[贰]》，中西书局 2018 年版，第 194 页。

④　长沙市文物考古研究所等编：《长沙五一广场东汉简牍[肆]》，中西书局 2019 年版，第 180 页。

⑤　长沙市文物考古研究所等编：《长沙五一广场东汉简牍[叁]》，中西书局 2019 年版，第 191 页。

如牒，又官复诣曹诊右足上有殴创一所，BⅢ广袤五寸，不与解相应。守丞护、掾普议，解散略，请 BⅣ 却实核。白草 BⅤ429+430（木牍 2010CWJ1③：202-4+202-5）①

以上所举四则文书中前三例为解书，第四例为与解书相关的君教文书。通过对前三个解书案例的分析可知，一册比较完整的解书主要包括以下几个要素：一是标题简；二是上报时的时间与处理事件的官员；三是对上级所指派事件的摘录；四是处理该事件的详细过程；五是对所调查事件结果的总结。第五部分内容一般包含标志性用语"复处言"或"正处复言"等。以上所说的五点仅是解书中的必要因素，并非所有的解书都只有这五个方面的内容，解书为下级对上级所指派事件回复的这一特征决定了解书的形式必然是多种多样的。根据以上对解书要素的分析，与本文所涉及的五枚简相对比，选释 141、1279+1272、选释 5 这一组简以"廷书曰"作为开头，这与上文所说的解书中的第三个要素即对上级所指派事件的摘录相符。而 529 号以及 1260 号简由于其记载内容太少，暂时不能认定其与解书中的哪一部分相符合。因此仅从文书形式上看并不能确定本文所提及的两组简一定是解书。而这两组简分属不同形制与书手的特点则为断定文书类型提供了另一种思路。前文已提及解书是对县廷文书的一种解释，其前提是上级机关之前曾就该事询问下属机构。那么既然解书产生于县廷就某事对下属机构的询问，就会产生一种可能性即县廷对下属机构的回答并不满意，发文要求下属机构重新作出调查。而以上所举的第（三）例和第（四）例虽然不属于同一案件，但是很大程度上反映了这种可能性。第（四）例是五一简中较为常见的君教文书，从中可知县廷认为贼捕掾笃等考实的内容仍有不妥之处，于是"守丞护、掾普议，解散略，请却实核"，其中的"却"应当有退回重新调查之意。而第（三）例的这封解书则恰好与第（四）例相合，即是对县廷要求重新调查的一个回复，其标题简"待事掾祉言考实亭长乐補受邓登钱牛塞

---

① 长沙市文物考古研究所等编：《长沙五一广场东汉简牍［贰］》，中西书局 2018 年版，第 175 页。

却解书"则证明了这一点，此外该封文书中的"廷谒傅前解"也是重新回复的一个证明，"谒傅前解"根据高智敏的研究可知其含义为"将本次上呈的'解'附在前次的'解'后，本次'解'是对前次"解"的进一步阐述"。①

根据以上分析可得，解书作为一种文书类型，其有着实时性与灵活性，正是在这种上级的询问以及下级的答复中，对案件的调查才更加的深入，正如唐俊峰所言"县的行政决策就是如此周而复始"②，既然解书有着这样的特性，而本文所举同一案件两组简分属不同形制与书手这一特点，则刚好与解书的这种特性相合。再结合前文所提及的，选释 141、1279+1272、选释 5 这一组简以"廷书曰"这一解书常用元素作为开头，因此可以大致推定本文所涉及的这两组简文的文书类型属于解书。

（作者系武汉大学历史学院硕士研究生）

---

① 高智敏：《论吴简许迪案中的"考实竟"与"傅前解"》，简帛网 2017 年 6 月 22 日，http：//www. bsm. org. cn/show_article. php？ id = 2828，2021 年 7 月 11 日。

② 唐俊峰：《东汉早中期临湘县的行政决策过程——以五一广场东汉简牍为中心》，简帛网 2019 年 12 月 20 日，http：//www. bsm. org. cn/show_article. php？ id = 3481，2021 年 7 月 11 日。

山东青岛土山屯墓群
M147：25-1 号牍校注

丁善泉

摘要：本文试对最近披露的土山屯 M147：25-1 号牍中的《堂邑元寿二年要具簿》进行校释，并探讨文字释读、句读、分栏等问题，进而分析簿籍中所载各项统计数据之间的关系，希望有助于更好地研究和使用这批材料。

关键词：土山屯木牍；簿籍文书；校注

青岛市文物保护考古研究所、黄岛区博物馆于《山东青岛土山屯墓群四号封土与墓葬的发掘》一文披露了土山屯 M147：25-1 号牍的图版及释文，① 这件牍包含两篇簿籍，分别自名《堂邑元寿二年要具簿》（下文简称《要具簿》）、《元寿二年十一月见钱及逋簿》（下文简称《见钱及逋簿》）。这一新发现为探索西汉晚期县级政府的行政运转提供了宝贵的材料。笔者不揣浅陋，试对其字词进行疏解，并分析簿籍中几项数据的相互关系，不当之处请方家指正。

---

① 青岛市文物保护考古研究所、黄岛区博物馆：《山东青岛土山屯墓群四号封土与墓葬的发掘》，《考古学报》2019 年第 3 期，第 405 页。本文所引土山屯木牍相关释文均引自此文。

一、《堂邑元寿二年要具簿》校注

·堂邑[1]元寿二年[2]要具簿[3]正 1-1①

【校注】

[1]"堂"字前的墨点,原释文缺,此处据图版补。本牍背面自题"堂邑二年十一月见钱及逋簿"的"堂"字之前即有提示性的墨点,M147:45 号牍标题开端也有这样的墨点。②

堂邑,西汉临淮郡下属县,见《汉书·地理志》。

[2]元寿二年(前 1 年),汉哀帝第三个年号元寿的第二年,也是汉哀帝在位的最后一年。

[3]要具簿,整理者认为本牍为"具有上计文书性质的文书牍",此处疑为以月为单位对县域内各项情况进行统计的带有上计文书性质的簿籍。

[**今按**]此为本牍正面第一行,是本牍第一个簿籍的自题簿籍名。

城一舟(周)二里百廿五步。[4]**县东西百卅五里五十步,南北九十一里八十步** 1-2

【校注】

[4]本行记载堂邑县的方圆大小,从城池周长、东西南北长度两个角度加以统计。因其统计内容分为两个部分,故这里的"步"后原整理做逗号,此处或可改为句号。

[**今按**]描述行政区划的方圆大小,可能为上计类文书中的一项固定内容,其他简牍材料中亦见类似内容的出现。尹湾简《集簿》中有对于东海郡行政区划大小的描述,如"界东西五百五十一里南北四

---

① 此处整理号:在前者为栏号,其中 1 为上栏,2 为下栏以此类推,其中 1、2 为正面,3、4、5 为背面;数字在后者表示该栏的第若干行。

② 参见程鹏万:《简牍帛书格式研究》,上海古籍出版社 2017 年版,第 199~200 页。

百八十八里如前"，记载了东海郡东西南北的大小方圆。① 苏仙桥西晋简"便令谈隆治便城周匝一里十五步 1-1""晋宁令周系治晋宁城周匝一里二百卅步高一丈五尺 1-2"，交代了便县、晋宁县的城池方圆，② 但没有记载两县的东西南北四至。

若按西汉一里合计 417.53 米计算，堂邑县城池周长不大于 3 里，即 1252.59 米，③ 属于"E-特小型县邑城"。④ 堂邑县城周长与"东西约 250 米，南北约 200 米，西汉属泰山郡"的柴县故城周长大致相类。⑤ 临淮郡故地目前发现有东阳县城，周长不详。⑥

户[5]二万五千七，多前二百卅七1-3

口[6]十三万二千一百四，其三百卅奴婢，少前千六百八1-4

复口[7]三万三千九十四1-5

定事口[8]九万九千一十，少前五百卅四1-6

【校注】

[5]户，指户数。元寿二年堂邑县户数增加 247 户。

[6]口，指人口数。元寿二年堂邑县人口减少 1608 人。

[7]复口，免除徭役、算赋的人。松柏汉墓 53 号牍："安陆使大男四百七十五人大女八百一十八人小男五百五十八人小女三百六十九

---

① 张显成、周群丽：《尹湾汉墓简牍校理》，天津古籍出版社 2011 年版，第 4 页。

② 吴荣曾、汪桂海主编：《简牍与古代史研究》，北京大学出版社 2012 年版，第 231 页。

③ 徐龙国：《秦汉城邑考古学研究》，中国社会科学出版社 2018 年版，第 67 页。

④ 徐龙国：《秦汉城邑考古学研究》，中国社会科学出版社 2018 年版，附表四：黄河中下游地区考古发现城址一览表，第 417 页。

⑤ 参见车吉心等编：《齐鲁文化大辞典》，山东教育出版社 1989 年版。转引自徐龙国：《秦汉城邑考古学研究》第 424 页。

⑥ 参见尤振尧：《秦汉东阳城考古发现与有关问题的探析》，《中国考古学会第五次年会论文集》(1985)，文物出版社 1988 年版。转引自徐龙国：《秦汉城邑考古学研究》第 425 页。

人·凡口二千二百二十人其二百二十九人复",①彭浩先生指出"复"应是指免除算赋和徭役。②

[8]事,指徭役。与"复口"对应的"定事口",当是指服徭役的人。

[今按]以上四行是对户数、口数及其增减数量的统计。先列出总的户数、口数,然后分别列出复口数和定事口数,也就是将"口"区分为复口、定事口两类。其中定事口占比约 75%,复口约占比 25%。

与牍文类似的记载在尹湾简亦有出现:"户廿六万六千二百九十,多前二千六百廿九,其户万一千六百六十二获流。口百卅九万七千三百卌三,其(?)四万二千七百五十二获流。"可知户口数目及其增减情况的统计是上计簿籍中必要的部分。③

牍文可见两个现象:其一,堂邑县元寿二年,户的数量增加,人口及定事口数量却减少;其二,奴婢被统计在人口条目下,但数量比较少。第一个现象出现的原因或许是析户及吸纳流民而呈现出户数增加的局面;而口数减少可能与这一年灾害导致的人口减少(逃亡或死亡)有关。奴婢数量较少则可能与汉哀帝解放奴婢的法令有关。《汉书·哀帝纪》:"又曰:'制节谨度以防奢淫,为政所先,百王不易之道也。诸侯王、列侯、公主、吏二千石及豪富民多畜奴婢,田宅亡限,与民争利,百姓失职,重困不足。其议限列。'有司条奏:'诸王、列侯得名田国中,列侯在长安及公主名田县道,关内侯、吏民名田,皆无得过三十顷。诸侯王奴婢二百人,列侯、公主百人,关内侯、吏民三十人。年六十以上,十岁以下,不在数中。贾人皆不得名田、为吏,犯者以律论。诸名田畜奴婢过品,皆没入县官……掖庭宫人年三十以下,出嫁之。官奴婢五十以上,免为庶人。'"汉哀帝年间

① 荆州博物馆编著:《荆州重要考古发现》,文物出版社 2009 年版,第211 页。

② 彭浩:《读松柏出土的四枚西汉木牍》,《简帛》第四辑,上海古籍出版社 2009 年版,第 340 页。

③ 张显成、周群丽:《尹湾汉墓简牍校理》,天津古籍出版社 2011 年版,第 4 页。

对蓄奴数量做了较明确的限制，并采取解放奴婢的措施，虽然这一政策的执行未必严格到位，但这可能成为奴婢数量较少的原因。

综合来看，堂邑县户均口数为 5.14 人，这一数字与根据尹湾汉简计算出的东海郡户均口数 5.24 人接近。若参考《汉书·地理志》中临淮郡的情况："临淮郡，户二十六万八千二百八十三，口百二十三万七千七百六十四。县二十九。"结合牍文中对元寿二年堂邑县人口户数的记载，则堂邑县人口在临淮郡中占比为 9.95%，户占比为9.58%，均高于 29 县平均占比 3.45%，且堂邑并非郡治，则堂邑县可能属于临淮郡中"较大"的县，但也不排除存在因《汉书地理志》记载的时间与元寿二年不一致而导致数据误差的可能性。因此我们或可参考几乎同一时期东海郡的情况，尹湾简"M6 出土简牍记有'永始'和'元延'年号，故知其为西汉晚期成帝时物"，①《要具簿》题为元寿二年，二者时代相近，且临淮郡与东海郡地理相邻，但堂邑县口数与户数也远高于东海郡每县级单位平均口数、户数，可见堂邑县或应为一较大的县。上文已论，但堂邑县城规模相对较小，则其大部分人口可能并不居住在县城之内，而是分布于城外的村落。

凡筭（算）[9]六万八千五百六十八其千七百七十九奴婢1-7

复除[10]罢癃（癃）[11]筭二万四千五百六十五1-8

定事筭（算）[12]四万四千三多前六百廿二1-9

【校注】

[9]算，裘锡圭先生在讨论凤凰山汉墓简牍时指出应为算赋，"算钱即算赋，是汉代统治者向人民征收得一笔重要赋税"。②《汉书·昭帝纪》："民年七岁至十五岁，年出二十三钱为口赋；民年十五至五十六，年出百二十钱为算赋。"

[10]复除，指免除，前文注释[7]已有讨论。

[11]罢癃（癃），即因残疾或疾病享受徭役、算赋优待的特殊群

---

① 连云港市博物馆、东海县博物馆、中国社会科学院简帛研究中心、中国文物研究所编：《尹湾汉墓简牍》，中华书局 1997 年版，第 1 页。

② 裘锡圭：《湖北江陵凤凰山十号汉墓出土简牍考释》，《文物》1974 年第7 期，第 55 页。

体。睡虎地秦简《秦律杂抄》33 号简有"匿敖童，及占瘅(癃)不审，典、老赎耐"，此处瘅即罢癃。①

[12]定事算，参上文定事口，指确定交纳算的人口，从牍文来看较上一统计年度增加 622 人。对比可见，元寿二年口数减少、定事口数减少，但定事算数增加。

[**今按**]这段文字统计了奴婢数目，但奴婢数字与口数统计中奴婢数字并不一致。其中复除罢瘅(癃)筭(算)与定事筭(算)的数字之和为算的合计，即算包含事算与复除罢瘅(癃)筭(算)两大门类。

凡卒[13]二万一千六百廿九，多前五十一 1-10

罢瘅(癃)[14]晥老[15]卒二千九十五 1-11

见甲卒[16]万九千五百卅四 1-12

【校注】

[13]卒，应指服徭役或兵役的人。元寿二年堂邑县卒增加 51 人。

[14]罢瘅(癃)，此处出于隶定及文本统一据图版将原释文中"罢瘅"均改作"罢瘅(癃)"，后文同类更改不另注出。

[15]晥老，一种因年龄接近免老而服半役的卒。《二年律令·傜律》有"晥老各半其爵繇，□人独给邑中事。当繇戍而病盈卒岁及系，勿聂(摄)"。②

[16]见甲卒，见通现，指现在可供差遣的甲卒。甲卒，传世文献多见，多指服兵役的卒。《汉书·武帝纪》有："春二月，赦天下，赐民爵一级。年八十复二算，九十复甲卒。行三铢钱。张晏曰:'二算，复二口之算也。复甲卒，不豫革车之赋也。'"

[**今按**]卒的数量较往年增加 51 人，罢瘅(癃)晥老卒与见甲卒数字之和为卒的数量，可见堂邑县对于卒的统计应分为甲卒、罢瘅(癃)晥老卒两类。

---

① 陈伟主编:《秦简牍合集(释文注释修订本)壹》，武汉大学出版社 2016 年版，第 171 页。

② 张家山二四七号汉墓竹简整理小组:《张家山汉墓竹简 247 号墓(释文修订本)》，文物出版社 2006 年版，第 64 页。

卒复除繇使[17]千四百卅一（1431）1-13

【校注】

[17]繇使，外出服徭役。《岳麓书院藏秦简（伍）》285、286 号简有"●令曰：吏及宦者、群官官属乚、冗募群戍卒及黔首繇（徭）使，有县官事，未得归，其父母、泰父母不死而谩吏曰死以求归者，完以为城旦"。①

[今按]卒复除繇使，可能是一类因特殊原因免除繇使，不需外出的卒。《二年律令·徭律》有"诸当行粟，独与若父母居老如睆老，若其父母罢癃者，皆勿行。金痍、有□病，皆以为罢癃，可事如睆老。其非从军战痍也，作县官四更，不可事，勿事。"即有些卒因上述之情况特殊，不适合外出承担转输等繇使任务，所以归入另类单录。②

定更卒[18]万七千二百八十三[19]1-14

一月更卒[20]千四百卅六1-15

【校注】

[18]定更卒，所确定服更役的卒。

[19]二百，图版作⿰，原释文误作"三百"，恐是将"百"字上部长横误以为"三"字最后一横画，也有可能是一处整理者的笔误。

[20]一月更卒，一月所使用的更卒数量。此处定更卒数大体为一月更卒数之 12 倍，董仲舒曾评价秦的徭役制度"又加月为更卒，已复为正，一岁屯戍，一岁力役，三十倍于古"。③ 由此可见，西汉末年更卒较为充裕的县的更役派发可以实现每月一更的排班轮换次序。尹湾《集簿》未见关于卒及其使用的统计数据。松柏汉简"卒更簿"，将卒更分为 3、7、9 更等。

库兵[21]小大廿七万三千三百六十七，其廿三万七千一百卅三完[22]，三万二千五十一伤可缮[23]2-1

---

① 陈松长主编：《岳麓书院藏秦简（伍）》，上海辞书出版社 2017 年版，第 193 页。

② 张家山二四七号汉墓竹简整理小组：《张家山汉墓竹简 247 号墓（释文修订本）》，文物出版社 2006 年版，第 64 页。

③ 董仲舒著，苏舆撰，钟哲点校：《春秋繁露义证·王道》，中华书局 1992 年版，第 107 页。

【校注】

[21]库，秦汉时期负责管理物资的机构，兵，指兵器。库所管理的物资包括但不限于兵器、车马、粮食等。《秦律杂抄》简 15 有"·禀卒兵，不完善（缮），丞、库啬夫、吏赀二甲，法（废）"。①《秦简牍合集》此条注释："整理者注释：库，指收藏兵器的武库，居延汉简有'酒泉库啬夫'。里耶秦简屡见库的记载（如简 8-493、简 8-1510）。是迁陵县中掌管兵器、车马器等物品的部门。"②可见库有保存发放兵器之职能。里耶秦简、岳麓秦简、张家山汉简、肩水金关汉简、居延汉简、走马楼吴简等亦见库的相关记载。

[22]完，指完好。

[23]伤可缮，指有损坏但尚可修补。

[今按]此行较简略地记载堂邑县库中兵器的数量和状态，可能与尚未公布的 M147：25-9 号牍《堂邑元寿二年库兵要完坚簿》有关。二者数量之和与兵器的总数量有 4183 的差值。推测差值的成因可能为在捕盗或其他行为中损坏不可修复或输送他处所造成的。里耶秦简中与库有关的其他文书似可参考，如简 9-1138、10-497、8-151、8-529、8-478。尹湾简有《武库永始四年兵车器集簿》，记录一个坐落于东海郡的武器库的武器名称及数量。出土材料可证库中所辖有的兵器的数量和状态可能是县官应掌握的重要数据。

提封[24]三万五千五百六顷廿七亩2-2

【校注】

[24]提封，指辖区内土地总数。尹湾简《集簿》有"提封五十一万二千九十二顷八十五亩二□"。③

其七千七百九十八顷六十六亩邑居不可狼（垦）[25]2-3

【校注】

---

① 陈伟主编：《秦简牍合集（释文注释修订本）壹》，武汉大学出版社 2016 年版，第 163 页。

② 陈伟主编：《秦简牍合集（释文注释修订本）壹》，武汉大学出版社 2016 年版，注释[11]第 164 页。

③ 张显成、周群丽：《尹湾汉墓简牍校理》，天津古籍出版社 2011 年版，第 4 页。

[25]邑居，指人的居所。《周礼正义》有："（段玉裁）云'玄谓廛里者，若今云邑居里矣'者，汉书食货志云：'在壄曰庐，在邑曰里。'公羊宣十七年何注义同。邑居里，盖汉人常语，故举以为况……邑居里省文则曰邑居，亦曰居里……"即认为"邑居里"的省写即为"邑居"或"居里"，指百姓居住的地方。①

邑居不可狠（垦），指因有人居住而无法开垦的土地，此行统计此类土地的面积。

八千一百廿四顷卅二亩奇卅二步群居不可狠（垦）[26]**2-4**

【校注】

[26]群居，与邑居相对，多见描述动物居住的地方，如"草木畴生，禽兽群居，物各从其类也"②。《史记·酷吏列传》有"散卒失亡，复聚党阻山川者，往往而群居，无可奈何"。可见群居的盗贼往往聚集在山川等处，因此群居或指山野，延伸指国有山林的面积数。《汉书·地理志》有"群不可垦"，当与此处相类，或指山林之类的无法开垦得土地。

千七百卅九顷卅亩奇廿步县官波（陂）[27]**湖溪十三区**[28]**2-5**

【校注】

[27]波，读为陂，池塘。《汉书·窦田灌韩传》有："累数千万，食客日数十百人。波池田园，宗族宾客为权利……师古曰：'波读曰陂。'"《集韵·支韵》："陂，《说文》'一曰池也'，或做波。"

[28]湖，指湖泊；溪，指溪流，引申指流动的水系。

[今按]此行所统计应为池塘、湖泊、溪流江河等国有水域共十三块及其面积情况。

可狠（垦）不狠（垦）田[29]**六千卅顷九十八亩奇六十八步2-6**

【校注】

[29]可狠（垦）不狠（垦），可以开垦但暂时没有开垦得土地。

---

① 孙诒让著，汪少华整理：《周礼正义·地官》，中华书局 2015 年版，第 1139 页。

② 王聘珍撰，王文锦点校：《大戴礼记解诂·劝学》，中华书局 1983 年版，第 132 页。

《汉书·地理志》有："提封田一万万四千五百一十三万六千四百五顷，其一万万二百五十二万八千八百八十九顷，邑居道路，山川林泽，群不可垦，其三千二百二十九万九百四十七顷，可垦不可垦。"这一记叙也与《要具簿》统计的土地名目大体相似。

[**今按**]上述下栏第 2 行至第 9 行开垦土地及各种原因未开垦土地面积数量之和与提封土地之数目大体接近，或又可证提封含义为辖区内所有土地面积的统称。

貇（垦）田[30]**万一千七百七十五顷卌一亩2-7**

它作务田[31]**廿三顷九十六亩2-8**

凡貇（垦）田万一千七百九十九顷卅七亩半2-9

【**校注**】

[30]垦田，已开垦得田地。

[31]它作务田，可能为官府辖有的种植非粮食作物且收入用于赏赐等特殊用途的田地。辑本桓谭《新论》有："汉宣以来，百姓赋敛一岁为四十余万万，吏俸用其半，余二十万万藏于都内为禁钱。少府所领园地作务之八十三万，以给宫室供养诸赏赐。"[①]可见少府领有园地作务，其收入用于供给皇室的用度和赏赐。

[**今按**]向郡守汇报土地开垦情况是县官的义务之一，《二年律令·田律》有"县道已貇田，上其数二千石官，以户数婴之，毋出五月望"。[②] 此处垦田与作务田之和大体与凡垦田之数接近，半的含义不明，不排除抄手赘一字的可能性。又可知堂邑县开垦田地由作务田、其他开垦田地两部分构成。

其七千一百九十一顷六十亩租六万一千九百五十三石八斗二升畜害[32]**2-10**

定当收田[33]**四千六百七顷七十亩租三万六千七百廿三石七升2-11**

---

① 桓谭撰，朱谦之校辑：《新辑本桓谭新论·离事》，中华书局 2009 年版，第 49 页。

② 张家山 247 号汉墓竹简整理小组：《张家山汉墓竹简 247 号墓（释文修订本）》，文物出版社 2006 年版，第 42 页。

【校注】

[32] 菑害，即灾害，本行菑害备注于后，可能为统计因灾导致收成不好甚至绝收的田地及受影响租税的数额。《史记·平准书》："于是公卿言：'郡国颇被菑害，贫民无产业者，募徙广饶之地。陛下损膳省用，出禁钱以振元元，宽贷赋，而民不齐出于南亩，商贾滋众。贫者畜积无有，皆仰县官。'"居延汉简 113·6，139·24 号简："狼田簿署：岁上、中、下，度得谷、口率。其有菑害者，署顷亩□率□□"①。简文后半段字迹漫漶不可辨识，推测其内容应为上报受灾害的田地每顷预计的收成或赋税情况，与本牍精神似相合。

[33] 定当收田，可以缴纳租税，有收成的田地。嘉禾吏民田家莂有定收，蒋福亚先生认为"'定收'和'熟田'是同义词，指有收成的田"。②

[今按] 此处菑害田与定当收田之面积数量合计约等于凡狼（垦）田之数量。田租合计为 98653 石 8 斗 9 升，约 8.36 石每顷，8.3 升每亩。由上述数据推算可知，堂邑县遭遇了比较严重的灾害，定当收田占比 39.05%，受灾率约为 60.95%。

百四顷五十亩租七百卅一石五升园田^[34]2-12

【校注】

[34] 园田，指官员及贵族所享有的税费较低的田地。园田，传世数据出现不多，且集中在《后汉书》。《后汉书·文苑列传》有"延平元年，（黄香）迁魏郡太守。郡旧有内外园田，常与人分种，收谷岁数千斛。香曰：田令'商者不农'，王制'仕者不耕'，伐冰食禄之人，不与百姓争利"。可见东汉时期郡有内外园田，归官府或官员所有。《后汉书·窦融列传》有"宪恃宫掖声势，遂以贱直请夺沁水公主园田，公主逼畏，不敢计"。窦宪企图凭借宠信而侵夺沁水公主所有的园田。《盐铁论》有"故武安丞相讼园田，争曲直人主之前"③。注释：

---

① 谢桂华、李均明、朱国照：《居延汉简释文合校》，文物出版社 1987 年版，第 184 页。

② 蒋福亚：《走马楼吴简经济文书研究》，国家图书馆出版社 2012 年版，第 8 页。

③ 王利器校注：《盐铁论校注·救匮》，中华书局 1992 年版，第 401 页。

"《汉书·田蚡传》：'武帝初即位，蚡以舅封为武安侯……六年……（蚡）尝请考工地益宅，上怒曰：遂取武库。后乃退。'这里所说'讼园田'事，或即指此。"①即田蚡想要园田即考工地扩充自己的房屋，遭到了武帝的拒绝。考工地，意为考工所辖有的土地；考工为少府的属官，同传"师古曰：'考工，少府之属官也'"，少府亦领有园地"少府所领园地作务之八十三万，以给宫室供养诸赏赐"②，可知园地或为园田。以上三则与园田有关的传世材料都与皇帝、宗室贵族及高级别官员有关，或可证园田为少部分贵族或官员所享有的特殊权益。堂邑县园田占比极小，约0.8%，大体估算税率约为5.20石每顷，同比低于上述垦田之税率，其原因可能为园田为贵族或官员享有，因此有一定的税率折扣。

民种宿麦^[35]七千四百二顷五十九亩多前百顷 2-13

【校注】

[35]宿麦，一种粮食作物，汉代鼓励在洪灾受灾地区种植宿麦。《汉书·武帝纪》："遣谒者劝有水灾郡种宿麦。举吏民能假贷贫民者以名闻。"《汉书·食货志》："愿陛下幸诏大司农，使关中民益种宿麦。"尹湾简《集簿》："种宿麦十万七千三百□十□顷，多前千九百廿顷八十二亩。"③统计宿麦种植面积及其变化同时见于本牍及尹湾《集簿》，则可能为官员的考核指标。堂邑县宿麦种植占总垦田比例为62.73%，可见当地主要以宿麦种植为主。

[今按]宿麦种植面积与受灾的田地数接近。传世文献所见宿麦喜水不抗旱，《后汉书·郎颢列传》有"又连月无雨，将害宿麦"。《后汉书·孝质帝纪》有"自春涉夏，大旱炎赫，忧心京京，故得祷祈明祀，冀蒙润泽。前虽得雨，而宿麦颇伤"。《后汉书·显宗孝明帝纪》有"自春已来，时雨不降，宿麦伤旱，秋种未下，政失厥中，忧惧而

---

① 王利器校注：《盐铁论校注·救匮》，中华书局1992年版，第403页。

② 桓谭撰，朱谦之校辑：《新辑本桓谭新论·离事》，中华书局1992年版，第49页。

③ 张显成、周群丽：《尹湾汉墓简牍校理》，天津古籍出版社2011年版，第5页。

已"。宿麦均为旱灾所伤。《汉书·哀帝纪》有"（建平）四年春，大旱"。据此，堂邑县元寿二年所遭遇的灾情可能为元寿二年春发生的旱灾，这一灾情导致宿麦收成极差。也不排除受灾面积与宿麦种植不重合而无关联的可能性。

所收事[36]它郡国[37]民户百廿一口二百五十一卒卅2-14

【校注】

[36]收事，指编入户籍，征收赋税摊派徭役。《汉书·平帝纪》："遣执金吾候陈茂假以钲鼓，募汝南、南阳勇敢吏士三百人，谕说江湖贼成重等二百余人皆自出，送家在所收事。"如淳注："贼虽自出，得还其家而已，不得复除，尚当役作之也。"颜师古注："如说非也。言身既自出，又各送其家人诣本属县邑从赋役耳。"如淳认为收事含义仅包括服徭役；清人何焯与如淳观点类似认为收事仅指徭役"收事。犹今编入里甲当差"。① 颜师古则认为"收事"包括赋税、徭役两个部分，其观点在《汉书·宣帝纪》中有更明确的表述："大旱。郡国伤旱甚者，民毋出租赋。三辅民就贱者，且毋收事，尽四年。"晋灼注："不给官役也。"师古注曰："收谓租赋也，事谓役使也。尽本始四年而止。"此处参考牍背面《见钱及逋簿》中对于"所收事他郡国民"逋钱的记载，"所收事他郡国民"应兼承担赋税及徭役两部分义务，颜师古说可从。

[37]它郡国，指除本郡外的其他郡及王国，《汉书·成帝纪》要求地方官员善待躲避水患而流亡的百姓："避水它郡国，在所冗食之，谨遇以文理，无令失职。"《汉书·哀帝纪》有"其令水所伤县邑及他郡国灾害什四以上，民赀不满十万，皆无出今年租赋"。

[今按]"所收事它郡国民"一行可能为统计年度内接收的他郡国流民户、口、卒的情况。尹湾简《集簿》有对接受流民的统计："有户……其户万一千六百六十二获流。口……其（？）四万二千七百五十二获流。"②

---

① 何焯著，崔高维点校：《义门读书记》，中华书局1987年版，第255页。

② 张显成、周群丽：《尹湾汉墓简牍校理》，天津古籍出版社2011年版，第4页。

　　一岁市租钱[38]**三百七十四万三千九百八十八2-15**

　　湖池税鱼[39]**一岁得钱廿九万九千九百廿三2-16**

　　【校注】

　　[38]一岁，当指一年。市租钱，当指商业税的抽成税金。《汉书·食货志》有"而山川园池市肆租税之入""天下已平，高祖乃令贾人不得衣丝乘车，重税租以困辱之"。《二年律令·□市律》"市贩匿不自占租，坐所匿租臧（赃）为盗，没入其所贩卖及买钱县官，夺之列"①。汉代对商业活动征税是无疑的。

　　[39]湖池税鱼（钱），山林川泽归国家所有，从中取得的物产应纳税，此处指从湖泊池塘中所捕捞的鱼类的税钱。《二年律令·金布律》有"租、质、户赋、园池入钱县官道，勿敢擅用，三月壹上见金、钱数二千石官，二千石官上丞相、御史"②。

　　[今按]由此观之，堂邑县一年中除田赋、更卒钱等传统税收之外，还有收入4044128钱，这一笔收入相比于上述二者受自然灾害影响或相对较小。

　　昆（鳏）寡孤独高年[40]**九百卅九人，昆（鳏）卅六人，寡三百八十三人，孤百七十六人，独百六人，高年二百廿八人3-1**

　　【校注】

　　[40]昆（鳏），指失去妻子的鳏夫；寡，指失去丈夫的寡妇；孤，指孤儿；独，指无子孙依靠的老人；高年，指上了年纪的老人。《礼记》有："少而无父者谓之孤，老而无子者谓之独，老而无妻者谓之矜，老而无夫者谓之寡。此四者，天民之穷而无告者也，皆有常饩。"③

　　[今按]计算得鳏、寡、孤、独、高年五个子项目统计人数之和为"昆（鳏）寡孤独高年"人数。尹湾简亦有针对特殊人口的统计："男

　　① 张家山247号汉墓竹简整理小组：《张家山汉墓竹简247号墓（释文修订本）》，文物出版社2006年版，第44~45页。

　　② 张家山247号汉墓竹简整理小组：《张家山汉墓竹简247号墓（释文修订本）》，文物出版社2006年版，第67页。

　　③ 孙希旦撰，沈啸寰、王星贤点校：《礼记集解·王制》，中华书局1989年版，第387页。

子七十万六千六十四(?)人，女子六十八万八千一百卅二人，女子多前七千九百廿六。年八十以上三万三千八百七十一，六岁以下廿六万二千五百八十八，凡廿九万六千四百五十九。年九十以上万一千六百七十人，年七十以上受杖二千八百廿三人，凡万四千四百九十三，多前七百一十八。"①尹湾汉简未见明确统计鳏寡孤独，但统计有男子、女子、八十以上、六岁以下四个项目及其数量增减变化，并特别统计了七十以上受杖(王杖)及九十以上的人数。

传世文献所见武帝、宣帝、元帝、成帝年间均有对于"鳏寡孤独高年"合称并给予优待、赏赐的记载，如《汉书·成帝纪》："鸿嘉元年春二月，诏曰：'……其赐天下民爵一级，女子百户牛酒，加赐鳏寡孤独高年帛。逋贷未入者勿收。'"故此行统计鳏、寡、孤、独、高年的人数可能与赏赐下发有关。

一岁诸当食者[41]用谷[42]七万一千八百六十七石三斗六升3-2

【校注】

[41]一岁诸当食者，一年中可获得禀食的人。当食者，《史记·平准书》："匈奴数侵盗北边，屯戍者多，边粟不足给食当食者。"

[42]用谷，消耗谷子，《汉书·赵充国传》："臣所将吏士马牛食，月用粮谷十九万九千六百三十斛，盐千六百九十三斛，茭藁二十五万二百八十六石。"西北汉简中亦见不少用谷的记录。

[今按]本行统计一年中因各种原因如官吏俸禄支出，邮驿传舍支出、鬻米支出、戍卒牛马支出等被消耗的谷子数量。

吏员[43]百一十三人3-3

三老[44]、官属员[45]五十三人3-4

楼船士[46]四百一十四人3-5

库工[47]七十人3-6

【校注】

[43]吏员，在县域范围内办公的人员。尹湾简《集簿》有"吏员二千二百三人，大守一人，丞一人，卒史九人，属五人，书佐十人，啬

---

① 张显成、周群丽：《尹湾汉墓简牍校理》，天津古籍出版社2011年版，第5页。

夫一人，凡廿七人"①。由《东海郡吏员簿》可知，东海郡吏员数量最多的县即海西县、下邳县领有吏员107人，② 接近但小于堂邑县113名吏员的数量，或可旁证堂邑县为一"较大"的县。

[44]三老，县、乡均有设置的掌教化的职官。尹湾简《集簿》有"三老卅八人，乡三老百七十人，孝、弟、力田各百廿人，凡五百六十八人"③。

[45]三老、官属应属两种不同的职役，故在其中间补加顿号加以分隔。官属，或为属的全称，郡县长官的属员。尹湾简有《东海郡属吏设置簿》，介绍了东海郡一级"属"的设置情况，由《要具簿》可知，堂邑县亦有属的设置。

[46]楼船士，在水军楼船上服役的士卒，史书又见"楼船卒"，应类似。里耶秦简8-1510有船徒"谒令司空遣吏船徒取敢言之"④。6-4号简又见船官"□年四月□□朔己卯，迁陵守丞敦狐告船官□：令史廛雠律令沅陵，其假船二椄，勿留"⑤。走马楼吴简2057号简"督军粮都尉移楼船仓书掾吴邦吏□□□□☑"⑥。《汉书·食货志》有"明年，南粤反，西羌侵边。天子为山东不澹，赦天下囚，因南方楼船士二十余万人击粤"，《后汉书·光武帝纪》："三月丁酉，诏曰：'今国有众军，并多精勇，宜且罢轻车、骑士、材官、楼船士及军假吏，令还复民伍。'"李贤注引《汉官仪》："高祖命天下郡国选能引关蹶张，材力武猛者，以为轻车、骑士、材官、楼船，常以立秋后讲肄

---

① 张显成、周群丽：《尹湾汉墓简牍校理》，天津古籍出版社2011年版，第4页。

② 张显成、周群丽：《尹湾汉墓简牍校理》，天津古籍出版社2011年版，第8页。

③ 张显成、周群丽：《尹湾汉墓简牍校理》，天津古籍出版社2011年版，第4页。

④ 陈伟主编：《里耶秦简牍校释（第一卷）》，武汉大学出版社2012年版，第341页。

⑤ 陈伟主编：《里耶秦简牍校释（第一卷）》，武汉大学出版社2012年版，第19页。

⑥ 走马楼简牍整理组编著：《走马楼三国吴简·竹简（壹）下》，文物出版社2003年版，第936页。

课试，各有员数。平地用车骑，山阻用材官，水泉用楼船。"堂邑县靠近长江，拥有楼船水军并不意外，此处楼船士与其他官吏数量相邻，并紧随粮食配给统计之后，则水军禀食配给可能由邻近地方负责。

[47]库工，当为在库中服务的人员。里耶秦简中有库获得司空城旦、鬼薪、隶臣妾等刑徒做工的作徒簿如 8-686+8-973 号简。除此之外，库亦有如 8-529 简的"库工用簿"，记录"库工用和库所制作的弩数量统计簿册"。① 苏仙桥西晋简有，医工、木工、酒工、捕虎工等工的名号数目如"口八南昌度支木工""口廿二捕虎工""口一十四郡县医工""口廿三酒工"，其性质当与此处库工类似。②

民放流不知区处[48]户千卅，口三千二百八十八，筭(算)[49]二千七百一十，卒八百廿人3-7

【校注】

[48]放流不知区处，指百姓流亡不知所踪。放流，有两种可能性，其一为百姓因受灾而流亡(非法)，其二为政府所默许的受灾流亡。"放流"，传世文献多作百姓流亡之意，如"往者，豪强大家，得管山海之利，采铁石鼓铸，煮海为盐。一家聚众，或至千余人，大抵尽收放流人民也"。③ 平民的流亡，给政府管理造成了严重的混乱和负担，甚至造成流民问题，秦汉时期政府均颁布法律约束百姓流亡，如《二年律令·亡律》："吏民亡，盈卒岁，耐；不盈卒岁，系城旦舂。"④岳麓秦简亦有类似规定，如 0185 号简"阑亡盈十二月而得，耐。不盈十二月为将阳，敯(系)城旦舂"。⑤ 段伟先生则指出默许百姓流亡亦可视为政府的一项救灾政策："自然灾害爆发后，百姓生活

---

① 于洪涛：《里耶秦简经济文书分类整理与研究》，知识产权出版社 2019 年版，第 106 页。
② 吴荣曾、汪桂海主编：《简牍与古代史研究》，北京大学出版社 2012 年版，第 231~232 页、234 页。
③ 王利器校注：《盐铁论校注·复古》，中华书局 1992 年版，第 84 页。
④ 张家山 247 号汉墓竹简整理小组：《张家山汉墓竹简 247 号墓(释文修订本)》，文物出版社 2006 年版，第 30 页。
⑤ 陈松长主编：《岳麓书院藏秦简(肆)》，上海辞书出版社 2015 年版，第 69 页。

困难……此时如果政府没有能力救济灾民，允许灾民自己流浪、活命，不失为一种救灾方式。"①于此处，虽然堂邑县田地受灾比例较大，但从流亡百姓占比来看，其所占比重仍较小，故此处百姓流亡当是因灾非法逃亡，而非带有政府默许性质的救灾政策。

[49]算，从图版及出于行文统一需要，此处改为筭(算)。本行前半段讨论户数、后半段讨论算，故中间拟补逗号加以分隔。

[**今按**]本行讨论民众流亡数量。据牍文可知，元寿二年堂邑县有 1030 户，3288 口流亡，其中算 2710 人，卒 820 人。此处户均 3.19 人小于上文正常户均 5.19 人，但与"尹湾《集簿》中获流的户均人口数 3.67"接近，② 其中算占比 82.42%，卒占比 24.94%，流亡户数占总户数比 4%，流亡口数占比 2.49%，如果此处卒为正卒的话，则流亡人口青壮年男性占比相对较少，故可能主要以女性、儿童、老人为主。

此处逃亡卒的数量为 820 人。逃亡卒与正面 1 第 13 行、第 14 行出现的复除徭使卒、定更卒的数量之和为正面上栏第 12 行见甲卒的数量，即对于甲卒的统计分为定更卒、复除徭使卒、逃亡卒三类。

以春令[50]贷贫民户[51]五千九十一口万二千七百九十九 3-8

【校注】

[50]春令，皇帝或太皇太后于春季颁发，指导百姓生活的诏令。敦煌悬泉置出土有《四时月令诏条》，记载了西汉末年"四季月令"的具体内容，《四时月令诏条》第二十一行有"·存诸孤。·谓幼□□……"③后文辨识，意在照顾孤儿弱小。

[51]贷贫民户，指"国家借贷给农民粮种、农器和田地，使其恢

---

① 段伟：《禳灾与减灾：秦汉社会自然灾害应对制度的形成》，复旦大学出版社 2008 年版，第 214 页。

② 袁延胜：《秦汉简牍户籍资料研究》，人民出版社 2018 年版，第 243页。

③ 中国文物研究所、甘肃省文物考古研究所编：《敦煌悬泉月令诏条》，中华书局 2001 年版，第 5 页。

复生产，以免无法生活而逃亡他乡"，① 这种诏令的颁布时间往往也在春天。《汉书》武、昭、宣、元、成帝五朝都有灾害之后贷贫民的政策体现，兹举一例《汉书·昭帝纪》："三月，遣使者振贷贫民毋种、食者。秋八月，诏曰：'往年灾害多，今年蚕麦伤，所振贷种、食勿收责，毋令民出今年田租。'"昭帝始元二年春三月下令贷贫民，秋天便允许百姓不偿还"贷款"，并免除受灾百姓的田租。江陵凤凰山 M10 中有政府放贷记录。尹湾《集簿》有"以春令成户七千卅九，口二万七千九百廿六。用谷七千九百五十一石八（？）斗□升半升，率口二斗八升有奇"。②贷款救济贫民，免除灾民的租赋，此两项可能是汉代政府救灾的常规举措。

[**今按**]于此行计算可得，受救济的户数为 5039 户，政府救济户数占总户数 19.80%；口数为 12799 口，口数占总口数 9.68%，救济群体相对比较大。受救济户均人口数为 2.5，与所收事他郡国户均口数 2.07 接近，小于尹湾被救济人口的户均 3.97，远小于堂邑县户均人口 5.14 人，可能因为被救济家庭出现了人口损失，户均口数是偏小的。

二、余 论

由于篇幅所限，无法对《见钱及逋簿》进行细致的校注，但笔者仍想对木牍所见两个簿籍的性质问题做一简单讨论。

从统计的内容来看，本《要具簿》类似于尹湾简之《集簿》，但也有不同。"要"，《周礼·天官·小宰》："二曰听师田以简稽。"郑注："要会谓计最之簿书，月计曰要，岁计曰会。故宰夫职曰岁终则令群吏正岁会，月终则令正月要。"可见，"要"为每月的统计资料，要具簿或为每月"要"汇总的簿籍。走马楼吴简中有"要簿"，如 9547 号简

---

① 段伟：《禳灾与减灾：秦汉社会自然灾害应对制度的形成》，复旦大学出版社 2008 年版，第 194 页。

② 张显成、周群丽：《尹湾汉墓简牍校理》，天津古籍出版社 2011 年版，第 7 页。

"中仓谨列起嘉禾元年正月一日讫三年三月卅日受三州仓运黄龙二年租税米要簿"，① 遗憾的是，该簿籍仅留题名，其内容当为中仓对1—3月三州仓向其转运租税米情况的统计。李明龙先生认为"要簿"为记账的总簿，② 王素先生认为"可见所谓'要簿'，虽然带有一定的'计最'性质，但主要还是指'合计'之簿，也就是汇合、汇总之簿"。③

《后汉书·百官志》："大司农，卿一人，中二千石。本注曰：掌诸钱谷金帛诸货币。郡国四时上月旦见钱谷簿，其逋未毕，各具别之。边郡诸官请调度者，皆为报给，损多益寡，取相给足。"李贤曾在注东汉大司农的职能时提到，郡国四季(即每三个月)上"月旦见钱谷簿"到大司农处。"月旦见钱谷簿"即统计每月初一各郡现有钱财及谷物的簿籍，其统计时限应为每月一次，并且该簿籍应将不同的款项"其逋未毕，各具别之"，即现钱与逋钱分别统计。这些簿籍的数据源想必来自各县的资料统计。哀帝年间距东汉不远，《元寿二年十一月见钱及逋簿》所统计内容虽不包含谷物数量，但针对现钱和逋钱的统计与上述《后汉书·百官志》文意相合，则这一制度的雏形至少可上溯至哀帝年间，其性质类似于前述"要簿"是一段时间内对特定事项的统计，即《周礼郑注》之"月计曰要，岁计曰会"。

基于上述对现钱及逋钱的月度统计资料，则县的其他行政活动可能也应有按月统计的"要"簿，"要具簿"当为县廷各部门"要"的汇总，而本牍《要具簿》或为堂邑县元寿二年各部门所有要簿的汇总。因此，《要具簿》可能是一种与上计有关同时强调资料汇总合集性质的簿籍，也可能是最终上计文书所需要参考的数据和中间产品。据发掘报告同墓所出 M147：25-6 号牍，"其内容为双面书写的二十行《诸曹要具集簿》，内容与《要具簿》相似"，或可说明《要具簿》中部分数

---

① 走马楼简牍整理组编著：《走马楼三国吴简·竹简(壹)下》，文物出版社 2003 年版，第 1091 页。

② 李明龙：《〈长沙走马楼三国吴简〉账户词语研究》，西南大学硕士学位论文，2006 年，第 66 页。

③ 王素：《长沙吴简中的"要簿"》，《吴简研究(第三辑)》，中华书局 2011 年版，第 183 页。

据可能源自《诸曹要具集簿》，而《要具簿》中关于库兵等内容的统计数据源则可能源自库的长官所提供的 M147：25-9 号牍《堂邑元寿二年库兵要完坚簿》。土山屯汉墓的发掘为探索西汉末期基层行政管理提供了新材料，但对其进一步深入、全面的研究，则有待于未来全部土山屯木牍内容的披露。

（作者系武汉大学历史学院硕士研究生）

岳麓秦简《质日》定位
标记及编联问题小议

董宇航

摘要：《岳麓书院藏秦简》中的三卷质日是秦质日类文献的代表，抄手在抄写时为了使各栏内容整齐而在某些简上做出标记，且三份文献使用不同的标记方法，编联书写前后次序也有所不同。

关键词：岳麓秦简；质日；符号；编联

岳麓秦简《质日》分为《廿七年质日》《卅四年质日》《卅五年私质日》三卷，公布之后学者结合已有的周家台秦简《三十四年质日》、尹湾汉简《元延二年日记》等相关出土文献对其文献性质、三卷《质日》主人及其身份展开研究。如孙沛阳根据简背划线将《廿七年质日》简25调整至《卅四年质日》简04、简05之间；《卅五年私质日》简17调整至《廿七年质日》简06、简07之间；① 李忠林、陈伟等学者分别对历表进行了调整；② 苏俊林、史达等讨论了质日文献的性质和主人身份。③ 众多学者对岳麓秦简《质日》的研究取得了丰硕成果。我们在

---

① 孙沛阳：《简册背划线初探》，《出土文献与古文字研究》第4辑，上海古籍出版社2011年版，第451页。

② 李忠林：《岳麓书院藏秦简〈质日〉历朔检讨——兼论竹简日志类记事簿册与历谱之区别》，《历史研究》2012年第1期，第169页。陈伟：《秦简牍校读及所见制度考察》，武汉大学出版社2017年版，第214~216页。

③ 陈松长等：《岳麓书院藏秦简的整理与研究》，中西书局2014年版，第98~109页。[德]史达：《岳麓秦简〈廿七年质日〉所附官吏履历与三卷〈质日〉拥有者的身份》，《湖南大学学报（社会科学版）》2016年第4期，第15页。

研读过程中发现《卅四年质日》的抄手在月名简文字右上方标注的小点，① 具有在抄写时确定文字位置的作用，似未见于已有秦汉标点符号研究之中。而《卅五年私质日》抄手在部分简面刻出的横线有助于我们对该篇的编联和书写次序进行分析，本文拟就此两个问题略呈己见，以就教方家。

一、抄手的分栏标记

三种质日简皆由三道编绳编联，上下空出天头地脚，开篇自题《某某年质日》，《廿七年质日》标题单独题于一简，《卅四年质日》《卅五年私质日》标题题于首简简背。标题简采取将天头以墨涂黑的特殊记号。以往发现的质日类文献和岳麓秦简《质日》皆采用"分栏旁行"的书写方式，将全年月份依次分栏排列，每枚简上下分为六栏，前后分为两个部分分别记录单双月，双月排在前，单月排在后，每栏记一日干支。② 以当年十月朔日起始，从右至左依次书写，每栏写完两个月的日数之后再换下一栏，循环往复，直至年末，并将单双月的月份和朔日分别写在两枚月名简上，保证每月记日干支从同一枚简开始。抄手对月名简的天头也进行了涂黑处理，起到提示作用。

将简首涂黑的做法在出土文献中较为常见。李均明、刘军将其分为"界隔符"，其作用为提示标题及主题，亦提示章节段落或条款起首及小结、合计等。③ 程鹏万亦认为墨横或将上方的空白涂黑是用以提示标题或小结。④ 岳麓秦简中的这种符号一般仅标注在篇题简简首用于提示标题，岳麓秦简《秦律令》中记载令名的标题简简首也将简

---

① 关于质日类文献中书写月份及大小月的简，学界并无固定名称，陈侃理称其为"月名简"，今从之。参陈侃理：《出土秦汉历书综论》，《简帛研究二〇一六（秋冬卷）》，广西师范大学出版社 2017 年版，第 34 页。

② 彭锦华：《周家台 30 号秦墓竹简"秦始皇三十四年历谱"释文与考释》，《文物》1999 年第 6 期，第 63 页。

③ 李均明、刘军：《简牍文书学》，广西教育出版社 1999 年版，第 73 页。

④ 程鹏万：《简牍帛书格式研究》，上海古籍出版社 2017 年版，第 200页。

首涂黑对读者进行提示。① 抄手对质日的两枚月名简和其他篇章的标题简同样对待，可见对月份做出特殊标示对后续使用者的阅读与利用具有重要的意义。不仅岳麓秦简《质日》，其他秦汉质日类文献中的月名简也标注了同样的符号，由于质日是事先写好日期供使用者记事的特殊文件，因此抄手抄写日期时在月首标注提示符可以为使用者记事或查询带来方便。

　　质日简一般分为六栏，月名简不仅以墨将简首涂黑，并且在其他五栏的内容之前标注墨横"▄"，② 这些墨横的作用应是分栏的标志符号，而月份之外的内容并未进行额外的处理提示各栏的边界。岳麓秦简中其他分栏书写的内容如《为吏治官及黔首》《梦书》等未在首简或其他地方使用这种符号标记栏线；③《数》仅在上下两栏内容十分接近时在下栏内容上方标注圆形墨点。同样分栏书写的睡虎地秦简《为吏之道》未特意标注出栏线，而《日书》则几乎在分栏书写的每枚简分栏处上方都标注了较细的墨横，且《日书》甲种使用的频率高于《日书》乙种；但《日书》并非全文皆分栏，且每栏大小随内容变化，无法像质日那样仅需在书写特殊内容的月名简上标注墨横。因此，在分栏书写简册的起始简上标注墨横等符号应当是质日类文献所特有的。

　　分栏书写的文献在抄写时要注意各栏内容的整齐。岳麓秦简中分栏书写的内容有《质日》全文和《为吏治官及黔首》、《梦书》、《数》的一部分。其中《质日》分为六栏、《为吏治官及黔首》分为三栏、《梦书》分两栏、《数》分三至四栏。《质日》由于分栏较多，即使采取先编联后书写的方式，也会有第二栏、第三栏、第五栏、第六栏的内容无法利用编绳进行分栏，且其最主要的作用在于记事，抄写时内容偏差过大会导致一些日期记事内容不足。通过观察图版可以发现，《卅四年质日》和《卅五年私质日》的抄手为了保证抄写成品的整齐，分别在

---

　　① 如《岳麓书院藏秦简（肆）》简 300/1521：▉内史户曹令 第甲。参陈松长主编：《岳麓书院藏秦简（肆）》，上海辞书出版社 2015 年版，第 194 页。

　　② 北大秦简则是在这些位置标注圆形墨点"●"。

　　③ 整理者最初定名为《梦书》，正式出版时改为《占梦书》，鲁家亮分析指出定名为《梦书》更为合理。参孙占宇、鲁家亮：《放马滩秦简及岳麓秦简〈梦书〉研究》，武汉大学出版社 2017 年版，第 245～254 页。

简册中留下了一些记号，这些记号和已经发现的成系统使用的秦汉简帛标点符号不同，带有鲜明的个人色彩。

《卅四年质日》简 01/0611、简 30/0545 第五、六栏的"六月、七月、八月、九月"和未标注墨横的简 60/0600 第二、三栏的"戊戌、甲辰"首字右上角都另外标注了较为不明显的小点，这些小点都位于右上方不与编绳相邻的栏目中。

从图 1 中我们可以看到抄手在前两枚简的五、六栏和第三枚简的二、三栏做了这种标记，而不是在相同情况的十二处全部进行标记。这种情况应是抄手有意为之。将《卅四年质日》三枚月名简排列之后，这些小点的位置是十分整齐的。以六个小点为基准画出四条横线，从简 0600/60 第二栏的小点画出的横线穿过前两枚月名简的墨横；从简 0600/60"甲辰"右上方小点画出的横线从简 0545/30、简 0611/01 第三栏文字和墨横之间穿过；第五栏、第六栏的小点分别位于第三、第四条直线上，并且这两条线恰好穿过简 60/0600 第五栏、第六栏文字的上方。

这些小点应当是抄手在抄写干支之前即标注在简上，因此才能使这些小点和文字的距离大致相等。简 30/0545 第三栏首字"三"字首笔横画拖至简右侧边缘处，可明显看出尾部较正常横线粗，且恰好位于小点位置附近，抄手可能是故意以首笔的横画掩盖住位于此处的小点；简 01/0611 第三栏"二"首笔也为横画，且亦位于小点位置附近，抄手或许会在此处采取和"三月"相似的做法，但"二"字右侧已经残缺，无

图 1 《卅四年质日》的小点标记

法准确判断。

这些小点的作用首先是限定各栏的书写范围，使各栏在简上占有的空间大小相近，保证各栏都有充足的空间用于记事。并且抄写之前就在月名简上提前标注，确定月份书写的位置，后续各简都参照抄写，使其更加实用和美观。

对简 01/0611 和简 30/0545 的二、三、五、六栏进行竖向对比，可以看到简 01/0611 的两个小点位置靠近墨横，而简 30/0545 的小点更靠近文字。十二月、二月右上方的小点可能被墨横盖住，而正月、三月处的小点更像是被文字顶部的横线盖住。《卅四年质日》的抄手对同一枚简上的特殊标记进行了相同处理，抄手在抄写《卅四年质日》的日期时，应当并非遵循传统的书写惯例从右往左依次抄写，而是竖向抄写完应写于一枚简上的六个日期之后再换下枚简抄写，这样就可以理解为何日期的干支多次出现错误。

既然《卅四年质日》的抄手可以对历谱进行竖向抄写，则必定有可供抄写的底本，抄手根据这个底本进行历谱的抄写工作。周家台秦简《三十四年质日》和岳麓秦简《卅四年质日》两份质日文献年份相同；岳麓秦简《质日》的主人是在江陵任职的南郡属吏，① 周家台秦简《质日》的主人数次到过江陵，② 两份《三十四年质日》主人的行程在"江陵"出现交集，二者应当都是南郡辖区的官吏。两份质日中的历谱却不完全一致，三月、五月、七月、后九月四个月朔日干支都不同，③出现这种情况的原因应是二者分别使用了不同的底本，虽然两份文献同出自南郡辖县。岳麓秦简《卅四年质日》又在最后特别标注"● 卅年

---

① 于振波：《岳麓书院藏秦简质日札记三则》，张德芳主编：《甘肃省第二届简牍学国际学术研讨会文集》，上海古籍出版社 2012 年版，第 522 页。

② 周家台秦简《三十四年质日》使用者的行程有：二月戊戌宿江陵，丁未起江陵，三月己巳宿江陵，庚午到江陵。

③ 具体为周家台秦简《三十四年质日》三月朔乙丑、五月朔甲子、七月朔癸亥、后九月朔癸巳，岳麓秦简《卅四年质日》三月朔丙寅、五月朔乙丑、七月朔甲子、后九月朔壬辰。此外，里耶秦简记载的月朔也与岳麓秦简《质日》有数处不同：里耶廿七年八月朔甲戌(8-133)，卅四年四月朔丙午(9-767)，卅五年九月朔己丑(8-27)；岳麓与其对应的日期分别为癸酉、乙未、丁亥。

正月甲申射"，① 历谱应是在数年前就提前推算好的。当时县廷可能有推算历谱的部门，官吏所使用质日文件的历谱是由县廷相关部门提前推算出底本，然后由抄手依据这个底本抄写，交由官吏使用。

在分栏的文献书写之前在空白简上提前用刀刻出刻划线进行定位分栏的方法在秦汉简中多次出现。李学勤指出："（睡虎地秦简《为吏之道》）分为五栏书写，虽无栏线，但细看有用锋刃划出的横线，所以书写得十分整齐。"②北大秦简《三十三年质日》公布的两枚月名简的第二栏、第三栏、第五栏、第六栏上端也有这种用刀刻出的横线。③ 睡虎地77号汉墓《十年质日》"第二栏、第三栏、第五栏、六栏各行文字上端均有细而浅的刻划线，起分栏的作用"④。在书写之前划出刻划线的方法给每栏的内容都做出定位，可以十分有效地保证文字内容整齐划一。

《卅五年私质日》的抄手在抄写时，同样在简册上刻出了这种刻划线进行书写定位，这些刻划线在简上并不明显，如不仔细观察则难以发现。但和上述三份文献不同，《卅五年私质日》的刻划线并没有在需要刻线的第二、三、五、六栏上全部出现，刻划线也没有贯穿文献的始终，而仅是零散出现在数枚简上，如图2所示。

抄手在简25/0050的第二栏、第三栏、第四栏、第五栏、第六栏和简02/0052至简10/2061、简46/0063的第三栏等处刻出刻划线，其余的简支中也间或出现刻划线的痕迹。但总体而言，《卅五年私质

---

① 邬勖认为"射"在此处应取"猜测、预测"之义，"●卅年正月甲申射"应解为卅四年的历谱是在卅年正月甲申这年提前预推出来的，该句置于此处的目的是对历谱的情况进行说明。参邬勖：《试论岳麓秦简〈卅四年质日〉"卅年正月甲申射"》，简帛网2019年9月24日，http：//www.bsm.org.cn/show_article.php？id＝3420，2021年5月23日。

② 李学勤：《论新出简帛与学术研究》，《学者自选文库：李学勤卷》，安徽教育出版社1999年版，第356页。

③ 北京大学出土文献研究所编著：《北京大学藏秦代简牍书迹选粹》，人民美术出版社2014年版，第53~54页。

④ 蔡丹、陈伟、熊北生：《睡虎地汉简中的质日简册》，《文物》2018年第3期，第55页。

46 26 25   10   9   8   5   4   3   2   1

图 2　《卅五年私质日》正面刻划线

日》的刻划线时断时续，以第三栏出现最多。刻有刻划线的简支，文字皆紧贴刻划线书写，这些刻划线对抄手的抄写起到了相当重要的辅助作用。

尤其需要注意的是简 25/0050 的第二、三、五、六栏都刻出刻划线，这些刻划线都恰好和简 26/0166 的墨横位置相合，而和简 01/0092 的墨横位置有不合之处。简 25/0050 上的刻划线或许是在该简编联于简册之后以简 01/0092 为基准刻出的，因相隔较远而发生了位置不合的情况，且简 26/0166 及后面的简很有可能是以简 25/0050 上的刻划线为基准抄写的，这些刻划线起到的作用应当和《卅四年质日》中抄手标记的小点相同，都是为了在简册中段及时校正位置。

历谱的抄手为了使内容排列整齐，在抄写之前就做出特殊标记（标记小点或刻出刻痕）对各栏的空间进行定位。周家台秦简、岳麓秦简、北大秦简中的《质日》在栏线处都做出了分栏标记，质日的抄手在抄写之前在空白简上做出定位标记的行为应是较为普遍的现象。而月名简上标注的墨横（周家台三十四年、岳麓廿七年、卅四年、卅五年）和圆形墨点（北大秦简三十三年）都是在抄手做完这些特殊标记之后才和正文一起书写，起到整齐、醒目的作用，使月份信息更加突出，方便在使用者记事和读者查询时更快找到目标日期。①

二、《质日》简编联和书写的先后关系

关于出土简册的编联方式，冯胜君指出：有绘画的竹书一定是先编后写的；没有图绘的书籍，既可以先编后写，也可以先写后编。② 判断简册是先编后写还是先写后编的一个重要依据是查看简册上文字对编绳的避让情况，如果简册上的文字在书写时有意避开编绳（编痕），则很有可能是先编联后书写。③ 反之，若编绳或编痕遮住字迹或对字迹造成损坏，则为先书写后编联。《岳麓书院藏秦简》整理者指出：岳麓秦简的编联有两种情况：一种是先抄写再编联的，因为一些残存的编绳将文字的笔画遮盖住了；另一种是先编联再抄写的，因为系联编绳的位置内完全没有文字的痕迹，显得干净而整齐。④ 但岳麓秦简中先编后抄和先抄后编的分别是哪些内容，整理者并未在出版时给出说明。孙沛阳认为秦简《质日》《为吏之道》等分栏横读的竹书都应是先编联再书写的，否则不但极易抄乱，行款也不易协调。⑤ 史达认为覆盖现象在干支部分比较常见，干支部分应该是编前书写。但是同时又指出现在编绳痕迹的位置、面貌已有比较大的区别，似表示编绳的位置已经跟新编时存在一定的变化。⑥ 二者在岳麓秦简《质

---

① 何晋：《秦简质日小识》，《出土文献研究（第十四辑）》，中西书局 2015 年版，第 193 页。

② 冯胜君：《从出土文献谈先秦两汉古书的体例（文本书写篇）》，《文史》 2004 年第 4 期，第 27 页。

③ 程鹏万：《简牍帛书格式研究》，吉林大学博士论文，2006 年，第 31 页。

④ 朱汉民、陈松长主编：《岳麓书院藏秦简（壹）》，上海辞书出版社 2010 年版，前言第 1 页。

⑤ 孙沛阳：《简册背划线初探》，《出土文献与古文字研究》第 4 辑，上海古籍出版社 2011 年版，第 456 页。

⑥ ［德］史达：《岳麓秦简〈廿七年质日〉所附官吏履历与三卷〈质日〉拥有者的身份》，《湖南大学学报（社会科学版）》2016 年第 4 期，第 15 页。

日》编写次序问题上并未达成一致。且前文已经说到，三卷《质日》的分栏标记并不相同，因此三者编写先后次序也有可能存在不同。

基于以上观点，加之上文论述的抄手在抄写过程中标注的定位标记，可以对比观察岳麓简《质日》编绳和文字的关系推测其编联和书写的先后次序。质日第一栏和第四栏顶部都有编绳穿过，而月份上方都会标注墨横。因此要判断《质日》简是先编后写还是先写后编，就有必要对月名简的第一、四栏墨横、文字和编痕的关系展开分析。

《廿七年质日》第二、三、五、六栏的月份紧贴墨横书写，而第一栏和第四栏有编绳穿过的地方，在墨横和文字之间都留出一定的空隙恰好可供编绳穿过而不损坏字迹。我们通过观察图版可以看到，《廿七年质日》编痕较为散乱，覆盖现象或是由于编绳松动后发生位移导致的。因此虽然《廿七年质日》虽然出现了编绳压住字迹的现象，但综合月名简第二道编绳和文字内容的关系，我们仍然可以认为这卷质日是先编联后书写的。

《卅四年质日》简首涂黑部分和第一栏内容之间留出了空隙，并且月份上方标注墨横较细，第四栏的"四月、五月"之前皆未见有标示分栏的墨横，应是抄手直接省略了理应标注在第二道编绳附近的第四栏上的墨横，以编绳代替，且标记的小点并未出现在编绳附近的第一、四栏，这是因为已有编绳对这两栏的书写范围进行了限定，故无须进行额外标记。

通过观察编痕和文字之间的关系，很明显可以看出《廿七年质日》《卅四年质日》的符号和文字内容应是在编联之后书写的，且上节中论述的《卅四年质日》文字右上方标注的小点，仅标注在不靠近编绳的第二、三、五、六栏，靠近编绳的第一、四栏则未标注，这是因为第一、四栏再抄写前就有已经存在编绳作为定位线，可以实现书写整齐的效果，无需在做特殊标记。就内容而言，这两份质日各栏内容横向排列整齐，不同栏目内容上下位置的差别多在半字大小以内，这种分栏书写的文献，如果不是先编后写的话，应该很难出现这种效果。

除此之外，周家台秦简《三十四年质日》为先编联后书写，① 睡虎地 77 号汉墓《十年质日》在简面刻出连续的刻划线，② 这些处理在抄写质日文献中的历谱时应被普遍采用，但岳麓秦简《卅五年私质日》的情况却有所不同，如图 3 所示。

图 3　《卅五年私质日》逐简排列

①　湖北省荆州市周梁玉桥博物馆编：《关沮秦汉墓简牍》，中华书局 2001 年版，第 154 页。

②　蔡丹、陈伟、熊北生：《睡虎地汉简中的质日简册》，《文物》2018 年第 3 期，第 55 页。北大秦简《三十三年质日》目前公布的两只月名简上皆有分栏刻划线，极有可能整卷皆有连续刻划线。

《卅五年私质日》第一栏、第四栏文字并非全部紧贴编绳书写，除前五枚简内容距编痕较近之外，其余各简这两栏的编痕和文字之间皆存在一定的空隙。我们已经认定为先编后写的周家台秦简《三十四年质日》和岳麓秦简《廿七年质日》《卅四年质日》等分栏书写的文献都没有出现这种现象，这些简册由于抄手已经知道了编绳位置，都会将文字书写在距编绳很近的位置，《卅五年私质日》的前五枚简也同样采取了这种方法。值得注意的是，简01第四栏和简05第一栏、第四栏都存在编绳破坏字迹的现象，且该卷编绳并未发生较大变动，编痕整齐，这些编痕破坏字迹的情况应是由于书写时不知编绳位置，而第二道编绳至上下两道编绳的距离大致相当。换言之，编绳在书写之前就已经有了大致固定的位置，而抄手抄写之前却无法准确预料，即导致了编绳掩盖文字的现象。而简06之后有意识将文字向下挪动，应是抄手及时发现而采取的补救措施。①

要之，岳麓秦简《廿七年质日》《卅四年质日》应是先编联后书写，而《卅五年私质日》则应为先书写后编联。

三、小　结

通过对岳麓秦简《卅四年质日》《卅五年私质日》辅助抄写的定位标记和编绳与文字的位置关系进行分析之后，我们可以得出以下认识：

第一，岳麓秦简《质日》历谱的抄手为了保证抄写的整齐美观，在月名简或其他简上做出辅助标记，其形态类似墨点，功能是在分栏抄写时进行定位，与以往发现的标注于文字右上方的墨点功能不同。

---

① 孙沛阳指出《卅五年私质日》简17应编排于《廿七年质日》简06与简07之间，且该简书体和长度都与《卅五年私质日》不同；又简27/残1-11残损严重，故图3未收入上述二简。参孙沛阳：《简册背划线初探》，《出土文献与古文字研究》第4辑，上海古籍出版社2011年版，第450页；温俊萍：《岳麓书院藏秦简〈质日〉研究综述》，《简牍学研究》第6辑，甘肃人民出版社2018年版，第234页。

第二，结合岳麓秦简三卷《质日》编绳和文字之间的位置关系，我们认为岳麓秦简三卷质日的编写方式不尽一致，其中岳麓秦简《廿七年质日》《卅四年质日》为先编联后书写，而《卅五年私质日》为先书写后编联。

（作者系武汉大学历史学院硕士研究生）

读虎溪山汉简《食方》札记

张　畅

摘要：湖南虎溪山汉简《食方》属于首次发现的汉代珍贵食方资料。其竹简残断较为严重，编连、释读难度较大，本文就《食方》的文字补释、体例、编连、语句释读等问题作简要分析：将三号简末"以"下一字补释为"手"；将六号简中的"牒"释为助绳子取出之意，并将原释文作"脩"的字隶作"脩"；将十二号简中原释文作"丞"的字隶作"丞"；将十七号简的"橿"读为"姜"；进一步调整二十八、三十号简句读，并将三十号简中原释文作"候"的字隶作"矦"，读作"候"，观察之意；分析《食方》中"择、解"的用法。

关键词：虎溪山汉简；食方；文字；考释

湖南虎溪山汉简《食方》以食物的烹饪手法编排，整简数当在三百枚以上，现得到保存的应为原简的三分之一左右；单简字数多的有六十余字，现存总字数约两千字。从现存内容看，植物性饭食和动物性菜肴分别记录，烹调加工植物性食品饭食的七条，每款的操作程序较简单，一般记于一简。而烹制动物性食物的方子多达一百四十八条，烹制操作也很讲究，程序很多，记录有二至三简。因残朽严重，出土时已没有整简，编连、释读难度较大，但食方简书写工整，相似辞例多次出现，便于补释及缀合。目前食方简的相关研究较少，本文就《食方》的文字补释、体例、编连、语句释读等问题作简要分析。不妥之处，敬请方家指教。

一

　　☐斗，渍析(淅)桉涧之，① 令清如水⌐，渍置，以手☐3②

　　按：原释文并无句读，引用、参考他人句读均加注说明，如无加注说明则为自行句读。

　　吴桑释文作："☐斗，渍析(淅)桉涧之，③ 令清如水⌐，渍置，以☐。"④"以"下仍有残笔，原未释，按：由残存笔画及《食方》四、六、一百九十七号简"渍置，以手排"之例，可补释作"手"。

二

　　☐渍析(淅)榣涧之，⑤ 令清如水，渍置有顷⌐，以手☐其米，阿然，浚，装之，偏烝，反之复烝，緤(绁)出置盎中，以水一升脩(滫)⌐，复装烝，反之复烝，緤(绁)出置二幅素☐6⑥

---

① gefei 将"析"读作"淅"，可从。参见简帛网简帛论坛《〈沅陵虎溪山一号汉墓〉初读》第 39 楼，2020 年 3 月 20 日，http：//www. bsm. org. cn/forum/forum. php？mod＝viewthread&tid＝12681&extra＝&page＝4，2021 年 8 月 30 日。

② 湖南省文物考古研究所编：《沅陵虎溪山一号汉墓》，文物出版社 2020年版。

③ gefei 将"析"读作"淅"，可从。参见简帛网简帛论坛《〈沅陵虎溪山一号汉墓〉初读》第 39 楼，2020 年 3 月 20 日，http：//www. bsm. org. cn/forum/forum. php？ mod＝viewthread&tid＝12681&extra＝&page＝4，2021 年 8 月 30 日。

④ 吴桑：《虎溪山汉简"为饭方"流程复原》，简帛网 2021 年 4 月 12 日，http：//www. bsm. org. cn/show_article. php？ id＝3674，2021 年 8 月 30 日。

⑤ gefei 读作"淅"，可从。参见简帛网简帛论坛《〈沅陵虎溪山一号汉墓〉初读》第 39 楼，2020 年 3 月 20 日，http：//www. bsm. org. cn/forum/forum. php？mod＝viewthread&tid＝12681&extra＝&page＝4，2021 年 8 月 30 日。

⑥ 湖南省文物考古研究所编：《沅陵虎溪山一号汉墓》，文物出版社 2020年版。

吴桑释文作："☐渍析榣澗之，令清如水，渍置有顷∟以手☐其米，阿然，浚装之，偏烝，反之复烝，缫出置盘中，以水一升脩∟复装烝，反之复烝，缫出置二幅素☐。"①

缫，**郭伟民**：将"缫"释为"绁"。② **吴桑**：读作"抴"，《湖南简牍名迹》已指出。表牵引之意。③ **按**：吴桑此处错引，《湖南简牍名迹》中并未将"缫"释为"绁"。缫，古同"绁"，《说文》系部："系也。"《汉书·司马迁传》："幽于缧绁。"颜师古注："绁，长绳也。"④此处指借助绳子取出。刚蒸好出炉的食物由于高温，需要借助绳子取出。

脩，原释文作"脩"。**按**：该字图版作^髾，左上从"彳"，可隶作"循"。"循"从吴桑说，读作"潃"，表示加水拌和。⑤

三

☐装之，令黍一枑，枣膏一㧕，蓋以巾，烝，彻上，反之复烝，缫出置巾上，以手排去其大气而成∟，爲☐11⑥

按：《食方》整简共有三道编绳，根据现存简牍图版来看，一般最后一道编痕后不再书写，参看十二、十三、二十六、三十一、一百零一、一百零三号简。本简最后一道编痕以下残缺，故从本篇竹简书写习惯看，其后可能并无内容，本简"爲"下从内容上看应该是完整的。

---

① 吴桑：《虎溪山汉简"为饭方"流程复原》，简帛网 2021 年 4 月 12 日，http://www.bsm.org.cn/show_article.php? id=3674，2021 年 8 月 30 日。

② 郭伟民：《阮陵虎溪山一号汉墓发掘简报》，《文物》2003 年第 1 期，第 54 页。

③ 吴桑：《虎溪山汉简"为饭方"流程复原》，简帛网 2021 年 4 月 12 日，http://www.bsm.org.cn/show_article.php? id=3674，2021 年 8 月 30 日。

④ 宗福邦、陈世铙、萧海波主编：《故训汇纂》，商务印书馆 2003 年版，第 1723 页。

⑤ 吴桑：《虎溪山汉简"为饭方"流程复原》，简帛网 2021 年 4 月 12 日。http://www.bsm.org.cn/show_article.php? id=3674，2021 年 8 月 30 日。

⑥ 湖南省文物考古研究所编：《沅陵虎溪山一号汉墓》，文物出版社 2020 年版。

四

　　☐葢以巾，令其丞(烝)，彻上，即緤出置巾上，以手排去其大气而成，为饭二斗12①

　　丞，原释文作"烝"。**按**：该字图版作，下不从火，当隶作"丞"。丞，读作"烝"。

五

　　☐长尺者廿四，以酒和汤，苦，洎之，鳞，去其鳞及翼、尾、头、脊脊，② 复以酒，苦☐(洗)清，③ 以水煮之，④ 段檀☐20⑤

---

①　湖南省文物考古研究所编：《沅陵虎溪山一号汉墓》，文物出版社2020年版。

②　gefei将"脊"下一字释为"脊"（参简52、98字形），可从。参见简帛网简帛论坛《〈沅陵虎溪山一号汉墓〉初读》第58楼，2021年3月28日，http：//www.bsm.org.cn/forum/forum.php? mod=viewthread&tid=12656&extra=&page=6，2021年8月30日。

③　gefei将"苦"下一字释为"鬵"，读作"洗"，可从。参见简帛网简帛论坛《〈沅陵虎溪山一号汉墓〉初读》第54楼，2021年3月28日，http：//www.bsm.org.cn/forum/forum.php? mod=viewthread&tid=12656&extra=&page=6，2021年8月30日。姚磊将"鬵"后一字释为"清"，可从。《读虎溪山汉简〈食方〉札记（十四）》，简帛网2021年5月18日http：//www.bsm.org.cn/show_article.php? id=3683，2021年8月30日。

④　gefei将"之"前三字释为"以水煮"，可从。参见简帛网简帛论坛《〈沅陵虎溪山一号汉墓〉初读》第54楼，2021年3月28日，http：//www.bsm.org.cn/forum/forum.php? mod=viewthread&tid=12656&extra=&page=6，2021年8月30日。

⑤　湖南省文物考古研究所编：《沅陵虎溪山一号汉墓》，文物出版社2020年版。

姚磊先生指出"复以酒"后的"苦"下第一字疑在另一侧的断简之上，此处当再添加一"□"。① **按**："苦"及下图版作🈂️，此处位于编痕位置，疑不需再加"□"，从整理者意见。

六

□以复洇，鱼煮之，入肉酱汁半升∟，盐之，尝，令薄，咸渍（沸），酿，董合，孰（熟），瀹藿□□□21②

瀹，按："瀹"省字，煮也。《玉篇·水部》："瀹，煮也，内菜汤中而出也。"《汉书·郊祀志下》："东邻之杀牛，不如西邻之瀹祭"颜师古注："瀹祭，谓瀹煮新菜以祭。"③

藿，按：一种豆类植物的叶子。《说文》："藿，藿本字。"④《广雅》释草豆角谓之荚，其叶谓之藿。《本草纲目》："藿香方茎有节中虚，叶微似茄叶。"藿也指藿香芳草类。⑤

七

廿四·爲鹄（糊）方：⑥ 先刺杀，以汤煮，去其毛以煨，煨

---

① 姚磊：《读虎溪山汉简〈食方〉札记（十四）》，简帛网 2021 年 5 月 18 日，http：//www. bsm. org. cn/show_article. php？id＝3683，2021 年 8 月 30 日。

② 湖南省文物考古研究所编：《沅陵虎溪山一号汉墓》，文物出版社 2020年版。

③ 宗福邦、陈世铙、萧海波主编：《故训汇纂》，商务印书馆 2003 年版，第 1342 页。

④ （东汉）许慎：《说文解字》，清汲古阁刊本，第 29 页。

⑤ 陆费逵、欧阳溥存等编：《中华大字典》，中华书局 1978 年版，第 1957页。

⑥ 雷海龙将"鹩"改释作"鹩"，可从。参见简帛网简帛论坛《〈沅陵虎溪山一号汉墓〉初读》第 9 楼，2021 年 3 月 11 日，http：//www. bsm. org. cn/forum/forum. php？mod＝viewthread&tid＝12681&extra＝&page＝1，2021 年 8 月 30 日。

之令毋齘,以汤洎□□28①

石光泽先生释文作:"为鹘鬻方:先刺杀,以汤煮去其毛,以煨,煨之令毋齘,以汤洎□□。"②**按**:其中"以汤煮去其毛,以煨"可进一步调整作"以汤煮,去其毛以煨"。"以汤煮"是为了热水去毛,将其与"去其毛以煨"断读可强调鹘毛是在除尽的状态下加热温煮。

八

□□□□□入煨火中,数疾(候)之,香而孰(熟)即出,以白布巾择、解,进之。30③

石光泽先生释文作:"□入煨火中数,侯之香,而孰即出,以白布巾择解进之。"④**按**:将"数疾(候)"连读,"入煨火中"句意已完整,"数疾(候)之"表示"入煨火中"后的步骤。参看57、59号简辞例,"择""解"是"择去毛"或"择去其皮"、"体解"等动作的略写,故中间断读。"择""解"动作完成后再"进之",故"进之"下读。综上,句读可进一步调整作:"□入煨火中,数疾(候)之,香而孰(熟)即出,以白布巾择、解,进之。"

数,**按**:屡次,频频。《广韵·觉韵》:"数,频数。"《孙子·行军》:"屡赏者窘也;数罚者困也。"张预注:"势窘则易离,故屡赏以抚士;力困则难用,故频罚以畏众。"《汉书·贾山传》:"赋敛重数,

---

① 湖南省文物考古研究所编:《沅陵虎溪山一号汉墓》,文物出版社 2020年版。

② 石光泽:《虎溪山汉简〈食方〉札记二则》,简帛网 2021 年 4 月 14 日http://www.bsm.org.cn/show_article.php?id=3675,2021 年 8 月 30 日。

③ 湖南省文物考古研究所编:《沅陵虎溪山一号汉墓》,文物出版社 2020年版。

④ 石光泽:《虎溪山汉简〈食方〉札记二则》,简帛网 2021 年 4 月 14 日http://www.bsm.org.cn/show_article.php?id=3675,2021 年 8 月 30 日。

百姓任罢。"颜师古注："数，屡也。"①

俟，原释文作"候"。**按：**该字图版作 ，隶作"俟"，读作"候"，观察之意。《说文》人部："候（候），伺望也。"《国语·晋语八》："攀辇即利而舍，候遮扦卫不行。"韦昭注："候，候望。"《汉书·杜周传》："其治大抵放张汤而善候司。"颜师古注："观望天子意。"《后汉书·钟离意传》："故分布祷请，关候风云，北祈明堂，南设雩场。"②

"择、解，进之"的用法在食方中常见：

> □□芮炙，辄温肉酱汁以芮炙，孰（熟），解、择，进之□14

> □□□□□□入煨火中数，俟（候）之香，而孰（熟）即出，以白布巾择、解，进之。30

> □□复芮炙之，孰（熟），解、择，进之55

> □白布巾择去毛，体解，进之。为栀维如此57

> □□择去其皮，肠之，以白布巾去其血，体解，□去其股□59

按：食方中常见的"择、解"恐为"择去毛""择去其皮""体解"的略写，57、59 号简是"择、解"完整的用法。"解""择"应有顺序之分，在炙方中，"解"的步骤在"择"之前，而烹煮需要用到白布巾时，"择"则在"解"之后。在编连上，14、30、55 号简应在 57、59 号简后。

九

死乚，入肉酱汁一升其中，数挠，令酱黄即入肉，复挠，孰

---

① 《汉语大字典》编辑委员会编：《汉语大字典》，四川辞书出版社、湖北辞书出版社 1988 年版，第 1475 页。

② 《汉语大字典》编辑委员会编：《汉语大字典》，四川辞书出版社、湖北辞书出版社 1988 年版，第 178 页。

（熟）以前洎＝（洎，洎）之鬻戠一二升，段橿（姜）半☐17①

橿，**按**：读为"姜"，菜名，姜有辛辣味，可作调料。《论语·乡党》："不撤姜食，不多食。"《吕氏春秋·本味》："和之美者：阳朴之姜，招摇之桂。"②

（作者系武汉大学历史学院硕士研究生）

---

① 湖南省文物考古研究所编：《沅陵虎溪山一号汉墓》，文物出版社 2020年版。

② 《汉语大字典》编辑委员会编：《汉语大字典》，四川辞书出版社、湖北辞书出版社 1988 年版，第 3300 页。

六朝建康经济中心城市地位的确立

黄烺垚

摘要：作为六朝的都城，建康的发展受到六朝特殊历史条件的影响。作为江左的政治中心，其无可争议的经济中心城市地位却是在六朝中后期才得以确立。六朝时期膨胀发育的士族豪右掌握了大量的社会资源并用之进行社会生产，而西晋末年至东晋中期特殊的社会条件为士人群体游离建康与各地之间提供有利条件，他们的游离会对建康的经济地位产生很大影响。随着皇权重振，士族回流建康使建康的经济发展得到飞速发展。城市规模的扩大促进近郊地区的发展，城市与农村的联系进一步加强。

关键词：建康；士族；经济；城市

六朝绝大部分时间以建康(孙吴时称建业，西晋平吴改建业为建邺，后避帝讳改称建康，为行文方便下文泛称时统一称建康)为都城。历代王朝的都城皆不可避免地成为学界研究与考察的重点对象，建康作为中古时期江左政权的都城，自然亦是学界的重要关注对象。首都城市一般拥有丰富的政治、经济、文化及其他社会资源，因此很容易取得优势地位。正因如此，我们容易犯先入为主的错误：既然都城拥有着如此丰富的优势资源，自然便是中心城市。建康是一座从无到有的城市，自孙权选址到杨隋平陈，数百年时间内建康并非一直处于牢不可破的中心位置。很多时候，三吴地区的经济发展要优于建康，至东晋孝武帝起，建康的经济优势地位不断巩固。是什么力量促进此经济格局的改变呢？

一、建业：从无到有的城市

黄巾起义在事实上瓦解了东汉王朝的统治，各地军阀蜂拥而起，经过一段时间的混战逐渐形成几支势力强大的割据力量，分别是统治北方黄河流域的曹魏集团、割据益州的刘备集团以及占据江东的孙氏集团，三家鼎足而立，割据一方。与北方黄河流域和西部的益州不同，孙氏集团割据的江东地区在秦汉时期并未形成一个强中心，这种强中心能强有力地控制统治区域内的其他地区，这种统治是全方位的。长江中下游流域地区缺少这一强中心，孙策进兵吴会，帅帐履迁，继兄业的孙权同样几易驻跸之地，在武昌、京口之间帅帐数迁，直到黄龙元年"秋九月，权迁都建业，因故府不改馆"①。不论这个"故府"是《建康实录》卷二中许嵩的解释"宫即长沙桓王故府也"②，即孙策时建造，还是《三国志·吴主传》注引《江表传》载权诏"建业宫乃朕从京来所作将军府寺耳，材柱率细，皆以腐杇，常恐腐杇"③，即孙权时所建造的，都不妨碍我们做出以下判断：此城的规模不会很宏大。孙氏在武昌、京口与建业之间犹豫，主要还是因为那时候的军事形势所需，需要找一处合适之处以进行调度指挥，统筹分配，任何事情都需要为军事服务，保障安全是第一要务，这就注定不会有任何过大工程来过多消耗资源。孙权最终决定在长江南岸今南京市此处建设属于自己的都城，更多是出于军事层面的考虑而非经济考虑，在魏晋时期，秦淮河于长江的入江口一带潮汐的危害相当严重，④ 考古学的相关研究也证明孙吴建都以前今南京一带居民较少，开发相对滞后，选择修建建业城更多是作战需要，定都以后建业作为一座新兴首都其经济实力无法与位于其东汉的三吴之地相媲美，这是不言而喻的。

---

① 《三国志》卷47《吴主传》，中华书局1959年版，第1135页。
② 《建康实录》卷2《吴中·太祖下》，中华书局1983年版，第38页。
③ 《三国志》卷47《吴主传》，中华书局1959年版，第1147页。
④ 关于六朝时期秦淮河长江入江口一带的潮汐侵蚀危害，相关研究可参考陈刚：《六朝建康历史地理及信息化研究》，南京大学出版社2012年版，第43~44页。

司马睿在建邺重新组建晋流亡政府，面对军事混战局面，东晋政府跟孙吴一样并无太大能力顾及经济建设，所有问题均以军事安全为优先考虑选项。他们沿用了孙吴遗留下来的旧都且没有任何改动，不久却一次又一次地迎来内讧，最终在苏峻之乱时全城尽毁，在当时甚至有了三吴之议，赖王导力排众议，① 建康城的首都地位才得以延续，局势安全尚且得不到保证，谈何经济发展？纵然有些许发展，苏峻之乱也把仅有的发展成果毁了。总而言之，自汉末至东晋初年，建康的经济发展跟不上，难以和富庶的吴会之地相提并论。

二、魏晋时期江左地区的经济中心——三吴地区

众所周知，六朝是中国古代史上一个战乱频繁的动荡时期，建康虽亦曾遭受动乱，作为江左政权的都城，其地位是总体稳定的。南方长江流域经孙吴政权开发虽取得一定的发展，然而在永嘉之乱时南方长江流域的总体发展水平对比北方的黄河流域依旧存在巨大差距。不论长安、洛阳或是邺城，既然这些城市皆因其乃中央政权的实际所在而取代城市上的超然地位，那么建康作为南方政权的都城应该也是作为南方中心城市而存在的，这个中心不仅体现在政治上，经济上亦如此。刘淑芬认为：

> 首都为全国的政治中心，通常因其为天下贡赋汇集之所，又因京师坐食者众，生活物质皆仰赖外地的供应，故商业必盛，往往也是全国的经济中心。然造成六朝都城建康繁荣的原因尚不止于此，其时官员普遍殖产兴利，或出为外郡，携带大批外地搜刮而来的资财返京挥霍；还有交、广的财富都是造成建康繁荣的因素。因此，六朝建康的富饶实是集合全国各地财富砌积而成的。②

---

① 《晋书》卷 65《王导传》，中华书局 1974 年版，第 1751 页。
② 刘淑芬：《六朝建康的经济基础》，《六朝的城市与社会》，台湾学生书局 1992 年版，第 81 页。

刘淑芬的意见具有代表性。建康是江左政权的政治中心，但建康在南方成为经济中心却需要一个缓慢的过程，且因彼时历史条件的影响而速度不一，刘说有些过于理所当然。京师虽是全国政治中心，必定是天下贡赋汇集之所，却未必就是经济中心。纵观中国历史，政治中心和经济中心大多数情况并不重合，① 甚至在很长一段时间内建康也并非东晋的经济中心，在更东南的三吴地区其经济发展更优于建康。

汉末到东晋初，三吴地区②是江左地区人口最为密集之地。东汉中期以后魏晋时期的三吴地区主要分为吴郡和会稽郡，据《后汉书·郡国志》记载，永和五年此三郡的人口数分别为"七十万七百八十二"③以及"四十八万一千一百九十六"④，建业所在的丹阳郡则为"六十三万五百四十五"⑤，比较而言，东汉中期吴郡和会稽郡此二郡与江左各郡人口相比人口相差不大，吴郡人口多于丹阳郡，吴郡和会稽郡人口占江左地区人口总和之比并不算十分高，说明在东汉中期江左各地区之间的发展相差并不太大。经过孙吴数十年的开发后，江东地区比起长江以南的其他地区发展更为迅速，建康所在的丹阳郡尤为明显。据《晋书·地理志下》相关户籍人数记载，太康三年江东数郡的人口数分别为：丹阳郡"户五万一千五百"，吴郡"户二万五千"，吴兴郡"户二万四千"，会稽郡"户三万"，以一户五口人计算，则太康元年四郡人口大约为丹阳郡二十五万六千五百，吴郡十二万五千，吴兴郡十二万，会稽郡十五万，直接统辖人口数较东汉少，实际却非如此。经过东汉末年及孙吴的百余年发展，东汉顺帝时期吴郡与会稽不断析置新郡，统辖面积大大缩小，西晋王濬率军平吴时"收其图

---

① 相关论述可参考葛剑雄：《统一与分裂：中国历史的启示》，商务印书馆 2013 年版。

② 关于史料中频繁提及的"三吴"究竟是指代哪片区域，史学界一直存有争论，王铿在《东晋南朝时期"三吴"的地理范围》一文考证诸说后认为东晋南朝时期的"三吴"当即指吴郡、吴兴及会稽郡，本文从其说。

③ 《后汉书》第二十二《郡国志四》，中华书局 1965 年版，第 3489 页。

④ 《后汉书》第二十二《郡国志四》，中华书局 1965 年版，第 3488 页。

⑤ 《后汉书》第二十二《郡国志四》，中华书局 1965 年版，第 3486 页。

籍，克州四，郡四十三，县三百一十三，户五十二万三千，吏三万二千，兵二十三万，男女口二百三十万”①，即吴亡时吴在籍人口二百三十万，从数据来看所辖口数大为减少，一方面固然因为行政区划的调整辖区面积缩小，另一方面则与魏晋时期隐户的大量存在有关。在辖区大大减少的情况下三吴所占人口比达 17.2%，可见三吴地区与江左其他区域之间逐渐拉开距离。统属建康的丹阳郡人口亦是急速增长并超过吴兴和吴郡二郡人口总和，这反映出经过一段时间的发展建康所在的丹阳地区经济也有了很大的提高，不过比之三吴，其人口数依旧相差不少。在古代中国，人口的多少是反映一个地区经济社会发展程度的重要指标，从人口这一项数据看，至少在魏晋时期，三吴地区的发展是优于建康的。

除人口数据以外，魏晋时期的许多经济指标并无直接记载，虽则如此，我们依旧可以通过某些史料窥探到三吴地区发展优于建康及其附近区域，甚至可直言三吴是关乎建康生死的经济命脉。据《三国志·吴书·钟离牧传》记载，会稽地区其时亩产达三斛之多②，三吴的粮食生产能力非常强。及苏峻作乱，郗鉴建议断绝东土与建康的道路以中断建康的补给，达到削弱苏峻的目的：“（郗鉴）乃遣将军夏侯长等间行，谓平南将军曰：‘今贼欲挟天子东入会稽，宜先立营垒，屯据要害，既防其越逸，又断贼粮运，然后镇静京口，清壁以待贼。贼攻城不拔，野无所掠，东道既断，粮运自绝，不过百日，必自溃矣。’”③截断“东道”，苏峻乱军便会因补给不继而不攻自溃，可见建康的自足能力之低和对三吴地区的依赖之高。诚然，经济中心城市必定与外界存在高度联系才能确保其中心地位的稳固，截断“东道”以乏建康能说明建康对外有极密切的联系，但这种密切联系在魏晋时期却不符合正常情况下的强经济中心对外强辐射的情况，魏晋时期的建康处于一种受外影响极强而辐射能力较弱的城市发展阶段。作为经济中心城市必然需要强大的对外辐射能力，从这点出发看建康与其他区

---

① 《晋书》卷 3《武帝纪》，中华书局 1974 年版，第 71 页。
② 《三国志》卷 60《钟离牧传》，中华书局 1959 年版，第 1392 页。
③ 《晋书》卷 67《郗鉴传》，中华书局 1974 年版，第 1799 页。

域发展的互动，在东晋中叶以前的很长一段时间内建康并不作为区域内的中心城市而存在。是什么让建康得以在东晋中叶后逐渐崛起，完成对三吴的超越并不断巩固其作为经济中心城市的存在？此处值得我们思考。笔者认为，这种经济中心地位的确立是与东晋后期之后皇权在一定程度上重振有关的，其繁荣也部分受益于此前的皇权衰落。

三、士人的游离：会稽地区的繁盛

城市因何产生，学者有不同的观点。芒福德认为，无论东方还是西方，王权的产生都是城市起源的最重要因素。① 众所周知，自秦一统以来，至明清时期，基本上一直是政治优先，所有事情都必须服务于政治需要，城市规划亦包含其中。芒福德关于城市起源中王权因素的这一论述是极具启发性的，鲁西奇《中国历史的空间结构》进一步论述道："正是由于城市集聚了大部分权力和权力关系，使我们有理由相信：城市产生与存在的'理由'与'目的'，乃是为了给权力的集中和运作提供场所；换言之，是权力'制造'了城市，并在很大程度上决定了城市的性质及其发展方向。"② 王权是城市起源的最重要因素，建康亦不例外。如此我们不由地需要结合王权这一关键因素来帮助我们分析建康的城市发展。

皇权的弱小和士族豪右势力的异常膨胀是六朝极具特色的历史特征。强势的士族豪右与虚弱的皇权共同支撑风雨飘摇的东晋政权，此时的东晋皇权已从属于门阀政治，"皇帝也就只是士族利用的工具而非士族效忠的对象"③，都城因其乃国家权力展示之所而汇聚许多重要的资源④，门阀政治却为士族游离皇权提供有利条件。与东晋前期

---

① 相关论述可参考芒福德：《城市发展史——起源、演变和前景》，宋俊岭、倪文彦译，中国建筑工业出版社2004年版。

② 鲁西奇：《中国历史的空间结构》，广西师范大学出版社2012年版，第326页。

③ 田余庆：《东晋门阀政治》，北京大学出版社2012年版，第15~26页。

④ 中村圭尔：《魏晋南北朝的城市与官人》，井上彻、杨振红编：《中日学者论中国古代城市社会》，三秦出版社2007年版，第95~116页。

建康在不稳定的条件下发展形成对比的，是会稽地区的繁盛。

会稽的繁盛有其历史基础。两汉时期，会稽地区已是繁华之地，特别是山阴地区。近数十年考古发掘成果显示出汉代会稽地区的制造业非常发达，其制瓷工业、铜镜铸造业十分兴盛①，这些手工业产品主要用于交换，手工制造业的兴盛与商业的繁荣使得会稽地区在两汉时期成为长江中下游流域地区较为富庶的区域，《三国志·吴书·刘繇传》裴注引袁弘《汉纪》称"会稽富实，（孙）策之所贪"②，建安年间孙策进兵江东，获取会稽的财富是其一大目的。两晋之际北方战乱，大量北方人口往南方迁移，其中有部分人选择海路至会稽地区，如陈郡谢氏一族，另外还有一些选择先居他处再而转移至会稽，如琅琊王氏的王羲之家族。侨渡士族极力恢复南渡前的那种奢侈生活，他们求田问舍，购置土地，建康附近的吴郡、吴兴等地吴姓士族树大根深，要想在此获得土地颇费工夫且易与当地士族引起纠纷冲突，侨姓士族只能到更远的地方如会稽、建安等郡购置土地，如琅琊王羲之，他到处寻找机会获取土地，《晋书·王羲之传》载王羲之写给谢万的信中提道："比者，当与安石东游山海，并行田视地利，颐养闲暇"③，王羲之当然是醉翁之意不在酒，所谓游赏，更多在于"行田"与"视地利"。侨士族求田问舍目的在于恢复其经济实力，如前文所言，汉末以来会稽地区已是富庶之地，东汉以来的大土地所有制亦在会稽有发展，一批地方性的豪族发育，至东晋初年已有一定规模，侨姓士族要获取土地，在会稽遇到的阻力不会比吴郡小，但终究会比吴郡一带轻松一些。侨姓世族经营田舍庄园，生产的农产品一部分除了用于自身消费外，剩余部分会投入市场参与交换，此外侨姓士族为恢复其经济力量还想到另外的对策，他们通过经营交通运输业及商业，操持交换及消费这两个环节，和地方豪族合作，共同参与经济建设，门阀政治

---

① 具体可参考王仲殊：《关于日本三角缘神兽镜的问题》，《考古》1981 年第 4 期；绍兴县文物管理委员会：《浙江绍兴富盛战国窑址》，《考古》1979 年第 3 期。

② 《三国志》卷 49《刘繇传》，中华书局 1959 年版，第 1184 页。

③ 《晋书》卷 80《王羲之传》，中华书局 1974 年版，第 2102 页。

为琅琊王氏、陈郡谢氏等侨姓高门在外求田提供了便利，同时为士族游离建康朝廷提供了便利。立足于自身在会稽地区的生产活动，控制运输的同时依托家族在首都建康的关系网络，从生产到消费，豪族多方面参与、渗透，对会稽地区经济的发展起到很大的推动作用。我们在讨论东晋中前期士人群体的游离时并不否认建康仍然是区域内优势资源最为集中的城市，只是在东晋中前期特殊的历史条件下这种优势有一定程度的减弱。建康并不处于一个绝对强势的地位。这种强势地位的确立还需要一段时间。

元帝渡江，朝廷资用极度匮乏，《晋书·食货志》记载曰："元后渡江，军事草创，蛮陬赕布不有恒准，中府所储，数四千匹。"①拮据的东晋朝廷不可能对此城做大规模的修整，基本沿袭孙吴的规制是最经济实惠的。不过这样反而无心插柳柳成荫，为后期的经济发展提供了有利条件。苏峻乱前，建康城并不具有传统意义上的王朝国家都城的规模，晋成帝时建康重建，王导主持重新规划修筑建康，即便重新规划，调整后的建康宫城建筑群依旧与传统规划布局理念大不一样。孙吴建业城受到两汉多宫制的影响，重新规划的建康却采用单一宫城制，② 还在原来只开一门的基础上增开五门，但新建康城依旧不是夯土城墙，直到南朝萧齐时才改为夯土城墙，③ 内城尚如此，外郭城更不待说，以篱门作为城郊分野标识，除此之外并无其他实际意义。中国古代的城市受权力的影响至深，城市的规划设计既不遵循"经济理性"，也不遵循"生态理性"，④ 城市讲求的是符合儒家礼仪，符合政治权力施展的需要，城市空间按礼仪及政治需要人为地切割为若干区域，王朝国家利用权力对城市空间进行人为切割，"而不是根据其自

① 《晋书》卷26《食货志》，中华书局1974年版，第783页。

② 张学锋：《所谓"中世纪都城"——以东晋南朝建康城为中心》，《社会科学战线》2015年第8期，第71~80页。

③ 《资治通鉴》卷135，齐高帝建元二年："自晋以来，建康宫之外城唯设竹篱，而有六门。会有发白虎樽者，言'白门三重关，竹篱穿不完'。上感其言，命改立都墙。"(中华书局2011年版，第4311页。)

④ 鲁西奇：《中国历史的空间结构》，广西师范大学出版社2012年版，第337页。

身发展需求而'自然发展或演化的结果'"①。与北方城市不同，建康的出现及其发展是建立在早期并不发达的聚落之上并且逐渐开发而成的，东晋出于礼仪的需要增设篱门，篱门的作用局限于此，于经济活动中的限制作用约等于无。换言之，这极大地方便了各类要素的流动。经济的发展必须频繁交换，交换需要流动，皇权的弱小反映在城市建设之中，北方的城市建设背后都有一个强大的皇权或实际政治力量进行干预，南方的建康却因皇权的弱小而"先天不足"，即便重建，政治力量的干预也只是更多地影响面积台城，台城以外至于外郭，外郭以外的近郊，几乎毫无影响。政治影响的减弱带来的是更多的"经济理性"与"生态理性"。世家大族的强势是六朝极具特色的历史特征，不论侨门或是地方豪右都掌握了大量的社会资源，不论资本、人口抑或技术，北来侨民有相当部分的手工业从事者这一点我们不难想象，他们拥有先进的生产技术可用于生产，同时，士族掌握着大量的土地并荫护难以估计的隐民，为各种生产活动提供了充足的劳动力，可以说，士族的分散会对经济的集中造成一定程度的削弱，建康有许多优势资源，但绝不是最为强势集中的存在。

四、建康作为经济中心城市地位的确立

建康作为江左政权的经济中心城市的地位的确立是伴随着皇权重振与士人群体重新依附建康皇权这一过程的。晋宋之际，皇权的重振势必影响士人群体的独立性。如胡宝国所言："从会稽到建康，象征着士人再次彻底依附于皇权。"②不仅是人才，其余社会资源集中于首都是正常社会的情况，东晋南朝却是一个"不正常"的社会，这种不正常体现在皇权的衰落与士族势力的强大，在常态下皇权的强大

① 鲁西奇：《中国历史的空间结构》，广西师范大学出版社 2012 年版，第338 页。

② 胡宝国：《从会稽到建康——江左士人与皇权》，《将无同——中古史研究论文集》，中华书局 2020 年版，第 202 页。

足以吸引各方势力竞相向首都靠拢，而东晋南朝的非常态则为士族游离提供了条件，而他们又掌握着大量的社会资源，东晋前期的社会财富并不像以前所理解的那样大量地、源源不断地流入建康（至少没有集中化倾向）。直到东晋孝武帝后士人的回流令财富也向建康集中。

汉魏时期，南方地区经济、文化最发达的地区是会稽。永嘉以后南渡人群中不少人选择会稽作为目的地或中转地，其中包括不少宗教人士，关于此点已为不少学者注意，兹不赘述，所需注意的是东晋后期地方的衰落以及建康的繁荣是大势所趋，不独会稽如此。会稽地区的衰落与建康的繁荣却不无关系，胡宝国从士人对皇权的归附作为切入点讨论研究，然而士人向建康的集中的影响并不仅仅在于士人的再次彻底依附于皇权，并且还意味着建康作为南方中心城市的城市职能里再添经济中心这一极其重要的城市职能。可以想象，伴随着士人群体的重新向建康集结，地方上的资源不断涌入建康，当城内不能再消化不断涌入的资源时后者势必会由城内向城外"转移"，并在"转移"的这个过程中不断重塑郊外景观。[1]

斯波义信认为中国的都市是与农村难以剥离的组合，[2] 建康城与郊外农村的联系当然不是在这个时候才开始。《太平寰宇记》卷九〇《江南东道》"昇州"条引《金陵记》："梁都之时，城中二十八万余户"[3]，按一户五口人计算，则梁朝时期建康人口多达百万，如此巨大的人口不可能完全由建康城承载，必定有部分甚至是绝大部分的人口转移至近郊。人口猛增带来的是郊区城市化，都城与近郊的联系进一步加强。何以南朝时期都城与其郊外的联系会加速加深？

首先是因为建康相对稳定的局面。苏峻乱平建康重建以后建康再

---

① 魏斌：《南朝建康的东郊》，《中国史研究》2016 年第 3 期，第 67~84 页。

② 具体论述参考斯波义信：《中国都市史》，布和译，北京大学出版社 2013 年版。

③ 《太平寰宇记》卷 90《江南东道》，中华书局 2007 年版，第 1774 页。

也没有遭受巨大的战争创伤，一个稳定的环境对城市的发展是有利的，编修《宋书》的沈约曾评论道："自晋氏迁流，迄于太元之世，百许年中，无风尘之警，区域之内晏如也。及孙恩寇乱，歼亡事极，自此以至大明之季，年逾六纪，民户繁育，将曩时一矣。地广野丰，民勤本业，一岁或稔，则数郡忘饥。"①稳定的社会环境为人口增长与经济繁荣提供了有利的环境。

士人群体的归附"皇权"，促使都城近郊及周边地区阶层的社会结构发生了巨大变化。南渡的侨姓士人为了恢复原本在本方拥有的经济实力，需要购置土地经营庄园以供挥霍，另一方面，六朝时期思想领域上的深刻变化使得士人群体乐与游山水寄托其情，如王羲之、谢安等高门，"羲之雅好服食养性，不乐在京师，初渡浙江，便有终焉之志。会稽有佳山水，名士多居之，谢安未仕时亦居焉。孙绰、李充、许询、支遁等皆以文义冠世，并筑室东土，与羲之同好"②。3—6 世纪是大土地庄园膨胀发展的时期，世族多拥有庄园土地，尽管北方战乱使得南渡的侨姓士族失去土地，但在南方寻求土地以发展其经济力量的兴趣并不因此减弱。向建康集中的士族群体必定会想方设法在建康附近营造田庄。建康土地价格昂贵，人口滋长与经济繁荣进一步推高建康的土地价格，"王畿陆海，亩号一金，泾渭土膏，豪杰所竞"③。面对愈发昂贵的地价，士族越来越多地选择跟郊外的片区来满足他们的游赏闲居的意愿，这就促进郊外田宅化。④ 另一方面，"如京师无田"⑤，如此庞大的消费人口必定给都市生活带来更为多样性的变化，为应付现实需求，近郊农村的物质供给需要做出相应的变化以满足不断增长的消费需求，同时促进都城圈社会生活的极大改变。

① 《宋书》卷 54"史臣曰"，中华书局 1974 年版，第 1540 页。
② 《晋书》卷 80《王羲之传》，中华书局 1974 年版，第 2098~2099 页。
③ 《艺文类聚》卷 65《产业部上·园》，中华书局 1965 年版，第 1164 页。
④ 魏斌：《南朝建康的东郊》，《中国史研究》2016 年第 3 期，第 67~84 页。
⑤ 《宋书》卷 54《孔季恭传附弟灵符传》，中华书局 1974 年版，第 1533 页。

五、余 论

六朝初期的建康城在经济层面上并非绝对意义上的中心城市，由政治中心转而兼具经济中心地位需要一个漫长的积累过程。魏晋时期的社会动荡使得士民流散，立足江左的司马睿本不具备继承皇位的法统，因时势而登位的他"寄人国土，心常怀惭"①，不得不通过放弃权力的部分来换取士族的支持，皇室无力营建都城只能延用孙吴旧城。苏峻乱后重新规划建设的建康城虽然有相当的扩建，但依旧没有外郭城墙，却为以后的城市发展减轻了阻力。郊区的发展与城内有效结合，类似于现代地理学所说的郊区城市化。城墙的存在其本身而言是对空间的一种人为"切割"，除了防卫性功能与在视觉和心理上制造等级威严外，城墙的存在对经济的影响是负面的，外郭城的缺失反倒为台城到郭城的广大区域与近郊区域连片发展提供了便利条件，换言之，他极大地方便了生产与交换的各要素流动，使其可按"经济理性"自然演变。

在这个过程中对建康自身的影响还是其经济中心地位的确立。皇权的重振使得原本在南渡初期分散江左各地的士人重新向建康靠拢，形成"今之士人，并聚京邑"②的情况，六朝时期士族是掌握大量社会资源财富的群体，他们向建康集中所带来的不仅是个人的财产。众所周知，南渡侨姓士人一般在会稽或其他地区置办产业，如陈郡谢氏，《宋书·谢弘微传》记载道："资财巨万，园宅十余所，又会稽、吴兴琅琊诸处，太傅、司空琰时事业，奴僮犹有数百人。"③如此规模庞大的庄园所生产的产品是不可能完全由自己消化的，必定有部分甚至更多部分流入市场进行交换。④ 士人群体向建康回流，庄园经济与

---

① 《世说新语》卷上之上，中华书局 2007 年版，第 108 页。
② 《通典》卷 16《选举四》，中华书局 1984 年版，典九一。
③ 《宋书》卷 58《谢弘微传》，中华书局 1974 年版，第 1593 页。
④ 相关研究可参考唐长孺：《三至六世纪江南大土地所有制的发展》，《唐书兵志笺正：外二种》，中华书局 2011 年版。

建康之间的经济联系会有增强，从庄园到建康的路上会催生许多重要的节点，这些节点随着经济的发展与交流的频繁而逐渐发展壮大，经济与信息网络的节点更为密集，使得建康与外地的经济联系进一步增强，这种经济联系随着时间不断增强，建康作为南朝的经济中心城市其地位愈发不可动摇，直至陈亡。

（作者系武汉大学历史学院硕士研究生）

"齐尚赤色"考

李 奇

摘要："易服色"作为传统政治文化中标志王朝更新换代的重要措施，北齐之前的王朝尚色或游弋于"三统说"与"五德说"之间，或"袭用前代正朔服色"。北齐尚赤却是脱离以上因素影响的结果，且与北齐的建立过程密切相关。高欢时期对"赤"的崇尚被高洋承继，遂成为北齐的官方尚色。至于史料记载的"黄黑之谶"则是代指戎衣之色，在东西魏对峙频繁的情况下黄色逐渐固定为东魏一方的代表色。

关键词：尚色制度；东魏北齐；五德历运

武定七年(549)八月辛卯，高澄在邺北城东栢堂与陈元康、崔季舒等商量受禅事宜，遇盗而殂，建立新朝的任务只得搁置。高澄遇害后，太原公高洋镇定自若，指麾部分，进一步迈入权力中心，最终于武定八年(550)五月代魏受禅，建立北齐。在五行相生的理论体系之下，北齐为木德。若按传统的德运与服色相配的观点，木德尚青。但《隋书·五行志》中却有一条"齐尚赤色"的记载："武平七年(576)，并州招远楼下，有赤蛇与黑蛇斗，数日，赤蛇死。赤，齐尚色。黑，周尚色。斗而死，灭亡之象也。"①那么，北齐尚赤的灵感源于何处？王朝尚色究竟受到何种因素的影响？

对于五德终始的研究，顾颉刚从五行说的起源一直谈到王莽代汉

---

① 《隋书》卷23《五行志下》，中华书局2020年版，第740页。

时的政治运作，① 钱穆在《评顾颉刚〈五德终始说下的政治和历史〉》一文中对顾颉刚所持诸如五德相生说是由刘氏父子所创立等观点进行了反驳。② 之后学界对于五德历运的探讨落实到具体的朝代或是时间段进行深入细致的分析，但有关北齐德运与服色的研究相对较少。罗新《十六国北朝的五德历运问题》一文具有重要的启发意义，在扎实的史料分析基础上梳理了十六国北朝时期纷繁复杂的德运问题，在文章末尾提到北齐接续北魏而为木德，但没有展开对史书中"齐尚赤色"这一记载的讨论。③ 姜望来《论"亡高者黑衣"》主要从佛道论争角度对"黄黑之谶"和"黑衣之谶"进行探讨，认为高欢奉魏正朔，然服色则反尚黄，大概已改从孝文以前魏所定之土德，并未提及"尚赤"。④ 陈鹏在《三统说与汉晋服色》提出假设——"倘北齐据北魏前期牺牲用白，认定魏为白统，则齐继魏为赤统，色尚赤"，⑤ 为"齐尚赤色"提供了一种新的解释思路。本文在史料与前辈学者的研究基础上，通过梳理北齐建立前的德运与服色情况，对"齐尚赤色"这一问题展开讨论。

一、北齐建立前的德运与服色问题

"易服色"作为传统政治文化中王朝更新换代的标志性措施，它是依据什么来确定的呢？"五德终始说"下王朝德运按照五行相胜或者相生的次序流转，以五色配五行。"三统说"则认为王朝按照"黑—白—赤"三统循环更替，服色与"统"相对应。本节拟对北齐之前的王朝尚色情况做一个简单梳理。

秦的尚色主要受到五行相胜说的影响。始皇以秦文公出猎获黑龙

① 顾颉刚：《五德终始说下的政治和历史》，《清华大学学报（自然科学版）》1930 年第 1 期，第 71~268 页。

② 钱穆：《评顾颉刚〈五德终始说下的政治和历史〉》，顾颉刚编：《古史辨自序》，河北教育出版社 2000 年版，第 633~645 页。

③ 罗新：《十六国北朝的五德历运问题》，《中国史研究》2004 年第 3 期，第 47~56 页。

④ 姜望来：《论"亡高者黑衣"》，《中华文史论丛》2011 年第 1 期，第 161~182 页。

⑤ 陈鹏：《三统说与汉晋服色》，《史林》2017 年第 4 期，第 45 页。

为水德之瑞，色尚黑。汉朝初年围绕是否承认秦为正统这一难题，在德运与服色上呈现出颇为复杂的状况。秦二世元年（前209），刘邦被推为沛公后"祠黄帝，祭蚩尤于沛庭而衅鼓旗。帜皆赤，由所杀蛇白帝子，杀者赤帝子，故上赤"，[1] 高祖元年（前206）又重申"上赤"一事："遂以十月至灞上，与诸侯平咸阳，立为汉王。因以十月为年首，而色上赤。[2] 尚色与"斩蛇著符"这一瑞应紧密相关，[3] 成为刘邦凝聚人心与昭示天命的有利手段。汉初"尚赤"持续时间较短，很快就被与德运相关的"尚黑"所取代。高祖五年（前202）张苍为计相时，"推五德之运，以为汉当水德之时，尚黑如故"，[4] 德运再次主导服色。文帝时"水土之争"进入白热化。直到武帝时才真正确立汉为土德，"夏，汉改历，以正月为岁首，而色上黄"[5]，太初改制兼收并蓄，取"三统说"中的建夏正为寅，取"五行相胜说"中的土德尚黄。到王莽代汉时，"三统说"的影响进一步扩大到尚色制度中。

西汉后期以五行相生为内核的新五德终始说登上历史舞台，它在融合总结"汉家尧后"和"尧汉火德"的基础上重新安排了汉以前的历代德运。[6] 王莽将本族世系追溯至帝舜，自居土德，再结合"汉家尧

---

① 《史记》卷8《高祖本纪》，中华书局1959年版，第350页。

② 《史记》卷28《封禅书》，中华书局1959年版，第1378页。

③ 《史记》卷28《封禅书》："汉兴，高祖之微时尝杀大蛇。有物曰：'蛇，白帝子也，而杀者赤帝子。'"

④ 《史记》卷96《张丞相列传》，中华书局1959年版，第2681页。

⑤ 《史记》卷12《孝武本纪》，中华书局1959年版，第483页。

⑥ 关于新五德终始说，学者在创建者、创建目的上有所分歧。汪高鑫认为新五德终始说是刘歆而非刘向所创建；杨权分析刘歆是在刘向帝王五德谱的基础上发展出五德终始说；李培健则认为这一学说创立者应沿用班固的说法为"刘向父子"。在学说创建目的上主要有"保汉"和"代汉"两种趋向。顾颉刚、王葆玹、汪高鑫、杨权均持前一种看法，李培健持后一种观点。具体可参看：顾颉刚：《五德终始说下的政治和历史》，《清华大学学报（自然科学版）》1930年第1期，第71~268页。王葆玹：《今古文经学新论》，中国社会科学出版社1997年版，第426~483页。汪高鑫：《论刘歆的新五德终始历史学说》，《中国文化研究》2002年夏之卷，第85~94页。杨权：《王莽对"尧后火德"说的移植利用》，《玉林师范学院学报》2005年第4期，第16~22页。李培健：《西汉五德实行论考》，南开大学博士学位论文，2013年。

后"一说，试图在汉末重演尧舜禅让的剧本，服色配德上黄，牺牲应正用白，使节之旄幡皆纯黄，其署曰"新使五威节"，以承皇天上帝威命也。① 王莽时期尚色制度的突出特点是出现了"服色、牺牲、旄幡"等更为细致的区分。建丑为正，以白统继汉之黑统，牺牲配合"三统说"用白；德运上采取"五行相生说"，以土德承汉之火德，服色、使节旄幡配德上黄。东汉始正火德，"行夏之时，时以平旦，服色、牺牲尚黑；明火德之运，徽帜尚赤；四时随色，季夏黄色"。② 尚色上依然延续兼用"三统"（服色、牺牲）与"五德"（徽帜）的"故事"，从史料记载上看甚至"三统说"的影响还要更大。

曹魏改正朔、易服色的过程，前辈学者已有细致研究，在这里不展开讨论。③ 最终于景初元年(237)确定"魏得地统，当以建丑之月为正。……服色尚黄，牺牲用白，戎事乘黑首之白马，建大赤之旗，朝会建大白之旗"。④ 曹魏时期"尚色"更加复杂，服色尚黄是依据土德，牺牲用白与魏据白统相关，至于戎事和朝会所用旗帜则是化用礼书。⑤

---

① 《汉书》卷 99《王莽列传上》，中华书局 1962 年版，第 4095～4096 页。

② 刘珍等撰，吴树平校注：《东观汉记校注》卷 1《世祖光武皇帝》，中华书局 2008 年版，第 8 页。《后汉书·光武帝纪》对于东汉时期尚色有不同记载，建武二年(26)"壬子，起高庙，建社稷于洛阳，立郊兆于城南，始正火德，色尚赤"。但在实际的礼仪运用中东汉尚色与《东观汉记》所载有更多吻合之处，《后汉书》卷 120《舆服下》：天子、三公、九卿、特进侯、侍祠侯，祀天地明堂，皆冠旒冕，衣裳玄上纁下。……五岳、四渎、山川、宗庙、社稷诸沾秩祠，皆袀玄长冠，五郊各如方色云。百官不执事，各服常冠袀玄以从。此外，《后汉书》卷 98《祭祀中》在谈及"北郊"时引《袁山松书》：行夏之时，殷祭之日，牺牲尚黑耳。或许《后汉书·光武帝纪》中的"色尚赤"是指徽帜之色。

③ 朱子彦、王光潜：《曹魏代汉后的正统化运作——兼论曹魏禅代对蜀汉立国和三分归晋的影响》，《中国史研究》2011 年第 1 期，第 117～140 页。杨英：《曹魏"改正朔、易服色"考》，《史学月刊》2015 年第 10 期，第 47～59 页。

④ 《宋书》卷 14《礼志一》，中华书局 2018 年版，第 359 页。

⑤ 关于戎事所乘，《礼记·檀弓》：殷人尚白，大事敛用日中，戎事乘翰，牲用白。"翰"即白色的马。徽帜颜色，《三国志》裴注：《周礼巾车职》'建大赤以朝，大白以即戎'，此则周以正色之旗以朝，先代之旗即戎。今魏用殷礼，变周之制，故建大白以朝，大赤即戎。"曹魏为白统，故以白旗朝，戎事上则变周制，用赤。

晋武帝泰始二年(266)以"遵虞夏故事""受禅有魏",皆用前代正朔服色。南北朝时期德运轮转按照两条线发展,南方的宋、齐、梁、陈接续晋之金德,以水、木、火、土的次序轮转。刘宋参考西晋袭前代正朔服色的做法,"及宋受禅,亦如魏、晋故事"。① 永明初,伏曼容和周顒就南齐的尚色问题展开讨论,从中可以看出南齐的尚色更多地受到"五行相生说"的影响。② 梁、陈有关尚色的记载较少,③ 难以判断这一时期的尚色状况。

十六国北朝时期政权跌宕,德运在政权建设中的重要性愈发凸显出来。罗新在《十六国北朝的五德历运问题》一文中对十六国的德运问题进行了细致讨论,本节不再赘述,兹就北齐之前十六国北朝时期的尚色问题进行讨论。前赵、后赵、前燕慕容儁时期,均以水德承晋之金德,前赵"牲牡尚黑,旗帜尚玄",④ 慕容儁时期"旗帜尚黑,牲牡尚玄",⑤ 尚色主要受到五行相生说的影响。后赵石勒时期则有不同,"旗帜尚玄"与水德相应,但"牲牡尚白"无论用"三统说"还是"五行相生说"均难以解释。⑥ 前燕慕容暐采纳郭钦的建议,以木德承后赵水德,尚色方面则未有记载。《姚苌载记》言"自谓以火德承苻氏木行,服色如汉氏承周故事",⑦ "前秦—后秦"与"周—汉"在德运上形成了一种对应关系,均是以火德承木德,服色上只能推测出后秦

---

① 《宋书》卷14《礼志一》,中华书局2018年版,第361页。

② 《南齐书》卷17《舆服志》:"永明初,太子步兵校尉伏曼容议,以为齐德尚青,五路五牛及五色幡旗,并宜以先青为次。军容戎事之所乘,牺牲茧握之所荐,并宜悉依尚色。三代服色,以姓音为尚,汉不识音,故还尚其行运之色。"

③ 《通典·历代所尚》记载"宋水德,亦如魏晋故事。齐木德,余一依前代。梁火德,余一依前代。陈木德,余一依前代"。但从上文对南齐时期尚色的考察,并未如《通典》所说一依前代。梁时期的服色未能找到更多史料依据,难以推断。南朝陈的服色,《陈书》卷3《世祖纪》天嘉六年(565)八月的诏书言"虽复旌旗服色,犹行杞、宋之邦",似是遵前代服色,此外无更多记载。

④ 《晋书》卷103《刘曜载记》,中华书局1974年版,第2685页。

⑤ 《晋书》卷110《慕容儁载记》,中华书局1974年版,第2834页。

⑥ 《晋书》卷105《石勒载记》,中华书局1974年版,第2746页。

⑦ 《晋书》卷116《姚苌载记》,中华书局1974年版,第2967页。

与前秦保持一致。北魏天兴元年（398）定德运为土德，"服色尚黄，数用五，未祖辰腊，牺牲用白"。① 但在有关北魏初年徽旗的记载中却见"辂车建龙旗，尚黑" ②，"（天赐二年，405）夏四月，车驾有事于西郊，车旗尽黑"③，这或许源于"胡俗尚水"，④ 也可能是受到自西晋倾覆后"物色旗帜，率多从黑"这一习惯的影响。"服尚黄"与"车旗尚黑"并不冲突，反而表现出了这一时期尚色制度的细致化与多样性。对于"牺牲尚白"，难以找到其历史依据。孝文帝时期重议历运，北魏以水德承晋金德，当尚黑。

综上，秦及汉初，尚色与德运相配的这一特征表现得较为突出。汉武帝太初改制，建正为寅，尚黄以配土德，综合吸收"三统说"与"五行相胜说"的内涵。王莽代汉时，以五行相生为内核的新五德终始说已经登上历史舞台，"三统说"对王朝尚色的影响进一步扩大，同时出现了"服色、牺牲、旌幡"等更为细致的划分。西晋时期，"袭用前代正朔服色"开始较为频繁地出现在史料记载中，这可以追溯到曹魏时期就开始的讨论——"改正朔"与王朝建立方式是否相关。魏晋时，王朝尚色仍是兼采"三统说"与"五德说"。南北朝时期，德运发展的线索较为明朗，但关于朝代尚色的记载常有阙漏和抵牾之处。从有限的记载中可以看出，"三统说"的影响逐渐消退，南朝多承袭前代"故事"。北朝尚色中"五德说"占有更主动的地位，同时延续了前一时期尚色种类多样化这一特点。秦汉魏晋南北朝王朝尚色情况见表1。

表1　　　　　　　　　秦汉魏晋南北朝王朝尚色情况

王朝	德运	尚色
秦	水	黑

---

① 《魏书》卷2《太祖纪》，中华书局2017年版，第38页。
② 《南齐书》卷57《魏虏传》，中华书局1972年版，第985页。
③ 《魏书》卷2《太祖纪》，中华书局2017年版，第47页。
④ 《南齐书》卷57《魏虏传》："胡俗尚水，又规画黑龙相盘绕，以为厌胜。"

续表

王朝			德运	尚色
	西汉	秦二世元年（前209）	（未见记载）	赤
		高祖五年（前202）	水	黑
		汉武帝太初元年（前104）	土	黄
	新莽		土	服色配德上黄，牺牲应正用白，使节之旄幡皆纯黄
	东汉		火	行夏之时，时以平旦，服色、牺牲尚黑；明火德之运，徽帜尚赤；四时随色，季夏黄色
	曹魏		土	服色尚黄，牺牲用白，戎事乘黑首之白马，建大赤之旗，朝会建大白之旗
	晋		金	一用前代正朔服色
南朝	宋		水	亦如魏、晋故事
	齐		木	以行运为所尚
	梁		火	（未见记载）
	陈		土	虽复旂旗服色，犹行杞、宋之邦
十六国北朝	前赵		水	牲牡尚黑，旗帜尚玄
	后赵		水	旗帜尚玄，牲牡尚白
	前燕	慕容儁时期	水	旗帜尚黑，牲牡尚玄
		慕容暐时期	木	（未见记载）
	前秦		木	（未见记载）
	后秦		火	服色如汉室承周故事

153

续表

王朝		德运	尚色
十六国北朝	北魏 拓跋珪时期	土	服色尚黄，牺牲用白
	北魏 元弘时期	水	黑
	北齐	木	赤
	北周	木	惟文王诞玄气之祥，有黑水之谶，服色宜乌

在五行相生的理论体系之下，作为继北魏而起的朝代，水生木，高洋所建立的北齐应为木德。《隋书·五行志》直言"齐称木德"，① 并记载了与之有关的符应。"河清三年（564），长广郡听事梁忽剥若人状，太守恶而削去之，明日复然。长广，帝本封也；木为变，不祥之兆。其年帝崩。"②"天统四年（568），贵乡人伐枯木，得一黄龙，折脚，死于孔中。齐称木德。龙，君象。木枯龙死，不祥之甚。其年武成崩。"③在这些记载中，木与北齐皇帝的安危紧紧联系在一起，足以见"齐以木德王"之说的可靠性。此外，在出土的《薛丰洛墓志》中也有齐为木德的记载：洎水德革命，木运应图，除领左右大将军。④北齐为木德已是自明之理，若按"五德说"北齐为木德，当尚青；按"三统说"，北齐以白统承接北魏的黑统，色当尚白。⑤ 而"齐尚赤色"明显逸出传统"五德说""三统说"中王朝尚色与"德运"或"统"相配的框架，究竟是何种因素在影响北齐尚色呢？

---

① 《隋书》卷23《五行志下》，中华书局2020年版，第740页。
② 《隋书》卷22《五行志上》，中华书局2020年版，第702页。
③ 《隋书》卷23《五行志下》，中华书局2020年版，第740页。
④ 罗新：《新见北齐薛丰洛墓志考释》，《王化与山险：中古边裔论集》，北京大学出版社2019年版，第373页。
⑤ 罗新《十六国北朝的五德历运问题》一文中推定的北魏之前的德运次序为晋（金）—后赵（水）—前燕（木）—前秦（火）—北魏（土），而就"三统说"来看，晋为赤统，推至北魏则为黑统。

二、"齐尚赤色"解

史料中不仅多次记载与"赤"有关的符瑞，更直言齐尚赤色。"武平七年（576），并州招远楼下，有赤蛇与黑蛇斗，数日，赤蛇死。赤，齐尚色。黑，周尚色。斗而死，灭亡之象也。"①"尚赤"并不是自北齐建立才有，高欢时已有征兆。有关赤色的符瑞在许多重要节点上彰显了高欢的与众不同和天命所归。在高欢诞生之前，其家所居处就有"赤光紫气之异"。② 高欢居于高岳家时被其母山氏看见室中有光，以为神异，后高欢起兵于信都，山氏把其成功归结于"赤光之瑞，今当验矣"③。高欢追随尔朱荣徙据并州时，又有"赤气""赤蛇"之应。"苍鹰母数见团焦赤气赫然属天。……唯见赤蛇蟠床上，乃益惊异，因杀牛分肉，厚以相奉。"④这一系列赤瑞的发生愈加凸显出高欢的神异，也借此收获了追随者和民心。这也无怪乎后来邙山之战时，"官军旗帜尽赤"，⑤ 这对己方也是一种心理上的鼓励与支持。到高洋建立北齐时这种赤色符瑞依然有其重要性。"后初孕，每夜有赤光照室，后私尝怪之。"⑥这与高欢起家时的"赤光之瑞"不谋而合。

这样看来，高欢起家时对"赤"就有莫名的钟爱，若奉北魏正朔则当尚黑，高欢的尚赤灵感源于何处？到高洋建立北齐时依然尚赤，既未遵循五行相生木德配青，也没有采用三统说尚白。对于这两次相悖之处出现的原因，应该分别考察。

（一）高欢时期

史书记载的中国古代君主、霸王常有诸种瑞应，或是仙人点明其天命不凡，或是建功立业过程中常有神助，这些在开国君主身上表现

---

① 《隋书》卷23《五行志下》，中华书局2020年版，第740页。
② 《北齐书》卷1《神武帝纪上》，中华书局1972年版，第1页。
③ 《北齐书》卷13《清河王岳传》，中华书局1972年版，第174页。
④ 《北齐书》卷1《神武帝纪上》，中华书局1972年版，第3页。
⑤ 《北齐书》卷49《方伎传》，中华书局1972年版，第679页。
⑥ 《北齐书》卷4《文宣纪》，中华书局1972年版，第43页。

的尤为明显。中国古代的君主们共享着一套符号体系以显示其"应天
受命"的正当性与合理性，① 作为北齐奠基者的高欢当然也不例外。
其中不可避免地存在"重复"的部分，例如"赤光"这一瑞应。它最早
可以追溯到东汉光武帝刘秀，"建平元年(前6)十二月甲子夜生光武
于县舍，有赤光照室中"。② 之后这一征应在十六国君主身上也有显
现，石勒"生时赤光满室，白气自天属于中庭，见者咸异之"，③ 苻
坚"初生，有赤光流其室"。④ 相比于其他君主起家过程中零散的与
"赤"有关的瑞应，高欢的瑞应系统呈现了与"赤"极高的关联性，这
一特征在东汉光武帝身上也有体现。如前所述，西汉后期"尧汉火
德"在社会上已经有相当大的影响力，赤色瑞应的频繁出现对于塑造
天命所归的"汉室中兴者"这一形象颇有助益，因此刘秀的瑞应系统
出现这一特点不足为奇。缘何高欢的出生与起家过程会与"赤"难分
难解，"赤"对于高欢究竟有何重要意义？

　　史书记载的高欢事迹与汉高祖刘邦的生平轨迹有诸多相似的情
节。在描述二者神异时，《史记·汉高祖本纪》载"秦始皇帝尝曰'东
南有天子气'，于是东游以厌之。高祖即自疑，亡匿，隐于芒、砀山
泽岩石之间。吕后与人俱求，常得之。高祖怪问之，吕后曰：'季所
居上常有云气，故从往，常得季。'高祖心喜"⑤。相似的记载也见于
《北齐书·神武帝纪》："初，魏真君中内学者奏言上党有天子气，云
在壶关大王山。太武帝于是南巡以厌当之，累石为三封，斩其北凤凰
山，以毁其形。后上党人居晋阳者，号上党坊，神武实居之。"⑥这两
处文本共有的三个环节是：(1)皇帝知晓某地有天子气；(2)皇帝巡

① 参看胡鸿：《十六国的华夏化："史相"与"史实"之间》，《能夏则大与
渐慕华风——政治体视角下的华夏与华夏化》，北京师范大学出版社 2017 年版，
第 202~241 页。
② 《后汉书》卷 1《光武帝纪下》，中华书局 1965 年版，第 86 页。
③ 《晋书》卷 104《石勒载记上》，中华书局 1974 年版，第 2707 页。
④ 徐震堮：《世说新语校笺》卷中《识鉴第七》，中华书局 2001 年版，第
223 页。
⑤ 《史记》卷 8《高祖本纪》，中华书局 1959 年版，第 347 页。
⑥ 《北齐书》卷 1《神武帝纪上》，中华书局 1972 年版，第 6 页。

游以厌之；（3）将天子气与得天命之人联系起来，从而达到进一步宣传政权合法性的目的。其实史籍中不乏"某地有天子气"的记载，例如"至后元二年（前127），武帝疾，往来长杨、五柞宫，望气者言长安狱中有天子气，上遣使者分条中都官狱系者，轻重皆杀之"，①"帝初诞，有嘉禾生于豫章之南昌。先是望气者云'豫章有天子气'，其后竟以豫章王为皇太弟"，② 但在这些文本中环节（2）常常缺失，呈现出与前述刘邦、高欢叙事文本的不同之处。其次，在高欢不满杜洛周行事，从其处逃并为骑兵所追时发生了这样一件事情：文襄及魏永熙后皆幼，武明后于牛上抱负之。文襄屡落牛，神武弯弓将射之以决去。后呼荣求救，赖荣透下取之以免。③ 这自然让我们联想到同样发生在刘邦身上的出逃之际不顾子女性命的做法，"汉王道逢得孝惠、鲁元，乃载行。楚骑追汉王，汉王急，推堕孝惠、鲁元车下，滕公常下收载之。如是者三。曰：'虽急不可以驱，奈何弃之！'于是遂得脱"④。高欢本人有没有发生过这些与刘邦极为相似的事情，已经不得而知。但正史的编撰在一定程度上反映了舆论与统治者的政治倾向，存在于二者间的这些相似性，不论是高欢有意模仿，还是史官为之，都表现出高欢时代试图与汉联系的努力。刘邦以布衣身份举起反秦义旗，建立了强大统一的汉王朝，高欢同样出身微贱，力图一整魏末残局。二者的个人境遇与所面临的时代环境的相似性是这种努力得以成行的一个重要因素。

前文已经提及，刘邦在袭秦正朔服色尚黑之前曾有过尚赤的阶段，大致从高祖元年（前206）到高祖五年（前202）。虽然尚赤在这一阶段流行的"五行相胜说"下是"非主流"的状态，但依然有其政治号召力，文帝时服色"外黑内赤"就是其中一个突出表现。在西汉后期尚赤与"尧后火德"说结合，进入统治者的视野，甚至在东汉成为官方尚色，而这或许就是高欢时期尚赤的灵感来源。

---

① 《汉书》卷8《宣帝纪》，中华书局1962年版，第236页。
② 《晋书》卷5《怀帝纪》，中华书局1974年版，第125页。
③ 《北齐书》卷1《神武帝纪上》，中华书局1972年版，第2页。
④ 《史记》卷7《项羽本纪》，中华书局1959年版，第322页。

刘邦以布衣身份建立统一的汉王朝，高欢出身微贱，力图结束魏末乱局。二者不仅有着相似的个人境遇，也面临着同样复杂的时代环境。此外，史书记载中他们的生平轨迹在文本上也有相似性。尽管无法得知历史上是否真的存在高欢对刘邦的"模仿"，这种相似性都反映出高欢时代试图与汉联系的努力。或许是受"汉王尚赤"的启发，才会在高欢时期如此集中地出现与"赤"有关的记载。

(二) 高洋时期

武定七年(549)，高澄遇害。高洋主持大局，指麾部分，并于次年五月即位，成功建立北齐。史书言"齐尚赤色"，高洋的出生也与"赤"有着密切联系，应是未改变高欢时期尚赤的传统。那么在建立北齐的紧要关头，高洋为何仍旧沿用"赤色之瑞"，而不把北齐的尚色扳回"正轨"呢？这和北齐建立的背景密切相关，高洋筹划禅代之事时，鲜卑众勋贵都表现出不同程度的反对，"德政还未至，帝便发晋阳，至平都城，召诸勋将人，告以禅让之事。诸将等忽闻，皆愕然，莫敢答者"。①娄后更直言高洋不如其父兄，并把妄图禅代的过错推到高德正身上，"帝以众人意未协，又先得太后旨云：'汝父如龙，汝兄如虎，尚以人臣终。汝何容欲行舜、禹事？此亦非汝意，正是高德政教汝'"②。在这种重重阻挠之下，高洋以"周武王再驾盟津"为借口返回晋阳，第一次尝试禅代的努力失败了。之后徐之才、宋景业以卜筮杂占劝说，高洋于五月再发晋阳，完成受禅大业。从娄后的评价中，我们可以看出她虽认为高欢为人臣，却以龙指之，这在侧面上也是对高欢能力的认可与肯定，神武时期的赤瑞是其发家的重要符应，且拥有一定的受众基础。因此面对勋贵的重重阻挠以及自身声望较弱的不利情况，加上这一时期方士卜筮之风的盛行，高洋借助诞生的赤瑞以彰显自己继承高欢之基业，是天命所归。这也是为何"赤光之瑞"在高欢和高洋身上出现的原因，高欢为北齐的建立打下根基，高洋则真正建立北齐，而北齐的其他皇帝并没有面临这种特殊

① 《北齐书》卷 30《高德政传》，中华书局 1972 年版，第 407 页。
② 《北齐书》卷 30《高德政传》，中华书局 1972 年版，第 407~408 页。

局面，因此对于借助"赤光之瑞"来加固自身地位的需求相对较小。

北齐在尚色制度上表现出脱离"三统""五德"影响的倾向，与瑞应息息相关，这一特点的出现与北齐的建立过程密不可分。高欢时期的尚赤被高洋建立的北齐所继承，这种尚色上的"非常规性"在其对手身上也有所体现。北周本应"易色"，却继承文帝时的尚黑，"今魏历告终，周室受命，以木承水，实当行录，正用夏时，式遵圣道。惟文王诞玄气之祥，有黑水之谶，服色宜乌"①。

三、黄黑之谶

既然史书已言明"齐尚赤色"，为何又出现许多"黄黑之谶"呢？姜望来认为东魏尚黄色，"高欢亦魏奉魏正朔，德运当亦仍魏旧，然服色则尚黄。东魏若依魏之水德，当尚黑，而反尚黄，大概已改从孝文以前魏所定之土德，或者从孝文定议时高闾所论宜承晋、赵、燕、秦而为土德之意，史无明证，姑存疑"②。在东西魏对峙时期，高欢和宇文泰均是"挟天子以令诸侯"，为了获得舆论上的主动权均奉魏之正朔。既然如此，当不太可能有推翻孝文帝时已确立的魏为水德之定论，而且德运改立事关重大，若改回高闾所论土德也应该会产生争论，但史书上确无相关记载。

虽然这一时期德运流转是在"五行相生说"的体系下进行，但军事方面五行相胜的理论依然有其生存空间。《隋书·礼仪志》详细记载了北齐皇帝讲武的规章安排："后齐常以季秋，皇帝讲武于都外。……位定，二军迭为客主。先举为客，后举为主。从五行相胜法，为阵以应之。"与之相应，实际的军事对抗中也多有应用"五行相胜法"来进行排兵布阵的例子。元象元年(538)八月辛卯，东西魏邙阴之役，"遵谓李业兴曰：'彼为火阵，我木阵，火胜木，我必败。'果如其言"。时间推移至东魏武定元年(543)邙山之战，"是时官军旗

---

① 《周书》卷3《孝闵帝纪》，中华书局1971年版，第46页。
② 姜望来：《论"亡高者黑衣"》，《中华文史论丛》2011年第1期，第164页。

帜尽赤，西军尽黑，怀文言于高祖曰：'赤火色，黑水色，水能灭火，不宜以赤对黑。土胜水，宜改为黄。'高祖遂改为赭黄，所谓河阳幡者"①。邙山之战后，为了顺应五行相胜之思想，东魏军旗帜才由"赤"转"黄"，而这也成为武定四年（546）"黄黑之谶"中东魏一方的代表。"自东西魏构兵，邺下每先有黄黑蚁阵斗。占者以为黄者东魏戎衣色，黑者西魏戎衣色，人间以此候胜负。是时，黄蚁尽死。"②这一谶言明确点出黄、黑分别为东、西魏戎衣之色，只是因为西魏戎衣之色恰与其德运对应，才会让人产生黄色与东魏德运之间也存在这种对应关系的感觉。"黄蚁尽死"与武定四年东西魏玉璧之战的结果呼应，高欢在玉璧战败不久后殒命更是加深了这一谶言的可信度。对于"黄黑之谶"的流布，姜望来指出"东西魏时期，道教盛于西而衰于东，道士（多为东魏境内道士）遂不满高氏而心向宇文氏，附会东西魏五行德运与尚色造作黄黑之谶，多以黑胜黄为言"③，熟知阴阳五行的道士确有极大可能在不满高氏的情况下造作、推动这一谶言的流行，但"黄黑之谶"并非附会东西魏五行德运，而是在东西魏战争频发时期，黄、黑为双方军旗戎衣之色，遂逐渐演变成双方之代表。

那么，对于《太平广记》所收录的《广古今五行记》的一条天平四年（537）十月沙苑之战时，已有东魏尚黄、西魏用黑的记载又该如何解释呢？《广古今五行记》，《新唐书·艺文志》记其作者为窦维鋈，但未载其传记。李忭玉在对隋唐五行兆应小说进行研究的过程中，判断窦维鋈应与《旧唐书·外戚传》所载窦维鋈为同辈兄弟。④ 窦维鋈为高宗后期至玄宗朝人，相比成书于唐初的《北齐书》《北史》，时代上较晚。并且，《广古今五行记》的性质为五行兆应小说，在史料价值上也不如前述二者。而就内容分析，《广古今五行记》载"后周太祖时，有李顺兴者……直云'黄狗逐黑狗，急走出筋斗。一过出筋斗，

---

① 《北齐书》卷49《方伎传·綦母怀文》，中华书局 1972 年版，第 679 页。
② 《北齐书》卷2《神武帝纪下》，中华书局 1972 年版，第 23 页。
③ 姜望来：《论"亡高者黑衣"》，《中华文史论丛》2011 年第 1 期，第 170 页。
④ 李忭玉：《隋唐五行兆应小说研究》，西南大学硕士学位论文，2011 年。

黄狗夹尾走'，语讫便去。于时东军旗帜服色尚黄，西兵用黑，太祖悟其言，遂力战，大破神武于沙苑"[1]。东魏是按照五行相胜的理论来组织军事战斗，若《广古今五行记》所载的谶言中东魏已经达到了"土胜水"的目的，又何须邙山之战时把东魏旗帜"由赤转黄"呢？史料中关于东魏旗服"尚黄"之记载见表2。

表2 东魏旗服"尚黄"之记载

记 载	时间	出 处
后周太祖时，有李顺兴者……魏自永熙之后，权雄分据，齐神武兴军数十万，次沙苑。太祖地狭兵少，惧不当敌，计尽力穷。须臾兴来，太祖请其策谋，更无余语，直云'黄狗逐黑狗，急走出筋斗。一过出筋斗，黄狗夹尾走'，语讫便去。于时东军旗帜服色尚黄，西兵用黑，太祖悟其言，遂力战，大破神武于沙苑。"	天平四年（537）十月沙苑之战	《太平广记》卷135"后周太祖条"收录的《广古今五行记》之记载
邙阴之役，遵谓李业兴曰："彼为火阵，我木阵，火胜木，我必败。"果如其言	元象元年（538）八月辛卯	《北齐书》卷49《方伎传·许遵》
是时官军旗帜尽赤，西军尽黑，怀文言于高祖曰："赤火色，黑水色，水能灭火，不宜以赤对黑。土胜水，宜改为黄。"高祖遂改为赭黄，所谓河阳幡者。	武定元年（543）邙山之战	《北齐书》卷49《方伎传·綦母怀文》
自东西魏构兵，邺下每先有黄黑蚁阵斗。占者以为黄者东魏戎衣色，黑者西魏戎衣色，人间以此候胜负。是时黄蚁尽死	武定四年（546）"黄黑之谶"	《北史》卷6《齐本纪上》

综上，"黄黑之谶"产生于东西魏对抗时期，"黄色"代表的是军

---

[1] 李昉等：《太平广记》卷135"后周太祖条"，中华书局1986年版，第969页。

旗戎衣之色，而非东魏德运尚色。东魏在"五行相胜"思想的主导下，邙山之战后将旗帜"由赤改黄"以达到"土胜水"之目的。在道士的造作附会下，加上这一时期东西魏军事斗争频繁，黄色逐渐固定为东魏一方的代表色，在此基础上产生了"黄黑之谶"。

四、余　论

尚色制度作为王朝礼仪制度中的重要环节，在秦汉魏晋南北朝时期形成了自己独特的发展轨迹，其中起重要作用的因素即"五德说"与"三统说"。秦及汉初，尚色多与德运相配，史料常以"尚某色"概括整个朝代的情况，没有形成尚色种类的区分。汉武帝太初改制，"三统说"开始影响王朝建立初期的制度建设，主要限制在历法中，未涉及尚色领域。王莽代汉，"三统说"深刻影响王朝尚色，同时出现了"服色、牺牲、旌幡"等更为细致的划分。曹魏时期综合吸收"三统说"与"五德说"，此外产生了关于"改正朔"与王朝建立方式是否有关的讨论。有感于此，西晋"袭用前代正朔服色"，之后这一说法较为频繁地出现在后代王朝的礼仪建制中。南北朝时期"三统说"的影响逐渐消退，南朝多承袭前代"故事"。北朝尚色中"五德说"占有更主动的地位，并且延续了前一时期尚色种类多样化这一特点。

北齐在尚色制度上表现出脱离"三统""五德"影响的倾向，这与北齐的建立过程密切相关。史书记载中高欢与刘邦的事迹在文本上有重合之处，高欢是否有意"模仿"刘邦，我们无法确定。但正史的编纂在一定程度上反映了舆论与统治者的政治倾向，而这些相似性反映的正是高欢时代试图与汉联系的努力。高欢时期尚色的"非常规性"被高洋建立的北齐承继，在禅代之际作为自己争取政治宣传的资本。至于"黄黑之谶"中的"黄色"则是代表东魏的军旗戎衣之色，而非德运尚色。邙山之战后东魏按照五行相胜的思路将旗帜"改赤为黄"，这一阶段东西魏交战频繁，"黄色"逐渐成为东魏一方的代表。

（作者系武汉大学历史学院硕士研究生）

试论唐代让官

冯合昕

摘要：魏晋南北朝时期，让官现象泛滥，但官方并未加以约束。显庆四年，唐高宗首次对该现象做出制度性规范。景云元年，睿宗将允许让官的范围规定在左右仆射、侍中、中书令及六尚书以上。开元年间，不允许四品以上清望官进让。唐后期不见有规定。在制度的背后，官员的让官行为还蕴含着不同的政治意图与个人情感。自高宗时起，让官与举人自代产生了联系，但举人自代逐渐独立，二者走向了不同的发展道路。

关键词：唐代；让官；让表；举人自代

让官行为来源于让贤的礼仪与政治传统，在中国古代较为常见。官员推让与皇帝批答的互动，既体现了官员谦让的品德，又彰显了皇帝的权威与恩德。魏晋易代之际，刘寔曾作《崇让论》，批判魏代以来官员"虽自辞不能，终莫肯让有胜己者"①的现象。他认为官员不仅要推辞不受，还要让于更胜于己之人：

> 人臣初除，各思推贤能而让之矣，让之文付主者掌之。三司

---

① 《晋书》卷41《刘寔传》，中华书局1974年版，第1192页。其实曹魏之人并非全都"终莫肯让有胜己者"，对此陶新华在《论魏晋南北朝的让官让爵现象》中有详细的讨论，深入分析了魏晋南北朝时让官让爵现象的类型与原因。他认为士人通过让官、让爵，可以自炫身价，又可以博取好名声；君主通过频繁的劝进，可获礼贤下士之名，又有一种君恩浩荡的优越感。参见陶新华：《论魏晋南北朝时期的让官让爵》，《中华文史论丛》2017年第4期。

有缺，择三司所让最多者而用之。此为一公缺，三公已豫选之矣。且主选之吏，不必任公而选三公，不如令三公自共选一公为详也。四征缺，择四征所让最多者而用之，此为一征缺，四征已豫选之矣，必详于停缺而令主者选四征也。尚书缺，择尚书所让最多者而用之，此为八尚书共选一尚书，详于临缺令主者选八尚书也。郡守缺，择众郡所让最多者而用之，详于任主者令选百郡守也。①

刘寔认为，臣子被授予新官职时，须将举荐之人写入让表中送付有司，朝廷选官时选择所让最多者用之即可。如此一来，官员让官时的举荐，成了中央选官任官的依据，达到了储备人才的目的。刘寔的方案在一定程度上针对了虚伪的饰让之风，但令人颇感遗憾的是，他的想法并未被当权者采纳。

赵翼在《陔余丛考》卷26《授官表让》中有一段议论：

古人授官，例有让表……可见昔人每授官必作让表，固是难进易退之意。然沿习日久，虚伪成风，浸寻及于唐、宋，益袭为故事。在上者既授之以官，必不因其让而收回成命；在下者亦明知其辞不允，特借一辞以鸣高。观唐、宋诸人集中，内外制词，多有批答不允，及断来章不允之诏，上下相接以伪，徒费笔墨，甚可笑也。②

魏晋时期，让官现象蔚然成风，到唐宋时形成惯例，虚伪的饰让也逐渐常见。赵翼对此持批评态度，但他只注意到了让官行为的表面。我们知道，唐宋时期，皇帝对于让表大多批答不允，这在一定程度上的确可称为"上下相接以伪"，但这种行为背后的真实意图，才是更值得我们关注的问题。

---

① 《晋书》卷41《刘寔传》，中华书局1974年版，第1194~1195页。
② 赵翼：《陔余丛考》卷26《授官表让》，中华书局1963年版，第544~545页。

一、唐代让官规范的演变

显庆四年(659)十一月,高宗发布了规范让官的诏令:

> 凡百具僚,群公卿尹,除命甫及,多存饰让,言励己以辞荣,未举能以自代,既取当年之诮,还愆曩烈之风。自兹厥后,须革前事,必欲税驾濠濮,褫被岩廊,宜各举所知自代。仍宜显述才行,送付中书省,将随才叙用。①

这是唐朝廷第一次对让官行为进行规定。诏书批评了公卿具僚泛滥的饰让行为,规定官员让官时必须举荐他人以自代,且要写明所荐之人才行,将书面材料送付中书省,中央将根据被举荐之人的才能加以选用。此处的举人自代,如同刘寔《崇让论》中所言,并非真正举荐他人代替自己的职位,而是为国家提供才行优异者作为人才储备,被举荐者的选官任官由中书省另行安排。

唐初规范让官,其实与让官背后的社会舆论环境有着密切的关系。东汉后期,官僚士大夫中出现了一种品评人物的风气,即"清议"。许多士大夫"饰伪以邀誉,钓奇以惊俗",②让官成为他们博取高名的手段之一。魏晋南北朝时,选举制度虽由察举制演变为九品中正制,但品评人物的社会风气仍在延续,让官以自抬身价的行为逐渐泛滥。唐代,以九品中正制为核心的选官方式与人物品评机制逐渐解体,科举制与官僚制逐渐发展。李唐皇室试图抑制士族,比较明显的举动便是太宗、高宗时多次修订谱牒。高宗对让官加以规范,也是其打击旧士族势力、改变社会舆论环境的一个措施。

景云元年(710),睿宗即位,在践祚之初他就对让官进行了新的

---

① 王钦若等:《册府元龟》卷63《帝王部·发号令二》,中华书局1960年版,第706~707页。

② 《资治通鉴》卷51汉顺帝永建二年七月,中华书局1956年版,第1650页。

规定：

> 景云元年七月己巳，制自今授左右仆射、侍中、中书令、六尚书已上官听让，其余停让。①

此制明确规定了能够让官的官员范围，即三省长官和六部尚书以上官。据《旧唐书·睿宗本纪》记载，景云七月己巳当日发生了一系列事件：

> （景云元年七月）己巳，册平王为皇太子。大赦天下，改元为景云。内外官九品已上及子为父后者各加勋一转，自神龙以来直谏枉遭非命者咸令式墓，天下州县名目天授以来改为"武"字者并令复旧。废武氏崇恩庙，其昊陵、顺陵并去陵名。……追废皇后韦氏为庶人，安乐公主为悖逆庶人。②

睿宗于景云元年六月甲辰即位，其后进行了一系列"拨乱反正"的工作，试图消除武则天与韦后时期的政治印记。不难看出，这些举动都是为了重建统治秩序，树立新的政治权威。《通典》云："天授二年，凡举人，无贤不肖，咸加擢拜，大置试官以处之。试官盖起于此也。……神龙初，官复旧号。二年三月，又置员外官二千余人。于是遂有员外、检校、试、摄、判、知之官。逮乎景龙，官纪大紊，复有'斜封无坐处'之诵兴焉。"③睿宗即位前选官之猥滥可见一斑。《旧唐书》载安乐公主"恃宠横纵，权倾天下，自王侯宰相已下，除拜多出

---

① 《旧唐书》卷7《睿宗本纪》，中华书局1975年版，第155页。《唐会要》卷26《册让》载为"景云九年八月十四日敕"（王溥：《唐会要》卷26《册让》，中华书局1960年版，第489页），按先天元年（712年）让皇位于李隆基，无"景云九年"，《旧唐书》所载"景云元年七月己巳"是。
② 《旧唐书》卷7《睿宗本纪》，中华书局1975年版，第155页。
③ 《通典》卷19《历代官制总序》，中华书局1988年版，第471~473页。

其门",① 太平公主"荐人或骤历清职，或至南北衙将相，权移人主"。② 由此观之，高层官员的任职十分混乱，以让官为手段结党营私的可能性很大。睿宗规范让官品级，是其整顿官僚系统、革除武韦时期选官授官弊病的一环。

除此之外，让官范围的规定还与官职除授的方式有关。《唐六典》云："五品已上以名闻，送中书门下，听制授焉。六品已下常参之官，量资注定。"③三省长官与六部尚书的除授均由皇帝制授，而非经吏部铨选迁转。睿宗将允许让官的品级规定至此，是考虑到了授官的程序性。相较显庆四年的诏令来说，睿宗时的让官制度更加明确，但也反映出景云元年以前，高宗的诏令似乎没有起到预期的效果。

《唐六典》"吏部员外郎"条记载了玄宗开元年间让官制度的变化：

> 凡授左·右丞相、侍中、中书令、六尚书已上官，听进让；其四品已上清望官，才职相当，不应进让。（按：旧制御史大夫、六尚书已上要官皆进让。臣林甫等伏以为进让之礼，朝廷所先，两省侍郎及南省诸司侍郎、左·右丞，虽在四品，职居清要，亦合让也。）④

可以看到，开元年间的规定与睿宗时基本一致，但同时也明确了四品以上清望官不许进让。李林甫等人修撰《唐六典》时，认为中书省、门下省侍郎、尚书省诸司侍郎、尚书左右丞"职居清要"，也应允许让官。这种建议的出现与唐代三省内部地位的变动有密切的联系。唐代三省长官行宰相之职，职务繁巨，本司之事逐渐委任于侍郎或左右丞，后者的地位与重要性便逐步上升。正因如此，李林甫等人认为应将中书省、门下省侍郎、尚书省诸司侍郎、尚书左右丞纳入允

---

① 《旧唐书》卷183《外戚传》，中华书局1975年版，第4734页。

② 《旧唐书》卷183《外戚传》，中华书局1975年版，第4739页。

③ 《唐六典》卷2《尚书吏部》"吏部尚书"条，中华书局1992年版，第27页。

④ 《唐六典》卷2《尚书吏部》"吏部员外郎"条，中华书局1992年版，第34页。

许让官的范围之内，谨慎对待其人事变动。但此建议仅存于《唐六典》中，并不见其作为正式制度颁布与实施。

玄宗之后以至五代，不再见有任何关于让官的规定，这其实是官僚体制日益成熟后的结果。除此之外，这种现象还可能与唐中后期使职差遣的盛行有一定的联系。史籍中可见《为齐相公让修国史表》①《为杜司徒让度支盐铁等使表》②等有关使职差遣的让表，这与唐中后期官制的发展是相适应的，也使得实际中让官的情况更加复杂。

二、让官背后的政治世界

上文讨论的是唐代让官的制度演变过程，而官员让官行为的背后，有着深刻的政治背景与意义。君臣之间，不一样的态势造成的让官形态也有所不同。透过表面的言辞，我们大致可以窥见让官话语背后的权力运作。

让官的背后，有着当事人的重重顾虑。③ 广德二年（764）十二月，郭子仪因功加封尚书令，④ 三次上表恳辞。他在《让加尚书令表》中写道："臣以薄劣，素乏行能……上不能翼戴三光，下不能纠逖群慝。功微赏厚，任重恩深，覆餗之忧，实盈癙寐。"⑤他首先表达了自己德不配位。但这是让表中常见的官话，不足以证明其真实想法。接着，他以太宗皇帝与太子曾任尚书令为由要求避讳，但代宗岂能不知

① 李昉等：《文苑英华》卷 574《为齐相公让修国史表》，中华书局 1966 年版，第 2952 页。

② 董诰等：《全唐文》卷 601《为杜司徒让度支盐铁等使表》，中华书局 1983 年版，第 6071 页。

③ 这一部分以郭子仪与李德裕为例，主要因为两人一武一文，身份显要，具有代表性，且相关史料丰富。

④ 广德元年（763）十月，吐蕃兵临长安，代宗仓促幸陕，长安失陷，郭子仪被任命为关内副元帅，至广德元年十二月代宗还长安。二年十月，仆固怀恩反叛，引吐蕃、回纥进逼奉天，郭子仪再度出镇奉天。十二月，朝廷任命郭子仪兼河中副元帅，进封尚书令。

⑤ 董诰等：《全唐文》卷 332《让加尚书令表》，中华书局 1983 年版，第 3364 页。

此官的意义？《让尚书令第二表》曰："况久经兵乱，僭赏者多，一人之身，兼官数四，朱紫同色，清浊不分，烂羊之谣，复闻圣代。……此陛下作法之际，审官之时，固合始于老臣，化及班列。岂可轻为此举，以乱国章。"①郭子仪不止一次提到兵乱以来官爵的滥赏问题，②希望自己以身作则，重整风气，使"彼贪荣冒进者，亦将各让其所兼之官"。③ 这反映了安史之乱以来官僚系统中最亟待解决的问题。郭子仪希望代宗能够整顿这一弊病，展示自己让官的决心与诚心。实际上，此时的郭子仪已经历过被宦官离间而罢免兵权之祸，深知功高震主之意。同时，代宗对郭子仪仍存有试探之心。因此，不论是避讳，还是重整官僚系统，都是郭子仪维护自身利益的借口。郭子仪的"让"与代宗的"不许"，其实是君臣双方的一场政治表演。

武宗会昌三年（843），昭义节度使刘从谏病逝，其子刘稹欲效仿河朔藩镇世袭节度。宰相多因回鹘之威胁主张妥协，而李德裕力排众议主持伐叛，因功被封太尉、赵国公。李德裕同样上表三让，并两次引用郭子仪让太尉之事："伏见国初已来，授此官惟有七人。尚父子仪，犹以恳辞而免。"④"伏见广德二年九月十七日，代宗授尚父汾阳王此官，三让而免。"⑤同郭子仪一样，李德裕也表示自己德不配位，

---

① 董诰等：《全唐文》卷 332《让尚书令表第二表》，中华书局 1983 年版，第 3365 页。

② 如《让加太尉表》中所言："自兵乱以来，纪纲寖坏，时多躁竞，俗少廉隅。德薄而位尊，功微而赏厚，实繁有众，不可殚论。……臣诚薄劣，窃慕古人，务欲以身率先，大变浮俗。是用勤勤恳恳，愿罢此官，庶礼让兴行，由臣而致也。"董诰等：《全唐文》卷 332《让加太尉表》，中华书局 1983 年版，第 3364 页。

③ 董诰等：《全唐文》卷 332《让尚书令表第二表》，中华书局 1983 年版，第 3365 页。

④ 李德裕撰，傅璇琮、周建国校笺：《李德裕文集校笺（中）》，中华书局 2018 年版，第 427~428 页。原注：第一表舍人撰，不录。同日更进此表。

⑤ 李德裕撰，傅璇琮、周建国校笺：《李德裕文集校笺（中）》，中华书局 2018 年版，第 430 页。

"以臣僭越，必致颠挤"①。但考察当时的政局，让官的原因绝非如此简单。穆宗、敬宗、文宗朝时，李德裕曾多次在牛李党争中失势被排挤出朝。但会昌三年时，牛党已经失势，此时他最为顾忌的便是武宗与宦官集团。会昌伐叛，是武宗避免与宦官集团正面冲突，以用兵泽潞震慑诸藩与宦官的手段。李德裕要获得武宗的支持，以维持自身地位，自然要保持与武宗的良好关系。因此他被封太尉时三次恳让，甚至表达自己"散金娱老，归守丘园"②的期盼，以示诚心。

唐中后期，藩镇权势巨大，节度使的让官显示出地方与中央的矛盾。唐文宗太和七年（833）二月，加卢龙节度使、检校工部尚书杨志诚检校吏部尚书。"（三月）杨志诚怒不得仆射，……遣牙将王文颖来谢恩并让官。丙申，复以告身并批答赐之，文颖不受而去。"③卢龙进奏官徐迪谒宰相云："军中不识朝廷之制，唯知尚书改仆射为迁，不知工部改吏部为美。"④胡三省注曰："晋、宋以来，以吏部尚书为大尚书，诸部尚书莫敢比焉。唐诸藩进奏官岂不知之。徐迪敢诣宰相出是言者，直以下陵上替，无所忌惮耳。"⑤但这并非问题的实质。安史之乱后，中央往往授予节度使以检校尚书仆射，显示对节度使地位的认可，此乃惯例。此时中央不授仆射于杨志诚，明显体现出对他的不满。杨志诚原为卢龙节度使李载义帐下的副兵马使，后因召集兵士哗变而夺得卢龙节度使之位，因此急需仆射之位以稳固地位、震慑士兵。李德裕曾言："河朔兵力虽强，不能自立，须借朝廷官爵威命以

① 李德裕撰，傅璇琮、周建国校笺：《李德裕文集校笺（中）》，中华书局2018 年版，第 427 页。
② 李德裕撰，傅璇琮、周建国校笺：《李德裕文集校笺（中）》，中华书局2018 年版，第 430 页。
③ 《资治通鉴》卷 244"唐文宗太和七年三月"，中华书局 1956 年版，第7884 页。
④ 《资治通鉴》卷 244"唐文宗太和七年三月"，中华书局 1956 年版，第7883 页。
⑤ 《资治通鉴》卷 244"唐文宗太和七年三月"，中华书局 1956 年版，第7883 页。

安军情",① 中晚唐时河北藩镇对中央有着既抗拒又依赖的矛盾心态。② 杨志诚让官，实质上是以"拒"官来表达自己的不满与需求。禅让之际，君臣地位在某种程度上发生调换，这种背景下的让官更能传递出臣子的态度。昭宗天祐二年（905 年），"以全忠为相国，总百揆。……进封魏王，仍加九锡。全忠怒其稽缓，让不受"。③ 通常来说，禅代之际的让官不过是作为必要流程的政治表演而已，而朱全忠因怒其缓慢而让官让爵，则更是体现了他的权势以及凌驾于君主之上的傲慢姿态。

除在朝时，官员在被起复时往往让官，将让官作为一种实现政治目的的手段。张说于中宗景龙二年（708）丁母忧去职，起复授黄门侍郎，"累表固辞，言甚切至，优诏方许之。是时风教颓索，多以起复为荣，而说固节恳辞，竟终其丧制，大为识者所称"。④ 但考虑到中宗朝的政治局势，他的行为是值得考量的。景龙初年，太子重俊谋反被诛，武三思等武氏势力被铲除。相王李旦与太平公主因拥护中宗上位而权势显赫，后者还大肆收揽人心，"推进天下士，谓儒者多褊狭，厚持金帛谢之，以动大议，远近翕然响之"⑤。韦后欲效仿则天故事，安乐公主也多次求为皇太女。母女两人积极干预朝政，并与太平公主对立，政治局势微妙。张说坚持让官应该与此时混乱的政局有关，以服丧之名暂时避让。

由此观之，让官并非制度规定下死板的套路，也绝不仅是出于礼仪和程序的行为。并非每一次让官都有着复杂的政治原因，但我们不应该忽略政治局势带给官员们的影响。通过深入分析这一行为，我们可以进一步了解当时的政治形势以及君臣双方的考量。

---

① 《资治通鉴》卷 248"唐武宗会昌四年八月"，中华书局 1956 年版，第 8010 页。

② 参见仇鹿鸣：《长安与河北之间：中晚唐的政治与文化》，北京师范大学出版社 2018 年版，第 165 页。

③ 《资治通鉴》卷 265"唐哀帝天祐二年十一月"，中华书局 1956 年版，第 8653 页。

④ 《旧唐书》卷 97《张说传》，中华书局 1975 年版，第 3051 页。

⑤ 《新唐书》卷 83《诸帝公主传》，中华书局 1975 年版，第 3650 页。

三、让表所见让官流程与官员心态

唐代让表一般以"臣某言，伏奉某月某日制，授臣某官"开头，言明自己推让某官，接着感谢皇帝的恩德，表明由于自身能力不足，希望中央能够收回任命或另择贤能，最后以"无任恳款之至，谨诣朝堂奉表陈让以闻"或加上"臣所让人，别状封进"为结尾，可以看到其有着固定的书写套路。唐代的让官表基本由官员自己所写，或由文学之士代笔。如若官员自身品阶较高且擅文辞，通常会自己撰写。同时，他们也会与其他专掌文辞之人一样为他人代写，如李峤、张说、张九龄、李德裕等人。不论何人所写，让表的内容都反映着让官之人的心态。武宗会昌四年册李德裕为太尉一事，相关的册文、让表、批答基本都有留存，① 这能够使我们清楚地看到君臣双方的互动与让官的流程。以《让太尉第三表》《答李德裕让太尉第三表批》《谢恩不许让官状》为例：

> 臣某言：……伏见广德二年九月十七日，代宗授尚父汾阳王此官，三让而免。至大历十四年闰五月三日，德宗再申前命，重授尚父，不许陈让，三载而终。臣窃思尚父十五余年得延光宠，岂非牢让而致，阴骘所持。……贪全盛时，不忍自促，所以再陈恩款，上渎皇明，竭至敬而不敢繁文，陈至诚而不为饰让。心恳词直，庶获听从。伏望特追新恩，却守旧秩。臣不任恳迫屏营之至。（李德裕《让太尉第三表》）
>
> ……昔子仪以外止军功，所宜牢让；今卿以内匡时政，非合固辞。况道济公忠，才兼文武，弼谐五载，始终一心。顷以房寇

---

① 李德裕的让表有《让太尉第二表》《让太尉第三表》，参见李德裕撰，傅璇琮、周建国校笺：《李德裕文集校笺（中）》，中华书局 2018 年版，第 427～430 页；《谢恩不许让官表状》，参见李德裕撰，傅璇琮、周建国校笺：《李德裕文集校笺（中）》，中华书局 2018 年版，第 453～454 页。武宗的批答存有《答李德裕让太尉第二表批》《答李德裕让太尉第三表批》，参见董诰等：《全唐文》卷 77《答李德裕让太尉第二表批》，中华书局 1983 年版，第 807 页。

初平，才息戈甲，旋又潞童怙乱，须议剪除。唯卿竭诚，与我同志。……且三载考绩，犹进律以甄劳；况五兵成功，无超位而表异。……勉服官常，宜断来表。（武宗《答李德裕让太尉第三表批》）

今日行深、绍宗奉宣圣旨："卿太尉官，自朕意与，不是他门侥求而得，不要更引故事辞让者。"臣跪受圣旨，惶灼无地。臣昨者以位高疾仆，器满忌倾，实怀瞰室之忧，敢喜在闾之贺，辄陈微恳，退积惭惶。……不任荷恩感激之至。谨奉状陈谢以闻。（李德裕《谢恩不许让官状》）

由此可见官员让官的大致流程。首先，中央授予某人官职，接着由本人或中书舍人、翰林学士等撰写让表进呈中书门下。其次，由专掌文辞之人根据皇帝的意见批复，① 通过中书门下传递至官员手中。最后，官员进呈谢恩状，表示对皇帝的感谢。其中，进呈让表与皇帝批答可能反复数次。

《文心雕龙·章表》云："昔晋文受册，三辞从命，是以汉末让表，以三为断。曹公称'为表不必三让'，又'勿得浮华'。所以魏初表章，指事造实。"②晋文公重耳推让了三次才接受封策，因此东汉末年以来，让表以三次为限。曹操曾言："臣虽不敏，犹知让不过三。"③唐僖宗时中书舍人钱珝在《为中书崔相公让官第六表》中写明："伏以将相大臣，凡被恩命，有所辞让，不过再三。"④可见晋文公故事在后代乃至唐末时官员心中形成的深刻的传统。

---

① 《资治通鉴》载太和七年文宗对杨志诚"复以告身并批答赐之"，胡三省注言"自唐以来，凡让官者，皆有批答不允"，此亦是例证。《资治通鉴》卷244"唐文宗太和七年三月"，中华书局1956年版，第7884页。

② 刘勰著，黄叔琳注，李详补注，杨明照校注拾遗：《增订文心雕龙校注》卷5《章表第二十二》，中华书局2012年版，第303页。

③ 欧阳询等：《艺文类聚》卷51《封爵部·逊让封》，上海古籍出版社1985年版，第928页。

④ 李昉等：《文苑英华》卷575《为中书崔相公让官第六表》，中华书局1966年版，第2962页。

但在实际情况中，魏晋南北朝时十余让的现象相当普遍。① 唐朝时，让官的次数相对减少，但出于不同的目的，有些官员仍会多次让官。钱翊在《为中书崔相公让官第四表》中写道："虽又新奉圣慈，未容陈让。在臣丹赤，誓不禀遵。其于利害之言，辩折将尽，实以多为缘饰，亦不敢再黩英明。进思之心，死请而已。"②又在《第六表》中写道："臣某五奉批诏，尚未允臣所让官阶爵邑者。伏以将相大臣，凡被恩命，有所辞让，不过再三。安则禀而受之，不安者亦许其让。今臣已倍再三之数，情固有所不安。"③由是观之，官员通常以突破传统来表示自己的诚心。

代宗时，独孤及曾为李给事代写让起复表，④ 共计六表。《第二表》中可见李给事让官的原因，即能力不足与为母守丧。李给事即李涵，高平王李道立曾孙。宝应元年(762)，李涵迁左庶子、兼御史中丞、河北宣慰使。后经母丧，被起复出使。"使还，请罢官终丧制，代宗以其毁瘠，许之。服阕，除给事中，迁尚书左丞。"⑤《第五表》中写道："臣某言：臣去年十一月某日，又诣银台门下上表陈情，至今积旬，未奉恩旨。……盖三年之丧，金革无避。"⑥《旧唐书·代宗

① 如晋武帝时，郑袤被任司空，"袤前后辞让，遣息称上送印绶，至于十数"(《晋书》卷44《郑袤传》，中华书局 1974 年版，第 1250 页)。东晋明帝时，庾亮以诛王敦之功封永昌县公，"亮比陈让，疏数十上"(《晋书》卷73《庾亮传》，中华书局 1974 年版，第 1921 页)。参见陶新华：《论魏晋南北朝时期的让官让爵》，《中华文史论丛》2017 年第 4 期，第 188、201 页。

② 李昉等：《文苑英华》卷 575《为中书崔相公让官第四表》，中华书局 1966 年版，第 2962 页。

③ 李昉等：《文苑英华》卷 575《为中书崔相公让官第六表》，中华书局 1966 年版，第 2962 页。

④ 李昉等：《文苑英华》卷 579《为李给事让起复尚书左丞兼御史大夫第二表》《第三表》《第四表》《第五表》《第六表》，中华书局 1966 年版，第 2993～2995 页。

⑤ 《旧唐书》卷 126《李涵传》，中华书局 1975 年版，第 3562 页。

⑥ 李昉等：《文苑英华》卷 579《为李给事让起复尚书左丞兼御史大夫第五表》，中华书局 1966 年版，第 2994 页。

纪》载，大历二年（767）九月乙丑"命左丞李涵宣慰河北"。① 可见代宗最初起复李涵是在大历元年，第二、三、四表应为此时所做。李涵所请未被准许，仍然起复本官，于大历二年九月出使河北。使还，又上第五、六表请终丧制，代宗以其毁瘠准许。第七表为《谢免起复表》，并非让官表。因此，严格来说初李涵授官后的让官只有三次，但起复后仍愿罢官终丧制的官员并不多见。

昭宗时存有钱珝所写《代史馆相公让官第一表》至《第六表》。② 考让表中"授臣某阶某官，仍加食邑一千户"③"今臣贵为四辅，重有万机"④"且朝廷之势，不强于藩方；辅相之权，见侵于将帅"⑤等文字表明，该史馆相公似为杜让能。昭宗龙纪元年（889），"诛秦宗权，许、蔡平定，加司空、门下侍郎、监修国史。昭宗郊礼毕，进位司徒、太清宫使、弘文馆大学士、延资库使、诸道盐铁转运等使，加食邑一千户"。⑥ 由此观之，此六表疑为在这时所写。而《第一表》中，杜让能直言加官加爵对他来说是"灾咎"，实是与当时叛乱初平，藩镇割据，凌驾于朝廷之上，且"辅相之权，见侵于将帅"的混乱局势有关。⑦ 因此他希望"以今日之让，制天下承弊之风，而正其不顺也"⑧。

进呈让表的次数"以三为断"是汉末以来不言自明的传统，但在

---

① 《旧唐书》卷11《代宗本纪》，中华书局1975年版，第287页。

② 李昉等：《文苑英华》卷575《代史馆相公让官第一表》《第二表》《第三表》《第四表》《第五表》《第六表》，中华书局1966年版，第2957~2960页。

③ 李昉：《文苑英华》卷575《为史馆相公让官第一表》，中华书局1966年版，第2957页。

④ 李昉等：《文苑英华》卷575《为史馆相公让官第二表》，中华书局1966年版，第2957页。

⑤ 李昉等：《文苑英华》卷575《为史馆相公让官第四表》，中华书局1966年版，第2958页。

⑥ 《旧唐书》卷177《杜让能传》，中华书局1975年版，第4613页。

⑦ 李昉等：《文苑英华》卷575《为史馆相公让官第六表》，中华书局1966年版，第2957页。

⑧ 李昉等：《文苑英华》卷575《为史馆相公让官第六表》，中华书局1966年版，第2959~2960页。

实际让官中，官员未必严格遵循惯例。通过让表的内容可以看到，官员的多次让官有时是出于至诚，有时则是刻意以打破传统来反衬自身，突出强烈的个人情感，以实现其政治目的。

四、让官与举人自代的关系

《唐会要》载："武德五年（622）三月敕：'令京官五品已上，及诸州总管刺史，各举一人。其有志行可录，才用未申，亦许听自己具陈艺能，当加显擢，授以不次。'"①此诏仅为举人，并非自代，与后来形成制度的举人自代并不相同。但唐初亦有自发性举人自代的事例。高祖时，"太史令庾俭以其父质在隋言占候忤炀帝意，竟死狱中，遂惩其事，又耻以数术进，乃荐奕自代，遂迁太史令"②。此为史籍所见唐代第一个举人自代的例子，但显然是出于个人原因，仅为个例。

前文已提及，唐代第一次诏令规定举人自代是在高宗显庆四年。《唐会要》卷 26《举人自代》载："显庆四年十一月诏：'百官群僚公卿尹，除命多存饰让，自兹已后，宜各举所知以自代，仍具才行，送转中书省叙用。'"③诏令的本意是规范让官现象，但也将让官与举人自代联系起来，为举荐人才开辟了道路。但让官与举人自代在随后的发展中却走向了不同的道路。

弘道元年（683）正月，高宗颁布新规："'京官六品已上清望官，及诸州岳牧，各以己之职，推让三人，并以名闻，随即升擢。'"④诏令规定了举人者的范围以及被举荐者的人数，较显庆四年更为具体。吴鹏认为，此诏书不区分新任官员还是改职或离职官，使得举人自代制度摆脱了让官的痕迹，变成了独立而具体的推举制度。此论断是没有问题的。然而，他认为让官现象最终在唐代发展成为了培养官员后

---

① 王溥：《唐会要》卷 26《举人自代》，中华书局 1960 年版，第 490 页。
② 《旧唐书》卷 79《傅奕传》，中华书局 1975 年版，第 2715 页。
③ 王溥：《唐会要》卷 26《举人自代》，中华书局 1960 年版，第 490 页。
④ 王溥：《唐会要》卷 26《举人自代》，中华书局 1960 年版，第 490 页。此处"宏道元年"应为"弘道元年"。

备人才的制度，即举人自代。① 这显然是混淆了让官与举人自代的内涵与发展道路。

肃宗上元二年（761）九月二十一日敕文云："每除京官五品已上正员清望官，及郎官御史、诸州刺史，皆令推荐一两人，以自代。仍具录行能闻奏，审其所举，以行殿最。"②此规定的性质应与弘道元年一致，只是重新界定了举人者的范围。德宗建中元年，举人自代正式形成一种制度：

> 建中元年（780）正月五日敕文。常参官及节度、观察、防御、军使、城使、都知兵马使、诸州刺史、少尹、赤令、畿令，并七品已上清望官，及大理司直评事，授讫三日内，于四方馆上表，让一人以自代。其外官与长吏勾当，附驿闻奏。其表付中书门下，每官阙即以见举多者，量而授之。③

由上述史料可见，从显庆四年《禁让官诏》开始，举人自代经历了逐渐制度化、规范化的过程。可以看到，弘道元年诏书中并未有如建中元年"授讫三日内，于四方馆上表"这样的时间规定，似可说明弘道元年后六品以上清望官及诸州岳牧随时都可举人，④ 而不拘泥于让官后方可举人自代。⑤ 建中元年后，德宗贞元二年（786）、宪宗元和六年（811）、懿宗咸通四年（863）亦发布诏令，进一步规范举人自代：

---

① 吴鹏：《论高宗时期对选官制度的调整——以举人自代和长名榜为中心》，樊莫峰主编：《乾陵文化研究》第 6 辑，三秦出版社 2011 年版，第 75 页。

② 王溥：《唐会要》卷 26《举人自代》，中华书局 1960 年版，第 490 页。

③ 王溥：《唐会要》卷 26《举人自代》，中华书局 1960 年版，第 490 页。

④ 参见张辉：《略论唐代荐举——以举人自代、冬荐和县令举为中心》，首都师范大学硕士学位论文 2009 年，第 5 页。

⑤ 王延武在《〈举人自代状〉补识》中，以弘道元年的规定没有提及让官为理由，认为显庆四年诏书发布后直至高宗逝世，受命官员不再上呈让官表。这种看法应该是不准确的。参见王延武《〈举人自代状〉补识》，《敦煌学辑刊》2019 年第 1 期，第 198 页。

贞元二年正月二十四日。新授三日内，上表举人自代者。比来所举，少有摭实，殊乖求才之意。自今已后，每举人皆令指陈其承前事迹，分析言之。

元和六年十月。中书门下奏，准建中元年敕。常参官举人后，便具所奏举人兼状上中书门下，如官缺，于此选择进拟。从之。

咸通四年正月敕。中外官宜准建中元年敕，授官后三日，举一人自代。①

可见建中元年之后，官方对举荐的时间、举荐之人的品阶及被举荐之人的数量等都做出了详细的规定。举人自代的官员范围在不断地扩大，从中央到地方、从高品到低品，甚至节度使等使职，都逐渐被纳入其中。直到晚唐政局混乱之前，举人自代一直被严格地执行着。对比限制在四品以上的让官而言，举人自代已发展出了完善且独立的道路。

唐人让官表中，写明所举荐之人的例子极少。② 部分让表的结尾直接写明"臣所让人，别状封进"，此种情况基本集中在唐前期，中后期仅有寥寥数例。自建中元年后，举人自代状开始作为举人自代的正式文书形式大量出现，权德舆、杜佑、韩愈、柳宗元、刘禹锡、白居易等人撰写的举人自代状皆有留存。举人自代状的格式基本是固定的，通常以"伏惟建中元年正月五日制，常参官授讫上表让一人自代者"为开头，接着叙述所举荐之人的品行与能力，举荐其代替自己新

---

① 王溥：《唐会要》卷 26《举人自代》，中华书局 1960 年版，第 491 页。
② 如陈子昂所写《为司刑袁卿让官表》载："伏见某官某乙弱冠登仕。早有能名。……请乞以臣所授官让与某官。"（李昉等：《文苑英华》卷 577《为司刑袁卿让官表》，中华书局 1966 年版，第 2975 页）张说《让兵部尚书平章事表》载："窃见开府宋璟，清介独立，倚法不回；詹事陆象先。清明向道，临事能断。"（李昉等：《文苑英华》卷 573《让兵部尚书平章事》，中华书局 1966 年版，第 2947 页）邵说所写《让吏部侍郎第二表》云："伏见户部郎中萧定司农卿庾准，准才优识远，望重一时，伏望罢臣，别授定等，庶光朝选，克辩人伦。"（李昉等：《文苑英华》卷 577《让吏部侍郎第二表》，中华书局 1966 年版，第 2980 页）

除授的官职。

由上述分析可知，高宗显庆四年后，让官与举人自代结合，官员所举之人一般以"别状封进"的形式出现。弘道元年后，举人自代逐渐走向独立的道路。德宗建中元年时，制度正式确立，被要求举人自代的官员范围扩大，而让官仍被限制在四品以上。但必须注意的是，无论何时的举人自代，实际上都是朝廷延揽人才的方式。被举荐者并非真正代替举人者的官职，也没有损害举人者的利益。正相反，许多官员往往举荐利益相关之人，双方互利互惠。

五、结　语

受政治文化氛围与人物品评机制的影响，东汉末年至魏晋南北朝时期的官员往往数次让官、让爵以博取声誉。唐初，当权者一直试图打击旧士族势力，抬高李唐皇室和当朝官爵的地位，太宗与高宗时多次修谱的举动就彰显了这样的意图。显庆四年，高宗发布《禁让官诏》，不仅是为了提高行政效率，本质上也意在抑制贵族风气。武后、韦后以及太平公主时期，选官猥滥、"墨敕斜封"，造成了人事混乱、结党营私以及行政效率低下等一系列问题。睿宗即位后便着手整顿混乱的官僚系统，企图革除弊病，塑造新的统治秩序。玄宗时，官方对四品以上清望官进让泛滥的行为加以禁止。从李林甫的建议来看，当时朝中有着中书门下两省侍郎、尚书左右丞以及尚书省诸司侍郎等官员应进让的呼声，这与三省内部地位的变动是相适应的。

相应地，官员让官也受到制度运行环境的影响与个人意图的操纵。当皇权稳固时，君臣上下关系正常，让官处于皇权的控制之下；而当皇权衰微，臣子权势巨大、甚至凌驾于皇权之上时，让官便成为官员谋求利益、操纵政局的工具。由于唐高宗的诏令将让官与举人自代相结合，此二者间的关系也是一个需要探讨的问题。从高宗时起，官员让官的同时可举人自代，进呈让官表时会别状封进所举之人。德宗之后，举人自代制度逐渐发展完善，举人自代状作为成熟且独立的文书形式出现并被广泛应用。对比让官与举人自代者的官品范围与流程，可以说二者之间并没有必然的联系。

玄宗之后，虽未再有让官的规定，但让官行为依然盛行于高层官员之中，直至五代十国时亦是如此。① 而到了宋代，未见任何关于让官的制度记载，让官行为也大为减少，官方仅对新授官后入朝告谢加以规定。清人赵翼曰："本朝之制，凡三品以上迁官者，但有谢折，无伪为辞让之事。"②可见清代时，让官现象已绝迹。宫崎市定曾言："要说汉朝和唐朝最根本的区别，就在于汉朝是贵族制的孕育时期，而唐朝则是贵族制的衰落时期。"③让官的历史走向与贵族制的发展趋势基本一致。汉末以来，贵族制盛行，让官泛滥；唐代以后，贵族制衰落，让官式微。相应的，宋代以后官僚体制与科举制成熟，举人自代制度走向完善，成为与官员政治生涯息息相关的荐举制度。

(作者系武汉大学历史学院硕士研究生)

---

① 例如后梁初建时，宰臣除授李珽为考功员外郎、知制诰，"珽揣太祖未欲首以旧僚超拜清显，三上章固辞，优诏褒允，寻以本官监曹州事"(《旧五代史》卷24《李珽传》，中华书局1976年版，第322页)。后晋出帝开运年间，朝廷以桑维翰长子坦为屯田员外郎，次子埙为秘书郎。然而"维翰谓同列曰：'汉代三公之子为郎，废已久矣，近或行之，甚喧外议。'乃抗表固让不受。寻改坦为大理司直，埙为秘书省正字，议者美之"(《旧五代史》卷89《桑维翰传》，中华书局1976年版，第1169页)。南吴大和二年(931)，徐知诰欲以中书侍郎、内枢密使宋齐丘为相，宋齐丘"自以资望素浅，欲以退让为高"(《资治通鉴》卷277后唐明宗长兴二年二月，中华书局1956年版，第9056页)。

② 赵翼：《陔余丛考》卷26《授官表让》，中华书局1963年版，第545页。

③ 宫崎市定著，韩昇、刘建英译：《九品官人法研究：科举前史》，中华书局2008年版，第40页。

情、礼之争：唐德宗年间的禘祫论争

朱旭文

摘要：唐德宗时，一场围绕禘祫祭祀的论争持续了二十余年。此次礼议的核心问题是唐代的献祖、懿祖是否应入禘祫祭祀以及献祖与太祖何者居于太庙的东向之位。论争的各方观点很大程度上参考了东晋穆帝时的一次礼议。论争发起者的目的是试图在现有礼制的基础上强化情与孝的作用，而太祖与献祖两派之争则是由于二者对情与礼孰轻孰重的看法不同。最终，献、懿二祖祔于德明、兴圣庙受祫享，这是制礼者寻求情与礼平衡的结果。

关键词：礼议；禘祫祭祀；情礼冲突

禘与祫，简略来讲，即是将毁庙、未毁庙的神主定期于太庙合祭。关于禘祭与祫祭的祭祀范围、祭祀周期以及二者之间何者为大等问题，先儒争论已久，难有定论，各朝各代均按该朝对礼制的理解进行祭祀。唐德宗年间，礼官发起了一场关于太祖以前的迁毁神主是否应该入祫享以及祭祀中太祖与献祖何者居东向之位的论争。关于此次论争，前人已经有过一定研究。户崎哲彦认为献祖派想通过献祖东向这一行为来强化传统的儒教伦理，并进一步恢复地方节度使丧失的忠诚。太祖派将太祖东向则是试图以实绩主义取代国家、皇权私物化的家产国家论。由此，户崎氏指出这次对立是从血统原则到实绩主义原则的转移，意味着父家长制家族主义国家论的传统儒教国家论的崩溃。① 郭善兵认为这是统治阶层在试图通过强化礼治的方式重建为藩

---

① 户崎哲彦著，蒋寅译：《唐代的禘祫论争及其意义》，《咸宁师专学报》2001 年第 4 期，第 12~17 页。

镇割据破坏的社会秩序，其背后有情礼之间的冲突。① 与二人不同，朱溢将此次论争放在唐宋禘祫祭祀演变的大背景下，认为此次对立说明血统问题在太庙祭祀中的分量明显增加，太庙祭祀表现皇室由来的功能被强调，这一趋势延续到了宋朝。② 笔者认为，郭善兵在其书中从情礼冲突的角度解释两派意见的对立颇得其意。但是，此次论争的各方不能被简单地划分为太祖派与献祖派，太祖派内部也存在分歧。存在于各方意见之间的情礼冲突，是这一争论延续二十余年方有定论的原因所在。下文试论之。

一、论争中的各方意见

建中二年(781)，太常博士陈京提出祫祭应祭祀此前已被迁出的献祖、懿祖，并且提供了一套试图兼顾情、礼的方案：

> 然今年十月祫飨太庙，伏请据魏、晋旧制为比，则构筑别庙。东晋以征西等四府君为别庙，至禘祫之时，则于太庙正太祖之位以申其尊，别庙祭高皇、太皇、征西等四府君以叙其亲。伏以国家若用此义，则宜别为献祖、懿祖立庙，禘祫祭之，以重其亲；则太祖于太庙遂居东向，以全其尊。伏以德明、兴圣二皇帝，曩立庙，至禘祫之时，常用飨礼，今则别庙之制，便就兴圣庙藏祔为宜。③

祫祭安排的难处在于，献、懿二祖若未得祭祀，则似乎有违亲亲，若入太庙受享，则与太祖之间又有尊尊之争。于是，陈京提出模仿东晋礼制，将二祖神主置于德明、兴圣庙中受祭。④ 这一方面可以

---

① 郭善兵：《中国古代帝王宗庙礼制研究》，人民出版社 2007 年版，第420~429 页。

② 朱溢：《唐至北宋时期的太庙禘祫礼仪》，《复旦学报(社会科学版)》2012 年第 1 期，第 75~84 页。

③ 《旧唐书》卷 26《礼仪志六》，中华书局 1975 年版，第 1000 页。

④ 德明、兴圣为唐代皇帝远祖，参《旧唐书·礼仪志》："天宝二年，制追尊咎繇为德明皇帝，凉武昭王为兴圣皇帝。十载，立庙。"(《旧唐书》卷 25《礼仪志五》，中华书局 1975 年版，第 967 页。)

让太祖在太庙中居于东向之位，避免献祖与太祖何者为尊、情与礼何者为重的冲突，另一方面也可以让二祖在行禘祫之礼时得到祭祀。当时，除此提议之外，还有另外几种观点：其一，认为二祖宗庙已迁，不应祫享；其二，认为二祖应与太祖同列昭穆，空东向之位。但这些提议被颜真卿逐一反驳：

> 臣伏以三议俱未为允。且礼经残缺，既无明据，儒者能方义类，斟酌其中，则可举而行之，盖协于正也。伏惟太祖景皇帝以受命始封之功，处百代不迁之庙，配天崇享，是极尊严。且至禘祫之时，暂居昭穆之位，屈己申孝，敬奉祖宗，缘齿族之礼，广尊先之道，此实太祖明神烝烝之本意，亦所以化被天下，率循孝悌也。请依晋蔡谟等议，至十月祫享之日，奉献祖神主居东向之位，自懿祖、太祖洎诸祖宗，遵左昭右穆之列。此有彰国家重本尚顺之明义，足为万代不易之令典也。①

颜真卿认为太祖已经处于百代不迁之位，故应据东晋时蔡谟的礼议，在禘祫之时将太祖暂时移至昭穆之列，令献祖居东向之位。在他看来，此举为率循孝悌之举，可以起到屈己申孝之用。从情、礼的角度看，此议明显有抑礼从情、重亲亲而轻尊尊之意。在此次论争中，颜真卿的建议暂居上风，但分歧并未由此终结。

贞元七年(791)，太常卿裴郁再次提出这一问题，以历代太祖以前的祖先均不在昭穆合食之列为据，认为献、懿二祖既已亲尽，不应更居东向，引起了又一次论争。贞元八年(792)，李嵘等人率先提出己见，在追溯历朝历代的禘祫祭祀情况之后，认为二祖应藏于西夹室，不在禘祫祭祀之列。柳冕等人同样认为献、懿二祖神主已迁，太祖之位不应再有更替，指出"私庙所以奉本宗也，太庙所以尊正统也"，并提议另立别庙以祭二祖，而非于太庙之中受享。工部郎中张荐等人认为祫祭须要合食，应虚东向之位，令二祖神主与太祖并居昭穆。司勋员外郎裴枢认为"郊宗之上，复有石室之祖"，提出可于园寝建造石室，迁二祖神主于石室以永安。京兆少尹韦武则试图调和各

---

① 《旧唐书》卷26《礼仪志六》，中华书局1975年版，第1001页。

种意见，提出袷祭以献祖东向，禘祭则以太祖东向，于是"于太祖不为降屈，于献祖无所厌卑"。①

多种意见相持不下，直到贞元十九年（803），时已转任给事中的陈京再次上书，提议迁献、懿二祖神主于兴圣庙。时任四门博士的韩愈于此时上《禘袷议》一文，引经据典，驳斥上述诸说，认为均不合于礼。其文曰：

> 一曰：献懿之主，宜永藏之夹室。臣以为不可。夫袷者，合也。毁庙之主皆当合食于太祖，献懿二祖即毁庙主也……名曰合祭，而二祖不得祭焉，不可谓之合矣。二曰：献懿庙主宜毁瘗之。臣又以为不可……其毁庙之主皆藏于祧庙，虽百代不毁，袷则陈于太庙而缋焉。三曰：献懿庙主宜各迁于其陵所。臣又以为不可。二祖之祭于京师列于太庙也二百年矣，今一朝迁之，岂惟人听疑惑，抑恐二祖之灵，眷顾依违，不即缋于下国也。四曰：献懿庙主宜附于兴圣庙而不禘袷。臣又以为不可……景皇帝虽为太祖，其于属，乃献懿之子孙也。今欲正其子东向之位，废其父之大祭，固不可为典矣。五曰：献懿二祖宜别立庙于京师。臣又以为不可……昔者鲁立炀宫，《春秋》非之，以为不当取已毁之庙，既藏之主，而复筑宫以祭。今之所议，与此正同。②

---

① 《旧唐书》卷 26《礼仪志六》，中华书局 1975 年版，第 1002~1009 页。

② 程俱将韩愈此文时间系于贞元十七年，其最主要的依据是《新唐书·陈京传》中韩愈之议在贞元十九年初陈京复奏之前。但据《旧唐书·礼仪志》，《陈京传》中各人的上奏时间，并非完全按照时间排列。《陈京传》中，韩愈之议系于京兆少尹韦武礼议之后，柳冕上《禘袷义证》十四篇之前。按照《礼仪志》，韦、柳等人之奏均发生于贞元七年的论争，此时韩愈尚为无名之辈，绝无可能参与论争。可见，《陈京传》中众人上奏的顺序是杂乱的，不能作为判断韩愈何年作《禘袷议》的依据。《旧唐书·德宗纪》曰："贞元十九年三月丁卯，以今年孟夏禘缋，前议太祖、懿、献之位未决。至此禘祭，方正太祖东向之位。"参《二十史朔闰表》，十九年三月为壬子朔，丁卯为十六日。韩愈奏文开头即明言"今月十六日"，与《德宗纪》中时间相合。因此，韩愈此文应系于贞元十九年，为应当年三月德宗之诏所作（参见吕大防等：《韩愈年谱》，中华书局 1991 年版）。

韩愈在奏文中批评诸说，其理由不外乎以下两点：祫祭为合祭，不可缺少献、懿二祖；太祖作为孙，不可在祭祀中先于作为祖的献祖。之后，韩愈再以"子虽齐圣人，不先父食"之说为据，认为"祖以孙尊，孙以祖屈……太祖所屈之祭至少，所伸之祭至多"，支持颜真卿太祖暂屈昭穆、献祖东向的提议。① 但是，户部尚书王绍等人同意陈京之说，请于兴圣庙别增两室以安二祖神主。最终，陈京的建议得到了德宗的认可，历经二十余年的论争终于结束。自此，"景皇帝始居东向之尊，元皇帝已下依左昭右穆之列也"。②

此次礼议持续二十余年，礼官们各持己见，异说纷纭。细考诸说，除了颜真卿和韩愈，参与论争的官员无一持完全的献祖东向说，其争论主要是在太祖东向的大前提下进行。从陈京上奏之前的二祖不参与祫享到颜真卿尊献祖于东向之位，不是简单的太祖派与献祖派两种意见之争，而是关于情与礼、亲亲与尊尊孰重孰轻的多层理解。因此，后人亦不可将各方意见简单地归为两派，太祖派内部各种意见的差别亦需分辨。

二、论争与东晋永和礼议

陈京在建中二年的奏文中提道："东晋以征西等四府君为别庙，至禘祫之时，则于太庙正太祖之位以申其尊，别庙祭高皇、太皇、征西等四府君以叙其亲。"他以东晋为太祖之前的四府君另立别庙为据，认为唐代也应该将献祖和懿祖立于太庙之外的其他庙中。但是，参《晋书·礼志》，实际的制度似乎与陈京之说存在出入。东晋穆帝永和年间也出现过一次围绕如何安置四府君神主的礼议，对比这两次相隔数百年的论争，可以发现其中许多观点都有相似之处。

咸康年间，由于太常冯怀的提议，府君之神主列于太庙的西夹室中。永和二年（346），蔡谟奏曰："殷祭之日，征西东面，处宣皇之

---

① 韩愈著，刘真伦、岳珍校注：《韩愈文集汇校笺注》，中华书局2010年版，第505~506页。

② 《旧唐书》卷26《礼仪志六》，中华书局1975年版，第1009~1010页。

上。其后迁庙之主，藏于征西之祧，祭荐不绝。"他认为祫祭之时，应以征西代替太祖的东向之位。时任护军将军的冯怀则提出了另立别室的观点："礼，无庙者为坛以祭，可立别室藏之，至殷禘则祭于坛也。"尚书郎徐禅认为应藏四府君之神主于石室内："礼'去祧为坛，去坛为墠'，岁祫则祭之。今四祖迁主，可藏之石室，有祷则祭于坛墠。"会稽虞喜答徐禅曰："汉世韦玄成等以毁主瘗于园，魏朝议者云应埋两阶之间。且神主本在太庙，若今别室而祭，则不如永藏。又四君无追号之礼，益明应毁而无祭。"虞喜不同意另立别庙之说，提出不如将神主永藏或是瘗毁。博士张凭则以"禹不先鲧"为据，认为府君神主应在太祖之上。礼官们众说纷纭，此次礼议也未得出一个令众人信服的结论。孝武帝太元十二年(387)，祠部郎中徐邈议曰："京兆迁毁，宜藏主于石室，虽禘祫犹弗及。何者? 传称毁主升合乎太祖，升者自下之名，不谓可降尊就卑也。"义熙九年(413)，司马德文奏曰："宜筑别室，以居四府君之主，永藏而弗祀也。"大司农徐广则认为"可迁藏西储，以为远祧，而禘飨永绝也"①。以上三人虽对四府君神主所藏之处有不同看法，但均认为不应参与禘祫祭祀。至此，争论也未有最终结果，可见东晋并未形成一个如陈京所说的可供后世参考的定制。对比两次礼议中的礼官观点，可以说德宗年间众人的意见很大程度上参考了东晋礼官的论点，如表 1，可见其相似性之突出。

表1　　　　　　　　　　　两次礼议中的礼官观点

东晋	唐代
冯怀认为"可立别室藏之"	陈京认为应立于别庙
蔡谟"征西东面，处宣皇之上"	颜真卿认为献祖应居东向
徐禅认为"今四祖迁主，可藏之石室"	裴枢认为应迁二祖神主于石室
徐广认为"可迁藏西储"	李峤认为二祖应藏于西夹室

① 《晋书》卷19《礼志上》，中华书局1974年版，第605~608页。

186

东晋	唐代
虞喜认为"四君无追号之礼，益明应毁而无祭"	韩愈驳斥的观点中有"献懿庙主宜毁瘗之"

当然，唐代的礼官并非完全照抄东晋礼议的思路。比如，上文提及的柳冕认为应根据历代礼制的传承来定当朝制度："汉之礼，因于周也；魏之礼，因于汉也；隋之礼，因于魏也。"参《周礼》，其中有先公之祧和先王之祧。未受命之前的神主藏于后稷之庙，为先公之祧；受命之后的神主则藏于文王之庙，为先王之祧。因此，唐代的礼制应该继承周制，将受命之前的献祖和懿祖德神主立于别庙，与太祖之庙相区分。这一观点从《周礼》以及各朝礼制的继承的角度，论述了为二祖别立他庙的合理性，与他人的依据有所不同。但是，德宗年间这次争论中的大多数观点确实是在搬用东晋礼议中礼官的意见。究其原因，大抵是由于两次礼议的主题本就比较相似，唐代的礼官容易联想到东晋时的状况。此外，自汉之后，东晋礼制在各朝礼制中相对比较完整，对大多数祭祀均有讨论和规定，可参考性较强。

三、论争中的情与礼

如前所述，此次禘祫论争中的观点纷繁复杂，解释这一情况的关键问题是陈京为何在此时提出这一改革，各种意见的分歧又有何内涵。对此，户崎哲彦认为献祖派想通过强化传统的儒教伦理来恢复缺失的忠诚，太祖派则是反驳了家产国家论，试图以实绩主义取代之。由此，户崎氏指出这次论争的结果是从血统原则到实绩主义原则的转移。朱溢则认为陈京与颜真卿的言论说明了血统问题在太庙祭祀的分量明显增加。面对相同的材料，二人形成了截然相反的认识。理解这一分歧，需要将德宗之前的禘祫祭祀纳入考虑范围。

户崎氏的见解有一个最基础的条件，即唐代禘祫祭祀的变化是从颜真卿的意见向陈京的建议转变，由此方可得到血统向实绩转变的结论。但是，陈京提出的"置于兴圣庙"的提议并非针对颜真卿，而是针对德宗之前献、懿二祖不受祫享的状况。《新唐书·儒学传》："初，玄宗、肃宗既祔室，迁献、懿二祖于西夹室，引太祖位东向。礼仪使于休烈议：'献、懿属尊于太祖，若合食，则太祖位不得正，请藏二祖神主，以太宗、中宗、睿宗、肃宗从世祖南向，高宗、玄宗从高祖北向。'禘祫不及二祖，凡十八年。"①贞元七年，李嵘上奏亦曰："至宝应三年，祔玄宗、肃宗于庙，迁献、懿二祖于西夹室，始以太祖当东向位次，献、懿二祖为是太祖以前亲尽神主，准礼禘祫不及，凡十八年。"②由此可见，在宝应年间献、懿二祖亲尽而迁之后，其神主即不再参加禘祫祭祀。李嵘的提议代表了宝应以来的制度现状。陈京在建中二年发起的建议，实际上是试图改变这一情况，将二祖神主纳入祫祭范围。颜真卿则是试图在此基础上进一步强调情的作用，让献祖立于东向之位。从上述论争的分歧和制度的发展来看，户崎氏所持的实绩主义取代血统主义的观点并不能成立。但他将论争与德宗朝的政治背景相结合确实有其可取之处。笔者认为，此次论争中各派观点之间的差异主要在于情、礼之争，抑情从礼或是抑礼从情才是论争的主要线索，其背后则可能与当时的政治情况有关。

追溯唐制，情与礼的冲突在唐朝此前的礼制中已经有所体现。唐玄宗在庙制改革中，曾将七庙制改为九庙制，其诏曰：

> 是知朕率于礼，缘于情，或教以道存，或礼从时变，将因宜以创制，岂沿古而限今。况恩以降杀而疏，庙以迁毁而废。虽式瞻古训，礼则不违；而永言孝思，情所未足。享尝则止，岂爱崇而礼备；有祷而祭，非德盛而流永。其祧室宜列为正室，使亲而不尽，远而不祧，庙以貌存，宗犹尊立。今中宗神主，犹居别处，详求故实，当宁不安，移就正庙，用章大典。仍创立九室，宜令所司择日启告移迁。③

---

① 《新唐书》卷200《儒学传下》，中华书局 1975 年版，第 5710 页。
② 《旧唐书》卷26《礼仪志六》，中华书局 1975 年版，第 1004 页。
③ 《旧唐书》卷25《礼仪志五》，中华书局 1975 年版，第 953 页。

通过此举，玄宗将已经迁出的中宗庙和宣皇帝庙重新祔于太庙。其诏书全文，不离"情""孝"二词，反复强调"缘于情""永言孝思，情所未足"。此即玄宗在既存礼制的基础上，更加强调情的表现。再如，天宝年间，玄宗令每月朔望上食于太庙，此后逐渐成为定制。贞元十二年（796），韦彤奏曰："用燕具亵馔，参渎礼荐，不可示远……荐与宴，圣人判为二物，不可乱也……且祭不欲数，亦不欲疏，感时致享，以制中也。今园寝月二祭，不为疏，庙岁五享，不为数，有司奉承，得尽其恭。若又加盛馔于朔望，是失礼之中，有司不得尽其恭也。"①他认为朔望上食于太庙为失礼之举，请求取消这一祭祀活动。但德宗以"先帝裁定之"为由，拒绝变更祖制，于是提议作罢。可见，在唐代礼制中，情礼冲突并不少见，而抑礼从情、礼制为皇帝本人的情与孝服务亦是常见之事。礼官或有异议，但难以改变既有的制度。德宗年间的这一次禘祫论争，即是情礼之争的另一体现。

这一冲突体现在太祖派内部的意见不一。李嵘等人列举历朝历代的祭祀情况，认为各朝太祖之前的祖先均不入禘祫祭祀，故本朝二祖亦不应受祫享，太祖东向之位更不应变更。这一观点单纯以礼制为参考，并未考虑血缘、情感在礼制中的影响，即所谓的"抑情从礼"。这也是德宗朝以前唐代禘祫祭祀的实际情况。建中二年，陈京提出祫享太庙应当包含献、懿二祖。但二祖若进入太庙，太祖可能需要让出东向之位，会出现祖屈于孙的情况。按礼制，太祖之位也不应发生变动。故陈京只能采取折中之策，将二祖置于兴圣庙中，每至禘祫则享之。这一提议明显比原来更加重视情，其原因或许与颜真卿反复强调的"孝"有关。德宗即位之时，藩镇问题尤为严重，德宗亦试图着手解决这一问题。但即位不久，建中年间即已出现"四镇之乱"、"泾原兵变"、朱泚称帝、节度使纷纷称王等诸多事件。在藩镇问题难以用军事、政治的手段进行解决的情况下，朝臣或许试图从礼乐制度入手，以祭祀制度的变革来缓解藩镇问题。礼官提出将已经不再享受祫祭的二祖神主重新纳入祭祀范围，强调情与孝在祭祀中的地位，或为

---

① 《新唐书》卷200《儒学传下》，中华书局1975年版，第5708页。

实践由孝而忠这一想法的尝试。他们希望借此提高节度使的忠诚度、巩固皇权。如高明士所说："秦汉以后，本欲借庙制来强化治统的威势，所以由孝而忠，由亲亲而功德。这样的转变，正面而言，的确使皇权更为巩固。"①

在此基础上，张荐等人认为应该令二祖和太祖并居昭穆，其原因是"禹不先鲧"。这一观点比陈京更强调情在祭祀中的地位。颜真卿则更进一步，提出献祖东向之说。其在奏议中反复强调"屈己申孝""率循孝悌"，对孝与情的重视可见一斑。韩愈上《禘祫议》支持颜真卿之说，亦是由于他在现有礼制的基础之上更加重视情。这一点在韩愈另一篇关于礼制的文章《改葬服议》中也有体现。

所谓"改葬服"，即生者在死者改葬之时应服之丧服及服丧时长的问题。在《改葬服议》一文中，韩愈首先解释了何为改葬缌，提出改葬之服丧基本只限于子之于父母，其余则无丧。其次，他以司徒文子改葬叔父以及子思之说为例，认为即便是愈时而未葬，三年之期至即可变服，不可采子思"服不变"之说。最后，在服丧时长的问题上，他认为："或曰：经称改葬缌，而不着其月数。则似三月而后除也。子思之对文子则曰：'既葬而除之。'今宜如何？曰：自启殡至于既葬，而三月则除之。未三月，则服以终三月也。"②关于这一点，郑玄认为："服缌者，臣为君也，子为父也，妻为夫也。必服缌者，亲见尸柩，不可以无服，缌三月而除之。"③王肃则认为："本有三年之服者，道有远近，或有艰故，既葬而除，不待有三月之服也。非父母，无服，无服则吊服加麻。"④在是否需要服丧三月的问题上，两位大儒的看法明显不同。据《开元礼》，其中并无既葬之后服丧三月之要求。

---

① 高明士：《礼法意义下的宗庙》，氏编《东亚传统家礼、教育与国法（一）：家族、家礼与教育》，华东师范大学出版社 2008 年版，第 46 页。
② 韩愈著，刘真伦、岳珍校注：《韩愈文集汇校笺注》卷 4，中华书局 2010 年版，第 487 页。
③ 阮元校刻：《十三经注疏·仪礼注疏》卷 34，中华书局 2009 年版，第 2434 页上栏。
④ 杜佑撰，王文锦点校：《通典》卷 120《凶礼二十四》，中华书局 1988 年版，第 2678 页。

对此，杨华指出《开元礼》中"既葬除之"显然为从王肃之说。① 与此不同，韩愈则认为"服以终三月"。两相对比，可见其在现实礼制的基础上，确实更重视情与孝，提出一些更进一步的方案。这和他在《禘祫议》中对情的重视是一致的。但是，颜、韩一派的提议却为其他礼官所反对。究其原因，陈京等人虽欲强调情在礼制中的作用，但是并不希望彻底改变礼制。按礼，太祖东向之位不应变更，孝亦不应凌驾于制度之上。他们所追求的，只是在原本抑情从礼的制度下，增加情在制度中的作用，而非彻底的抑礼从情，令亲亲重于尊尊。因此，综合各派意见，此次论争其实是在现实政治背景的压力下，试图在原有禘祫祭祀制度的基础上提高情与孝的作用，同时解决此举可能带来的情礼冲突，令制度既符合礼的规定，又实现情的作用。

四、结　　论

总而言之，唐德宗年间这次延续二十余年的论争，与东晋永和年间的礼议颇为相似。其主题并非简单的太祖与献祖何者居于东向之位，还包括献、懿二祖是否应入祫享这一问题。制度的整体发展是从二祖不受祫享到最终祔于兴圣庙。陈京等人提出令二祖入祫享或许是出于现实政治的考虑，希望以礼缓解藩镇问题，巩固皇权。而其反对颜真卿等人的意见则是由于不同意彻底破坏原有的礼制。最终，献、懿二祖祔于德明、兴圣庙受祫享。

（作者系武汉大学历史学院硕士研究生）

---

① 杨华：《论〈开元礼〉对郑玄和王肃礼学的择从》，《中国史研究》2003 年第 1 期，第 57 页。

南宋乡村的隅官组织

王宇婷

摘要：南宋十二路皆推行过隅官组织。绍兴末年，宋金战争爆发，内地诸州县治安管理力量不足，南宋政府令豪强担任隅官、统领保伍，以护卫乡土。为防隅官势力坐大，宋金局势稳定以后，宋廷即废罢隅官组织。孝宗年间，隅官的职责转向灾荒赈济。至开禧北伐，宋廷再度下令各地挑选隅官，团结保伍。隅官由巡检、县尉选任上户充当，本职为逐捕盗贼，逐渐承担保正等乡役。南宋中后期，在内忧外患的情况下，地方财政匮乏，地方官依托隅官组织维护辖境治安，隅官组织得以长期存在。

关键词：南宋；隅官组织；宋金战争

两宋之际，内外交困，动乱时局中，各地的武装团体兴起，如两淮山水寨、荆襄义勇、忠义巡社、福建路枪仗手等。官方组织与民间自发组织的地方武装团体抵御外敌、保卫乡井，这些组织在基层社会占据不可或缺的地位。在南宋名目不一的地方武装团体中，乡村的隅官组织尤为特殊。与其他事罢则废的武装组织不同，隅官组织广泛推行，长期存在，对南宋乡村社会有着重要的作用。

日本学者曾我部静雄是最早关注隅官的学者之一，他指出，隅官渊源于南宋都市的消防制度，随后，城市隅官制度又演变为城郊的四隅民兵制度以及乡村的隅总民兵制度。① 陈振在曾我部氏的基础上进

---

① 曾我部静雄：《南宋的隅及隅官》，台湾大陆杂志社编辑委员会编：《唐宋附五代史研究论集》，台湾大陆杂志社 1970 年版，第 47~57 页。

一步推断，南宋初期城市的行政制度由厢坊(巷)制分化为厢坊、隅坊(巷)、厢界坊(巷)等三种不同的制度。① 近年来，包伟民重新审视隅官制与隅坊制的关系，他对曾我部氏与陈氏的观点提出质疑，认为城郊四隅民兵制度并非都市消防隅区制度的延伸，而是终南宋之世与城市消防组织并存。② 包氏之研究厘清了城郊、乡村的隅官制度与城市隅坊制度之间的关系，极大地推进了相关研究。关于乡村的隅官制度，黄志繁提出，保伍法与隅官制的结合是北宋至南宋赣南地方社会基层统治方式转型的标志之一。③ 程涛认为，在南宋后期，由土豪势力所主导的隅官制，正是以保伍为基础，与"团"制相结合，形成了"隅团"这一新的乡治体系。④ 目前的研究集中在乡村隅官制度与城市隅坊制度的区别与联系，以及保伍法、"团"制与隅官制的结合上。然而，对于隅官组织的发展脉络、制度设置以及施行地域等问题，相关研究的考证较为简略，着墨不多。本文拟在前贤的研究基础上，就上述问题做进一步的探讨。

一、宋金战争与隅官组织的发展

(一)东南内患之议与隅官组织的设立、废罢

绍兴三十一年(1161)，金主完颜亮积粟发兵，欲败盟南寇。面对金国举兵之势，南宋全力备战，一方面在沿江、两淮地区遴选将帅，列屯作镇，另一方面，储兵江南，抽调禁军、弓手至屯戍之地，以为有事之备。同年五月，宋廷"命两浙、江、湖、福建诸州起禁军

---

① 陈振：《略论宋代城市行政制度的演变——从厢坊制到隅坊(巷)制、厢界坊(巷)制》，詹福瑞编：《漆侠先生纪念文集》，河北大学出版社 2002 年版，第 339~349 页。

② 包伟民：《宋代城市研究》，中华书局 2014 年版，第 160~170 页。

③ 黄志繁：《贼民之间：12—18 世纪赣南地域社会》，生活·读书·新知三联书店 2006 年版，第 56~58 页。

④ 程涛：《宋代乡村"团"制考论》，《中国历史地理论丛》2019 年第 4 辑，第 71~80 页。

弓弩手，部送明州、平江府、江池太平三州、荆南府军前"，① 七月"命两浙、江东滨海诸州预备敌兵。诏诸帅臣教阅士兵、弓手"，② 十月"诏起江、浙、福建诸州强丁赴江上诸军"，③ 十一月"江、浙、福建路拣发赴三衙军兵阙额，并令逐州招填"。④

宋廷频繁抽调江南诸州县禁军弓弩手、弓手教阅备战，乃是金军进攻下充实江防、海防的应急之策，然而此举却引发了朝臣的内患之议。殿中侍御史杜莘老言："今行营重兵、远在边境。而荣应之精锐，又须观时而动。诸州所谓强弓弩手者，亦已尽遣。万一郡县间有一夫窃发，岂不上贻宵旰之虑？"⑤杜莘老的担忧不无道理。高宗一朝，宋金战争期间为盗贼的频发期，在长期的战乱中，流民、散兵、游寇等纷纷武装起来，成为南宋朝廷的腹心之患。对于背海立国的南宋而言，如何避免建炎至绍兴初年江南地域动乱四起的混乱局面，立足江南、经营江南，成为绍兴末年宋金战争压力下南宋朝廷的另一政治难题。

杜莘老给出的解决之策是重整东南地区的厢禁土军，"今东南厢禁土军，元额毋虑十数万人，皆为监司守臣兵将官穴占……望收兵选将，责之教阅，以备他盗"⑥。时议比照北宋富弼的备寇之议，要求严选东南诸路官吏，量才录用，"若一旦有征行调发之烦……望内委台谏督察，外责监司刺举"⑦。宋廷的直接做法是招东南游手之人充军，使其远离故土，丧失作乱之基础，"窃见南剑、吉、筠、

① 《宋史》卷32《高宗本纪九》，中华书局1977年版，第601页。

② 《宋史》卷32《高宗本纪九》，中华书局1977年版，第601页。

③ 《宋史》卷32《高宗本纪九》，中华书局1977年版，第601页。

④ 李心传撰，辛更儒点校：《建炎以来系年要录》卷194"绍兴三十一年十一月庚午"条，上海古籍出版社2018年版，第3456页。

⑤ 李心传撰，辛更儒点校：《建炎以来系年要录》卷191"绍兴三十一年七月丁亥"条，上海古籍出版社2018年版，第3417页。

⑥ 李心传撰，辛更儒点校：《建炎以来系年要录》卷191"绍兴三十一年七月丁亥"条，上海古籍出版社2018年版，第3417页。

⑦ 李心传撰，辛更儒点校：《建炎以来系年要录》卷191"绍兴三十一年七月戊寅"条，上海古籍出版社2018年版，第3414页。

建州、邵武、建昌军多有游手之人，乞差将官各一员前去，同守臣均定，招收共一千六百人，赴本司招填"①。以上州军乃南宋"盗贼渊薮"，可见宋廷之意图。而宋廷推行的更为广泛的方法，当为隅官之法。

有关隅官之法的提出及确立，现存文献中并无明确的记载，不过可以从汪应辰与倪朴的上书中窥见其貌。汪应辰，字圣锡，信州人，绍兴五年（1135）进士第一，累官至吏部尚书，为南宋初年主战派之一。绍兴三十二年（1162）五月，汪应辰上奏《应诏陈言兵食事宜》，其中关于隅官制之讨论如下：

> 夫盗贼之作，常生于细微，州县之兵，虽不可施之于大军，而追骨讨捕，防护乡井，盖所以销患于未萌也……去冬既取所谓弓弩手者，州郡无备，则或发诸县尉司弓手以守御城郭；县又无备，则或抽差编户以代弓手之乏……今民之在田里者，则拘之于县；县之巡捕者，则执役于州；州之守卫者，则分隶于诸军，岂所以为顺哉？议者患州县之空虚也，则请各置四隅之官，而以其土人为之。②

汪应辰提到抽调东南禁军弓弩手备战的弊端，即导致州县武力空虚进而引发盗贼动乱。在这种背景下，朝廷在东南地区设置四隅之官，以土豪充任之，来维持社会治安。与汪应辰同时代的倪朴也记载了隅官制度的设置，他在金人南侵时提道：

> 今国家禁卫之兵及州镇之卒，皆已抽发于屯戍之所，朝廷深思远虑。今州县有立四隅官，分结保伍而统之，诚良策也。以臣思之，天下之民皆感陛下仁厚之政、恻怛之诚，自非凶荒饥馑之

① 李心传撰，辛更儒点校：《建炎以来系年要录》卷189"绍兴三十一年四月丁卯"条，上海古籍出版社2018年版，第3384页。
② 汪应辰：《文定集》卷2《应诏陈言兵食事宜》，中华书局1985年版，第16~17页。

岁，虽驱之为乱不可也。①

倪朴之上书佐证了汪应辰的言论，并进一步明确了隅官的下属组织是以联比人户为编排原则的保伍组织。以上可见，在当时的宋金战争中，东南州县武力的空虚使得宋廷另立名目，设豪强为四隅之官，团结保伍，防御盗贼，保卫乡里。

不过，隅官的设置也带来了新的问题：

> 强宗富室，平日挟其财力，以武断于乡曲，今又假以尺寸之柄，公行贿赂，明报仇怨，有甚于盗贼者。朝廷知其不便，寻即寝罢。②

> 然奸雄之人，其党与必众，其声望必雄，藏奸匿盗为之囊橐，幸天下有变而肆其志。今州县往往以此曹雄于群，不逞之间，豪暴而无赖者多从之，四隅之职悉委之此类，臣常以为忧。③

可见，隅官多为当地豪强，实力雄厚。官府授之以权柄后，部分隅官祸乱乡里，扰民甚于盗贼。以隅官为代表的豪强势力坐大，更有甚者暗养凶徒、自结武力，成为地方社会不稳定的重要因素，对中央集权造成了一定的冲击。因此，"朝廷知其不便，寻即寝罢"。④

(二) 隆兴和议后隅官的职能转向

隆兴和议后，宋金之间恢复和平，已被废罢的隅官重新出现。这

---

① 倪朴：《倪石陵书》不分卷《拟上高宗皇帝书》，《宋集珍本丛刊》第 59 册，线装书局 2004 年版，第 538 页。
② 汪应辰：《文定集》卷 2《应诏陈言兵食事宜》，中华书局 1985 年版，第 17 页。
③ 倪朴：《倪石陵书》不分卷《拟上高宗皇帝书》，《宋集珍本丛刊》第 59 册，线装书局 2004 年版，第 538 页。
④ 汪应辰：《文定集》卷 2《应诏陈言兵食事宜》，中华书局 1985 年版，第 17 页。

一时期尽管南宋内部盗贼频仍，隅官维护社会治安的职能却在走向萎缩，转而以组织赈济的乡村头目的形象出现。

> 其保甲中，所说县郭四门外，置隅官四人，此最紧要，盖所以防卫县郭以制变，县有官府狱讼仓库之属，须各管得十来里方可，诸乡则只置弹压之类，而不复置隅官，默寓个大小相维之意于其间。①

所谓诸乡"不复置隅官"，意味着孝宗朝重新出现的隅官不再负责乡村地区的治安，而只管辖城郊地区的治安。

此外，灾荒时期，隅官与保正、里正相互配合，组织各乡、都的赈济，已成为地方官员的经验之谈。《夷坚志》记述了隆兴府范隅官在劝分过程中徇私的一则故事：

> 乾道辛卯岁，江浙大旱，豫章尤甚。龚实之作牧，命诸县籍富民藏谷者责认粜数，令自津船随远近赴于某所，每乡择一解事者为隅官，主其给纳。靖安县美门乡范生者在此选。其邻张氏，当粜二千斛；以情语范曰："……盍为我具虚数以告官司？他日自有以相报。"范喜其言甘，且冀后谢，诺其请，为之委曲。②

从这则故事可知，隆兴府的隅官因灾荒而设，以乡为基础单位，负责赈济事宜，事罢则废，具有临时性。而在很多情况下，隅官与保正一样，成为常设的乡村头目。嘉泰元年（1201），董煟作《救荒活民书》进呈宁宗，并建议颁发至各州县，书中写道：

> 常平赈粜，其弊在于不能遍及乡村。今委隅官里正监视，类多文具，无实惠及民。

---

① 黎靖德编，王星贤点校：《朱子语类》卷111《朱子八·谕民》，中华书局1986年版，第2719页。

② 洪迈：《夷坚志》卷7《范隅官》，中华书局2006年版，第937页。

今莫若责隅官交领常平钱，逐都给与所保土户，每都数千缗，随都分大小增减，令于丰熟处，循环收籴米豆，归乡置场，随时价出粜。①

南宋的常平仓主要集中于城市，一旦发生饥荒，难以惠及广大的农村地区，当时的普遍做法为隅官、里正监视乡村的常平赈粜。董煟认为这种做法存在缺陷，进一步提出以隅官交领常平钱，逐都给民户的想法。董煟历任筠州新昌县尉、成都征商、鄞州文学、瑞安县令、辰溪县令等职，②《救荒活民书》中所论多汲取前朝及当朝的经验，因此，孝宗朝至宁宗朝前期，隅官制并没有销声匿迹，而是在官方主持的赈济中发挥着举足轻重的作用。

(三) 开禧北伐与隅官组织的重置

宁宗即位以来，对宋金双方不平等的关系感到不满，于嘉泰三年(1203)起，逐步启用朝野内外的主战派，整合军事力量，秘密部署北伐工作。开禧二年(1206)五月，宁宗下诏伐金，六月五日，江西提刑、兼权赣州钟将之言：

方今规恢远图，克复疆宇，州郡屯驻之兵既已调发，城池守御之备未免阔疏。平日盗贼往来之冲，岂无潜窥阴伺之患。惟有土豪可以术用，使之自保乡闾。③

北伐初期，各州郡屯驻军队调发至前线，南宋境内再度呈现守备空虚的情况。同年，为防盗贼乘虚作乱，有识之士建议因循前例，设豪强为隅官，以维持基层秩序：

---

① 董煟：《救荒活民书附拾遗》卷 2《常平》、拾遗《不俟劝分村落有米法》，中华书局 1985 年版，第 26、87 页。

② 陈华龙：《〈救荒活民书〉作者生平及成书时间考》，《农业考古》2015 年第 4 期，第 261~263 页。

③ 徐松辑，刘琳等点校：《宋会要辑稿》兵 13 之 44，上海古籍出版社 2014 年版，第 8874 页。

八月二十一日，臣僚言："乞申饬监司、郡守，严督所部巡尉下谨择隅官，分委正长，团结甲户，俾乡井有相保之义，盗贼绝窥伺之心……"①

宁宗接受了这一建议，以土豪为隅官保卫乡里的基层治理方式再次以政令的形式得到推广。黄榦的《汉阳条奏便民五事》让我们得以窥见北伐期间隅官组织的具体形式：

臣尝为临川令，当开禧用兵之后，隅官之法未尽废。其法以五家为一小甲，五小甲为一大甲，四大家为一团长。一里之内，总数团长为一里正，一乡之内，总数里正为一乡官。一县之地，分为四隅，每隅之内，总数乡官为一隅官，以察奸匿，以护乡井。②

时隔四十余年，南宋王朝因宋金战争再度重申隅官制度，以使乡井自保。开禧年间，在临川县的隅官之法中，隅为县以下最高的区划层级，隅官成为基层组织中最高层级的乡村头目，这意味着隅官相应地拥有较大的权力。因此，宋廷有意平衡赋予隅官权力以维护基层治安与隅官滥用职权威胁基层治安之间的矛盾。平衡的方法是在选任环节施加严格的限制条件，如开禧二年（1206）十一月：

臣僚言："访闻州县间，多以物力高强，家势在上，或有官资者，差为弹压官、厢官、殊失朝廷差置之本意，乞申严诸路州县所差弹压官、隅官、并令公选乡间稍有知识，谙悉田里，人心素服者为之，勿以物力高下为去取，庶几相安于无事之时，而缓

---

① 徐松辑，刘琳等点校：《宋会要辑稿》兵13之44，上海古籍出版社2014年版，第8874页。
② 黄榦：《勉斋先生黄文肃公文集》卷22《汉阳条奏便民五事》，《宋集珍本丛刊》第68册，线装书局2004年版，第265页。

急之际，有多依恃。"从之。①

在推行初期，隅官多由物力高上的豪强担任。宋廷对这种现象加以防范，申严隅官选任的条件为稍有知识、谙悉田里、人心素服者。同时，这三个条件也展现出宋廷对隅官的要求：隅官与官府对接，承引文书；隅官熟悉乡里地理形势，因地制宜，深捣贼穴，导引官兵，与之里应外合；隅官凭其声望，最大程度上调取地方上的人力资源，以卫戍乡里。

开禧北伐以后，隅官在基层社会的治安管理与灾荒救济中发挥越来越重要的作用，相关文献的记载不胜枚举，远多于前朝。

二、隅官组织的设置

（一）隅官的编管

关于隅官之编管，开禧二年（1206），《宋会要辑稿》载：

> 臣僚言："乞申饬监司、郡守，严督所部巡尉下谨择隅官，分委正长，团结甲户，俾乡井有相保之义，盗贼绝窥伺之心。或奉行卤莽，即仰监司、郡守，将巡尉重者按劾，轻上批印纸，仍具申吏部照条施行。其隅官、保正并本甲长，并从所属追断。"从之。②

此处"监司"指提点刑狱司，巡尉为巡检、县尉之合称。提点刑狱司负有检阅保甲、指挥捕盗、监察巡尉的职责，在地方治安、军事等领域发挥重要作用，如"诸巡检、县尉遇在廨宇，每日躬亲教阅，

---

① 徐松辑，刘琳等点校：《宋会要辑稿》食货 66 之 4，上海古籍出版社 2014 年版，第 6878 页。

② 徐松辑，刘琳等点校：《宋会要辑稿》兵 13 之 44，上海古籍出版社 2014 年版，第 8874 页。

仍具注于历，监司因按阅取历点检”①，而“国家设巡检县尉，所以佐郡邑制奸盗也”②，可见，南宋时期，在地方上，提点刑狱司与知州监察巡检与县尉的相关工作，巡检与县尉则负责隅官的选任与管理。

(二) 隅官的户等

魏了翁曾记载：“今除军前般运粮草差使，及以物力差充保甲隅官外，其余官司诸色不时差科，非泛杂役，并与蠲免。”③隅官同保正长一样，以资产之多寡作为差充的条件。

至于具体的户等标准，《宋会要辑稿》载，嘉定三年(1210)江西兵马钤辖司言：“照得李元砺等聚众结集作过，本司出榜劝谕上户充隅官，招集乡丁，防拓乡井，如能戮力向前，即与推赏，补授官资。”④隅官之差充，为五等户中的上户。

南宋乡村将户口按财力的高低分成五等，以上户负担较重的差役和科敷。乡村上户作为户口分类制度下的法定户名，用以指居住乡村、因田产等较多而被划分为上三等户的官户和民户。⑤ 乾道七年(1171)，宋廷命“诸上三等户及形势之家，应输税租而出违省限、输纳不足者，转运司具姓名及所欠数目，申尚书省取旨”⑥。又，南宋役法规定保正长：“总以一乡物力次第选差，非第一等户不得为都保

---

① 谢林甫：《庆元条法事类》卷7《监司巡历》，戴建国点校：《中国珍稀法律典籍续编》第1册，黑龙江人民出版社2002年版，第119页。

② 司义祖整理：《宋大诏令集》卷178《巡检县尉俸给现钱诏》，中华书局1962年版，第642页。

③ 魏了翁：《重校鹤山先生大全文集》卷29《榜被兵诸郡蠲免科役二月十六日》，《宋集珍本丛刊》第77册，线装书局2004年版，第53页。

④ 徐松辑，刘琳等点校：《宋会要辑稿》蕃夷5之68，上海古籍出版社2014年版，第9902页。

⑤ 王曾瑜：《宋朝阶级结构(增订版)》，中国人民大学出版社2010年版，第279页。

⑥ 徐松辑，刘琳等点校：《宋会要辑稿》食货70之64，上海古籍出版社2014年版，第8139页。

正，非第二等不得为保长。"①一般而言，隅官与保伍为统属关系，隅官的户等应不低于都保正之户等，概为五等户之第一等户。

从户等的角度而言，隅官多为物力雄厚之家，所以在宋人语境中，隅官常以土豪的形象出现，如"惟有比近土豪隅官之家所养义丁与之相习"②，"擒捕此贼，本只海澳土豪、隅总等之所能办也"③，"至如诸州之义甲，各有土豪，诸峒之壮丁，各有隅长"④，等等。

(三) 隅官组织的形式

倪朴所说"今州县有立四隅官，分结保伍而统之"，⑤ 大体概括了隅官组织的基本编排原则。然而诸州县的隅官组织在结构上却各有不同。

在江南西路抚州，隅官组织的层级为"小甲—大甲—团—里—乡—隅"：

> 其法以五家为一小甲，五小甲为一大甲，四大甲为一团长。一里之内，总数团长为一里正，一乡之内，总数里正为一乡官。一县之地，分为四隅，每隅之内，总数乡官为一隅官，以察奸慝，以护乡井。⑥

在福建路汀州，隅官组织的层级为"甲—保—大保—都—乡

---

① 林季仲：《竹轩杂著》卷 3《论役法状》，《景印文渊阁四库全书》第 1140 册，台湾"商务印书馆"1983 年版，第 336 页。

② 徐松辑，刘琳等点校：《宋会要辑稿》兵 20 之 15，上海古籍出版社 2014 年版，第 9032 页。

③ 包恢：《敝帚稿略》卷 1《防海寇申省状》，《宋集珍本丛刊》第 78 册，线装书局 2004 年版，第 492 页。

④ 文天祥：《文天祥全集》卷 3《己未上皇帝书》，中国书店 1985 年版，第 57 页。

⑤ 倪朴：《倪石陵书》不分卷《拟上高宗皇帝书》，《宋集珍本丛刊》第 59 册，线装书局 2004 年版，第 538 页。

⑥ 黄榦：《勉斋先生黄文肃公文集》卷 22《汉阳条奏便民五事》，《宋集珍本丛刊》第 68 册，线装书局 2004 年版，第 265 页。

（团）—隅"：

> 以五家为一甲，置一甲首；以五甲为一保，置一保长；五保为一大保，置一大保长；五大保以上为一都，署都官；合诸都为一乡，或为一团，隅总统之。①

在荆湖北路汉阳军，隅官组织的层级为"小甲—大甲—都—村—隅"：

> 汉阳县二十村分为四隅，五村为一隅……每村选税户一人为乡官，乡官所掌一乡之事。五家为一小甲，五小甲为一大甲，四大甲为一都，选一人为都正。②

在沿边地区，隅官组织的层级则为"伍—长—团—部（隅）"：

> 五家为伍，五伍为长，五长为团，五团为部，择其豪民，假以爵级，如隅官之制，而使主之。③

抚州、汀州、汉阳军三地的隅官组织，虽然名称上有差异，但其层级架构方面，实质依旧是联比人户功用的都保体系与地域标识和基本税率核算区划功用的乡里体系的叠加。④ 隅官成为县以下最高层级的基层组织头目，"隅"之下是"乡""里""村"等区划，"乡""里""村"之下是"团"，最底层的是保伍组织。值得注意的是，抚州、汀州等地的组织架构中出现了"团"这一层级，"隅"与"团"的结合可能

① 胡太初：《帖请诸乡隅总规式》，《永乐大典》第 4 册，中华书局 2012 年版，第 3673 页。

② 黄榦：《勉斋先生黄文肃公文集》卷 31《汉阳军管下赈荒条件》，《宋集珍本丛刊》第 68 册，线装书局 2004 年版，第 75 页。

③ 《群书会元截江网》卷 14《民兵》，《景印文渊阁四库全书》第 934 册，台湾"商务印书馆"1983 年版，第 188 页。

④ 相关研究参见包伟民：《新旧叠加：中国近古乡都制度的继承与演化》，《中国经济史研究》2016 年第 2 期，第 5~15 页。

代表了南宋东南地区一种普遍的隅官组织形式,① 如《宋会要辑稿》载:"盖广南之俗,随方隅为团,团有首领,凡遇警,则合诸团以把截界分。所谓首领者,能因其俗而激用之,诚除盗之一助也"②,文天祥评论赣州"保伍本领在于隅团……隅团定则保伍周,保伍周则盗贼弭"③,亦是如此。

而在陈傅良所描述的沿边地区,隅官组织在层级架构上则采用了正规军的编制"队"与"部",④ 这种组织形式应与沿边紧张的军事局势有关。

(四) 隅官的职责

在官方的制度规划中,隅官的专职是逐捕盗贼,其他公事由保正长等负责,"隅总专是任责警察盗贼,卫护乡闾,应追会公事、催督官物及体究审验等事,自有保正副及保长任责,并不许官司以帖引累及隅总"。⑤ 然而,在实际的基层事务运作中,隅官的职责范围不限于此,还承担了保正长等乡役人的职责。

逐捕盗贼。隅官主要的职责是团结保伍,逐捕盗贼,维护社会治安。《宋会要辑稿》载:"谨择隅官,分委正长,团结甲户,俾乡井有相保之义,盗贼绝窥伺之心。"⑥

---

① 程涛认为,随着地方上土豪势力的崛起,以土豪任隅官,统领保伍也渐趋普遍。南宋中叶后,由土豪势力所主导的隅官制,以保伍为基础,与"团"制相结合,形成了"隅团"这一新的乡治体系。详参程涛:《宋代乡村"团"制考论》,《中国历史地理论丛》2019 年第 4 辑, 第 71~80 页。

② 徐松辑,刘琳等点校:《宋会要辑稿》兵 13 之 37, 上海古籍出版社 2014 年版, 第 8870 页。

③ 文天祥:《文天祥全集》卷 6《与赣州属县宰》,中国书店 1985 年版, 第 157 页。

④ "部"与"队"的研究参见王曾瑜:《宋朝军制初探(增订版)》,中华书局 2011 年版, 第 134~142 页。

⑤ 胡太初:《帖请诸乡隅总规式》,《永乐大典》第 4 册,中华书局 2012 年版, 第 3673 页。

⑥ 徐松辑,刘琳等点校:《宋会要辑稿》兵 13 之 44, 上海古籍出版社 2014 年版, 第 8874 页。

灾荒赈济。除逐捕盗贼外，地方官府组织的赈济是隅官参与得最为广泛的社会活动之一。灾荒之后，在地方官府的统筹下，诸如抄札、劝粜等事宜，都由隅官配合保正等乡役人负责具体的落实工作，如"有委是阙食人户，隅官、保正不为抄札，或保正等乞觅搔扰，仰被扰人户不拘早晚赴本军陈告，切待重作行遣"。①

攒造户籍。《帖请诸乡隅总规式》载："今来编排保伍，专以不扰为先，止要沿门点定，户口认定，置簿抄上，各三本，一申州，一申县，一付隅总……仍于各处置立粉壁，大书保下甲下人户姓名以凭稽考，即不许唤某关留，有妨民业，如将来甲内有人丁事故，保次第报知隅总销落，仍申县申州照会"②，隅官还要承引县里的公文、宣喻县里的政令、申状向县里报告公事，以实现县与乡村组织的公文传递，维持基层社会的行政运转。承引文书，如"欲札本军速牒诸县引示隅保，今后不许以刀枪兵具迎神，违者罪坐会首"③。宣喻政令，如"今先浼隅官总首，遍行告报，仍为此文，揭之门首，庶邻里通知焉"④。具状陈述，如"有合追收元给文历人户，辄敢倚恃猾，健讼把持，不伏追收，仰隅官、保正具状陈诉，切待重作行遣"⑤。

解送罪犯。江西提刑司的公文中写道："及保正阙役处，隅官坐视，不即时收捕凶身，以致淹延"⑥，这份约束公文规定了隅官在保

① 朱熹：《晦庵先生朱文公别集》卷10《施行阙食未尽抄札人等事》，朱杰人等主编：《朱子全书》第25册，上海古籍出版社、安徽教育出版社2002年版，第5048页。

② 胡太初：《帖请诸乡隅总规式》，《永乐大典》第4册，中华书局2012年版，第3673～3674页。

③ 黄震：《黄氏日抄》卷74《申诸司乞禁社会状》，张伟、何忠礼主编：《黄震全集》第6册，浙江大学出版社2013年版，第2152页。

④ 真德秀：《西山先生真文忠公文集》卷40《浦城谕保甲文》，上海商务印书馆1937年版，第710页。

⑤ 朱熹：《晦庵先生朱文公别集》卷10《施行阙食未尽抄札人等事》，朱杰人等主编：《朱子全书》第25册，上海古籍出版社、安徽教育出版社2002年版，第5048页。

⑥ 黄震：《黄氏日抄》卷79《交割到任日镂榜约束》，张伟、何忠礼主编：《黄震全集》第7册，浙江大学出版社2013年版，第2233页。

正空缺时要执行收捕罪犯的任务。《嵊县禁夺仆榜》对隅官缉捕凶犯有更详细的约束，"本邑有一大怪事，夺仆是也。……除多方差人缉捕外，仍勒隅保责状，应有在于保内夺人者，即救应即擒犯人到县。……或隅保有顾忌不救应者，连坐，仍先申台府"。① 此外，隅官也承担了一些其他的杂役，例如修理公用设施等。"相如偶摄县事，乃敷隅官出木，保正出瓦，遂欲奄有官钱，以为己用。隅保既不应命，铺屋亦不复修。"②遇到不作为的县司官员，隅官在基层事务中发挥的作用更大，例如，"盖棠志不在民，一切付之隅保吏胥之手，飞走卖弄，听其自为"③。

三、隅官设置地域的扩大

南宋长期稳定为两浙东、两浙西、江南东、江南西、淮南东、淮南西、荆湖南、荆湖北、京西南、成都府、潼川府、夔州、利州、福建、广南东、广南西等十六路。从现有史料来看，绍兴末年，隅官组织似乎只局限在东南几路，到开禧北伐后才推广至其他路分。

绍兴末年，隅官制度推广的情况如何，未见于史籍。不过从隅官设置的背景来看，隅官制度极有可能在被抽调兵卒的东南州县大范围推广，即两浙东、两浙西、江南东、江南西、福建路、荆湖南、荆湖北等七路。④ 孝宗时期，隅官制度推行的地域范围有所收缩，文献相

---

① 《本堂集》卷 53《嵊县禁夺仆榜》，《景印文渊阁四库全书》第 1185 册，台湾"商务印书馆"1983 年版，第 261 页。

② 真德秀：《西山先生真文忠公文集》卷 12《申将宁国府南陵县尉汪相如罢职事》，上海商务印书馆 1937 年版，第 215 页。

③ 真德秀：《西山先生真文忠公文集》卷 12《申将前知建康府溧阳县王棠镌降事》，上海商务印书馆 1937 年版，第 216 页。

④ 《建炎以来系年要录》载："诏浙东五郡禁军弓弩手并起发，赴判明州兼沿海制置使沈该，浙西诸郡及衢、婺二州并赴平江府驻扎浙西副总管李宝，江东诸郡赴池州驻扎都统制李显忠，福建诸郡赴太平州驻扎破敌军统制陈敏，江西诸郡赴江州驻扎都统制戚方，湖南北非沿边诸郡赴荆南府驻扎都统制李道军，并听候使唤。"李心传撰，辛更儒点校：《建炎以来系年要录》卷 190"绍兴三十一年五月庚子"条，上海古籍出版社 2018 年版，第 3398 页。

关的记载主要集中于江南西路与两浙东路。开禧以后，除成都府、潼川府、夔州、利州路外，南宋十二路皆推行过隅官组织。兹选取相关材料，分条考述十二路隅官组织的推行情况：

福建路。开庆元年（1259），汀州知州胡太初作《帖请诸乡隅总规式》，将隅官纳入保伍编排，并对隅官与保正等乡役的职责做了明确的区分。① 在任职福建路的文人描述中，隅官经常配合地方官府进行敉盗，如捕海盗行动中"擒捕此贼，本只海澳土豪、隅总等之所能办也"②，等等。

江南西路。文天祥曾描述吉州乡村防御盗贼的场景："一日隅总击柝，以告其一方曰：寇至，毋去诸，而等各以某日聚某所，习所以守望。至其日也，椎牛酾酒以待，随其所衣，信其所持，从而类编为之伍。一匝乎村墟井落之间，翕然而聚，忽然而散"，③ 隅官及其所领导的义丁已然摸索出常规性的防盗方法，以此维持乡里治安。荆湖南路。咸淳年间，有"秦寇"者惊掠广西、湖南等地，道州永明县深受其害。时文天祥任湖南提刑，他在与江万里讨论"秦寇"事宜的札子中，分析永明县驻军的构成："所有永明县见驻札，有使阃之兵，有本州岛之兵，有谢隅官之义丁，约近千人"④，并认为如贸然进军，则"非惟蹊径不熟，乏隅总乡导之助，有悔吝之虑"⑤。在这个案例中，隅官及其领导的义丁是基层社会武力的重要组成部分，官兵讨捕贼寇时需要借助他们的力量。

淮南东路。嘉定十一年（1218），"诏：'知通州林介特与转一

---

① 胡太初：《帖请诸乡隅总规式》，《永乐大典》第 4 册，中华书局 2012 年版，第 3673 页。

② 包恢：《敝帚稿略》卷 1《防海寇申省状》，《宋集珍本丛刊》第 78 册，线装书局 2004 年版，第 492 页。

③ 文天祥：《文天祥全集》卷 3《己未上皇帝书》，中国书店 1985 年版，第 57 页。

④ 文天祥：《文天祥全集》卷 12《与湖南大帅江丞相论秦寇事宜札子》，中国书店 1985 年版，第 294 页。

⑤ 文天祥：《文天祥全集》卷 12《与湖南大帅江丞相论秦寇事宜札子》，中国书店 1985 年版，第 294 页。

官……隅官张邦权、许桂各特与补一资。'以淮东安抚司言介等广设方略，发踪指授，招收海洋贼首倪珍等受降旌赏，故有是命"。① 因招降海盗有功，张邦权、许桂等隅官等破格补官资。

广南东路、广南西路。两路盗寇多发，兵卒却极为寡弱，所赖以御盗者，为隅官等义丁之首领，"盖广南之俗，随方隅为团，团有首领，凡遇警，则合诸团以把截界分"。② 每遇贼寇，则以团结隅官为要务，如，"每岁之冬例有盐子入境，小抄掠大焚荡。且择豪民之可用者，授以方略，责之把守乘……其部勒隅总、练阅保丁，皆可推为他处永法，非特一邑保障而已"③，等等。

江南东路。南康军：荒政之时，诸县"行下诸都隅官保正子细抄札，着实开排……如有未当，就令改正，将根括隅官保正重行责罚"④。广德军："欲札本军速牒诸县，引示隅保，今后不许以刀枪兵具迎神，违者罪坐会首"⑤，等等。不同于以上六路，在江南东路，隅官多承担一些杂役，如赈济、承引文书等。

两浙东路。隅官缉捕凶犯，"除多方差人缉捕外，仍勒隅保责状，应有在于保内夺人者，即救应即擒犯人到县……或隅保有顾忌不救应者，连坐"⑥；统计户籍，"已抄口数报隅官，岁后朝糟定不

---

① 徐松辑，刘琳等点校：《宋会要辑稿》兵 13 之 47，上海古籍出版社 2014 年版，第 8876 页。

② 徐松辑，刘琳等点校：《宋会要辑稿》兵 13 之 37，上海古籍出版社 2014 年版，第 8870 页。

③ 方大琮：《宋宝章阁直学士忠惠铁庵方公文集》卷 4《举知愽罗县王旦奏状》，《宋集珍本丛刊》第 78 册，线装书局 2004 年版，第 752 页。

④ 朱熹：《晦庵先生朱文公文集》卷 26《与星子诸县议荒政书》，朱杰人等主编：《朱子全书》第 21 册，上海古籍出版社、安徽教育出版社 2002 年版，第 1168 页。

⑤ 黄震：《黄氏日抄》卷 71《申杨提举新到任求利便状》，张伟、何忠礼主编：《黄震全集》第 6 册，浙江大学出版社 2013 年版，第 2104 页。

⑥ 陈著：《本堂集》卷 53《嵊县禁夺仆榜》，《景印文渊阁四库全书》第 1185 册，台湾"商务印书馆"1983 年版，第 261 页。

难"①。在两浙东路，隅官也集诸多乡役于一身。

两浙西路。镇江府欲疏通七里河，时人议论："欲且开通以为民旅轻舟往来之便，则不必调夫，不必须隅官，只乞委官到地头，先次募人开掘二三丈。"②

荆湖北路。以汉阳军为例，黄榦知汉阳军时，适逢大旱，于是将自己在抚州见到的隅官保伍法移植至汉阳军，意图探明汉阳军户籍及其蓄积之多寡，同时防范盗寇。《汉阳军管下赈荒条件》载："汉阳县二十村分为四隅，五村为一隅，每隅请见任官一人主之，使各遍走村落，管乾救荒之事，见任官不足委，请寄居。"③在以汉阳军为代表的荆湖北路，隅官之法在南宋前期可能未推行过或者已荒废多年，南宋中期以后才由外地传入。

淮南西路、京西南路。"勘会襄阳、江陵、德安府、光、黄、随、均、房、郢、峡州、光化、信阳、枣阳军管下，应曾经鞑贼惊扰县镇乡村，民户逃移，虽目即间有复业去处，终是不易，合议优邮。今除军前般运粮草差使，及以物力差充保甲隅官外，其余官司，诸色不时差科，非泛杂役，并与蠲免。"④此条榜文说明淮南西路、京西南路以及荆湖北路、荆湖南路的州县普遍设置过隅官。

通过考察隅官制在十二路推行的情况，我们可以得出几点结论：（1）就文献记载的数量而言，福建路、江南西路、广南东路、荆湖南路等路分隅官制的出现频率最高。以上四路的共同之处是存在大片的山地丘陵，尤其是赣闽粤湘交界地带，山高谷深的地理环境滋生了许多寇乱。应当说，以上四路的动乱环境及其催生的地方武力自卫传

---

① 陈造：《江湖长翁文集》卷 18《定海甲寅口号七首》，《宋集珍本丛刊》第 85 册，线装书局 2004 年版，第 522 页。

② 刘宰：《漫塘文集》卷 13《回赵守问开七里河利便札子》，《宋集珍本丛刊》第 72 册，线装书局 2004 年版，第 241 页。

③ 黄榦：《勉斋先生黄文肃公文集》卷 22《汉阳条奏便民五事》，《宋集珍本丛刊》第 68 册，线装书局 2004 年版，第 265 页。

④ 魏了翁：《重校鹤山先生大全文集》卷 29《榜被兵诸郡蠲免科役二月十六日》，《宋集珍本丛刊》第 77 册，线装书局 2004 年版，第 53 页。

统，是隅官组织赖以根植的土壤。(2)各地推行的隅官制看似区划不一，或为"甲—团—里—乡—隅"，或为"甲—保—都—乡—团—隅"，或为"甲—都—乡—隅—村"，实则性质一致，即以隅官统领保伍编户组织。(3)隅官最基本的职责是团结保伍、警察盗贼，卫护乡间。尽管在福建路等地，地方官员意图规范隅官权限、免其杂役，使其专责治安工作，但南宋后期大多数地区，隅官已经包揽许多原属保正的职责。

四、结　语

绍兴末年，宋金战争爆发，宋廷频繁抽调两浙东西二路、江南东西二路、荆湖南北二路、福建路等七路诸州禁军、弓弩手等至军前备战，导致基层社会的治安受到严重威胁。州县治安力量的空缺，使得南宋政府不得不动员豪强担任隅官，统领保伍，护卫乡土。宋金局势稳定以后，宋廷下令废罢隅官组织。不过，在孝宗年间，原已废罢的隅官获得新生，其职责发生了转变，主要是与保正配合落实官方主持的灾荒赈济活动。直至开禧北伐，南宋境内再度呈现州县守备阔疏的情况，宋廷下令各地巡检、县尉挑选隅官，使之团结保伍，保卫乡里。

南宋的对外关系深刻影响着地方武力的发展，伴随着和与战的变化，南宋朝廷不断调整对边境与内地武装组织的态度。宋廷在战争时期扶持武装组织，打压内部动乱，对外局势稳定以后，为防止地方豪强势力坐大，便着手削弱地方武力。隅官组织的兴废历程是宋廷灵活对待地方武力政策的集中体现。

不过，与忠义巡社、荆襄义勇等事罢则废的边境武装团体不同，隅官组织在内地长期存续，推行的范围遍布十二路。隅官组织的持续运转离不开地方官府的支持，实际上，南宋的地方官对隅官组织极为依赖。南宋时期，地方政府的财政较为困窘，弓手等阙额的情况常有发生。因此，在赣闽粤湘等地，面对结队武装、流窜作乱的盐寇等盗贼，令隅官团结保甲以自卫成为地方官的最佳选择。简言之，南宋中后期，在内忧外患的情况下，宋廷已无力实施强干弱枝的政策，隅官组织得以长期存在。

（作者系武汉大学历史学院硕士研究生）

论王洙《宋史质》的正统建构

邸启乐

摘要：王洙的《宋史质》是其在正统论思想影响下对《宋史》进行的改修之作，他试图通过改撰《宋史》来重新建构由宋至明的正统系谱。本文分析王洙在《宋史质》的编撰中如何应用正统理论厘定宋、元、明在正统系谱中所处位置的问题，认为王洙通过对宋辽金三国并立情况下宋正统合理性的问题、元作为一统夷狄政权的正统问题以及明代如何承继宋代正统的问题三个问题的回应，于宋辽金三国中独尊宋统，将元代摈除于正统之外，建构了以明继宋的正统系谱。王洙在继承和发扬前人正统论基础上对三朝正统做了独特的解读，显示出了强烈的夷夏思想及民族主义思想。

关键词：《宋史质》；元修三史；正统论；夷夏思想

一、绪　　论

关于明代史学，前辈学者们已经指出在明代私家史学的成果中对《宋史》的改修是值得注意的一点。王洙的《宋史质》作为明代私家改修《宋史》的一例自然也受到学者们的注意。在此，笔者先对关于《宋史质》的研究现状进行一番爬梳。

柳诒徵先生在《述〈宋史质〉》一文中简述了王洙的生平及《宋史质》的类目，并指出王洙对辽金元纪事的处理强调夷夏之辨。① 王

---

① 柳诒徵：《述〈宋史质〉》，杨共乐、张昭军主编：《柳诒徵文集》卷 10，商务印书馆 2018 年版，第 209~212 页。

212

德毅先生在分析明人改修《宋史》的时代背景时指出当时政治形势与民族冲突对史学观念的激荡。① 饶宗颐先生指出王洙的《宋史质》为本着正统论对《宋史》的改编。饶宗颐先生的研究点明了正统观念在王洙《宋史质》撰修中的重要性。② 金毓黻先生指出明人改编《宋史》的动机多为对元修三史各与正统的不满，认为王洙的《宋史质》以严正闰之辨为先，意在屏革元统。金毓黻先生的研究强调了正闰之分为王洙处理元代于正统系谱中之位置的关键所在。③ 陈学霖的研究概括性地介绍了王洙的正统建构方式，并批评了其处理方式大乖实录的非历史倾向。④ 钱茂伟认为王洙的《宋史质》就是在理学化的《春秋》思想指导下对《宋史》进行的改编，并指出了王洙对道统处理的强调。⑤ 吴漫提出王洙《宋史质》中蕴含着强烈的经世意识，夷夏之防的视角是理学渗透和现实刺激下的产物。⑥

前辈学者们对王洙《宋史质》的写作动机、思想背景和特点都有了较充分的研究，但对王洙如何以其正统论思想重新建构从宋至明的正统系谱还没有详细的专文，本文尝试对此进行探析。

在开始正文的书写前，笔者想先对本文涉及正统的几个概念进行一番简单的界定。正统理论作为中国传统文化的一个重要议题，其内容复杂、争议纷繁，不揣谫陋，望方家见谅。

首先是正统的概念，正统是指帝王的正当统绪继承或政权的合法性。⑦ 关于正统的判断标准，梁启超于其《论正统》一文中对古代史

---

① 王德毅：《从〈宋史质〉谈到明朝人的宋史观》，《台湾大学历史学系学报》1977 年第 4 期，第 221~234 页。

② 饶宗颐：《中国史学上之正统论》，上海远东出版社 1996 年版，第 72 页。

③ 金毓黻：《中国史学史》，河北教育出版社 2000 年版，第 201 页。

④ 陈学霖：《明代人物与史料》，香港中文大学出版社 2001 年版，第 283~291 页。

⑤ 钱茂伟：《明代史学的历程》，社会科学文献出版社 2003 年版，第 174~180 页。

⑥ 吴漫：《明代后期宋史研究考论》，《辽宁大学学报（哲学社会科学版）》2012 年第 40 卷第 4 期，第 138~144 页。

⑦ 参见陈学霖：《欧阳修〈正统论〉新释》，《宋史论集》，台湾东大图书公司 1993 年版，第 141~173 页。

家判断正统的标准进行了归纳，① 正统的判断标准随时代与形势的发展不停流变。

与正统紧密相连的即正统论的概念，正统论即古代士人关于如何解释及界定正统的理论。一般认为正统源自《春秋公羊传》的大一统观念，秦汉以后又将"五德终始说"的五行相生相克观念与王朝的兴衰更替相结合，② 宋代欧阳修改倡"居正一统说"，将正统阐释为"居天下之正，合天下于一"，"五德终始说"的影响力由此渐衰，③ 此后对正统的争论多立足于欧氏之理论。④

闰统是与正统相对的概念，闰即不正，是史家用以对僭伪政权的合法性进行否定的一个概念，关于如何界定闰纪的解释一直以来随对正统的不断阐发而变动不居，但其重点始终还是以正与不正为落脚点。

华夷之辨一直以来都是与正统联系紧密的一个概念，古代士人多以华夷之辨作为界定正统的标准之一，对其争论之重点主要在于分辨华夷之标准与华夷转化之可能性，夷族多主张"夷夏一体"及"夷用夏礼则夏之"以模糊夷夏之界限，⑤ 而汉族多主张"严华夷之辨"与"素夷狄行乎夷狄"以强化夷夏之分割。

---

① 梁启超将古代史家的正统判断标准归纳为六项：(1)以得地之多寡而定其正与不正；(2)以据位之久暂而定其正与不正；(3)以前代之血胤为正，而其余为伪；(4)以前代之旧都所在为正，而其余为伪；(5)以后代之所承者所自出者为正，而其余为伪；(6)以中国种族为正，而其余为伪。参见梁启超：《论正统》，《新史学》，商务印书馆 2014 年版，第 107~114 页。

② 参见蒋重跃：《五德终始说与历史正统观》，《南京大学学报(哲学·人文科学·社会科学版)》2004 年第 2 期。

③ 参见刘复生《宋朝"火运"论略——兼谈"五德转移"政治学说的终结》，《历史研究》1997 年第 3 期。

④ 关于正统理论的演进以及正统论与史学的关联可参见王东：《正统论与中国古代史学》，《学术界》1987 年第 5 期。

⑤ 参见宋德金：《正统论与金代文化》，《历史研究》1990 年第 1 期；齐春风：《论金人的中州观》，《辽宁师范大学学报》1995 年第 3 期；宋德金：《辽朝正统观念的形成与发展》，《传统文化与现代化》1996 年第 1 期；郭康松：《辽朝夷夏观的演变》，《中国史研究》2001 年第 2 期。

下文将转入对王洙如何在其《宋史质》的编纂中通过对这些概念的阐发与运用以实现其正统建构的探讨。

二、王洙及其《宋史质》

在谈及王洙通过《宋史质》进行的正统建构之前，笔者想先对王洙及其《宋史质》进行一番简要的介绍。

关于王洙其人，正史中并无详细记载，但在其《宋史质》末附有一篇《史质自序》，介绍了他的仕宦经历、著史动机及《史质》的体例。关于王洙的生平履历柳诒徵先生已有详述，此处就不赘言了。① 王洙于嘉靖十一年(1532)致仕后便开始着手于《宋史质》的编撰，从其自叙中我们可以窥知其改修《宋史》之动机所在：

> 尚幸未衰，不敢自弃，乃取元臣脱脱所修《宋史》，考究颠末，参极群书，试折衷焉。……始于"天王正纪"，终于"道统"，凡若干卷。始于嘉靖壬辰(1532)，迄于丙午(1546)，凡十六年，九脱稿乃就，书成名曰《史质》，以示不文。……大要辟夷狄、尊中国，发挥祖宗及我皇上治政休明，卓绝千古，覃绥万方，或一得焉。②

据此可知，王洙创作《宋史质》的出发点实为发扬其尊华辟夷的民族思想，华夷之辨显然是其立论的基本点与着重点所在。

从体例上看，《宋史质》实质上仍是一部纪传体史书，纪传表志皆具，全书共分三十目，第一、二目为《天王正纪》与《天王闰纪》，为纪的部分；第三目至第二十八目为传，其中第五目《宰执年表传》将传与表相结合；第二十九目将史书各志合为《十五志》；最后一目将《宋史·道学传》改为《道统》，单列于书末。体裁上虽仍为传统纪

---

① 参见柳诒徵：《述〈宋史质〉》，杨共乐、张昭军主编：《柳诒徵文集》卷十，商务印书馆 2018 年版，第 209~212 页。

② 王洙：《宋史质·史质自序》，台湾大化书局 1977 年版，第 470 页。

传体史书，但王洙在全书的编排上确有自出机杼之处。

首先，王洙将常规纪传体的本纪改为《天王正纪》和《天王闰纪》，着重强调了"天王"二字，对此他进行了如下的解释：

> 稽《史记》及汉唐晋宋诸史《本纪》皆称"帝"，而《史质》独称"天王"者何也？曰：法《春秋》也。作史不知《春秋》义者皆乱也。《春秋》以尊周为主……惟曰"天王"者，应时正号之义也。……曰"天王"者，正名也。①

王洙采用"天王"的名号是对《春秋》的效法，实质是一种借名目以寓褒贬的做法，希望以此强调宋代的正统地位，言"正名"即反映出他对元修三史之不满，认为其未能正确反映宋、辽、金三政权之间孰为正统的问题。王祎于其《正统论》中亦言及《春秋》书"天王"以彰尊王之义的书法："孔子之作《春秋》，于正必书王，于王必称天。而僭窃之邦，皆降而书子，凡以著尊王之义也。"②王洙举"天王正纪"以彰宋统的处理可能即借鉴于此。

在对"天王"名分的强调之外，王洙还进行了"正纪"与"闰纪"的区分，以宋代为"正纪"部分，将宋亡之后直至明太祖即位的时段归入"闰纪"："《本纪》旧史始太祖终二王，今自赵宋附元迄我太祖高帝即位之元年，曰《天王正纪》《闰纪》。"③王洙是这样介绍其设立闰纪之原因的："闰者岁之差也……本末相因，理乱相禅。胡元者，赵宋之闰位，昭代之驱除也，皆天命也。"④王洙将元代纪为宋明之间的闰位以示其非正统所在，值得注意的是他虽在《史质叙略》中将《天王闰纪》单独作为一目，但在实际编排中依然将其附于《天王正纪》之末作为《天王正纪》的第十三卷，而并未单独成目。

---

① 王洙：《宋史质·天王正纪》，台湾大化书局1977年版，第27页。
② 王祎：《王忠文公集》卷1《正统论》，《丛书集成初编》第2421册，商务印书馆1936年版，第7页。
③ 王洙：《宋史质·史质自序》，台湾大化书局1977年版，第471页。
④ 王洙：《宋史质·史质叙略》，台湾大化书局1977年版，第3页。

其次，王洙对于元修《宋史》设"外国传"的做法表示了质疑：

> 旧史自夏人至吐蕃皆曰外国，惟蛮夷不讳，盖欲以进元也。今退之，统曰外夷，而辽金元皆以夷服名之。①

他认为这种做法是元代史臣借以提升元历史地位的做法，他将这些国家改归于"夷服"以进行修正：

> 先王严五服之制，所以谨华夷之辨也，是故《春秋》书法，四夷虽大，皆曰子，观吴、楚可知矣。元人合辽、金、宋为三史，且以外国名，非制也，兹黜之，述夷服第二十八。②

王洙认为《春秋》中通过史书的"书法"达到了贬夷尊夏的目的，即使以吴楚之强大，《春秋》仍以"子"名之以示贬斥。历代史书皆因袭此种观念，设《四夷传》《外夷传》以体现华夷之分，而元修《宋史》增设《外国传》，王洙认为这样无以体现华夷之差分，冲击了传统正史的以华夏为中心的世界秩序观念，他于《宋史质》内仍黜之为《夷服》，他的这种改动显然是在华夷观念支配下的举措。

此外，值得注意的是王洙还将《宋史》中的《道学传》于《宋史质》中改为《道统》，并将其置于书末作为全书的收束，他的这种安排无疑体现出他对道统的注意与重视。王洙于《史质叙略》中解此目曰：

> 道也者，天道也。天不变，道亦不变。惟圣君贤相得以行之，惟真儒得以明之。濂洛关闽，后孔孟一见者也，当时君相举不足以语是，迨至我昭代太祖列圣及我今上皇帝统一圣真，推而行之……叙《史质》而终《道统》，伤于宋而幸于今。③

---

① 王洙：《宋史质·史质自序》，台湾大化书局1977年版，第471页。
② 王洙：《宋史质·史质叙略》，台湾大化书局1977年版，第5页。
③ 王洙：《宋史质·史质叙略》，台湾大化书局1977年版，第5页。

王洙在《道统》一目的正文前又以"史质曰"的形式再次进行了题解：

> 旧史有《道学》之目，列周元公等二十七人在列传间，今改名《道统》而置诸卷末。呜呼！盖绝望于宋有待后世之意。①

结合这两处的解释可知王洙改设"道统"的意图是试图以明代君主接续宋代之道统，将《道学》改为《道统》的做法凸显了他对道统观念在判断统绪传承上的影响力的重视，将其作为解释正统接续的另一个面相。

从以上几处王洙对《宋史质》的体例安排不难发现其用意所在，王洙显然是想借助对《宋史》的改修贬斥辽金元在历史上的地位以实现严华夷之辨的目的，他设立《闰纪》并将断限径直延至明太祖即位的做法以及对道统"伤于宋而幸于今"的阐发都是其试图在正统系谱中以明接宋的体现。

王洙在《宋史质》中试图通过正统建构重新厘定从宋至明的正统系谱，他所面临的问题主要在于以下几个方面：在宋代部分即解决宋、辽、金孰为正统的问题，更进一步而言就是解决南宋作为偏安一隅的非一统政权如何确定其正统的问题；在元代部分即为夷族一统政权在正统系谱中应该如何处理的问题；在明代部分即为明代应该如何接续正统的问题，明代推翻胡元统治重新建立起汉族的大一统政权，其正统地位虽毋庸置疑，但是在将元朝摒除于正统系谱之外后怎么解释以明接宋的处理方式，就需要结合第二个问题进行解决。下文将对这三个问题逐一进行分析。

三、对宋统的修正：元修三史的问题

关于宋辽金之间的正统归属的问题，自元代开始着手修纂三史以

---

① 王洙：《宋史质·道统》，台湾大化书局 1977 年版，第 456 页。

来就一直争论不休。① 关于三国正统归属的意见主要分为各为正统与
独尊宋统两派，其中主张各为正统的一派以修端的意见为代表。修端
在其《辨辽宋金正统》中阐述了他对三史修纂的见解：

> 辽自唐末保有北方，又非篡夺，复承晋统，加之世数、名位
> 远兼五季，与前宋相次而终，当为《北史》。宋太祖受周禅，平
> 江南，收西蜀，白沟迤南，悉臣于宋，传至靖康，当为《宋史》。
> 金太祖破辽克宋，帝有中原百余年，当为《北史》。自建炎之后，
> 中国非宋所有，宜为《南宋史》。②

修端以辽金的领土及国祚的实际情况为据，而认为应修纂三史时
尊重历史事实仿南北史的修纂各修其史，其实是主张各予正统，其所
提及的领土问题尤其是金占有中原的问题是判定三史正统中最尖锐的
问题。杨维祯在其《三史正统辨》中针对这一问题进行了回应：

> 伏以历代离合之殊，固系乎天数盛衰之变。万年正闰之统，
> 实出于人心是非之公……三史虽云有作，而一统犹未有归。……
> 臣维祯敢痛排浮议，力建公言：挈大宋之编年，包辽金之纪
> 载……曰正统之说，何自而起乎……皆出于天命人心之公
> 也。……然则统之所在，不得以割据之地、强梁之力、僭伪之名
> 而论之，尚矣。……然则今日之修辽金宋三史者，宜莫严于正统
> 与大一统之辨矣。③

---

① 关于元修三史时围绕正统的论辩问题可参见江湄：《元代"正统"之辨与
史学思潮》，《中国史研究》1996 年第 3 期；刘浦江：《德运之争与辽金王朝的正
统性问题》，《中国社会科学》2004 年第 2 期；李哲《元修三史与正统之辨》，《史
学理论与史学史学刊》2013 年第 11 期。

② 修端：《辨辽宋金正统》，《元文类》卷 45，商务印书馆 1958 年版，第
651 页。

③ 陶宗仪：《南村辍耕录》卷 3《正统辨》，中华书局 1959 年版，第 32~34
页。

　　杨维桢将正统的判定与"人心是非之公"相联系，借以淡化正统判定中领土的因素，这是针对宋朝的弱势而对正统理论进行的修正与再解读。除此之外，杨维桢还提出："道统者，治统之所在也。……然则道统不在辽金而在宋，在宋而后及于我朝，君子可以观治统之所在矣。"①杨维桢试图将治统与道统联系，以此为独尊宋统的解释增加合理性与筹码。杨维桢对正统判定中领土因素的淡化与道统的强调都为王洙所借鉴。

　　到了明代，方孝孺在其《后正统论》中通过对正统之本的阐释强调华夷之辨在正统判断中的重要性：

　　　　正统之名何所本也？曰本于《春秋》。何以知其然也。《春秋》之旨虽微，而其大要不过辨君臣之等、严华夷之分、扶天理而遏人欲而已。……楚与吴固已称王，与周无异矣，而斥之曰子、曰人，岂非君臣之等、华夷之分不可废乎？②

　　方孝孺认为正统之名本于《春秋》，而《春秋》对吴、楚的贬斥显示出其辨君臣之等、严华夷之辨的思想，由此他强调对这种思想的发明与贯彻才是分辨正统的方式与依据。上文已言王洙在将辽、金、元改归"夷服"时同样亦以《春秋》贬斥吴楚的笔法作为论据执华夷之分来否认辽、金、元获得正统的可能性。除此之外，方孝孺对于国土分裂时正统所归问题也发表了自己的看法：

　　　　而或者见其微，欲断自剖分之岁，废统而欲俱主之。呜呼，其亦不察乎《春秋》之义而甘为篡贼之归也！夫中国之为贵者，以有君臣之等、礼义之教，异乎夷狄也。③

---

① 陶宗仪：《南村辍耕录》卷3《正统辨》，中华书局1959年版，第37页。
② 方孝孺：《逊志斋集》卷2《后正统论》，《明别集丛刊》第一辑第二十四册，黄山书社2013年版，第49页。
③ 方孝孺：《逊志斋集》卷2《后正统论》，《明别集丛刊》第一辑第二十四册，黄山书社2013年版，第50页。

方孝孺强调了华夷之辨的标准在于礼仪伦理，并指出以此标准为辨即应始终采取尊华贱夷的态度，即便汉族政权势力微弱、国土离析也仍是正统之所在，不应将夷族政权与其并列、各与正统。方孝孺在正统分辨上以礼仪文化强调华夷之辨的做法也为王洙所借鉴，他在对《天王正纪》的解释中言：

> 正纪者何？曰宇宙之统三：曰人统，曰天统，曰地统。人统者，礼乐衣冠是也；天统者，正朔称号是也；地统者，封疆土宇是也。有人统而后可以正天统，有天统而后可以言地统，人统所在，天统归之。若地统之大小偏全，非所较也。是故统纪明而后义例正，义例正而后褒贬行，褒贬行而后劝惩著。①

王洙将宇宙之统分为天、地、人三统，并将人统提升到三统中的决定地位，试图将地统的影响因素弱化。这种处理方式无疑是对宋辽金三国并立时如何处理正统统绪问题的一种偏袒于宋的扬长避短的回应。上文已言，元修三史时对三史正统的争议的一个焦点便在于金代占据中原的问题，王洙弱化地统因素的做法也正是对此问题的回应，其处理方式综合了杨维桢回避领土强调"人心"和方孝孺强调华夷文化之差的思想。王洙这种执华夷之辨而否定割据中原政权之正统性的做法其实早有先声，皇甫湜在其《东晋元魏正闰论》中否定元魏之正统的依据即与此如出一辙：

> 或曰元(魏)之所据，中国也。对曰：所以为中国者，以礼义也；所以为夷狄者，无礼义也。岂系于地哉？②

皇甫湜强调华夷之区分标准不在地域而在文化，以严华夷之辨的态度否定以地域之归属判断正统的说法。郑思肖于其《古今正统大

---

① 王洙：《宋史质·天王正纪》，台湾大化书局1977年版，第27页。
② 姚铉编：《唐文粹》卷34《东晋元魏正闰论》，《文渊阁四库全书》集部总集类第282册，第513页。

论》内更申言夷夏之间不存在转化之可能性，认为夷狄不可得正统，并强调了以地势而判断正统并不具备足够的解释力：

> 《中庸》曰："素夷狄行乎夷狄。"此一语盖断古今夷狄之经也。……夷狄行中国之事曰僭，人臣篡人君之位曰逆，斯二者，天理必诛。……圣人、正统、中国本一也，今析而论之，实不得已。是故得天下者，未可以言中国；得中国者，未可言正统；得正统者，未可以言圣人。……或者以……得地势之正为正统，俱未尽善。①

他们的这些理论都为王洙弱地统而倡人统、以华夷之辨否定夷族获得正统之可能性提供了思想资源。

除此之外，王洙还从修纂者的身份立场角度对元修三史各为正统的动机提出了质疑：

> 史质曰：古帝王者，地弥天枢，界轶海内，近则黻服甸服，远则荒服夷服。故曰尺地莫非其有也，一民莫非其臣也。……胡元比辽金又其微陋者也。始于蒙古，大于奇渥本真，凭陵中国，僭窃闰统，成于忽必烈。然宋祚未亡之先，彼辽金元者固夷服之限也。岂如七国之秦楚、三国之魏晋乎哉？元脱脱修《宋史》，其"夷狄传"乃始于夏人、高丽，终于泸蛮。凡四十九国，辽金胡元不在夷服之数。呜呼！元臣非尊辽金也，尊元故也。②

王洙认为元代三史分修的做法实质是为同为夷狄身份的元政权获得正统统绪而张本的行为，指出元代史臣试图以此淡化正统分辨中夷夏之辨这一因素的意图。王洙通过对元代修史者动机的质疑强调了元代史臣的民族本位问题，再次突出了夷夏之辨在正统中的地位。王洙

---

① 郑思肖：《宋郑所南先生心史》，《四库全书存目丛书》集部别集类第 21 册，齐鲁书社 1997 年版，第 108~109 页。
② 王洙：《宋史质·夷服》，台湾大化书局 1977 年版，第 436~437 页。

试图通过将辽金纳入《夷服》的做法对辽金进行贬斥，以此来彰显其尊夏贬夷的思想，并强调正统的唯一性：

> 中国虽微，天之嫡也；夷狄虽强，天之娇也。外本宗而言支庶，岂理也哉？《史质》序外夷，置辽金元于夏人、高丽之列，正以见天王无偏安之业，中国有常尊之势。天道明，地道正，人道顺，而三纲以立也。呜呼！岂故与脱脱立异哉？！①

王洙借嫡庶概念描述华夷与天道之间的关系，拟宗法之远近以描述华夷在正统系统内的位置，这种处理实质上还是在强调严华夷之辨的观念，其"天王无偏安之业"的说法亦再次强调了其正统观念中"正"先于"统"的理念，试图弱化正统观念中"一统"之空间义。

四、对元统的否定：华夷思想的影响

关于元朝是否应视为正统的问题自明初便有人提出否定意见，其中以方孝孺的意见最为典型：

> 正统之说何为而立耶？苟以其全有天下，故以是名加之，则彼（王莽）固有天下矣，何不加以是名也？苟欲假此以寓褒贬、正大分、申君臣之义、明仁暴之别、内夏外夷、扶天理而诛人伪，则不宜无辨而猥加之以是名……尝试论之曰：天下有正统一，变统三……奚为变统？取之不以正……使全有天下亦不可为正矣；守之不以仁义……使传数百年亦不可为正矣；夷狄而僭中国、女后而据天位……亦不可继统矣。②

方孝孺倡"变统"之说，强调正统之辨既不应以空间上的领土尺

---

① 王洙：《宋史质·夷服》，台湾大化书局1977年版，第437页。

② 方孝孺：《逊志斋集》卷2《释统》，《明别集丛刊》第一辑第二十四册，黄山书社2013年版，第46~47页。

度、亦不应以时间上的国祚长短为衡，而应看重其"正"与"不正"，凡不正者，皆应以"变统"视之，实际上是强调了正统判断的道德性。他又在其《后正统论》中进一步将"变统"归纳为以下三种情况："吾尝妄论之曰：有天下而不可比于正统者三，篡臣也、贼后也、夷狄也。"①对于夷狄不可为正统之原因，他作如下解释：

> 入夷狄则与禽兽几矣。……有天下而不可比于正统者三：篡臣也、贼后也、夷狄也。何也？夷狄恶其乱华……夫所贵乎中国者，以其有人伦也，以其有礼文之美、衣冠之制，可以入先王之道也。……彼夷狄者，姪母烝杂，父子相攘，无人伦上下之等也，无衣冠礼文之美也，故先王以禽兽畜之，不与中国之人齿。……吾固曰不比之正统而已，非废之也。不废其迹而异其辞，则其为戒也深矣。②

方孝孺将夷狄比为禽兽，强调夷狄与中国在"衣冠礼文"方面的差距，力主夷狄不可为正统，其"变统"论实质上将华夷之辨视作正闰之分的一个直接标准。他又提出不应废除"变统"政权的事迹，应采用异辞的书法在史书中进行记录。

正德二年(1507)，李东阳等人奉敕修纂《历代通鉴纂要》，时任编修副总裁的国子祭酒谢铎致信给李东阳建议摒除元代正统：

> 《纲目》于吕后、新莽之年，皆冠以甲子而分书之。当其时，天下之统未尝不合于一，特贼后、篡臣不可比于正统，故不得不分书之耳。贼后、篡臣既不可为统，而夷狄如元，独可以为统乎？此《纲目》之所未书，正今日之所当正也。③

---

① 方孝孺：《逊志斋集》卷2《后正统论》，《明别集丛刊》第一辑第二十四册，黄山书社2013年版，第51页。

② 方孝孺：《逊志斋集》卷2《后正统论》，《明别集丛刊》第一辑第二十四册，黄山书社2013年版，第50~51页。

③ 谢铎：《与李西涯论历代通鉴纂要》，《明文海》卷174第2册，中华书局1987年版，第1739页。

他的理论依据就来源于方孝孺的"变统"论，认为元代作为夷狄不可比于正统，应仿朱子处理吕后、王莽的笔法书写元代历史，但其意见并未受到采纳。王洙在其《宋史质》的编修中就表达对《历代通鉴纂要》及《续资治通鉴纲目》以正统视元代的做法的不满：

> 按《通鉴》及《续纲目》俱以宋元并称祖宗，号谥视历代帝王无异。今史质削大元之号而以闰纪名，去世祖皇帝等谥而直书忽必烈等名，芟除其至元大德等元而概以一年、二年纪事。①

王洙选择将元代史事记入"闰纪"以示对元代正统地位的否定，将元代统治者的谥号统统删去直书其名，在纪年上也将元代年号删去，径以一年、二年纪年，以示元非统绪之所在。他的这种处理方式无疑受到方孝孺以异辞纪"变统"的思想的影响，他对自己如此处理的解释是：

> 所以辨人类而明天道也。今夫吾中国之始，稽古曰天皇、曰地皇、曰人皇，厥后虽十百千万不同苗而裔之者，人也。夷狄之始，稽古曰獯鬻、曰猃狁、曰犬戎，厥后虽十百千万不同苗而裔之者，兽也。是故有冠履之分焉，有中外之限焉，有主仆之义焉。……盖罪莫大于无王，恶莫稔于猾夏。②

王洙亦强调华夷之间的差距，将其夸张为人兽之分，通过对夷狄的强烈贬低否认其入主中原的合法性，其夷夏思想在于内夏外夷、尊夏贱夷，并强调这种夷夏之辨不因世代之更迭而变化，否认夷夏转化之可能性。上文已言王洙撰写此书并非单纯出于改修《宋史》之目的，还欲借此以发扬"发挥祖宗及我皇上治政休明"，因此他将本纪部分的断限续至明太祖即位，从宋亡至此之间的岁月便以所谓"闰纪"纪之：

---

① 王洙：《宋史质·天王闰纪》，台湾大化书局 1977 年版，第 85 页。
② 王洙：《宋史质·天王闰纪》，台湾大化书局 1977 年版，第 85 页。

胡元之变，历数之极也，故曰闰。今夫闰必中分，上下半之。望以前者，属往旧之余也；望以后者，属来新之启也。……上则附宋，下则附明。上者如缀旒，下者如清道，则正统固自在也。自此义一明，然后无王猾夏之罪始正，中国之势始尊，外夷之防始严，人类禽兽之辨始定。①

王洙将元代闰纪分为上闰和下闰，上闰以承宋统之衰，下闰以启明统之兴，将元代以闰统身份置于宋明正统统绪交接之间，以严华夷之辨的依据否认夷狄政权在正统系谱中的位置。他在"闰纪"的具体记载中也贯彻了他的这种想法，他以至元十七年作为"闰纪"的开始："胡元忽必烈猾夏灭宋，僭承大统，是岁为至元十七年，史称世祖。"②此后便去除元代年号改以一年、二年逐年纪事，并于年数后以小字附以甲子：

> 一年庚辰至元十七年（1280），冬十月，宰相不用汉人，以阿剌罕为右丞相，嗣后遂为定制。……二年辛巳（1281），十二月，以甕吉剌带为右丞相，阿合马为左丞相。德祐帝在燕。三年壬午（1282），十二月，以甕吉剌带为右丞相，阿合马为左丞相。德祐帝在燕。……七十三年壬辰（1352）……是岁我大明圣神文武钦明启运俊德成功统天大孝高皇帝起兵。时寓濠城，有安天下救生民、驱逐腥膻、肃清华夏之志。……是为大明元年。③

王洙如是逐年纪事直至七十三年明太祖起兵，将此年纪为大明元年，这一部分即其所谓附宋的上闰，王洙这种的处理方式正与上文所言谢铎的意见相合，显然是出于对朱子《资治通鉴纲目》的模仿。朱子在《资治通鉴纲目序例》中言："表岁以首年……而因年以著统……

---

① 王洙：《宋史质·天王闰纪》，台湾大化书局 1977 年版，第 86 页。
② 王洙：《宋史质·天王闰纪》，台湾大化书局 1977 年版，第 87 页。
③ 王洙：《宋史质·天王闰纪》，台湾大化书局 1977 年版，第 87~92 页。

岁周于上，而天道明矣；统正于下，而人道定矣"，① 强调了纪年的书法对彰显正统的重要性，王洙采纳了此种笔法以示对元代正统的摒斥。值得注意的是王洙在这部分纪事中用笔极简，但于灾异则特别着意记录，极为醒目：

> 三年壬午（1282），六月朔，日有食之。秋七月朔，日有食之。……五年甲申（1284）……九月，京师地震。……八年丁亥（1287）……冬十月朔，日食。……十年己丑（1289），春正月，地震。……十一年庚寅（1290），河北十七郡蝗。八月朔，日食，地大震。……十三年壬辰（1292），春正月朔。日食。六月，浙江水。……十四年癸巳（1293），冬十月，彗出紫薇垣。……②

王洙对此时段灾异的突出与强调显然是想借此描绘元代治政的混乱，以此表示其不得天命，他将元代统治时期视为纲纪沦陷、法度败坏的极乱世代：

> 大败极乱宁有如胡元者哉，盖不止于洪荒炮烙已也，古所谓三纲沦、九法斁是矣哉。我太祖当乱极思治之时，为顺天应人之举。由今观之，驱逐腥羶、肃清华夏之志也……胡元以腥膻而污中国，其驱而除之也……其夷而华之……功高三皇，德尊五帝。③

王洙通过将元代描绘为极乱之世来衬托明太祖的天命圣人形象，将夷狄与乱世相联系，将华夏与治世相对应，以强烈的华夷观念影响其史料的选择，通过对元代治政的贬低衬托明太祖恢复中华之功绩。

---

① 朱熹：《晦庵先生朱文公文集》卷75《资治通鉴纲目序》，上海古籍出版社2010年版，第3633页。
② 王洙：《宋史质·天王闰纪》，台湾大化书局1977年版，第87~88页。
③ 王洙：《宋史质·天王闰纪》，台湾大化书局1977年版，第100~101页。

值得注意的是，丘濬的《世史正纲》亦以严华夷之辨的观念将元代视为中国正统断绝之年代，并对元朝的统治大加贬抑，可见此种观念于明中叶有一定影响力：

> 洪武元年春正月，太祖即皇帝位，复中国之统。自有天地以来，中国未尝一日而无统也。虽五胡乱华，而晋祚犹存；辽金僭号，而宋系不断。未有中国之统尽绝，而皆夷狄之归，如元之世者也。三纲既沦，九法亦斁，天地于是乎易位，日月于是乎晦冥，阴浊用事，迟迟至于九十三年之久！……不有圣君者出，乘天心之所厌，驱其类而荡涤之，中国尚得为中国乎哉？①

王洙强调明太祖从胡元手中重新取得中华大地的统治权是天人交感之结果："天生圣君，主张夷夏，夫岂一朝一夕之故哉？由是推之，则天于胡元固已默夺之矣。"②对于上天如何默夺胡元之运，他也于上闰的记载中进行了暗示：

> 二十年己亥（1299）……是岁，我大明恒皇帝懿祖继世。……三十九年戊午（1218）……是岁，我大明裕皇帝熙祖继世。……四十九年戊辰致和元年（1328）……是岁，我大明太祖高皇帝生。……六十年己卯（1339）……是岁，我大明淳皇帝仁祖继世。③

王洙在纪元代史事时插入明代先祖以虚接岁月，他的这种做法正显示了其将元代作为宋明之间承前启后的闰位的思想。上文已言王洙将上闰断至明太祖起兵，自此以后便以大明元年、二年等逐年纪事直至大明十三年，次年明太祖建立吴国，此后便改以吴年号纪年直至明

---

① 丘濬：《世史正纲》卷 32《明世史》，《四库全书存目丛书》史部第 6 册，齐鲁书社 1996 年版，第 631 页。
② 王洙：《宋史质·天王正纪》，台湾大化书局 1977 年版，第 84~85 页。
③ 王洙：《宋史质·天王闰纪》，台湾大化书局 1977 年版，第 88~91 页。

太祖即位，王洙将此部分作为下闰。王洙试图通过"闰纪"的设立表示对元朝正统的否定，并试图在"闰纪"中通过以朱氏先祖虚接岁月的做法表示宋亡之后天命已转属于朱氏而非元朝。

五、对明统的解释：以明接宋的努力

王洙在否定了元代正统地位之后，无疑要以明代上接宋统。上文已言王洙在对元统的处理中将元代视为宋明统绪传承之间的闰纪，但他对朱氏为何可以以及如何能够承续宋代正统还需要进一步解释。

首先，王洙引用了秦始皇镇压南京天子气的典故：

> 史质曰：尝考秦史，周末秦初，望气者以金陵有天子气，始皇尝南巡以压当之。后虽有六朝南渡，皆非全统，盖至我大明始发，上下千年也。①

他以众人习知的秦始皇镇压金陵王气之事作为朱氏应天子气而承天命的背景，但若以金陵王气解释朱氏得天命之由，则须解释此前定都于此的政权何以不曾应此气而得天命正统，王洙此时又转而强调了正统之"一统"义，强调之前的南渡政权因未能实现一统而不能应此王气。值得注意的是王洙此处的解释与其处理宋、辽、金三史正统时对地统的弱化实际上存在着矛盾，这种矛盾正显示出其对正统的解释与建构实质上是为其华夷观念服务的。接着，他对明太祖为何可以应王气而起做了进一步阐发：

> 又考洪武初，太祖祭高曾祖考四庙。其初献寿和洪武乐章曰："皇先祖，耀灵于天。源衍庆流，由高迄玄。玄孙受命，追远其先。明禋世崇，亿万斯年。"玄皇帝者，高祖也，在周比之

---

① 王洙：《宋史质·天王正纪》，台湾大化书局1977年版，第84页。

太王太祖。明曰源衍庆流，则肇基之功固有归矣。古者以三十年为一世，此去太祖当百年。今自元祖忽必烈灭宋僭统至我太祖登极不满百年，则我高祖者其为上帝简在久矣。呜呼，以积气则千年，以积德则百年，以肇基在于宋祚之末，以成命则在于胡运之初。天生圣君，主张夷夏，夫岂一朝一夕之故哉？由是推之，则天于胡元固已默夺之矣。①

王洙以官方之祭乐证明太祖之得天命由来已久，指出明太祖之高祖至太祖恰好百年，与元代相始终，以此时间之巧合为其"闰纪"中以朱氏先祖虚承岁月的笔法寻找支撑，强调朱氏之成命在宋祚之末，以玄虚的天命转移支持其以明接宋的正统接续的处理方式：

我大明玄皇帝、裕皇帝、淳皇帝肇基继世，积功累仁，如火之燃，如泉之达，不必正位定号，而天地名物已默主之矣。……太祖以淮右真人如期应运，继宋而帝。上天扶持正统之意何几微妙若此哉。②

王洙在对以明接宋统绪的处理上可能也受到杨维祯在处理宋正统问题时以宋接唐的启发，杨维祯在其《三史正统辨》中言：

五代皆闰也，吾无取其统。吁，天之历数自有，代之正闰不可紊。千载历数之统，不必以承先朝、续亡主为正。则宋不必以膺周之禅接汉接唐之闰为统也。③

杨维祯提出正统的接续不一定要承接时间上直接相连的朝代，他视五代为闰，提出以宋直接唐统，其设立闰统使宋越五代而接唐的统

---

① 王洙：《宋史质·天王正纪》，台湾大化书局1977年版，第84页。
② 王洙：《宋史质·天王闰纪》，台湾大化书局1977年版，第86页。
③ 陶宗仪：《南村辍耕录》卷3《正统辨》，中华书局1959年版，第35页。

绪处理方式可能给王洙提供了启发。杨维祯对于宋代何以直接唐统的另一处解释更为王洙所直接借鉴：

> 当唐明宗之祝天也，自以夷虏，不任社稷生灵之主，愿天早生圣人以主生灵。自是天人交感而宋祖生矣。……朱氏纲目，于五代之年，皆细注于岁之下，其余意固有待于宋矣。有待于宋，则直以宋接唐统之正矣，而又何计其受周禅与否乎！①

杨维祯附会唐明宗祝天的故事证明宋祖为应天而生的圣人，试图以此为宋接续唐统提供依据，并借朱子纲目对五代纪年的处理方式以证天命待宋。此段唐明宗祝天的史料亦为王洙《宋史质》所引：

> 后唐明宗每夕于宫中焚香祝天曰："某胡人，因乱为众所推。愿天早生圣人，为生民主。"匡胤实应期焉。②

这段故事所折射的夷族不任正统的含义显然正合王洙严华夷之辨的观念，其闰纪之后天生圣人再续正统的处理也正符会于王洙贬元为闰纪的笔法，并为其以明接宋提供了解释模式，杨维祯强调朱子处理五代纪年的方式也从侧面印证了王洙戋除元代帝号的笔法，确系试图通过此种方式显示元非正统的意图。

除此之外，王洙还从道统的角度对解释了其以明继宋的处理方式。前文已言从《宋史质》的编排里可以看出王洙对道统的重视。他在《史质叙略》中亦言："我昭代受命之祥，语统则远宗宋唐汉周，语道则近属关闽濂洛"③，将治统与道统直接联系。王洙将《宋史质·道统》一目分为四卷，第一卷记周敦颐、二程、张载、朱熹，第二卷记程子之门人，第三卷记朱子之门人，第四卷却并未记载道学家，而

---

① 陶宗仪：《南村辍耕录》卷3《正统辨》，中华书局1959年版，第35页。
② 王洙：《宋史质·天王正纪》，台湾大化书局1977年版，第27页。
③ 王洙：《宋史质·史质叙略》，台湾大化书局1977年版，第2页。

是记载了明太祖与嘉靖帝就道统而发的相关言论，如明太祖幸观心亭时嘱宋濂记录的内容、嘉靖帝的《敬一箴》等，王洙对此是这样解释的：

> 盖赞襄于君臣，所以行是道也；讲论于师友，所以明是道也。矧夫所谓统者，有倡率之义焉，有附和之义焉，有似续之义焉，有发明之义焉。故予之序道统也，始于有宋四大儒而及其师弟，迄于我朝二大圣而及其赞襄，以见道大同天，统宗会元。①

王洙以为道统的系谱里不仅仅应有发明道的道学家，还应有推行道的君臣，二者都对道统有不同方面的贡献，他的这种处理方式正是他想借道统表达"伤于宋而幸于今"的对明代治政的推崇，也是借明代君臣行道接续宋代真儒明道的道统，从另一方面表达了正统谱系中以明接宋的合理性。

六、结　语

王洙在《宋史质》一书中试图重新建构从宋至明的正统系谱。首先，他将本纪部分的断限延至明太祖即位，又将本纪部分改为《天王正纪》与《天王闰纪》，强调"天王"二字以尊夏攘夷，他将宋代史事记于《天王正纪》，又将辽金贬于《夷服》，想要借此以申明宋为当时正统所在。其次，他视元代为宋明之间承上启下的闰位，将宋亡至明太祖即位间史事记于《天王闰纪》，否认元代的正统地位，芟去元代帝号，径以年份纪年，将宋亡至明太祖起兵之间划为"上闰"，并于"上闰"纪事中将笔墨着重于灾异的记载以示对元代治政的贬斥。此外，王洙还在《天王闰纪》中以明朝先祖虚接岁月，以此表示朱氏先祖于宋亡之后已得天命，于百年间积德累仁、简在天心，又值元代治政大

---

① 王洙：《宋史质·道统》，台湾大化书局1977年版，第461页。

败极乱，明太祖于是应金陵千年王气之积应运而生，驱除夷狄、恢复中华，试图以此解释明代承继宋代正统的合理性。最后，王洙在《道统》一节中还试图将道统分化出行道与明道两支，认为明代君臣接宋代所明道统推而行之，以此来加强其以明继宋的处理方式的说服力。王洙在进行正统系谱的重新建构时承继了前人针对元修三史所阐发的正统理论，他的这种正统建构深受华夷观念的影响，是让史实让步于道德与民族立场的历史建构。

（作者系武汉大学历史学院硕士研究生）

清朝南部县女性再嫁研究
——以光绪年间南部县档案为中心

任箬筠

摘要：在清朝，女性再嫁本就与纲常伦理相悖，然而无论儒家思想怎样强调女性要"从一而终"，无论清政府怎样旌表"孀妇守节"，女性再嫁仍是一种常见的行为。南部县衙档案中记载了许多女性再婚案，通过对档案的剖析，我们可以得知光绪年间南部县女性再嫁的原因，女性在婚姻和家庭中的地位较男性卑微，而女性的婚嫁更是带有商品交易的色彩，因而容易产生利益纠纷，并引起了众多诉讼案件。在审理再嫁案时，县官并非严格按照清律的规定判刑，而是将民情与清律结合，有着一套自己的行为逻辑，通常对于再嫁案中的惩处要轻于清律的规定，体现出息事宁人、以和为贵的特点。

关键词：光绪年间；南部县；婚姻；再嫁；买休卖休

我国婚姻家庭史的学术研究兴起于 20 世纪 30 年代，此时的研究风潮源于对旧式婚姻的批判。鸦片战争后，在外来文化的浸染之下，国人开始批判传统的婚姻制度，主要体现在反对旧式婚姻的陈规陋习，提倡男女自由婚姻，主张妇女解放。改革开放以后，在社会转型的冲击之下，社会伦理道德也面临新的问题，促使人们将目光重新转向对家庭、婚姻等问题的研究。关于清朝女性再嫁问题的研究，已经有很多学者从不同角度进行了探讨。首先，"买卖婚姻"这一领域已经引起了许多学者的关注,① 其次, 有一部分学者以清朝女性的"守节与再嫁"为研究主题, 探讨清朝孀妇的家庭地位、再嫁原因等。② 再次, 还有一部分文章是讨论清朝的婚姻习俗, 并在此基础上对女性在婚姻中的权利与地位进行探究。③ 除了上述的文章, 还有许多优秀的学术著作涉及清朝女性再嫁问题。如郭松义的《伦理与生活——清代婚姻关系》一书中运用了丰富的材料, 通过大量的举例和数据分析对清朝民间的婚姻习俗、婚姻形式、寡妇再嫁、出妻典妻、婚外性关系等多个方面进行了详细的阐述; 阿风的《明清时代妇女的地位与权力——以明清契约文书、诉讼档案为中心》一书详细探讨了明清时期妇女在生活中多个方面的地位与权力——同居共财家庭、家产继承、土地买卖、卖身文书与婚姻文书以及民事诉讼过程。④

南部县地处四川北部丘陵地区, 清王朝对南部县进行了 260 多年的治理, 在此期间, 南部县衙门及其所属吏房、户房、礼房、兵房、

---

① 梁勇:《妻可卖否? ——以几份卖妻文书为中心的考察》,《寻根》2006年第 5 期; 王康:《财礼的流动: 清代"嫁卖生妻"问题再研究》,《南京社会科学》2016 年第 12 期; 岸本美绪:《妻可卖否——明清时代的卖妻、典妻习俗》, 陈秋坤编:《契约文书与社会生活(1600—1900)》, "中研院"台湾史研究所筹备处 2001 年版; 张晓霞:《清代巴县档案中的"休妻"与"嫁卖生妻"》,《甘肃社会科学》2014 年第 2 期; 王跃生:《18 世纪中国婚姻论财中的买卖性质及其对婚姻的作用》,《中国经济史研究》2001 年第 1 期。

② 张晓霞:《清代巴县孀妇的再嫁问题探讨》,《成都大学学报(社科版)》2013 年第 2 期; 郭松义:《清代妇女的守节和再嫁》,《浙江社会科学》2001 年第 1 期。

③ 相关的研究成果有: 吴欣的《论清代再婚妇女的婚姻自主权》,《妇女研究论丛》2004 年第 2 期; 杨毅峰:《巴县档案所见清代四川妇女改嫁判例》,《历史档案》2014 年第 3 期; 付春杨:《财产权利的客体——清代妇女婚姻地位的实例考析》,《华中科技大学学报(社会科学版)》2007 年第 6 期; 李彦峰:《清代"招夫养子"与"带产入赘"的利益诉求考察——以〈南部档案〉婚契文约为例》,《长江师范学院学报》2015 年第 5 期; 刘艳丽:《浅谈清代妇女社会地位——以清代巴县档案为视角的考察》,《商品与质量》2012 年第 S6 期。

④ 郭松义:《伦理与生活——清代的婚姻生活》, 商务印书馆 2000 年版; 阿风:《明清时代妇女的地位与权力——以明清契约文书、诉讼档案为中心》, 社会科学文献出版社 2009 年版。

刑房、工房、盐房等部门处理公务的部分原始文件被保存下来，经后人整理，形成了《清代南部县衙档案》。① 档案中记载了诸多女性再婚案件，通过对再婚案件的分析我们可以窥见南部县的婚姻习俗、女性在婚姻中的权利与地位、女性再婚的原因、地方官在审理案件时选择性运用清律的体现等，通过多方位解读南部县女性再婚案，窥探当时的女性在婚姻中的生存状态。

一、结婚与离异

既然要探讨女性再婚的相关问题，首先当明确在清人眼中何为结婚，何为离异。在清代，男女双方如果要确定夫妻关系，必须要经过"六礼"，即纳采(男方借由媒人向女方表达求婚意向)、问名(询问女方姓名和年庚)、纳吉(男女双方年庚相卜，若得吉兆，表示婚姻可行)、纳徵(出彩礼)、请期(商讨结婚日期)、亲迎(男方将新娘从女方家迎娶过门)。俗言"六礼行，婚姻成"，只有经过六礼，婚姻才算确定。② 此外，按照清律，除了依照"六礼"，男女双方还要写立婚书作为结婚凭证。③ 从南部县的档案中可以发现，在涉及婚姻方面的纠纷案件中，婚书是一种十分重要的物证，县官通常会根据男女双方有无婚书来判断一段婚姻是否合情合法。

南部县档案中清晰记录了当地的婚俗，光绪十年(1884)八月，南部县知县谢廷钧认为南部县民情风俗重利轻义，其中最伤风化的事情莫过于悔婚赖婚一事，因此重新规范婚书式样，并规定了男女结婚的步骤与程序：

> 化民成俗，端在扶植纲常而禁伪防奸，首贵维持名教，卑县

① 陈新：《清代四川南部县衙门档案》，黄山书社 2015 年版。
② 郭松义：《中国妇女通史(清代卷)》，杭州出版社 2010 年版，第 160~161 页。
③ 凡男女订婚之初，务要两家明白通知，各从所愿，(不愿即止，愿者同媒妁)写立婚书，依礼聘嫁。(田涛、郑秦点校：《大清律例》，法律出版社 1999 年版，第 203 页)

民情奸诈，重利轻义，其陋习相沿，乖风最化者，莫如悔婚赖婚一事。当订婚之初，两家贫富、男女年岁并不明白通知，亦不查访确实，仅凭媒妁之言或掷交一物为记，谓聘订，往后彼富此贫动，多翻多悔，甚至女家并未许婚而男家□□□下聘者，有男家已经说定而女家串媒称未允者……念此恶俗殊乖风化，当即拟定婚书式样……嗣后遇有婚姻务由其父母主持，如果查明嫁娶不干例禁者，先将两家家世、男女年岁、有无残疾明白通知，愿为婚者，两家主婚人同媒证将主婚人多及为何人择配，聘订某姓某人第几女逐一书明，再将男女年庚写立后及注明年月日期，及媒证主婚执笔之人，两家互换执据，如有悔赖另字另娶，许抄婚书呈控。现在行之数月，乡民颇觉称便，悔赖婚姻之案可期渐息……计抄婚书式样一纸。(见图1)①

图 1　婚书式样图

---

① 陈新：《清代四川南部县衙门档案》，光绪十年九月初十，黄山书社2015年版，第8-1034-1-1页。

由此可见，南部县知县谢廷钧规定的结婚程序与"六礼"内容相近，只是名称不同，略有简化。

婚姻本是分分合合，世间难觅完美的婚姻，有结婚则有离婚，《大清律例》中对夫妻离异的有关规定如下：

第一条，"凡妻（于七出）无应出（之条）及（于夫）无义绝之状，而（擅）出之者，杖八十。虽犯七出（无子、淫泆、不事舅姑、多言、盗窃、妒忌、恶疾）。有三不去（与更三年丧、前贫贱后富贵、有所娶无所归）而出之者，减二等，追还完聚。若犯义绝，应离而不离者，亦杖八十。若夫妻不相和谐，而两愿离者，不坐（情既已离，难强其合）"①。

"七出三不去"的说法起源于东周，在汉代已经被确立为一种礼制用于规范妻子的行为，唐代，"七出三不去"被写进《唐律疏议》正式成为一种法律条文，用以判断夫妻是否应离异，而后一直沿袭至清朝。② 单从法律条文来看，所谓的"七出"是一种单向关系，"出"与"不出"，主动权在男方手中，女性似乎没有反驳的权利。且"七出"的内容缺乏客观性，比如"不事舅姑""多言""妒忌"等并没有客观的判断标准，这就使得男方在诉讼案件中更容易编造"出妻"的理由。另外，条文还有"义绝"一词，《大清律例通考校注》一书对"义绝"的解释如下：夫妻中一人殴打、杀伤对方亲属者，表明恩义已绝，必须判决离婚，称为"义绝"。③ "义绝"建立在伤害对方亲属肉体的基础之上，若有这种情况发生，说明情义已绝，夫妻双方必须离异。

第二条，"若为婚而女家妄冒者，（主婚人）杖八十，追还彩礼。男家妄冒者，加一等，不追彩礼。未成婚者，仍依原定，已成婚者，离异"④。此条是指男女双方在婚姻中若有欺骗行为（比如有病不告

---

① 田涛、郑秦点校：《大清律例》，法律出版社 1999 年版，第 214~215 页。

② 庞翔宇：《简论中国古代七出三不去的法律制度》，《法治与社会》2015 年第 11 期，第 13 页。

③ 马建石：《大清律例通考校注》，中国政法大学出版社 1992 年版，第 453 页。

④ 田涛、郑秦点校：《大清律例》，法律出版社 1999 年版，第 204 页。

或用兄弟/姊妹顶替成婚），那么夫家、母家均可提出离异要求。

第三条，"凡将妻妾受财，（立出约）典雇人为妻妾者，（本夫）杖八十……知而典娶者，各与同罪，并离异。（女给亲，妻妾归宗）财礼入官。不知者，不坐，追还彩礼（仍离异）"①。此为"典雇妻女"条，如果丈夫以获取钱财为目的，将妻妾冒充姊妹、亲戚，嫁卖、典雇给他人，一经告发，除丈夫、父亲等有关人员要受杖刑、聘礼钱财上缴充公外，原夫妻、夫妾关系也随之丧失。若买者知情，夫妻双方也应当离异。

第四条，"若有妻更娶妻者，亦杖九十。（后娶之妻）离异（归宗）"②。此为"妻妾失序"条，此条意在告诫丈夫不得犯重婚罪。

第五条，有悖伦常、礼仪，有违戒律，混淆阶级的婚配须离异。如同姓为婚、居丧嫁娶、僧道娶妻、良贱为婚，"凡府、州、县亲民官，任内娶部民女为妻妾者，杖八十……妻妾仍两离之"，"凡（文武官并）吏娶乐人（妓者）为妻妾者，杖六十，并离异"③。

与"七出三不去"不同的是，后面的条文多是以男方的过错作为判离的前提，也就是说"出"与"不出"，由丈夫及其家族说了算，法律不做强行干预，但丈夫若违反了以上条例，那么法律会强制离异。

综上，我们可以总结出的婚姻政策大体如下：首先，男女结婚基本是按照传统"六礼"的内容进行，在南部县中，婚书是男女双方婚姻合法的重要纸质证明；其次，合法婚姻的结束与否基本取决于男方，而不合法的婚姻会被法律强制判处离异。虽然法律详细规定了离异的诸多情形，但民间诉讼案的情况更为复杂多样。

二、女性再嫁案的原因探析

女性离婚再嫁虽不被伦理提倡，但也不是什么罕见的事情，那百

---

① 田涛、郑秦点校：《大清律例》，法律出版社1999年版，第205页。
② 田涛、郑秦点校：《大清律例》，法律出版社1999年版，第206页。
③ 田涛、郑秦点校：《大清律例》，法律出版社1999年版，第210~211页。

姓缘何以女性再嫁为由头进行上诉呢？那是因为女性离婚、再婚的过程中的某些行为使得夫家、母家、媒人三方的利益产生了冲突，产生冲突的原因有多种，因彩礼纠纷闹上衙门的案子有着很大的比重，此外还有如下几种：夫妻之间关系不和；丈夫外出多年未归，母家将女儿赎回另嫁而夫家不同意；夫家将儿媳嫁卖或母家将女儿另许但未经另一方同意等。值得一提的是，许多案件不只是单纯的一种原因，而是包含上述两种或多种冲突，下面将通过真实案例，结合纠纷情形对诸多原因逐一进行分析。

（一）彩礼纠纷

结婚论财的习俗在清代极为盛行，"彩礼钱"是男女结婚过程中男方家庭不得不出的开销，女方一般会带着些许妆奁随嫁，但在普通百姓的婚姻中，妆奁多为女性的随身衣物，其价值远低于男方所交付的聘财。① 在婚姻中较为常见的彩礼纠纷，莫过于夫家、母家、媒人三方分钱不均，其次是夫家嫁儿媳或者母家嫁女儿后，不断地搕钱图索。以下举两条案件为例证进行说明：

案件一：温氏（父母双亡）与薛汝聪为夫妻，后夫妻不和，两愿离异。薛汝聪于光绪四年（1874）七月休妻温氏，出有休书，温家无服人，温怀玉暗自串媒主婚，将温氏另嫁任廷位，立有婚约，获彩礼钱八串，与薛家各分四串，此事并未通知温氏胞叔温庆元、温顺元等人，温庆元等人得知后，向温怀玉要钱，怀玉不给，因此兴讼。②

案件二：陈子灿娶杜敬氏儿媳张氏为妻，张氏过门后杜敬氏及杜家族人杜太平等人藉嫁图索，先后三次向陈子灿索要钱财，陈子灿一共被搕钱十串多，杜家人依旧以嫁儿媳为由索要钱财，陈子灿不愿再

---

① 苏成捷认为，在农人的婚姻中，新郎付给新娘家的彩礼远超过任何嫁妆（苏成捷：《清代县衙的卖妻案件审判：以 272 件巴县、南部县与宝坻县案子为例证》，联经出版事业有限公司 2009 年版，第 349 页），滋贺秀三也有相同的观点（滋贺秀三撰，撰张建国、李力译：《中国家族法原理》，法律出版社 2002 年版，第 354 页）。

② 陈新：《清代四川南部县衙门档案》，光绪四年七月十六日，黄山书社 2015 年版，第 7-629-1-1 页。

给，两家人因此互相告状。①

第一个案件是因为母家彩礼分配不均导致的利益纠纷；第二个案件是娘家族人嫌彩礼钱不够，多次向夫家索要而导致了争端。虽然两个案件具体案情不同，但终归是因为彩礼钱引起的纠纷。然而男女结婚之前，彩礼钱已经给过，为什么还会出现多次搵钱的状况呢？苏成捷（Matthew H. Sommer）指出，有些时候，男性农民对于妻子和土地具有相当接近的心态。② 土地买卖一般分为典卖和绝卖，通常情况下，典卖的土地卖方是可以赎回的，当卖方无法赎回土地，即会通过"找价"③的方式，不断向买方索要钱财来弥补土地现在与过去的差价，而女性出嫁具有相似的特征，所以才会出现女子出嫁后，母家向夫家不断讨要彩礼的行为。

有些母家及族人会借助嫁女儿一事找各种理由向男方"找价"；此外，一次婚姻至少涉及了三个利益主体（男方、女方、媒人），任何一方都可能在彩礼分配时感到不公平，那么矛盾与纠纷也随之产生。

（二）孀妇再嫁中携带的经济利益纠纷

在一段婚姻中，丈夫有可能因为生病、意外事故等种种原因比妻子提前去世，这时女子的身份就变得比较微妙，由妻子转变成了寡妻。而这部分女子继续生存下去的方式无非两种，一是守节，二是改嫁。

古有云："饿死事小，失节事大"，关于优待节妇的规定早在北魏就已经出现，到元朝国家颁布法令对守节女子进行旌表，至明清时

---

① 陈新：《清代四川南部县衙门档案》，光绪四年三月初八，黄山书社2015年版，第7-616-6-1页。

② 苏成捷：《清代县衙的卖妻案件审判：以272件巴县、南部县与宝坻县案子为例证》，邱澎生、陈熙远编：《明清法律运作中的权力与文化》，联经出版事业有限公司2009年版，第354页。

③ 所谓找价，指的是土地的典卖主，在土地典卖并收取了典卖价之后，仍向买主索取加价（唐文基：《关于明清时期福建土地典卖中的找价问题》，《史学月刊》1992年第3期）。

期，旌表之风到达高潮。在旌表浪潮之下，明清孀妇守寡现象增加，进而寡妇在家族中的权利和地位也有所变化。一般情况下，丈夫作为"家长"，拥有管理家产的权利和义务，一旦丈夫去世，这种权利和义务就应该转移到自己的儿子身上，但有时候现实往往是儿子年纪尚小或者根本未育子嗣，此时寡妇对于家财便有了一定监督权和管理权，然而想要得到这种权力，寡妇必须选择守节，如果改嫁，那么她能分得多少财产全凭夫族家长决定。正如《大清律例》规定："妇人亡夫无子守志者，合承夫分，须凭族长择昭穆相当之人继嗣。其改嫁者，夫家财产及原有妆奁，并听前夫之家为主。"①下文将结合诉讼案件探讨寡妇守节和再嫁这两种情形，试图探讨女性守寡后的真实的生活状态以及寡妇权利与地位的变化。

首先，如果亡夫以及亡夫家族给寡妇留下了财产和田地，那么有一些寡妇会选择孀守不再改嫁，这多是一种自愿的行为，原因有可能如上文所讲，寡妇守节会获得一定的自由，尤其在孩子尚幼的情况下，寡妻对丈夫的遗产有一定的监管权。以下举两条案例进行说明：

案例一：宋元相的女儿宋氏嫁给谢德照为妻，后来谢德照去世，宋氏因为生有子女，又兼有家产，足够过活，选择孀守，"民女宋氏发配谢德照之子谢堂忠为妻，生有子女，不幸堂忠病故四载，民女因有丁产，居心守节，从一而终"②。但是谢德照胞兄谢德宇为了谋取胞弟遗产，逼迫宋氏嫁给他儿子谢堂高作妾，两家因此兴讼。

案例二：孀妇马杨氏的公公和丈夫相继去世，给她留下了一笔不小的遗产，她并没有选择再嫁而是凭婆婆做主从夫族过继了马雄扬承嗣，继续留在夫家操持家务，但因为马雄扬大肆挥霍家产，并欠下许多债务，而后又逃走，马杨氏生活艰难，因此将马雄扬告上了衙门。③

---

① 田涛、郑秦点校：《大清律例》，法律出版社 1999 年版，第 179 页。

② 陈新：《清代四川南部县衙门档案》，光绪七年七月十六日，黄山书社 2015 年版，第 7-68-623-1 页。

③ 陈新：《清代四川南部县衙门档案》，光绪四年九月初四日，黄山书社 2015 年版，第 7-630-1-1 页。

对比上述两个案子，可以发现宋氏和马杨氏均属于自愿孀守，前者属于子嗣尚幼，后者属于未育子女而从夫家承嗣，在这种"母子同居"的家庭模式中，孀妇的地位会因为丈夫的离世有所上升，《大清律例》规定当"卑幼"与"尊长"同居时，"卑幼"不得擅用家财，① 母子关系在子女还未成年时，可以理解为一种长幼关系，当一个家庭仅剩母子二人，毫无疑问，寡妻身为母亲、尊长，自然有家产的处置权（当儿子尚未成年时才有效，因为一旦儿子成年娶妻，他自然继承父亲的家业，财产的处置权就转移到了儿子身上），而掌握了财产权，或许意味着女性能拥有一种短暂的自主权，这应该是寡妇选择孀守的一个重要原因。

其次，寡妇除了守节，另一种生活方式就是改嫁他人，开启一段新的婚姻。关于寡妇的改嫁，《大清律例》规定，寡妇再嫁与否，应听凭寡妇的意志，夫家人和母家人均不得强迫。② 但是在现实生活中，夫家或母家（又或两方的其他亲属）经常会图谋寡妇再婚的彩礼钱或者寡妇亡夫遗留的家产，逼迫寡妇改嫁他人，以便从中谋取利益。如光绪四年（1878），汪杨氏的丈夫王玉明去世，留下年仅二十二岁的她，未有子嗣。汪杨氏因为出不起安葬的费用，便想要将丈夫的田地当给杨春燕，以获得安葬丈夫的费用，而丈夫的亲兄弟王玉洪等人图谋王玉明的遗产，不允许汪杨氏典当田地，并且串通媒人强迫汪氏改嫁。③ 又如光绪九年（1883），汪吉泉去世，他堂哥汪忠泉贪图吉泉的产业，串通媒人逼迫吉泉的妻子斯氏带着儿子福生改嫁李才林，获彩礼钱二十串。④ 可见在夫族中，寡妇尤其是年轻的寡妇经常

① 凡同卑幼，不由尊长，私擅用本家财物者，十两，笞二十，每十两加一等，罪止杖一百（田涛：《大清律例》，法律出版社1999年版，第187页）。

② 孀妇自愿改嫁，翁姑人等主婚受财，而母家纠众强抢者，杖八十。其孀妇自愿守志，而母家、夫家抢夺强嫁者，各按服制照律加三等治罪。（田涛、郑秦点校：《大清律例》，法律出版社1999年版，第207页）

③ 陈新：《清代四川南部县衙门档案》，光绪四年十月初八，黄山书社2015年版，第7-632-1-1页。

④ 陈新：《清代四川南部县衙门档案》，光绪九年二月十八日，黄山书社2015年版，第8-827-1-1页。

被看作一种能够赚钱的商品，被夫族人拿来交易，这是寡妇被迫改嫁的主要原因。当然除被迫改嫁外，寡妇也会有自愿改嫁的情况，一般都是因为夫死家贫，所以通过改嫁来为自己找一条活路。①

综上可知，在现实生活中，寡妇的守节与改嫁，无法如法律规定的那般，听凭寡妇自由，而是会有诸多的利益相关者干涉寡妇的选择。

（三）夫妻不和

自古至今，完美的婚姻难以找寻，结婚后，丈夫和妻子之间产生矛盾是很常见的现象，更何况乡间的男女婚姻大多是父母之命、媒妁之言，夫妻二人婚前根本不相识的情况很常见，这也大大增加了矛盾产生的可能性。那么如果夫妻双方均不愿意继续共同生活下去，他们是否能如愿离婚呢？女方是否能以夫妻不和为由另嫁他人呢？以下举两条案例进行说明：

案例一：郭能孝的女儿自幼许配宋宗章儿子宋润喜为妻，后因夫妇不和，润喜出具休书，郭氏自行改嫁李姓，宋润喜并未收取彩礼，但是此事并未通知娘家，郭家以为宋家卖休自己的女儿，所以郭能孝将宋宗章告上法庭。后来两家集场理明，郭氏系休离自嫁，双方希望能撤销之前的诉讼。然而县官并不准许，理由如下："尔宋宗章既係李氏之翁，李氏身为尔媳，岂有翁夫尚在辄自改嫁之理，且无端改嫁虽非买休卖休，亦属有关风化，应候催差速即送审以凭究断，恳销之

---

① 此处举一自愿改嫁的例子："为因夫亡氏母子二人终身无靠，自愿改嫁谢天银为妻事。立写另行改嫁人赵熊氏、子其成。氏配夫赵元秀不幸亡故，丢下母子二人终身无靠，孤儿寡母无倚，幼儿失父无人扶养，有熊氏万般无奈请凭家门本族自愿改嫁，有谢天斌、赵其珍为媒嫁与谢天银足下为妻，有一子随母下堂，姓谢抚养成人，承顶谢姓宗祠，每逢年头岁节许令回家祭扫父亲坟墓，猪酒以明，赵姓人等不得异言称说。今恐人心不古，特立婚书为具，同治元年十月初十。"（陈新：《清代四川南部县衙门档案》，黄山书社 2015 年版，第 8-467-1-1 页）

需不准并饬。"①

案例二：谢朝宣发妻没有后代，娶尚氏为妾图后，但谢朝宣跟尚氏也无后代，加上尚氏抗教忤逆，谢朝宣于光绪七年（1881）三月将尚氏休离，而后尚氏自行改嫁何发祥为妻，谢朝宣并未收取彩礼。族人谢长芳等人以为谢朝宣嫁卖尚氏，因此起讼。后经集场理明，谢朝宣系自愿休离尚氏，尚氏系自行改嫁何发祥，并无嫁卖情节，双方愿意息讼。此案件与上述第一个案件情节相似，但是县官的态度有所不同：以上休妻改嫁案并不被准许私下商讨解决，而至于小妾改嫁案县官并未多言，也允许两方私下解决息讼，可见妻妾的地位有明显的不同。② 在中国传统婚姻中，一夫一妻制占有主要地位，但有些富豪或官绅子弟家中，也会出现一夫多妻，虽然叫一夫多妻，但只有嫡正者为妻，其余皆为妾，妾对丈夫在性关系上充当妻子的角色，在身份上通常与女婢归为一等。这就注定了妾对丈夫只能是主奴关系，无人格自由，只要主人愿意，也可以随意出卖转让。③

通过观察上述案件，可以得出结论：尽管结婚后会出现夫妻不和的情况，但是若仅以此为理由进行休妻另嫁，县官不会轻易同意，但是当案情涉及小妾另嫁时，县官一般不予追究，这跟妾的地位低下有直接关系。

（四）未婚夫外出多年未归

清律规定，男女订婚年龄不宜过早，"男女婚姻，各有其时，或有指腹、割衫襟为亲者，并行禁止"④。然而在南部县仍然存在早聘的现象，有不少婚姻都是在孩子还未成人之前，双方父母就交换庚帖，寻找媒人，男方家庭下聘礼，约定等到双方孩子成人后，进行婚

---

① 陈新：《清代四川南部县衙门档案》，光绪四年七月十二日，黄山书社2015年版，第7-628-1-1页。

② 陈新：《清代四川南部县衙门档案》，光绪七年四月十八日，黄山书社2015年版，第8-457-4-1页。

③ 郭松义：《伦理与生活——清代的婚姻关系》，商务印书馆2000年版，第337页、345页。

④ 田涛、郑秦点校：《大清律例》，法律出版社1999年版，第205页。

配。但是由于订婚日与结婚日相隔太久，有时可能会到十年以上，而在这期间难免会出一些意外，导致幼时的婚约无法生效，比较常见的一种情况是男方外出谋生活，许多年没有消息，而女方家庭等到女儿成年就将女儿重新许配他人，从而招来了男方的不快。例如光绪九年(1883)七月十五日，临江乡的王延俊就把汪兴和告上县衙：

> 民故父存日凭媒王朝碧为媒与民聘订汪兴和胞妹汪氏为婚，开有跟庚帖为凭，民即外出营贸，无如兴和等嫌民家贫，父亡母嫁，民未归家，胆串族恶汪本汉赇媒刘喜元募将汪氏另嫁刘文先为妻，延今七月初六，民归省墓化帛，并卜吉期完婚，始知伊等欺嫌募嫁，民难甘，为此叩唤严究以端风化，伏乞。[1]

由上可知，汪氏改嫁时已经 20 多岁，丈夫外出十余年，也就是说汪氏至少在 14 岁之前就已经订婚。古时女子满 15 岁称"及笄"，可以用发簪将头发盘起，也意味着到了可以婚嫁的年龄，显然汪氏属于早聘。对于此案，县官审判为："查例妇女从一而终，男子外出六载不返女子应宜另嫁，王延俊外出十数余年不归完娶，汪兴和凭媒证与王延俊胞叔退还花红钱六千赎女另嫁，亦属近情。因汪氏另嫁，生育有子，令汪兴、刘文先各出钱六千作王延俊另娶之资。"据以上审判的说法，律例规定男子外出六年不返者，女子应宜另嫁。除了清律的规定外，[2] 县官如此审判或许还与不能耽误女子婚龄有关。郭松义从档案、年谱、文集、地方志中收集了清代 17181 个女子初婚年龄样本(见表1)，[3] 由此可见样本中90%以上的女子都在 20 岁之前进行了婚配。汪氏年龄已超过 20 岁，在当时看来或许已经是属于晚婚的

---

① 陈新：《清代四川南部县衙门档案》，光绪九年七月十五日，黄山书社 2015 年版，第 8-837-1-1 页。

② 《大清律例·出妻》一条中规定丈夫弃妻外逃，三年内不告官自行改嫁的应杖一百，也就是说，丈夫外出三年以上是允许妻子另嫁的，只是需要让县衙知晓。

③ 郭松义：《中国妇女通史(清代卷)》，杭州出版社 2010 年版，第 168页。

状态，因此母家会着急将女儿出嫁，而县官也允许这种改嫁的行为。

表1　　　　　　　清代女子初婚年龄统计表

10 岁以前结婚	12 人	占统计人数 0.7%
10~15 岁结婚	3138	18.26
16~20 岁	12827	74.66
21~25 岁	1087	6.33
26~30 岁	110	0.64
31~35 岁	4	0.02
36~40 岁	2	0.01
41 岁以上	1	0.006

（五）嫌贫悔婚

清朝的婚姻，因为早聘现象的存在，加之男女家庭没有在经济实力上互通有无，经常会出现女方过门后嫌弃男方家贫，或者女方未嫁之前，有人出更高的彩礼，母家就会将女儿另许他人。以下举两条案例进行说明：

案例一：张朝春与何氏为夫妻，何氏过门后嫌弃张朝春家贫，不孝翁姑，不守妇道，并与张玉勤暗中来往，张玉勤趁张崇品（朝春父亲）外出，逼迫张朝春休妻，并准备迎娶何氏。县官审判：张玉勤说娶有夫之妇，例应责惩，姑念张朝春出有休离字样，从宽免究，但何氏不应嫌贫另嫁，沐将何氏掌责，饬差押令张玉勤同备何仕兴（何氏父亲）合礼钱九千并帮给张崇品讼费二千文，何氏仍令玉勤领回团聚，各具缴领结案。①

案例二：杨忠心的儿子杨玉喜，自幼凭媒谢史氏同子谢瑞发，聘订谢应寿之女谢转姑为婚，谢转姑 11 岁就抱到杨家抚养，两年后，

① 陈新：《清代四川南部县衙门档案》，光绪七年二月二十六日，黄山书社 2015 年版，第 8-451-1-1 页。

杨玉喜母亲去世，谢转姑的母亲谢谌氏就将转姑领回，说待到转姑及笄之年择期与杨玉喜完配，谢转姑 15 岁时，本应嫁与杨忠心，但谢家图财，欺负杨玉喜父老家贫，将转姑重新许嫁赵姓。县官审判：谢应寿之女谢转姑既经媒幼许杨玉喜为婚，业已小抱过门两载，谢应寿不应嫌贫悔婚，贿串谢瑞发另许赵姓，沐将谢瑞发掌责，其谢转姑俟来春择期完配，杨玉喜代为帮补转姑衣食。

一般来讲，女方若婚前、婚后嫌贫悔婚，都是不被允许的事情，根据南部县档案的记载，对于这种嫌贫悔婚、嫌贫另嫁的案子，县官通常都会指责女方，不管女方是否已经改嫁，都会被判给本夫领回管教。或许十年前聘订时男方家境殷实，然而待到结婚时，男方家族没落，这时即便女方有更好的择嫁对象，也不能要回庚帖另行改嫁。

三、买休卖休

在《南部档案》的记载中，一部分女性的再嫁是通过"买卖"完成的，关于清朝卖妻的研究已经很多，岸本美绪在《妻可卖否——明清时代的卖妻、典妻习俗》中指出：尽管有律令规定，卖妻违法，但在台湾，即使妻方面没有任何可以责备的行为，夫典卖妻妾的情形随处可见，官方也不会深究。① 苏成捷认为："在清代，卖妻是穷人间普遍存在的生存策略，假如其他资源都已耗尽，一个丈夫能以卖妻作为最后的生存手段……这与性别不均有关，很多农人一般的婚姻模式显然是一种把女儿卖给新郎的行为，虽然为了面子，这种交易不会贴上买卖的标签。换句话说，新郎的彩礼钱要远超任何嫁妆（有钱的精英家族不论）。卖妻是主流模式的一个变种，而不是例外或者偏差，尽管它形式上是违法的。"②

---

① 岸本美绪：《妻可卖否——明清时代的卖妻、典妻习俗》，陈秋坤编：《契约文书与社会生活（1600—1900）》，"中研院"台湾史研究所筹备处 2001 年版，第 227 页。

② 苏成捷：《清代县衙的卖妻案件审判：以 272 件巴县、南部县与宝坻县案子为例证》，邱澎生、陈熙远编：《明清法律运作中的权力与文化》，联经出版事业有限公司 2009 年版，第 347～349 页。

虽然《大清律例》规定严禁买休卖休,① 但买卖妻子在南部县并不罕见。以下举两条案例进行说明:

案例一:光绪六年(1880)岁荒,张祥成因贫难度日,要求妻子李氏外出另讨生活,李氏逃到定李元长家中乞食,请求李元长收留帮工。李氏娘家后来得知此事,不依,向张祥成要人,要求祥成把李氏寻回。光绪八年(1882)二月二十四日,李怀伸等人将张祥成带到李元长家中,说合张祥成书立出约,愿将李氏嫁给李元长为妻,并收取元长钱七千文。后来张祥成嫌彩礼钱少,又向李元长要钱,元长不给,张祥成于光绪八年三月初三告李元长刁逃募嫁。

经审讯,县官做出了判断:"具缴结状人张祥成,蒙恩讯明,民妻李氏不应背夫逃走,饬伊李元长亦不应说娶有夫之妇,民不应卖后图索,念民目瞽,父老子幼,饬民退还伊李元长彩礼钱七千文,李氏仍将民领回管束,民遵断无异具缴结是实。"②

县官判定原夫、后夫、妻子三者均有过错,而且张祥成的行为已经构成卖休,但念及张祥成患有目疾,从轻发落,仅仅让张祥成退还卖妻所得彩礼钱七千,而李氏与后夫李元长离异,由原夫领回管教。

案例二:雍帅氏自幼配雍化南儿子雍书林为妻,夫妇和好,已过三年,但是翁姑雍化南和陈氏嫌弃帅氏性愚貌丑,再加上旁人的谗言,雍书林于光绪十年六月将妻子帅氏赶出家门,帅氏曾想寻死,被族人拦下,有人劝她改嫁,帅氏不从,雍家人就在六月十四日将帅氏抬到熊家垭强嫁冉永伦为妾,帅氏父亲帅藩知道后将雍化南、雍书林控诉在案。对于此案县官判定雍书林无故卖休,将其锁押,雍化南不

---

① 若用财买休、卖休(因而)和(同)娶人妻者,本夫、本妇及买休人,各杖一百,妇人离异归宗,财礼入官。若买体人与妇人用计勒逼本夫弃,其夫别无卖休之情者,不坐;买休人及本妇,各杖六十、徒一年;妇人余罪收赎,给付本夫,从其嫁卖。妾,减一等。媒合人,各减犯人(买休及逼勒卖休)罪一等。(田涛、郑秦点校:《大清律例》,法律出版社1999年版,第523~524页)

② 陈新:《清代四川南部县衙门档案》,光绪八年三月初三,黄山书社2015年版,第8-699-1-1页。

应听子嫌妻，分示详办。①

　　这次处罚相较之前的略微严格，原因是雍书林在妻子雍帅氏没有任何过错的情况下，强行将妻子嫁卖他人，并且还当堂狡辩，不肯承认，罪加一等。

　　综合南部县衙对于买休卖休处理的态度来看，首先县官明确判定买休卖休有干例禁，是违法行为，但是处罚较轻，最严重也不过锁押，基本不会出现肉体的刑罚，与清律规定的杖一百相比，实属轻之又轻，也不会判妇人归宗离异，而是均由原夫领回团聚（除非妻子犯有较大的过错）。滋贺秀三认为，清代民事法的判断中，法官通常将法、理、情三者相结合，人情被视为一切基准之首。② 而南部县县官的审判也多是法与情相结合，县官多念及百姓文化水平不高，法律意识尚浅，所以犯了例禁会从轻发落，对嫁卖行为也是睁一只眼闭一只眼。

四、结　语

　　本文以《南部档案》为中心，集中讨论了清朝光绪年间南部县女性再嫁的相关问题，从具体的档案中我们可以看出，女性在婚姻关系中基本没有话语权，婚约的缔结并非源于两相情愿，由于早聘习俗的存在，许多女性在少不更事的时候就被父母许配给了别人，婚后妻子更像是夫族的附属品，③ 夫妻关系更像是一种从属关系，财产权掌握在丈夫手中，妻子的部分人身自由也由夫族掌控，一方面妻子几乎没有提出离婚的权利，而另一方面丈夫则可以将妻子休离或嫁卖。

　　其次，清末南部县女性再嫁的原因是复杂多样的，比较常见的有

---

　　① 陈新：《清代四川南部县衙门档案》，光绪十年六月二十五日，黄山书社 2015 年版，第 8-1030-1-1 页。

　　② 滋贺秀三撰，王亚新等译：《清代诉讼制度之民事法源的概括性考察——情、理、法》，《明清时期的民事审判与民间契约》，法律出版社 1998 年版，第 39 页。

　　③ 滋贺秀三撰，张建国、李力译：《中国家族法原理》，法律出版社 2002 年版，第 16 页。

夫死再嫁、夫妻不和再嫁、丈夫多年未归再嫁、男女双方家族嫌贫悔婚再嫁等。妻子再嫁涉及夫家、夫族、母家、父族以及媒人等多方面的利益，当任何一方不满所得时，就会产生纠纷，而这正是再婚案闹上衙门的根本原因。从法律上看，"妻"较之"妾"有着名义上的重要性和不可替代性，但从经济的角度来看，妻子就像一件可以估算价值的商品，虽然女性再婚违背伦理纲常，但妻子的再嫁可以为夫家、母家、媒人带来一定的经济利益，因而女性再嫁的情况由民到官都体现了一定的理解与包容。

最后，南部县县官对于案件的审判并非严格按照清律的规定来做，而是根据民情有着一套自己的行为逻辑，有着"息事宁人""以和为贵"的特点。一般来说，在是非层面，县官会按照清律的规定明确孰错孰对，但是在判刑方面，县官总会以体谅的心态看待百姓所做出的违禁行为。

冯尔康先生说："历史研究必须把婚姻、家庭、妇女的问题包括在内，需要把它们同社会经济、政治、思想文化和风俗习惯等领域一起进行考察，才可能把握社会全貌和阐明历史的进程。"①南部县虽然只是四川北部一个小小的县城，但也是整个清朝民间社会的一个缩影，其中所展现的女子再嫁问题可以作为一面小小的镜子，折射出民间社会的百态。

（作者系武汉大学历史学院硕士研究生）

---

① 冯尔康：《清代的婚姻制度与妇女的社会地位述论》，《清史研究集》，光明日报出版社 1986 年版，第 305 页。

晚清天主教徒的知识与思想世界

——以郭连城和《西游笔略》为考察对象

骆晨斐

摘要： 生长于传统中国又受西方教士教育的郭连城，其成长环境和教育背景都有别于一般的中国学人，由此形塑的知识体系和思想认知在他的游记《西游笔略》中便有所体现。中国传统教育的修养成为他会通天儒和面对文化冲击的立足点，他在认知、定义旅途中耳闻目睹之奇景异事时，也不自觉带着中国传统文化印记和天主教宗教滤镜。教内学校的学习经历和对时人轻视实学的不满，则孕育了他对近代科学知识的喜爱与实学的推崇。就郭连城其人、其书的探究或对管窥晚清天主教徒的思想观念和变局应对有所裨益。

关键词： 郭连城；《西游笔略》；会通天儒；文化交流；崇尚实学

鸦片战争后清政府渐弛教禁，但民间的反教活动不时发生，天主教在中国发展仍需面对天儒矛盾、中西纷争，天主教却并未因此中断在华传播，禁教时期便存在的外籍传教士潜入内地、秘密开设流动修道院、重视培养华籍神职人员、中国教徒西渡研学等行动在弛禁后得到延续。① 这些举措深刻影响了道光年间出生的中国教徒郭连城，他的读书受教、西游朝觐以及思想写作都可见印痕。

关于郭连城及其所著《西游笔略》，学界有所研究，一般是简介

---

① 张泽：《清代禁教时期的天主教》，光启出版社 1992 年版。

郭连城生平，对《西游笔略》中所载旅途情况进行介绍分析，① 有的论著关注文本分析、文字书写方式和地理观念转变，② 对隐于文字背后的郭氏的知识背景和思想世界涉及不多。因此，针对郭连城其人、其书的研究尚可进一步探究。本文从作者郭连城的成长教育经历、游记遣词用句发掘其知识来源和思想世界，或将有助于了解晚清中国天主教徒这一特殊群体在天儒夹缝和时局变革中的思想认知情况。此外，所谓"同治"《西游笔略》的刊刻时间亦存在问题。

一、郭连城其人

道光十九年（1839），郭连城降生在湖北潜江的一个天主教徒家庭中。他既以中国传统方式被取名"培声"、冠号"连城"，还拥有教名"伯多禄"。潜江郭氏在明代也曾为潜邑"读书旧家"，然并非"世泽之久长者"，清代潜江县志所载之乡贤中已鲜见郭氏族人踪影。③ 地方望族的荣光虽褪色，重读书的风气仍被郭氏后人所保留。郭连城在西行时随带《周易》等儒家经典翻阅，行旅诗作，惯于用典等行为均表明郭氏虽非有功名的儒士，但仍好读诗书。

郭连城之弟郭栋臣曾道其兄"肄业于崇正书院"。④ 清代湖北境内有两所崇正书院：一在汉阳，道光二十九年（1849）学政杜翰、知

---

① 方豪：《中国天主教史人物传》（下），中华书局 1988 年版，第 252～255 页；谢贵安、谢盛：《中国旅游史》，武汉大学出版社 2012 年版，第 426、451～455 页；张西平等主编：《中外文学交流史·中国-意大利卷》，山东教育出版社 2014 年版，第 193～196 页；许永璋：《古代中非关系史稿》，上海辞书出版社 2019 年版，第 277 页；王育东：《纪念先贤郭连城和郭栋城二位神父》，《中国天主教》2018 年第 4 期，第 45～47 页。

② 杨波：《一位晚清天主教徒的西游之旅》，《寻根》2010 年第 5 期，第 35～40 页；党月异：《月光原不限夷华——简论郭连城的海外行旅诗》，《德州学院学报》2019 年第 5 期，第 63～67 页。

③ 甘鹏云：《潜江学人考》，《潜江旧闻》卷 5，潜江甘鹏云崇雅堂 1934 年版，第 10 页。

④ 郭连城著，郭栋臣增注：《增注西游笔略》，武昌天主堂印书馆 1921 年版，第 8 页。

府赵德辙所建；一在武昌，为天主教兴办的修道院。郭连城在悼念意大利修士田若瑟时称田"于咸丰丙辰敷教楚省，讲格物穷理之学于崇正书室，余曾师事之"①。由郭连城自述可知，他所就读的当为后者。1839 年，意大利方济各会士李文秀（Joseph Rizzolati）被任命为湖广教区主教，曾在汉口、武昌、柏泉、天门等地筹建隐蔽修院，但因当地士民举报而被官府查封，李文秀亦于 1847 年被驱逐至香港。此后的湖北教区主教徐伯达（Aloysius Spelta）在 1856 年到任后便于天门开办修院，随后又将修院迁至应城县王家榨。通过 1858 年的《天津条约》和 1860 年的《北京条约》，天主教获准向内地传教，法国攫取了保教权并积极支持天主教在华发展。借此契机，1862 年开始接任湖北主教的明位笃将天门修院由王家榨迁到武昌。② 辅以郭连城的教育经历和自应城出发西游可知，他曾就读的"崇正书室"极可能为徐伯达组办的王家榨修院。而更为后人所熟知的天主教鄂东代牧区总修院——崇正书院，则是在明位笃时期才定址武昌的。

在修院中，郭连城所学的不仅有周振鹤先生所说的"传统的教养"③、天主教的神学教义，还有"格物穷理之学"。"格物穷理之学"的概念在明清之际由徐光启提出，并为后来关心中西学会通者所采用发展。其中包含的既有当时发展起来的科学知识，也有会通中西的哲学思索。④ 故郭连城的文字中，既不乏对西方近代科学的关注与赞叹、对宗教上帝的虔诚笃信，亦显露出其受儒家思想等中国传统哲学理论熏陶的痕迹。

特殊的教育经历造就了郭连城虽为天主教徒但好读诗书经典的独特气质，天主教徒的身份则让郭连城较普通中国儒士对西学有更高的接受度和更多的学习机会。在他二十岁之时，赴罗马述职的天主教湖

① 郭连城：《西游笔略》，上海书店出版社 2003 年版，第 81 页。

② 罗福惠：《湖北通史·晚清卷》，华中师范大学出版社 2018 年版，第 135~136、618~623 页。

③ 周振鹤：《重印〈西游笔略〉前言》，郭连城：《西游笔略》，上海书店出版社 2003 年版，第 4 页。

④ 参阅尚智丛：《明末清初（1582—1687）的格物穷理之学——中国科学发展的前近代形态》，四川教育出版社 2003 年版。

北宗座代牧徐伯达，见郭连城机敏好学，且"深怀西游之心"①，故有意栽培，携其同行。旅途中郭连城笔耕不辍，记述一路见闻，遂成《西游笔略》。郭氏在这部小书中大量引用传教士编著的西学著述，对"地圆说""洋海论"等近代西方科学理论如数家珍，大抵是得益于西方天主教士的影响。

自意大利游历归来后，郭连城仍虔心奉教，并获得教职，然而"晋铎后不数年遽弃世而升天"②。生于虔诚浓厚的宗教氛围、长于儒学昌盛的传统中国、学于教会开办的教内学校，复杂多元的成长背景赋予了郭连城对信仰的虔诚、对西学的仰慕以及受儒学的浸染等多方面特质。

二、《西游笔略》中的知识资源

郭连城英年早逝，遗世文字较少，目前仅见《西游笔略》一部。此书现存两个版本。其一据扉页文字显示为同治二年(1863)刊刻，此前研究者均未对这一时间提出异议。然而书中内容却显示此版的刻印时间应更晚。郭连城在洪山探访董若望(John Gabriel Perboyre)、刘方济各(Francis Regis Clet)两位殉教者茔墓时提到二人已被教宗"定为真福者"。③ 但董若望是在1889年被宣福，④ 而刘方济各则是至1900年才被列福。⑤ 由此可推知这些文字的形成时间应在1900年后，"同治二年新刻"的说法并不准确。其二为民国十年(1921)付梓的《增注西游笔略》，此版附有郭连城胞弟郭栋臣之补注，并对前文所谓"同治版本"的一些字句有所改动，在增补细节之余亦有错谬和失去

---

① 郭连城：《西游记自序》，《西游笔略》，上海书店出版社2003年版，第11页。

② 张则维：《郭栋臣大司铎晋铎后五十周年金庆记盛》，《圣教杂志》1921年第12期。

③ 郭连城：《西游笔略》上卷，清同治二年崇正书院刻本，第1页。

④ https：//en. jinzhao. wiki/wiki/John_Gabriel_Perboyre。

⑤ https：//en. jinzhao. wiki/wiki/Francis_Regis_Clet。

原意之处。①

《西游笔略》以日记的形式记述了郭连城在咸丰九年(1859)自湖北应城出发漂海远游意大利途中的见闻。当偶遇奇异自然现象和新奇西洋事物之时，郭连城往往仔细记录并援引书籍详加论述，有时还绘制图像便于理解。在这本不足九万言的书中，郭连城提及和引用了26 种书籍刊物。其中 15 种为介绍西方天文地理、各地人文风物之书。此类书刊按作者身份可分为三类：一是由渡洋而来的传教士们编著，郭连城引用较多的有南怀仁的《博物新篇》(15 次)、《坤舆图说》(8 次)和慕维廉的《地理全志》(6 次)以及传教士创办的介绍西学的报刊《遐迩贯珍》(5 次)。二是出自中国宗教人士，如天主教士人徐光启编写的《农政全书》和道士李明彻所著的《圜天图说》。三是当时中国先觉之士所编撰的《海国图志》《瀛寰志略》《海录》。由是可发觉郭连城对于西方的科技文明和地理知识是极为感兴趣的。这应当是受与他关系紧密的传教士们的影响。在他们的教导和帮助下，年纪轻轻的郭连城对近代西方科学知识兴味盎然，且获取了诸多晚清传统知识分子所不屑或不知的西学读物。年轻人旺盛的好奇心与求知欲也促使郭连城如饥似渴地摄取着来自异域的新知奇谈。

即使郭连城与西方人士过从甚密且热衷于学习西学，但他生长于受儒家思想浸淫千年的中国，自然不会对中华传统文化置若罔闻。郭连城笃信天主教，在书中曾引用提及《圣经》3 次、《济美篇》和《圣母行实》各 1 次。但他并未因宗教信仰而排斥儒家文化，相反在《西游笔略》的遣词用句之间不时可见儒学韵味。郭氏不仅直接引用《诗》《易》《中庸》《孟子》等儒家经典中的语句来解释他对外邦事物的认识，而且其诗作中化用的意象典故更是不胜枚举。例如，他在与上海天主教修士作别之时曾赋诗相赠：

困人天气日将幕，西游偶过上洋路。云间自是别有天，何妨萍踪权小住。幸有同人利断金，刮目相看订知音。此间既多钟子

① 周振鹤：《重印〈西游笔略〉前言》，郭连城：《西游笔略》，上海书店出版社 2003 年版，第 7~8 页。

辈，自当学鼓伯牙琴。无奈同人轻离别，而教我心蕴如结。也知
海内知己存，为何惊呼中肠热。感罢似觉泪如丝，干戈未定欲何
之。务须牢记尼山语，磨不磷兮涅不缁。销魂亭畔欲分手，暮云
春树怕回首。不知明年熟青梅，能否再煮一樽酒。①

诗中除了以伯牙子期作比他与修士们的知音之谊，还化用王勃
《送杜少府之任蜀州》的"海内存知己"与杜甫《赠卫八处士》的"惊呼
热中肠"等古诗名句来表现其惺惺相惜之情，最后更是以《论语》中
"磨而不磷，涅而不缁"一语来劝勉众修士在艰难时局中坚定信仰。
由是观之，郭连城的言行之中均展现出他具有中国传统教育背景，且
已将中国古典思想文化融入个人的事物认知和情感表达。

三、《西游笔略》中的知识和思想世界

郭连城自湖北应城出发，沿江而下，由上海、香港出境，途经越
南、斯里兰卡、埃及等地，终至意大利，并于意游历数月而返。在这
场历时一年多的旅行中，这位弱冠少年以活泼灵动的笔触将旅途见闻
逐日记录，最终整理成《西游笔略》一册。书分三卷，按时间顺序排
列，上卷为去程，中卷为旅意经历，下卷为归途。郭连城在此书中少
有长篇大论，多是言简意赅，但这寥寥数语实则集中映射了他的思想
世界与知识背景。下文从郭氏《西游笔略》着手，透过纸上文字的梳
理，分析中西文化在其思想世界中的交汇和对其知识框架的建构。

(一) 应对文化冲突

作为一名信奉天主教的中国人，郭连城身处中西两大传统的夹缝
之中，其面对的文化冲突和抉择较同时的一般人来得更直接与尖锐。
如何处理天儒矛盾，自明末传教士来华宣教和第一代奉教中国士人出
现以来便成为一个无法回避的棘手问题。郭连城在面对中西文化差异

---

① 郭连城：《古风一首赠上海众修士》，《西游笔略》，上海书店出版社
2003 年版，第 14 页。

和传统与宗教矛盾之时，除借鉴此前教内人士采取的"合儒""补儒""超儒"三种策略外，① 还展现出更多对中国文化的认同与自信。

细读郭连城对宗教礼仪的诠释，便会发现其糅合天儒的努力。他将天主教中每七日有一主日的传统与《周易》对照联系，意图从这部群经之首、六艺之原中寻求与教义、教仪可相印证之处。《周易》曰："七日来复。"②郭连城将此句解为七日为一循环，以此同《圣经》中"七天创世纪"之说和天主教七日为一周的历法规定类比。郭连城又引"先王以至日闭关，商旅不行，后不省方。古者天子以春秋祭太一东南郊，用太牢，七日为坛"，认为其中所言中国古代祭祀时"闭关""商旅不行""后不省方""祭祀"等举措与天主教每逢一周主日便"商贾闭门，停止俗务，俱进堂祈祷"的仪式亦十分相似。③ 由此他断言："此可证天主教之古经由符合于中国上古者矣。"④这些比附虽十分牵强，也是一种值得肯定的"会同中西"尝试。

郭连城不仅强调儒家思想与天主教信仰的相合之处，还试图用宗教神学来补充、改造儒家思想。"死亡"是任何文化都无法回避的话题，但儒家与天主教对"死亡"的论断和认知是有分歧的。孔子不愿轻言死后之事，对于人死后是否有知这一问题，他也未下断言，只是说"非今之急，后自知之"。"未知生，焉知死"，在孔子看来，现世生命的存在与教化比死后世界的虚无缥缈更值得关注。而身为天主教徒的郭连城则对这种观点持批判态度：

> 夫"死"一字，吾乡多以为不祥，而贱之恶之、讳之忌之，而卒不能免天主之定命，何若惧死怕死（非惧死怕死，特惧怕死后之罪罚耳）、思死忆死之为善哉。惧死怕死则可以戒恶，思死

---

① 参见侯外庐《中国思想通史》（第 4 卷），人民出版社 1957 年版，第 1207~1226 页。

② 王弼撰，楼宇烈校释：《周易注：附周易略例》，中华书局 2011 年版，第 131 页。

③ 郭连城：《西游笔略》，上海书店出版社 2003 年版，第 76 页。

④ 郭连城：《西游笔略》，上海书店出版社 2003 年版，第 76 页。

忆死则可以进善。死之一念，其善生福终之妙法欤！①

他认同孔子生死有命的观点，但是反对避而不谈死亡。在立足天主教信仰的基础上，他试图对儒家不甚清晰的"死亡观"和"死后世界"进行填补。

综上视之，在融合中国文化与天主教的基础上，郭连城对中国传统典籍进行了诠释。这种诠释的产生有着深刻的背景：其一，禁教时期华籍教士和中国教众的增加使得天主教本土化趋向不断增强，这一现实因素让天主教越来越多地吸收中国文化并逐渐适应中国社会。其二，如郭连城一般的中国教徒置身中西文化之间，中国人的身份和中华文化的影响已融入血脉无法剥离，而虔诚的宗教信仰却也难以抛弃，如此一来，在面对两大文化冲突之时他们比普通人更加无所适从。因此，郭连城的上述诠释可视为中国天主教徒在摆脱文化认同困境的努力，也有借这部朝觐记向读者宣教的意图。

郭连城会通天儒的努力显现出他具有一定的中国传统文化积淀，而旅居异国时他面对文化差异的不卑不亢以及对本国文化的积极宣传，则体现出他对中国优秀传统文化的自信。书法是中国文化的一个典型载体，其在美学艺术、精神文化等层面上的重要价值无需多言。郭连城盛赞书法为"中原字字金"，② 并十分乐于向外人展示中国书法。然而作为一个服饰、容貌皆异于欧洲人的中国人，郭连城还是不时被围观和打扰。在西西里岛、罗马等地，他都因长辫异服被当地人"呼伴观看"并尾随其后窃窃私语甚至"呵呵大笑"。③ 但郭连城却泰然处之，对于尾随议论只是淡然称："大略奇余之面貌、衣服而已。"④当郭连城行跪拜而不脱帽被意大利民众指责为"不知礼"时，他亦不为不识西礼而窘迫难安，而是向外人辩解介绍："不脱帽者，

---

① 郭连城：《西游笔略》，上海书店出版社 2003 年版，第 90 页。
② 郭连城：《西游笔略》，上海书店出版社 2003 年版，第 27 页。
③ 郭连城：《西游笔略》，上海书店出版社 2003 年版，第 47、53、64 页。
④ 郭连城：《西游笔略》，上海书店出版社 2003 年版，第 64 页。

是吾中华之礼也。"①

　　郭氏对本国文化之自豪与关切在他的言行中时有流露，但这并不意味着他是抱残守缺的文化自负之人。他在听到同船海客对当时中国人裹小脚、长长甲、信风水、烧纸钱、一男娶数妾、溺死幼女等风俗的鄙夷之声时，未加辩驳，其实也在一定程度上说明他对这些批判是认同的。毕竟作为一名天主教信徒，他自然也无法接受纳妾、祭祖等习俗。

　　郭连城对天儒矛盾的调和体现出他本人及其文字带有的宗教印记，也是此书作为朝觐记在宣传天主教上的策略取向。然而因宗教和科技对泰西诸国怀有的好感并未成为迷眼的乱花，这趟西行反而成为"一种源自文化认同增强或是批判性思考的文化反省过程"。② 在见识异文化并进行文化比较之后，对中国文化的认同让郭连城在面对外人的不解甚至诘难之时敢于出言辩驳而非诺诺称是，同时也启发了他对本国陋习糟粕的反思纠正。

（二）认知新奇风物

　　认知心理学派中的一些学者认为在面对前所未见的新事物之时，人们往往会根据以往的知识储备和既有的认知结构来对其进行理解和定义，"无论何时，只要存在着原有的认知结构影响新的认知功能的地方，就存在着迁移的情境"③。郭连城在岁余的出洋旅行中便碰到过不少类似的情况，并在他的《西游笔略》中记录下了这些新奇风物以及自己对此的认识。郭氏言辞中，虽仍有稚气未脱的揣测臆想，但恰恰反映出了他作为一个少年人真实的思想认知和知识体系。

　　首先是对耳食之言的求证与想象。《西游笔略》中记载的异国风物并非全为郭连城眼见之实，亦有道听途说者。郭连城曾在上海偶遇

---

①　郭连城：《西游笔略》，上海书店出版社 2003 年版，第 65 页。

②　郭少棠：《旅行：跨文化想象》，北京大学出版社 2005 年版，第 62 页。

③　D. P. 奥苏伯尔等著，佘星南、宋钧译：《教育心理学——认知观点》，人民教育出版社 1994 年版，第 199 页。

一朝鲜书生，交谈之余对朝鲜此国顿生兴趣。然而郭连城未曾亲赴朝鲜，为补充介绍此地的情况，遂摘录了慕维廉所著《地理全志》中"高丽国志"的部分内容，如表1所示。

表1　　　　　《西游笔略》与《地理全志》内容比较表

	《西游笔略》摘录①	《地理全志》原书②
地理位置	高丽在中国之东，纬线自赤道北三十四度起至四十三度止，经线北京偏东八度起至十八度止。东界日本海，西至中国东海，南接海峡，北连满洲绵亘九百里，广袤五百里。户口稠密，其地滨海，岛屿罗布，稼穑繁多，谷果茂盛，气候寒凉，冰雪凝积，雾露迷离。土产人参、金、珠、铁、锡、米、麻、禽兽等，（鱼行）鱼甚庶	高丽在亚西亚之东，纬线自赤道北三十四度起，至四十三度止，经线中华背景偏东八度起，至十八度止。东界日本海，西至中国东海，南接海峡，北连满洲，绵亘九百里，广袤五百里，总计三十万方里，民七百万。其地滨海，岛屿罗布，遍处港汊，停泊稳便，山川络绎，峰岭叠翠，田土丰肥，稼穑繁多，谷果茂盛，气候寒凉，冰雪凝积，雾露迷离
政治历史	其国初属燕都，汉时有高姓名句丽者，乘骊奔至其地，遂曰高丽，本名乃朝鲜也。屡次叛扰，唐时征服，始进贡中华，封职政事惟君自主，亦听命于日本	至于朝纲，历代相传，其国初属燕都，汉时有高姓名句丽者，乘骊奔至其地，遂曰"高句丽"，本名乃"朝鲜"也。屡次叛扰，唐时征服始进贡中华，王由中华封职，政事惟君自主，亦听命于中国
文化宗教	文学亚于中国，言语、技艺间有不同。贸易只与日本、中华通商。士则业儒，俗皆奉佛	文学礼仪稍优，言语技艺，间有不同。贸易止与日本、中华相通。今年本国与大英花旗等国共立和约，又定数区通商。所奉之教，士则业儒，俗则崇佛，更有天主教

① 郭连城：《西游笔略》，上海书店出版社2003年版，第10~11页。
② 慕维廉：《地理全志》上卷，清光绪九年刻本，第13页。

续表

	《西游笔略》摘录	《地理全志》原书
行政区划		通国分八省，一名京畿，乃京都也。首府名汉阳，在国之中，又有平安、京州等。土产人参、珠、铁、锡、米、麻、禽兽等，鲟鱼甚庶

由表 1 可发觉郭连城在介绍高丽国情况之时，的确以《地理全志》为主要知识来源，但也有所删改：

一是删去政区介绍及重复内容。郭连城未收录对于朝鲜港口山川的部分描述和有关该国行政区划的全部记载。这种情况并非孤例，他在随后抄录汇编"安南国志""锡兰岛志""埃及（厄日多）国志"之时，同样是以《地理全志》为底本，且亦将这些地区的政区划分、政事沿革等情况删而不录。① 因此，郭连城没有将朝鲜的行政区划摘录下来并非无心遗漏，而是有意为之。究其缘由，郭氏此书为朝觐记，对政治内容的删减主要是为了行文简练突出主题，同时政区等内容往往枯燥复杂，不如风物传闻吸引读者，故而作者在摘录记述外邦风土人情之时自然有所取舍。

二是改动部分与中国相关的内容。郭连城将"高丽在亚西亚之东"②改为"高丽在中国之东"，"文学礼仪稍优，言语技艺，间有不同"③删改为"文学亚于中国"。对读以上罗列的改动之处，不难发现郭连城不自觉地站在本国立场来打量朝鲜，他以中国为本位对朝鲜的地理位置、文学成就等方面进行评判。此外，原书中的"进贡中华，王由中华封职，政事惟君自主，亦听命于中国"被郭连城误作"进贡

---

① 郭连城：《西游笔略》，上海书店出版社 2003 年版，第 19~20、26~27、42~43 页；慕维廉：《地理全志》上卷，清光绪九年刻本，第 16~17、27~28 页；慕维廉：《地理全志》下卷，清光绪九年刻本，第 86~87 页。
② 慕维廉：《地理全志》上卷，清光绪九年刻本，第 13 页。
③ 慕维廉：《地理全志》上卷，清光绪九年刻本，第 13 页。

中华，封职政事惟君自主，亦听命于日本"。① 郭氏将"听命于中国"改为"听命于日本"，可能来自他平时涉猎的书籍。魏源的《海国图志》中提及日本及其周边地区关系时有言："朝鲜贡于对马，而对马贡于日本。"②因此，郭连城产生朝鲜听命于日本这一印象应源于《海国图志》，并据此对他认为的《地理全志》中记载有误之处进行了修正。

从上述郭连城对"高丽国志"记载的处理中，可以看出他在介绍自己不甚清楚的邻国时，搜寻了多种资料，并在此基础上对该地情况进行整合汇编。由此可知他是具有一定的求实意愿的。但同时从他对材料有选择的删减修改来看，他在记录未曾亲见的地域风情之时，也存在穿凿附会和刻板印象作祟导致的问题。这一点在他对死海的记载中亦可见一斑：

> 死海……相传古为蛮国，民类甚恶，激犯天怒，上主以硫火灭之，夜间似闻鬼哭，土人目为魔地。好事者群往观伺，日落后，奇声大作，如啸如号，莫不悄悲肃恐，似乎声在树间。至今相戒，不敢夜宿于其处。③

这段死海怪谈并非郭连城杜撰，而是来自合信的《博物新篇》。④这种鬼哭狼嚎的恐怖声效实际是因沙漠地区的风声造成的，并不是郭氏所说的天怒硫火下丧生的冤魂嚎哭。这个科学解释在如今看来并不高深，但对于郭连城这个长期处于闭塞环境中的少年来说也许是前所未闻的。因此，他将今人看来怪诞甚至有些愚昧的传闻记录下来，实在无可厚非，甚至其乐于搜罗资料、记录新知的精神还是值

---

① 郭连城：《西游笔略》，上海书店出版社 2003 年版，第 16、18 页。

② 魏源：《海国图志》，卷 12，道光二十九年古微堂刻本，第 9 页。

③ 郭连城：《西游笔略》，上海书店出版社 2003 年版，第 104~105 页。

④ 合信：《博物新编初集》，王扬宗编校：《近代科学在中国的传播（上）——文献与史料选编》，山东教育出版社 2009 年版，第 93 页。

得肯定的。

其次是对眼见之事的理解与认识。相较记述纸上得来之物时的怪异猎奇，对于亲眼目睹的新奇事物，郭连城的文字显露出更多的平淡朴实。但在平铺直叙之间，也不时夹杂着带有主观色彩的认知和评论。

郭连城一路西行，所见奇观新物不少，但对科教事业尤为关注。在意大利游览时，他曾随主教徐伯达至一教会学校，见其中幼童"行止坐卧皆循规蹈矩"，"问以经言道理，俱对答如流"。① 盖因郭连城未曾见过此类学堂，中文里也没有切实对应的专有名词，于是他便依照自己的理解从《易》中取字为此学堂定名"训蒙馆"。"训蒙馆"之"蒙"取自《周易》"蒙以养正，圣功也"。② 此句原意为教育开导者在启发引导蒙昧者时要注重尊重其主体自觉，使之走上正轨，这就是为圣之功。③ 郭连城便借用此句，以"蒙"代指校内就读的幼童们，他们在馆中受训得以启蒙，习得文法数算、宗教经义，则是天主教之"圣功"。可见他主动从自己已有的认知结构中提取与新事物最相关的旧知识，将新事物与旧知识勾连起来，并迁移到旧有的认知体系之中，以他本人熟知的中国传统文化来理解西洋新鲜风物。感触异文化唤醒了他对自己文化习俗的"反刍"，激发了"不由自主的文化比较与认同"。④ 因此在这部游记中，郭连城仍更多地采用中国文化身份对西洋景物进行凝视。

广阔天地的交游历练增广郭连城的见闻，但是在他的游记中，仍有一些想当然和歧视性的观念。如他嫌弃黑人"像貌丑陋"，贬斥他们为"天下最劣者"。⑤ 又如他对锡兰岛民"敬牛如敬父"的习俗信仰大为诧异，指责当地的"缙绅巨族恬不知羞"，认为当地人直到改信

① 郭连城：《西游笔略》，上海书店出版社 2003 年版，第 67 页。
② 王弼撰，楼宇烈校释：《周易注：附周易略例》，中华书局 2011 年版，第 31 页。
③ 余敦康解读：《周易》，国家图书馆出版社 2017 年版，第 89 页。
④ 郭少棠：《旅行：跨文化想象》，北京大学出版社 2005 年版，第 63 页。
⑤ 郭连城：《西游笔略》，上海书店出版社 2003 年版，第 31 页。

天主教后才"其陋为稍减云"。① 郭氏怀有此种观点，一方面是他的宗教信仰所致。他本身崇信天主教，对其他宗教习俗的包容度自然不会很高。另一方面是当时的时代背景所致。在文明交流尚未深入发展的 19 世纪，歧视与偏见并非郭连城独有的问题，种族歧视与隔离在西方亦是大行其道，更遑论郭这个长久处于较为封闭环境的少年。

乘槎远游途中，郭连城听闻见识了不少怪怪奇奇之景、前所未至之地。在了解耳食之言时，他具有求真探索之心，寻找多种书籍资料，对照辨析之后才下笔摘抄。然而刻板印象和猎奇心态等多重因素的作用又为郭连城的文字增添了个人色彩。在解释眼见之物时，他习惯性地以东方色彩来描绘西洋风物。他有包容中西差异的广阔胸襟，也有歧视其他文明的俗陋之见；有在行万里路中更正陈见的勇气，也有因思维见识所限产生的谬误。无论如何，这些记述展现出的，既有这个少年中西兼容的知识体系和认知方式，又有他复杂多面的思想世界。

（三）崇尚科技实学

政治类内容在《西游笔略》这部小书中鲜见影踪，即便有所涉及，郭连城也通常不加评论，只是直书其事。倒是他的胞弟郭栋臣，在为连城此书做的增注中，对不少国家地区的历史沿革和殖民情况进行了补充。②

与复杂的时政大事相比，郭连城更关注西游途中偶现的天文地理奇观和西洋科技产品。比如，在讲到太平军事件之时，他只是在记述报纸印刷和种类之间提了一句，仅有短短三十字，但对于报纸的印字之法、内容作用却用九十余字详述。如此，其兴趣所在不言自明。郭氏游记中大书特书的奇景新物不止于此，详见表 2。

---

① 郭连城：《西游笔略》，上海书店出版社 2003 年版，第 27 页。

② 郭连城著，郭栋臣增注：《增注西游笔略》，武昌天主堂印书馆 1921 年版。

表 2 　　　　　　　郭连城旅途所记奇景新物表

奇观新物	所见之地	征引书籍或来源
海市蜃楼	未见，诗中提及故述其原理	《博物新篇》
火轮船	自上海登船	《博物新篇》
吞舟之鱼	未见	《坤舆图说》《博物新篇》
象皮树	锡兰岛	《博物新篇》
地圆说	非洲北部海中有感而发	《天文略论》《博物新篇》
月食	未见，由地圆说延伸而写	《博物新篇》
地球自转成昼夜论	红海上有感而发	修院所学、《遐迩贯珍》
电雷线(有线电报)	埃及	《博物新篇》
火轮车	埃及	《博物新篇》
喷泉	意大利	《农政全书》
火山	意大利	《六合丛谈》
自燃灯(轻炭二气说)	意大利	《博物新篇》
海虾蟆	地中海	《坤舆图说》
红海航鱼	红海	《职方外纪》
洋海论	过亚丁湾有感而发	《博物新篇》《六合丛谈》
飞鱼	印度洋	《坤舆图说》
信风	印度洋	《博物新篇》
泳气钟说(潜水器)	未见，由印度洋沉船想起	《博物新篇》
却水衣(救生衣)	未见，由印度洋沉船想起	《博物新篇》
指南针	归程船上所见有感	《博物新篇》
寒暑针	归程船上所见有感	《博物新篇》《遐迩贯珍》
灯塔	归程船上所见有感	《遐迩贯珍》
十字星、观星法	归程船上所见有感	《圜天图说》《中西通书》
地理撮要纲目及地球图	未见	《遐迩贯珍》

郭连城在旅途中对此前所学科学知识温故知新的同时，还将所见

新奇事物记录在册，并自所读书刊搜寻其背后原理。不少奇观新物除了文字论述还配有简单插图，但这些插画并非如周振鹤先生所推测的出自郭氏"自己的手笔"，① 而是临摹下来的。如灯塔、寒暑针的插画和地球图均摘自《遐迩贯珍》，② 指南针的配图则来自《博物新篇》。③

尽管书中的知识和插画并非全属作者原创，但是郭连城实在可称一位好学之士。在埃及，他参观了机磨面坊"心窃异之"，于是便在当日游记中记下了"无数铁磨自旋如飞"的"神速"。④ 在意大利，他目睹了水轮纺织厂和国营兵工厂"铁轮飞舞"的情景后，赞叹机器工业的"用力少而成功多"。⑤ 这其中流露出的除了对科学知识的崇拜，更有他注重实用的观念。他曾在说明火轮船原理后感慨："夫水汽既有如是之功用，且庸而不奇，仍不失吾儒格物之理，高明之士岂可徒事章句，而将此利国益民之制置而不论也哉？"⑥言辞之中隐含着对当时一些儒生醉心章句之学的不满和学子惟科名是趋的批判。

郭连城对实学的推崇，不仅源于对当时学风的不满，也来自他在

---

① 周振鹤：《重印〈西游笔略〉前言》，郭连城：《西游笔略》，上海书店出版社 2003 年版，第 4 页。

② 灯塔图参见郭连城《西游笔略》(郭连城：《西游笔略》，上海书店出版社 2003 年版，第 108 页)，《照船灯塔画解》[松浦章、内田庆市、沈国威编著：《遐迩贯珍(附解题·索引)》，上海辞书出版社 2005 年版，第 406 页]。寒暑针图参见郭连城《西游笔略》(郭连城：《西游笔略》，上海书店出版社 2003 年版，第 108 页)，《热气理论(论冷热表)》[松浦章、内田庆市、沈国威编著：《遐迩贯珍(附解题·索引)》，上海辞书出版社 2005 年版，第 484 页]。地球图参见郭连城《西游笔略》(郭连城《西游笔略》，上海书店出版社 2003 年版，第 130 页)，《遐迩贯珍》1854 年第 2 号到 1855 年第 1 号每期扉页均印有此图[松浦章、内田庆市、沈国威编著：《遐迩贯珍(附解题·索引)》，上海辞书出版社 2005 年版，第 585、595、604、613、620、628、636、644、651、660、668 页]。

③ 指南针图参见郭连城：《西游笔略》，上海书店出版社 2003 年版，第 109 页；合信：《博物新编初集》，王扬宗编校：《近代科学在中国的传播(上)——文献与史料选编》，山东教育出版社 2009 年版，第 69 页。

④ 郭连城：《西游笔略》，上海书店出版社 2003 年版，第 43~44 页。

⑤ 郭连城：《西游笔略》，上海书店出版社 2003 年版，第 73 页。

⑥ 郭连城：《西游笔略》，上海书店出版社 2003 年版，第 23 页。

崇正书室所受的教育。在修院中，他受传教士教诲，学习近代西方科学知识，培养了对此种学问的爱好和思维。他所说的"吾儒格物之理"未必是传统儒学，更多的是经利玛窦、徐光启等早期在华传教士和信教儒士改造引申而来的"格物穷理之学"。这是天儒混合的产物，恰如他本人一般。

四、结　语

郭连城是晚清较早浮海西行的中国人。作为一个弱冠少年，他在旅途之中丝毫不以为苦，反而不时表露出"天涯何处不乡关"①的豪迈豁达。如同许多首次出游的人一样，他会因中西风俗之差异而感叹："寻常一样生风物，才到西洋便不同"②，也会在记述异域风物时掺杂夸大附会和主观臆测。但作为一个受过中国传统文化教育的天主教徒，其身份的特殊性又让他的文字显露出独特性。他所著的游记《西游笔略》中展现出了这位中国青年教徒的知识背景与精神世界，或可说是他此前人生经历的投射。以儒家思想为代表的中国传统文化和以天主教信仰、近代西方科学知识为主的西学共同构建了他的知识体系，并影响着他的认知模式。郭连城不仅以此来会通天儒、化解文化认同之困，亦借此来联系中外、解释新知异闻之奇。其中一些稍显牵强的解释背后是中国教徒解决文化认同困境的挣扎和天主教本土化的体现，而西洋风物的中国式书写、展示中国书法的自豪和面对文化差异的坦然则是他文化自信的表露。此外，对当时学风的反感和修院教育的双重推动下，崇实黜虚的思想植入他的心中且在其游记中时时显现。

（作者系武汉大学历史学院硕士研究生）

---

① 郭连城：《西游笔略》，上海书店出版社 2003 年版，第 5 页。
② 郭连城：《西游笔略》，上海书店出版社 2003 年版，第 73~74 页。

明清时期"均口"与"小江口"地名辨疑

——兼论均水入汉河道的变迁

江 瑞

摘要： 明清时期，"均口"和"小江口"经历了名称由区别到统一，隶属政区由谷城县改至光化县的过程。结合明清时期游记、地方志、地理总志以及奏疏文集，对比分析相关记载的性质、来源，可知均水的河道迁移、汉水的涨退，都影响着两者名称和隶属政区的变化。明后期，均水由谷城县入汉的故河道湮废，"均口"所指的具体地点也随之淹没，而均水于光化县"小江口"入汉的河道则越来越重要。至清代中后期，"小江口"取代了"均口"成为均水入汉处的特称，"均口"则逐渐仅存在于典故之中。亦有史料融汇诸说，认为"小江口"是"均口"的俗称，但多用"小江口"表示均水(丹水)入汉。

关键词： 均口；小江口；明清时期；隶属政区；河道变化

明清以前，"均口"特指均水入汉水之口，明代"均口"与"小江口"并称，两者关系逐渐扑朔迷离，清乾隆时期，官方文书和地方志皆明确指出"小江口"即"均口"。此后，"小江口"取代"均口"成为均水入汉水之口的特称，而"均口"这一称呼，渐渐不为时人所用，仅留存于典故之中。

本文爬梳相关文献，对比分析"均口"名称变化的不同记载，试图探讨该地区明清时期的河道情况，梳理均水与汉水交汇处的建置沿革，捕捉这一变化背后的历史故事，对明清时期"均口"和"小江口"的地望进行初步考察。

一、明清以前的"均口"

《水经注》关于均水的记载最为详细。《水经》"沔水"篇"（沔水）又东南过涉都城东北"下郦道元注曰："故乡名也。按《郡国志》筑阳县，有涉都乡者也。汉武帝元封元年，封南海守降侯子嘉为侯国。均水于县入沔，谓之均口也。"①郦道元这一说法，为后代学者所继承和引用，"均口"指均水入沔水处。

更为人们所熟知的是桓温北伐"自襄阳入均口"的典故。《十六国春秋》载："二月乙丑，晋大司马桓温统步骑四万，发江陵水军自襄阳入均口至南乡，步兵自淅川趋武关，命司马勋出子午道趋长安。三月，温遣别将攻上洛，获荆州刺史郭敬，进击青泥城，破之。"②这是东晋穆帝永和十年（354）桓温第一次北伐的故事。桓温亲率步骑兵四万，自江陵由水路经襄阳入均口，后自淅川直趋武关。《晋书》和《资治通鉴》亦记载桓温北伐经过"均口"之事。③ 稍晚的文献已对均口的地望有所考证。《舆地纪胜》先引《资治通鉴》的说法，④ 又引《皇朝郡县志》解析"均水"："在谷城县入沔，谓之均口。"⑤王象之和范子长认为均口在谷城县，而南宋朱熹则认为均口在均州，其在《通鉴纲

---

① 郦道元注，杨守敬、熊会贞疏：《水经注疏》卷 28《沔水中》，江苏古籍出版社 1989 年版，第 2355 页。

② 崔鸿：《十六国春秋》卷 34《前秦录二》，中华书局 1985 年版，第 216 页。

③ 《晋书》卷 98，中华书局 1974 年版，第 2572 页；司马光：《资治通鉴》卷 99《晋纪二十一》，中华书局 1956 年版，第 3138 页。

④ 王象之：《舆地纪胜》卷 87《京西南路·光化军》，中华书局 1992 年版，第 2794 页。

⑤ 王象之：《舆地纪胜》卷 82《襄阳府》，中华书局 1992 年版，第 2655 页。《皇朝郡县志》是宋人范子长所撰，已佚，王象之多次引用，参见李勇先：《范子长及其〈皇朝郡县志〉》，《宋代文化研究》第 11 辑，线装书局 2002 年版，第 239 页。

目》中说:"均口,均水之口,在均州。汉地志:丹水东流折入均水。"①谷城县建置自唐以后已趋于稳定。② 宋代均州和武当交替置废,至元代,均州领武当县,属襄阳,才渐趋稳定。③ 朱熹把均口与均水、均州相联系,认为均口在均州。盖此时的均水先流经均州,再流至谷城入汉。

对于小江口,《金史》卷118《武仙列传》记载:"四月,仙遣大理寺少卿张伯直取粮于襄阳,屯军小江口以待之。"④武仙是金朝将领,故最晚至南宋时期已有"小江口"的称呼,"小江口"也是襄阳军事要地。

合而观之,"均口"和"小江口"皆为襄阳军事的战略要地,为襄阳北上南乡水路必经之地,也是粮食运输的重要关口。当据《舆地纪胜》所记载,"均口"大致位于宋代谷城县境内。明清以前的史料中,"小江口"与"均口"尚未同时出现,并且缺乏"小江口"的相关记载,不足以梳理两者关系。

二、明清时期的丹水于小江口入汉

明代的游记多谓丹水于"小江口"入汉。丹水和均水汇合后实为一水,故均水入汉与丹水入汉当在一处。《徐霞客游记》载:"初七日,行五里,出峪。大溪自西注于东,循之行十里,龙驹寨。寨东去武关九十里,西向商州,即陕省间道,马螺商货,不让潼关道中。溪下板船,可胜五石舟。水自商州西至此,经武关之南,历胡村,至小江口入汉者也。"朱惠荣先生注:"武关,今名同,在陕西丹凤县东隅;此大溪明代称丹水,今丹江,小江口今称江口,在湖北均县丹江

---

① 朱熹撰,清圣宗玄烨批:《御批资治通鉴纲目正编》卷20,哈佛大学汉和图书馆珍藏1935年版,第44~45页。

② 李贤:《明一统志》卷60《襄阳府》,三秦出版社1990年版,第1927页。

③ 党居易、江闿纂修:《均州志》,《中国方志丛书》华中地方1386号,台湾成文出版社有限公司2017年版,第80~81页。

④ 《金史》卷118《武仙列传》,中华书局1975年版,第2580页。

汇入汉江处。"①可见，朱惠荣先生认为"小江口"即今丹江口，在湖北均州。胡村，在今淅川县西北九十里。《读史方舆纪要》引《舆程记》："在(淅川)县西北水门四十里至幪围，四面皆山，又四十里至胡村，有陆行九十里至青山，又九十里为清油河，又四十里而入武关是也。"②徐宏祖从陕西洛南沿着丹水行至龙驹寨，随后走陆路从郧阳府至均州太和山，用"大溪"来描述丹水，并谓之从商州经武关南、胡村，于小江口处入汉江。徐氏未提及均水，用"小江口"称呼丹水入汉处。

《舆程记》亦是明代游记，顾祖禹多次引用。其与《徐霞客游记》皆为游记，以实地考察为主，时效性强，所反映的当为明代地理。③《读史方舆纪要》卷127"光化县城北"下引《舆程记》云："自均州九十里至小江口，又六十里至光化县。"④此处里程指小江口至均州和光化县治所的距离。小江口距均州治九十里，至光化县治六十里，离光化县治更近。

徐宏祖的路线自龙驹寨始，至小江口入汉；而殷化行的行程则是从襄江过小江口后沿丹水上溯至龙驹寨。《碑传选集》载："广募流民为运夫，编以卒伍法，择善书计者领之。先驰至龙驹寨，度地计程，自襄阳溯襄江历谷城、光化至均州之小江口，经内乡、淅川过荆子

---

① 徐宏祖著，朱惠荣校注：《徐霞客游记校注》，云南人民出版社1985年版，第64页。

② 顾祖禹撰，贺次君、施和金点校：《读史方舆纪要》卷51《河南六·南阳府》，中华书局2005年版，第2427页。

③ 明清时期的地理学可大致分为两脉，徐霞客、王士性一派以实地调查为主，顾祖禹一派，则以资料整理研究为主，侧重于沿革地理研究。(冯岁平：《简论明清之际地理学的发展——以徐霞客、顾祖禹为例》，《徐霞客逝世360周年纪念文集1587—1641》，徐霞客逝世360周年纪念活动暨学术研讨会组委会2001年版)《读史方舆纪要》成书于清初，顾祖禹所参考的资料也以明代的为主，包括地方志、游记和笔记，因此《纪要》所反映的地理景观亦以明代居多，顾祖禹广泛引用《舆程记》就是一个例证。

④ 顾祖禹撰，贺次君、施和金点校：《读史方舆纪要》卷79《湖广五·襄阳府》，中华书局2005年版，第3728页。

关、徐家店入商南境，过竹林关抵龙驹寨，凡水路八百七十余里。襄江用江船，入小江口改用鳅子船，过徐家店又改用八、九石小船，计运费每石五钱有奇：皆督水运者主之。"①汉水过襄阳段为襄江。殷化行从襄阳上溯襄江过谷城县、光化县，至均州之小江口进入丹水（或均水），历内乡县、淅川县，沿着丹水过荆子关、徐家店入商南，过竹林关抵达龙驹寨。综合《舆程记》的记载，"小江口"当在均州与光化县的交界处。

川陕总督佛伦《筹秦疏》所记载的里程更为详细："湖广襄阳府有自襄江进小江口通于陕西商州龙驹寨水路一道：自襄阳府至小江口二百四十里，襄江大船载运，每船可八九十石至百石；自小江口换小船至河南淅川县荆子关二百余里，每船可四五十石；又于淅川县换小船至陕西商南县徐家店二百余里，河狭滩多，每船可载七八石；自徐家店至商州龙驹寨二百里，此段水路多滩险每船可载五六石。"②自襄阳府至小江口二百四十里，小江口至淅川县荆子关、淅川县至徐家店、徐家店至龙驹寨分别二百余里。而《广阳杂记》云："襄阳府志陕西商南县。襄阳府水路九十里半扎店。一百十四里小江口湾船处。北行入小江。六十里至李官店。八十里淅川县。一百二十里荆子关。二十里梳洗楼。陕西界矣。一百里徐家店。一百一十里竹林关。一百里龙驹寨。"③小江口至李官店六十里，再八十里至淅川县，一百二十里至荆子关。小江口至荆子关共二百六十里，与《行水金鉴》的记载大致相符。关于明清时期内乡县、淅川县、均州、光化县、谷城县的相对地理位置，可参看图1。

---

① 殷化行：《殷公化行武略记》，潘耒：《碑传选集》（三），台湾大通书局1984年版，第303～304页。《碑传选集》是清代的传记体史料，道光年间，尝就清初至嘉庆朝止二百年间闲采集各类人物碑版状记之文，旁及地志杂传。选其与南明并郑氏以及其后台湾史事直接、间接有关人物之文，计一百十八人，文凡一百四十四篇；不依类分，改按时代顺序排列。

② 傅泽洪：《行水金鉴》卷140《运河水》，《钦定四库全书》第581册，中国书店出版社2014年版，第23页。

③ 刘献廷：《广阳杂记》卷1，中华书局1997年版，第51页。

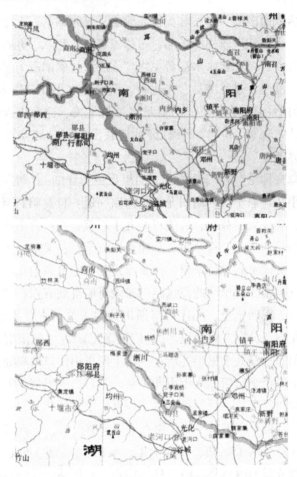

图 1 《中国历史地图集》"河南"图幅节选(上:万历十年、下:嘉庆二十五年)①

---

① 关于丹水、均水、淅水的关系,清代学者许鸣磐《方舆考证》记载两种说法:"均淅既合,故会丹水可谓之淅口。丹均既合,入汉处又谓之均口,互受通称之义也。又或以淇河为淅水,《水经注》所序亦不甚合。"汪士铎、杨守敬等清代学者依今本《水经注》把古析水、均水分开,以今淇河作古析水、今淅水当古均水。徐少华先生认为这不但与《水经注》本身关于这一带山川城邑的记述相矛盾,也与其他文献记载和实地考古遗存状况不符。因此,《中国历史地图集》将均水和淅水合一,当无误。(徐少华:《〈水经注·丹水篇〉错简考订——兼论古析县、丹水县的地望》,《中国历史地理论丛》1988 年第 4 期)

地志中的丹水入汉处亦称为"小江口"。《大明一统志》云："玉照崖,在内乡县顺阳保,自丹水行,谓之小江口。"①《(嘉靖)邓州志》:"百三十里曰丹江,其源出陕西商洛县竹山,流经淅川与淅水合,至堡南小江口入汉江。"②显然在明代,丹江于小江口入汉已经成为共识。

三、清代"均口""小江口"隶属政区的变化

(一) 在谷城县界

《读史方舆纪要》卷 79"均州"下云:"均水,在州东,自河南淅川县流入境,至谷城县入于汉江,今故道已湮。"③顾祖禹描述均水流向:自河南淅川县流入均州,至谷城县入汉江。乾隆《襄阳府志》引用《水经注》的说法:"均水自州东北来,《水经》云:水出淅县北山,南流过其县之东。注云:发源弘农卢氏县熊耳山,县即淅县之北乡,故言出淅县北山也。东南流注经其县南,越南乡县,又南流域丹水合,又南经涉都县北,南入于沔,谓之均口。"④并注解"今俗所谓小江口是也。"进而认为:"涉都,在今谷城县境,是均口之北为均州,其南为谷城,故两境接壤处。"⑤《明史》卷 44"襄阳府":"谷城,在府西,少北。东北有汉水,又有均水流入焉,谓之均口。又有筑水,

① 李贤:《大明一统志》卷 30《南阳府》,《钦定四库全书》第 472 册,中国书店出版社 2014 年版,第 7 页。
② 潘庭楠:《(嘉靖)邓州志》卷 8《舆地志》,上海古籍出版社 1963 年版,第 28 页。
③ 顾祖禹撰,贺次君、施和金点校:《读史方舆纪要》卷 79《湖广五·襄阳府》,中华书局 2005 年版,第 3728 页。
④ 陈锷、王正功等修:《(乾隆)襄阳府志》卷 4《山川》,《中国方志丛书》华中地方第 1371 号,台湾成文出版社有限公司 2017 年版,第 278~279 页。
⑤ 陈锷、王正功等修:《襄郡汉水径流考》,《(乾隆)襄阳府志》卷 4《山川》,《中国方志丛书》华中地方第 1371 号,台湾成文出版社有限公司 2017 年版,第 288 页。

经县治东南，注于汉水，曰筑口。"①乾隆年间的地方志和以乾隆四年武英殿原刊本为底本点校出版的《明史》，皆谓均口在谷城县境，并指出均口位于谷城县的东北方向，谷城与均州交界之处。《襄阳府志》将"均口"和"小江口"称呼合二为一，明确指出"均口"的俗称为"小江口"。

毕沅《关中胜迹图志》："竹林关，《一统志》：在山阳县东一百三十里，临丹水，自此登舟，经淅川、谷城至小江口入汉，为下襄阳水路。明成化十三年置巡司，今裁。"②该书成于乾隆时期，所引《一统志》当为康熙或乾隆本，查乾隆本《一统志》："竹林关，在山阳县东一百三十里，临丹水，自此登舟，经淅川、谷城至小江口入汉，为下襄阳水路。"③乾隆《府厅州县图志》："竹林关，在县东一百三十里，临丹水，自此舟行，经淅川、谷城至小江口入汉。"④两者皆谓自竹林关走水路会经淅川县和谷城县，再由小江口进入汉江，"经淅川、谷城至小江口入汉"。此处虽未直接说明"小江口"隶属谷城县，但均水仍经谷城后入汉。

（二）在光化县界

乾隆之后的史料似乎皆载均水于小江口入汉。乾隆后期成书的《通鉴辑览》引《通鉴》的桓温北伐事迹，并对"均口"作注曰："在襄阳光化县西北。"⑤虽引旧事迹，但未沿袭"均口"在谷城或均州的旧说，而是以光化县治为参照。嘉庆重修《大清一统志》记均水于光化县汇入汉水，称为"小江口"，亦是《水经注》所载之"均口"，"均水，

---

① 张廷玉：《明史》卷 44《志第二十地理五》，中华书局 1974 年版，第 1084 页。

② 毕沅：《关中胜迹图志》卷 25《古迹》，《钦定四库全书》第 588 册，中国书店出版社 2014 年版，第 34 页。

③ 和珅：《钦定大清一统志》卷 193《商州》，《钦定四库全书》第 480 册，中国书店出版社 2014 年版，第 24 页。

④ 洪亮吉：《（乾隆）府厅州县图志》卷 23，《续修四库全书》第 626 册，上海古籍出版社 2002 年版，第 362 页。

⑤ 傅恒等：《御批历代通鉴辑览》卷 30《晋》，《钦定四库全书》第 338 册，上海人民出版社 2004 年版，第 17 页。

在光化县西北,自河南南阳府淅川县流入均州界,又南流至光化县界入汉,名小江口……"①对小江口的位置有类似记载:"小江口关,在均州东南八十里,接光化县界,路出河南。"②《方舆考证》以小江口为均口:"小江口关,在均州东南八十里,接光化县界。小江口,即均水入江之口也。"③据此可知,许鸣磐以"小江口"为"均口",属光化县。光绪《襄阳府志》"光化县"条:"均水在县西北,自河南南阳府淅川县流入均州界,又南流入县境入汉,名小江口。"④可见,清光绪年间的记载把均水入汉处直接称为小江口,位于光化县境内,可能借鉴了嘉庆《大清一统志》的说法。

杨守敬、熊会贞对"涉都城"的疏文亦言"(涉都邑)在今光化县西"。⑤《清史稿》"均州条"记载:"又均水自州南流,至光化之小江口,亦入之。有草店、浪河诸镇。光绪四年置孙家湾巡司。"⑥民国时期仍以光化县小江口为均水入汉水处。

均口和小江口的名称交替出现,隶属政区也前后不一。《水经注》记载的均水河道较为详细,郦道元言均水于涉都乡涉都城附近入汉。桓温北伐时"自襄阳入均口"。据《皇朝郡县志》,宋代设立过谷城县,均水于此入沔,故此时均口亦在谷城县。"小江口"出现于《金史》中,这大概是最早记录小江口的正史。

明清时期关于"小江口"和"均口"的记载颇多,游记地志、政书正史皆有涉。《徐霞客游记》《殷公化行武略记》《行水金鉴》记载了从

① 穆彰阿:《(嘉庆)大清一统志》卷346《襄阳府一》,《四部丛刊续编》第0223册,上海书店1989年版,第886页。

② 穆彰阿:《(嘉庆)大清一统志》卷348《襄阳府三》,《四部丛刊续编》第0223册,上海书店1989年版,第921页。

③ 许鸣磐:《方舆考证》卷59《襄阳府·关镇》,国家图书馆出版社2014年版,第73页。《方舆考证》是许鸣磐深入研究、严密考证《读史方舆纪要》而成的著作。

④ 恩联修,王万芳纂:《(光绪)襄阳府志》卷2《山川》,《中国方志丛书》华中地方第362号,台湾成文出版社有限公司1976年版,第248页。

⑤ 郦道元注,杨守敬、熊会贞疏:《水经注疏》卷28《沔水中》,江苏古籍出版社1989年版,第2355页。

⑥ 赵尔巽:《清史稿》卷67《地理志十四》,中华书局1976年版,第2179页。

襄阳襄江至商州龙驹寨的水上路线，《殷公化行武略记》言均州之小江口，盖小江口在均州与光化县两境接壤处。《大明一统志》言丹水之小江口，《（嘉靖）邓州志》亦载丹水"至小江口入汉"。

顾祖禹记"小江口"在均州接光化县，而均水却于谷城县入汉。《禹贡锥指》和《行水金鉴》记载"均口"位于谷城县。《明史》指出均水在谷城东北方向流入。之后的史料往往把小江口和均口对照，《（乾隆）襄阳府志》指出均口北为均州、南为谷城，两境接壤处，均口俗称小江口。《关中胜迹图志》和《（乾隆）府厅州县图志》记录从丹江走水路，经淅川、谷城可以至小江口入汉。可见此时均水多对应"均口"，在谷城县；丹水则多对应"小江口"。

乾隆后期，对于"均口"和"小江口"隶属县的记载有较大变化。乾隆三十三年成书的《通鉴辑览》云"均口"位于光化县西北。《（嘉庆）大清一统志》、《方舆考证》也称小江口关在均州东南八十里，接光化县界，小江口为均水入汉江口。《（光绪）襄阳府志》直接记载："均水南流入光化县境入汉，名小江口。"《清史稿》亦曰"光化之小江口"。至今，均水汇丹水后在今丹江口市境内入汉。

综上，乾隆年间史料的变化颇为重要。《（乾隆）襄阳府志》明确了"小江口"为"均口"的俗称，此后的史料记载亦多为均水至小江口入汉。对于均口和小江口的隶属政区，有均州、谷城县、光化县三种说法。游记中的小江口往往为丹水入汉处，属均州光化界；而乾隆以前，小江口属谷城县；乾隆以后，属光化县。在政区未调整的情况下，我们推测这些记载差异应与均水的河道变迁有关。

四、明清时期均水的河道情况

（一）均水于谷城入汉河道"已湮"

均水于谷城县入汉的说法可以追溯到《水经注》。经文有沔水过涉都城，而均水又过涉都邑后入沔水，因此可以推测涉都城为均水入沔处，涉都城地望也成为考察均口地望的关键。均口属谷城县的说法可早至宋代的《皇朝郡县志》，此时的谷城县建置也趋于稳定；均口属均州则可追至南宋朱熹的《通鉴纲目》。

清初史料已明确指出均水由谷城县入汉的河道已湮。《读史方舆纪要》卷79"均州"下云:"均水,在州东,自河南淅川县流入境,至谷城县入于汉江,今故道已湮。"①胡渭《禹贡锥指》释"涉都城":"故乡名也,《郡国志》:筑阳县有涉都城,均水于县入沔,谓之均口。"胡渭按曰:"涉都城,在谷城县界。均水自南阳府淅川县流经均州,至谷城入汉,今故道已湮。"②沈炳巽《水经注集释订讹》:"涉都城,在今谷城县界。均水自南阳府淅川县流经均州,至谷城入汉,今故道已湮。"③后两者的记载可谓如出一辙,极可能一脉相承。而《纪要》的说法虽有稍有不同,但观点无异。

以上三种史料皆成书于清代初年,对均水河道的记载较为一致:均水从南阳府淅川县流经均州,于谷城县境内汇入汉水,而这条水道已经淤塞、被埋没,成为"故道"。那么,这条"故道"何时消失,"今河道"与之相比又有何不同?

仅《纪要》记"河南淅川县",其余皆载"南阳府淅川县"。元代淅川地区属内乡县,明代成化年间析内乡西南区域置淅川县,属南阳邓州,直至道光十二年。④"自南阳府淅川县流径均州,至谷城入汉"

---

① 顾祖禹撰,贺次君、施和金点校:《读史方舆纪要》卷79《湖广五·襄阳府》,中华书局2005年版,第3728页。

② 胡渭:《禹贡锥指》卷14,《钦定四库全书》第67册,中国书店出版社2014年版,第31页。

③ 沈炳巽:《水经注集释订讹》卷28,《钦定四库全书》第574册,中国书店出版社2014年版,第6页。

④ 《淅川县志》载:"西魏改东西淅阳县为中乡和淅川二县,北周时期,淅川并入中乡,唐代置后寻废,五代梁复淅川县,属邓州。金初淅川县废,并入内乡,正大年间复置,属邓州。元代,淅川、顺阳并入内乡,属河南江北行省南阳府邓州。明代,成化六年,淅川自内乡分出置县,属南阳府邓州,治马蹬。清初属南阳府,道光十二年,改县为厅。"(淅川县地方史志编纂委员会:《淅川县志》,河南人民出版社1990年版,第60~61页)郭红、靳润成的《中国行政区划通史·明代卷》采用《明史》的说法云:"成化六年增设邓州淅川县。"然《(嘉靖)邓州志》、《(康熙)淅川县志》、《(嘉庆)大清一统志》、清咸丰《淅川厅志》皆记载淅川县设置于成化八年。(谷玲玲:《〈明史·地理志〉订误四则》,《古籍整理研究学刊》2021年第4期,第73~74页)

这一记载应起源于明代，为南阳府和淅川县建置之后的说法。因此，"自南阳府淅川县流径均州，至谷城入汉"这一条故道，最晚至成化年间还存在。这条故道湮废的时间，大致在明中叶至清初时段。

若从这个角度看，均水从谷城县入汉故道于明中后期淤塞，那么此前该河道持续存在。"小江口"或为"均口"的俗称，或均水由另一条河道入汉。《十堰历史建置考》潘彦文按语："均水古来应有二，今丹水入汉处亦为主流均水河道。另有一条均水，则当从均水盆地分流经邓州境在老河口市境入汉江。此均水河道现已淤塞。"①也许编者已经注意到均水的河道变迁，提出了均水有两条河道，一是今丹水河道，一是从均水盆地分流经邓州境后在老河口市境内入汉江。这一说法的确切程度尚可考证，但可明确的是，均水河道确实经历过较大改动，极有可能曾经分为两股水入汉江。

由此可知，明代前期，均水自南阳府淅川县流经均州，至谷城县汇入汉水。至明后期，该河道湮废。

(二) 均水于光化县入汉河道尚存

宋置光化军，领干德县，熙宁中军废，改干德为光化县，元属襄阳府。② 明为光化县，《明史·地理志》："光化县在襄阳府西北，洪武十年省入谷城县，十三年复置。国朝因之，康熙三年分属湖北布政使司。"③元代以降，光化县的建置渐趋稳定。

顾氏引用明代的《舆程记》，言小江口在均州接光化县处。乾隆三十三年成书的《通鉴辑览》注"均口"位于光化县西北，《(嘉庆)大清一统志》也称均水从光化县之小江口入汉。《方舆胜览》亦记小江口为均水入汉江处。光绪《襄阳府志》和《清史稿》皆如此。嘉庆之后的史料，较为统一地用"小江口"取代"均口"，并认为其相对位置在光化县西。

对于"均口"和"小江口"的位置，《(乾隆)襄阳府志》云："均口

---

① 潘彦文：《十堰历史建置考》，长江出版社 2011 年版，第 141 页。

② 李贤：《明一统志》卷 60《襄阳府》，西安三秦出版社 1990 年版，第 912 页。

③ 钟桐山修，段映门撰：《(光绪)光化县志》卷 1《沿革》，台湾成文出版社有限公司 1970 年版，第 93 页。

之北为均州，其南为谷城，固两境接壤处。"①清初刘献廷《广阳杂记》："襄阳府至均州所属小江口二百八十里，大江直西往郧阳府，路万山茶等共二十七滩，去小江口不远，南为谷城，北为光化县。"②相同之处在于"均口"和"小江口"的南部是谷城；不同之处，"均口"北为均州，"小江口"北为光化。这两种记载，既涉及名称变化，又涉及政区改属。两者成书年代相近，《广阳杂记》成书于康熙年间，属于史料笔记体，对"小江口"的记载和《纪要》《行水金鉴》等互证。而《襄阳府志》成书于乾隆年间，是在《（万历）襄阳府志》的基础上重修的，③对"均口"有可能是沿用万历时期的记载。而且前文已经提到，《（光绪）襄阳府志》称均水于光化县之小江口入汉，显然有所改动。

明清时期谷城县、光化县、均州的相对位置与今一致。《续文献通考·舆地考》"襄阳府"记载："谷城县，在府西北一百四十里，北纬三十二度十八分，西经四度四十九分。光化县，在府西北一百八十里，北纬三十二度二十分，西经四度四十五分。均州，在府西北三百九十里，北纬三十二度四十一分，西经五度十九分。"④虽然这些数据与今天的测绘数据差异较大，但其反映的相对地理位置可信。谷城县最南，光化县位于谷城县东北，均州位于光化县和谷城县西北，详见表1。

表1　明清时期均州、光化县、谷城县相对位置变化情况表⑤

政区 年代	光化县	谷城县	均州
正德年间	西至均州界葫荻 山五十里		

① 陈锷修：《襄郡汉水径流考》，《（乾隆）襄阳府志》卷4《山川》，清乾隆二十五年刻本，第65页。
② 刘献廷：《广阳杂记》卷1，清同治四年钞本，第38页。
③ 陈锷修：《（乾隆）襄阳府志》卷1《序》，清乾隆二十五年刻本，第8页。
④ 刘锦藻：《清续文献通考》卷317《舆地考十三》，浙江古籍出版社2000年版，第5220页。
⑤ 参考数据来源于上文所引用的《（正德）光化县志》《（万历）襄阳府志》《（乾隆）襄阳府志》《（光绪）襄阳府志》《（光绪）光化县志》。

续表

政区 年代	光化县	谷城县	均州
万历年间	西至均州界葫荻山六十里	西至均州界山一百二十里	东至光化县界葫荻山一百二十里，南至谷城县界山一百四十里
乾隆年间	西至均州界葫荻山六十里	西至大界山交均州界一百一十里，又至界牌垭、铁匠沟交均光界各一百二十里	东至沙陀营田家湾交光化县界一百二十里，东南至葫荻山、大界山交谷城县界各一百二十里
嘉庆年间	西至均州界六十里	西至均州界一百二十里	东至交光化县界一百二十里，南至谷城县界一百四十里，东南至光化县界一百二十里
光绪年间	西至界牌垭、铁匠沟交均州、谷城各六十里	西北至大界山均州界一百一十里，至界牌垭、铁匠沟均州光化二州县界各一百二十里	东至沙陀营田家交光化县界一百二十里，东南至葫荻山、大界山交谷城县各一百二十里

　　光化县、谷城县与均州交界之处还涉及葫荻山、大界山。据表1所统计的里程，葫荻山、大界山与界牌垭、铁匠沟相距最多不过十里，位于光化县、谷城县、均州的交界处。从乾隆、光绪《襄阳府志》和《清一统志》来看，光化县东西广一百三十里、一百二十里、一百二十里，谷城县南北袤一百二十里、一百四十里、一百二十里，所记之光化、谷城和均州的疆域变化不大。因此在这段时期，政区发生调整可能性较小。

　　按照《襄阳府志》关于"均口"相对位置的记载，"均口"南为谷城、北为均口；《广阳杂记》《舆程记》关于"小江口"的记载，"小江口"南为谷城、北为光化，小江口至均州九十里，至光化县六十里。结合均州、光化、谷城的相对位置，"均口"和"小江口"的变动区域，大致南为谷城、东为光化、西为均州，在三者的接壤处。

　　已有充分的史料证明，均水于谷城入汉水的河道已淹，时段大致为明代后期。清初的史料有记载均口和涉都城属谷城县，皆为故道。而清代均水实际于光化县入汉。旧时代文人对地名往往喜欢用古名、别名，对行政区划和地方官也喜欢用古称，不仅见于诗文书札，也用于署籍贯、题书名。① 对"均口"亦是如此，故道湮废后，均口仍然被文人使用。

均水于谷城入汉水的河道即为故道，那么也存在相应的"新道"。根据以上分析，"新道"无疑是经光化县之小江口入汉。已有的史料未提及均水变道，仅记载了"故道已湮"。因此，我们推测均水分两股水入汉，两股水量此起彼伏，理由如下。

第一，清代以前均口和小江口并列出现，均口特指均水入汉，小江口特指丹水入汉。明代中后期均水由谷城入汉的河道湮废，均口也随之被淹没。乾隆之后的史料才明确说"均口"俗称"小江口"。故可推测，均口湮废之前，均口和小江口并列，为不同的两条入汉河道。均口湮废之后，均口仍表示均水入汉处，渐渐与小江口重叠，指同一均水入汉处。

第二，光化县受汉水的冲刷强度大。明中后期，光化县城被汉水冲刷频繁，以至于县城被迫向东迁移。光化县城西濒汉水，"春夏弥漫，辄冲啮，居民屡徙"。正德九年修筑砖城，但仍频繁受到汉水的冲刷，县城向内退缩。嘉靖三十五年，城坏。经过多次维修城池和修筑堤防，仍未能解决城池被冲毁的问题。至隆庆六年，才决意迁城。② 顾祖禹引《志》云："县滨汉为城，正德中修石堤以障水，城不浸者四十年。嘉靖三十年汉水泛滥城坏，修完未几，四十年复圮。万历初于旧治东改营新城，去汉江里许。"③可见洪水对光化县城影响之大，明中后期汉水泛滥，冲刷光化县西部。汉水均州段基本呈现向西稍微偏南的流向，至光化县界时河道向南稍偏西，流向出现了很大的转变。明中后期汉水径流量骤增，河水逐渐向光化县侵蚀。汉水持续

---

① 谭其骧：《中国历代政区概述》，《长水集（续编）》，人民出版社 2011 年版，第 51 页。

② 鲁西奇：《城墙内外：古代汉水流域城市的形态与空间结构》，中华书局 2011 年版，第 428 页。

③ 顾祖禹撰，贺次君、施和金点校：《读史方舆纪要》卷 79《湖广五·襄阳府》，中华书局 2005 年版，第 3724 页。

的泛滥迫使光化县城池迁移，亦对周边支流的河道有所影响，这也可以成为均水由谷城县入汉河道湮弃的原因。

第三，明清游记中的小江口往往表示丹水入汉处。襄江至龙驹寨的水路，从襄阳出发上溯襄江，经谷城、光化，过小江口进入淅川县，如《殷公化行武略记》记均州之小江口。而《（光绪）襄阳府志》和《清史稿》记载均水自均州南流，至光化之小江口入汉水。因此可以归纳出两条河道：均口河道为淅川县—均州—谷城县；小江口河道为淅川县—均州—光化县。从这个角度看，小江口的位置较均口东。

缘是之故，我们认为均水于光化县小江口入汉的河道曾与故道并存，只是当时小江口的战略地位逊于均口，故史料对小江口的记载较均口少。明中后期，随着汉水的多次泛滥，均口故河道逐渐湮废，均水渐倾向于小江口河道。均口已废，但其含义仍具价值，史家也试图把小江口和均口相统一。乾隆年间的史料明确指出均口俗称小江口，两者名称渐趋重叠，此时"均口"与"小江口"指同一均水入汉河道。至清中后期，"小江口"取代了"均口"成为均水（丹水）入汉水处，属光化县。（见图 2）

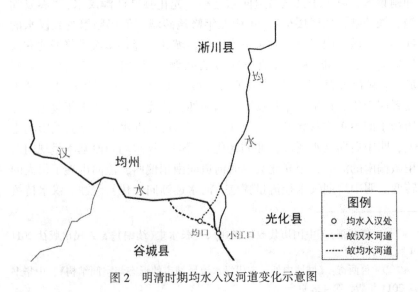

图 2　明清时期均水入汉河道变化示意图

五、结　语

　　明清史料所反映的均水入汉处呈现出动态的变化过程，首先是"小江口"与"均口"的名称变化。自《水经注》始，均口在后世的记载中多与军事战略相关。明清学者梳理龙驹寨至襄阳水道，皆言丹水于小江口入汉。清代的各类地志也多有记载均水于小江口入汉。均口则在运用典故之时才出现，学者往往将之视为古地名。

　　其次是"均口"和"小江口"隶属政区的变化。明代以前，均水于谷城县（明清时期谷城县范围）汇入汉水，称为"均口"，另有一河道于小江口入汉，但以谷城县河道为主。明代后期，均水经谷城县入汉的河道湮废，而经光化县小江口入汉的河道持续存在。换言之，古均口处的河道渐渐被汉水侵没，小江口处的河道则越来越重要。小江口位于均州和光化县接壤处，更靠近光化县城，故清代的史料倾向于小江口属光化县。均口和小江口名称统一之后，两者皆属光化县。

　　明清史料繁多，记载颇丰，既有沿袭前人说法，也有记录实时情况，亦有辨别考证，这就给古今地名考释带来疑惑。名称可随时而变，但河道的迁移却需经历漫长的过程，从变到定再到变，都不是一蹴而就的。"小江口"和"均口"的变化，表面是地名的改称，实则是河道的变迁。

（作者系武汉大学历史学院硕士研究生）

明代广西的民兵与募兵

陈杰聪

摘要： 明代广西民兵最早产生于洪武年间。广西民兵多数是官府的力役。宣德以降，随着广西局势恶化，地方佥发民兵的次数和人数不断增加，这一行为增加了大多数民兵的负担，由此广西民兵大量逃亡。正德至嘉靖年间，民兵不堪大用，官府转而雇募更有战斗力的募兵，而广西募兵的出现与民兵有极大的关联，一部分募兵即是民兵转化而来。隆庆至万历年间，随着赋役折银的经济趋势，民兵负担稍稍减少，广西官府通过赋役折银及发放月钱等手段，笼络了一大批民兵及募兵。隆万时期的民兵与募兵仅有名称的不同，而没有职责上的区分。耕兵亦在隆万之间获得发展，官府以田土为报酬，将土司兵变为了耕兵。纵观广西民兵、募兵与耕兵的发展历程，可知广西局势的不断动荡、卫所官兵的大量流失及赋役折银是推动这些群体演变的重要因素。

关键词： 明代；广西；民兵；募兵

民兵是明代武装力量的一部分，简单来说，即地方官府通过募集获得的兵士，他们被用以填补卫所兵源流失导致的地方防卫力量的空缺。明代民兵平时进行耕种、捕盗、守城及驻守营堡等活动，战时则随军征战。目前学界对明代民兵已有相当的研究，如对民兵概念的界定、民壮的起源及民兵诸类型区分等研究，① 但仍旧缺乏对民兵的区

---

① 杜志明：《20世纪以来明代民兵研究综述》，《中国史研究动态》2013年第1期，第115~119页。

域性与个案研究。那么明代的广西民兵是如何发展的？在其发展过程中出现过什么变化？广西官府对广西民兵的发展起到什么作用？这些问题将在本文中一一进行探讨。

一、明代广西民兵出现时间及初步发展情况考察

明代的民兵应当在明初就已出现，梁方仲指出："起初多半是沿元代民兵之旧，其后或临时募集，或于乡农内简选，或按户抽丁，其法不一。"[1]结合学界前辈研究及现有史料，笔者认为洪武时期是广西民兵的初始阶段，永乐至宣德则是广西民兵初步发展的阶段。《明太祖实录》载，广西行省官员建议："令广西边境郡县长官，辑民丁之壮者，置衣甲器械，籍之于有司。有警用以捕贼，无事则俾之务农。如此，非惟郡县无养兵之费，而民实赖之以安也。"对此，朱元璋"诏从之"。[2] 据此可认为洪武三年时广西就已出现民兵。那么此后至洪武末年，广西是否还有募集民兵之事？依据《(嘉靖)广西通志》的记载还可见一例："李复原，江西云都人。洪武中为平南县主簿……复原劳来还集数百户，度荒田教之垦。迁县丞。寇至，率民兵御之于大境塘，跃马直前，其众从之，斩首数十而还。明日复战，中毒矢以死。"[3]依笔者目力所见，史籍记载的洪武年间广西民兵事迹仅此两例，结合梁方仲的研究，似可认为这些民兵沿元代之旧，是地方有警时官员临时招募的。随着广西各地卫所及巡检司的设立，地方安全得到一定保障，对临时性的民兵的需求减少了。总之，依据史籍的记

---

① 梁方仲：《明代的民兵》，《中国社会经济史集刊》第 5 卷第 2 期，1936年，后收入梁方仲：《明清赋税与社会经济》，中华书局 2008 年版，第 564 页。

② 《明太祖实录》卷 50，洪武三年三月辛亥条，台湾"中研院"历史语言研究所 1962 年版，第 981～982 页。

③ 林富修，黄佐纂：《(嘉靖)广西通志》卷 42《名宦传下》，《北京图书馆古籍珍本丛刊》第 41 册，书目文献出版社 2000 年版，第 522 页。李复原，《(万历)广西通志》载为陈复原，依据《粤西文载》等史料，当为李复原，陈复原为万历《广西通志》误抄所致。

载，明洪武年间广西就已零星出现民兵，但是出现次数较少，具有临时性的特点，洪武时期可看作明代广西民兵的初始阶段。对于永乐至宣德时广西民兵的情形，《明宣宗实录》载：

> 复置广西所属民款，同所在巡兵守境以防山贼。命总兵官镇远侯顾兴祖督军往来应援。先是，巡按广西监察御史朱惠等奏："广西桂林、驯象诸卫军士征行者多，防守不足。柳、庆诸郡山贼探知无备，纠合猺獞，伪称名号，率众流劫临桂、永福、阳朔、修仁、古田五县，焚毁公廨，杀人劫财。比者又至林（临）桂南乡，距广西城四十余里，肆无忌惮。又虑诸蛮闻风窃发，日致滋蔓，愈难防制。同广西三司计议，欲如永乐中防贼事例，于坊市乡村起集民款，编成牌甲，置备器械，协同所在巡检司牌兵，委官管领，各守其地。仍乞敕兴祖督军，往来应援。"上从之。①

《(万历)广西通志》对此总结道："宣德元年，御史朱惠以伍籍空虚，复奏籍民兵、编保甲，令自为守。于是有民款、三丁及民壮之名，但役其力而已。"②根据以上两则史料，可知永乐时的广西民兵具有如下特征：首先，永乐年间广西民兵已被官府召集，只不过永乐时或称为"民款"，或呼之"民壮""三丁"，民款即是民兵的一种，与民壮性质类同，"但役其力而已"。其次，广西民兵的召集及管理由地方官府主导。官府在地方募集民兵后，民兵与巡检司兵一起由指定的官员管理。再次，广西官府召集民兵是为了弥补卫所官军远征安南导致的防御空缺，其主要作用是在地方防守。依据史料，明永乐至宣德年间几次大征安南，从广西诸卫所抽调了不少官兵，这导致防御兵力

---

① 《明宣宗实录》卷28，宣德二年五月戊申条，台湾"中研院"历史语言研究所1962年版，第735~736页。

② 苏濬纂修：《(万历)广西通志》卷22《兵防志二·民兵募兵》，吴相湘主编：《中国史学丛书初编》，台湾学生书局1986年版，第408页。

的不足。《(万历)广西通志》曾言："及调征安南，官军存者什无二三，于是议戍兵，复议民兵。"①最后，民兵的作用即是"各守其地"。综上，结合明实录及地方通志的记载可知，广西的民兵自洪武年间萌芽后，在永乐年间有所发展，有类似民壮的民款出现，至宣德年间为弥补地方治安的不足，朝廷再次募集地方民兵防御，由此可认为永乐至宣德年间是广西民兵初步发展的时期。

宣德年间，由于大征安南的影响，广西卫所官军数量减少导致地方防御兵力不足，于是地方官府从地方募集民兵用以防守。此后的正统至天顺年间，广西民兵除了防守城池外，还逐渐参与官兵剿贼的军事活动。如正统十年，"广西总兵官安远侯柳溥奏：'浔、梧等府，地方蛮寇窃发，剽掠乡村。臣躬率官军、土兵会同广西布、按二司官直抵古荣、林峒等处剿杀，斩首七百三十五级。又庆远等处蛮寇亦肆攻劫，署都指挥佥事范信等率领官军、民款剿杀克捷。兵部请加升赏。上命升赏如例，其官军杀贼首二级并土官、目兵、民款杀贼三级已上者，加赏一倍'"。②

随着民兵使用的增多，朝廷开始制定法规以规范地方使用民兵的行为，万历《大明会典》载："正统十四年，令各处召募民壮，就令本地官司率领操练，遇警调用，事定，仍复为民。"③这是国家首次确立使用民壮的规范。此外，由于民兵在地方防御及协助征剿事务上的作

---

① 苏濬纂修：《(万历)广西通志》卷21《兵防志序》，吴相湘主编：《中国史学丛书初编》，台湾学生书局1986年版，第394页。此处戍兵即是外省班军在广西戍守。据研究，广西先后有湖广、贵州及广东地区的班军驻守。明廷征讨麓川后，贵州防守不足，抽调贵州戍军回防，此后广西地区只剩湖广及广东的班军。明中叶后广西地区又有土司兵在广西的桂林等处戍守。（葛夏：《明代广西班军制度研究》，广西师范大学硕士学位论文，2014年）土司兵在广西各府的戍守可见《苍梧总督军门志》（全国图书馆文献微缩复制中心1991年版）的记载。
② 《明英宗实录》卷129，正统十年五月庚辰条，台湾"中研院"历史语言研究所1962年版，第2568页。
③ 李东阳撰，申时行等重修：《大明会典》卷137《兵部二十·军役·佥充民壮》，广陵书社2007年版，第1939页。

用，朝廷也给予民兵们赋役上的减免以示回报，"天顺初年，令民壮鞍马器械悉给之官，仍免其役，每户免丁二丁，米五石"①。由于征用民兵是由地方官府主导，而非民间自发组织，使用民兵时容易出现强行佥充、滥竽充数等乱象，正统十四年令内容较少，无法作为具体条令规范地方官府，故弘治年间，朝廷制定了相对详细的法令，作为地方征用民兵的规范。全文如下：

> 弘治二年，令选取民壮须年二十以上五十以下精壮之人，州县七八百里者，每里佥二名，五百里者每里三名，三百里者每里四名，一百里以上者每里五名，春夏秋每月操二次，至冬，操三歇三，遇警调集，官给行粮，其余照天顺元年例。六年，令官司私役民壮者，照依役军例问罪。十一年题准，每十年通行查审民壮一次，中间但有年老残疾病故，人丁消乏，悉与佥换，若本户见有壮丁十名以上、家道殷实者，仍于本户内佥取壮丁，更替一辈。事故不许佥补，操守城池之外，不许别占，敢有仍前作弊，照例降参。②

根据引文可知，弘治年间，朝廷三次颁布法令，完善了地方官府使用民兵的规范。弘治二年条令规定了地方选取民兵的年龄范围，要求地方官府依照里数佥充民兵，并明确了地方民兵的职责，即平时操练守城，战时随征。弘治六年，朝廷下令禁止官府私役民兵的行为。弘治十一年，朝廷下令要求地方官府每十年筛选一次民兵，将年老残疾者汰除，并明确了民兵替换的规则。从弘治年间三次颁布法令可知，从明初民兵出现至弘治年间，地方官府使用民兵的乱象不断，存在民兵滥竽充数、官员私役民兵等现象，由此，朝廷不得不制定法

---

① 苏濬纂修：《(万历)广西通志》卷22《兵防志二·民兵募兵》，吴相湘主编：《中国史学丛书初编》，台湾学生书局1986年版，第408页。

② 李东阳撰，申时行等重修：《大明会典》卷137《兵部二十·军役·佥充民壮》，广陵书社2007年版，第1939~1940页。

令，试图从法律的层面规范地方使用民兵的行为。

综上，自洪武年间广西地区出现民兵后，永乐至弘治的几十年可看作其初生及初步发展的阶段，具体表现为官府使用民兵次数的增多，朝廷制定相应的法令以规范地方征集与使用民兵。此外，广西民兵的主要组成部分是民壮、民款，其性质是官府的力役。① 洪武至弘治年间，广西社会并未发生较大动荡，地方还未频繁募集地方民兵，但弘治之后，广西地方频频告警，官府募集民兵行为不断增加，民兵的种种弊端不断显现，民兵们纷纷逃亡。地方防御不足的情况，引发了广西官府对募兵的需要，成化至正德年间，广西有了募兵的举动。

二、广西民兵的问题及募兵的出现

弘治以后，古田等地失陷，广西社会日益动荡，军事平叛行动日益频繁，地方官员召集民兵防守的次数增加，规模在扩大。由于广西地方不断有警，征集民兵的行为不断出现，加之地方官吏从中取利，导致民兵不断逃亡，② 且并非全职、良莠不齐的民兵已经无法满足广西官府的需求。③ 故而广西募兵之议产生。

广西招募兵士的举动，大约出现于正德年间，"蒙宗远，番禺人。正德六年任灵川典史。县故多猺僮，募骁民防守，名曰打手，皆部官统之"④。正德十四年，桂林卫所有招募余丁之举，十六年，平

① 苏濬纂修：《(万历)广西通志》卷19《财赋志·赋役》，吴相湘主编：《中国史学丛书初编》，台湾学生书局1986年版，第381页。

② 苏濬纂修：《(万历)广西通志》卷19《财赋志·赋役》，吴相湘主编：《中国史学丛书初编》，台湾学生书局1986年版，第381页。

③ 苏濬纂修：《(万历)广西通志》卷22《兵防志序》，吴相湘主编：《中国史学丛书初编》，台湾学生书局1986年版，第394页。

④ 苏濬纂修：《(万历)广西通志》卷25《名宦志·皇明》，吴相湘主编：《中国史学丛书初编》，台湾学生书局版1986年版，第510页。

乐府招募狼兵至屯堡驻防。① 但总的来看，这些招募行为较为分散，没有形成较大的规模，只能看作广西募兵的萌芽。至嘉靖年间，广西募兵有了初步的发展。

《(嘉靖)广西通志》言："民壮之外又有雇募打手。始自嘉靖初总府张岭会议用轮班余丁月粮雇募打手，以备战守。"②嘉靖四年，广西从广东招募民兵，"嘉靖四年，梧州坐营招募实在广东始兴等县杀手，千长一名，百长三名，总甲九名，小甲四十五名，杀手四百四十二名防守哨城；招募实在广东阳山等县千长三名，总甲六名，小甲二十九名，打手二百七十三名"③。从引文可知，这时广西从广东招募的募兵多数用的还是民兵的名称，如千长、百长、总甲、小甲，这反映募兵的出现与地方民兵有千丝万缕的联系，④ 但"杀手"这一称谓的出现，是以名称区别民兵与募兵的手段。

嘉靖初年，广西招募的募兵在各处使用的情况并不理想，广西各府州县的驻守主力仍旧以民兵为主。以梧州府为例："梧州府所属：苍梧县甲壮一百七十六名。藤县千长甲壮三百三十七名。容县百长甲壮二百名。岑溪县千长甲壮六十六名。怀集县千长甲壮三百一十一名。玉林州千长甲壮一百五十三名。博白县千长甲壮四百名。北流县

---

① 《(嘉靖)广西通志》卷三十一《兵防志五·打手》："正德十四年，桂林中、右二卫召募余丁共五百一十名。十六年，平乐府昭平屯堡原无狼兵住守，兵备副使张祐、申明招募田州等处狼兵把守，至今往来者便之。"[林富修、黄佐纂：《(嘉靖)广西通志》卷31《兵防志五·打手》，《北京图书馆古籍珍本丛刊》第41册，书目文献出版社2000年版，第396页]

② 林富修、黄佐纂：《(嘉靖)广西通志》卷31《兵防志五·打手》，《北京图书馆古籍珍本丛刊》第41册，书目文献出版社2000年版，第396页。

③ 林富修、黄佐纂：《(嘉靖)广西通志》卷31《兵防志五·打手》，《北京图书馆古籍珍本丛刊》第41册，书目文献出版社2000年版，第396~397页。

④ 《(万历)广西通志》卷二十二载："嘉靖四年，编审民壮，俱有定数，大州千余名，小县百余名，有千长、百长、总甲、小甲以分统之。"[苏濬纂修：《(万历)广西通志》卷32《兵防志二·民兵募兵》，吴相湘主编：《中国史学丛书初编》，台湾学生书局1986年版，第408页]由此可知广西雇募的募兵头领用的是民兵头领的称谓，可知募兵与民兵的关系十分紧密。

百长甲壮一百六十名。陆川县千长甲壮一百一十一名。兴业县千长甲壮二百三十六名。"①这是《(嘉靖)广西通志》中"民兵"条下的记载，此书成书于嘉靖十年，可以反映嘉靖初年广西各地使用民兵的情况。由引文可知，这时的梧州府各处仍旧使用数量众多的民兵，而不是花钱雇佣的募兵，造成这样的原因，笔者认为与募兵所需的费用过高有关，依据通志记载，"共银一万三千七百七十二两一钱，可雇打手一千四百三十四名"②。单梧州府，就有过千人的民兵，若将之全部换成募兵，招募募兵的费用是一笔巨大的开支，梧州官府显然无力负担如此大的开销。③

嘉靖中期以后，民兵问题频出，民兵大量逃亡，更具战斗力的募兵逐渐被广西官府使用。嘉靖二十四年，张岳征讨柳州的捷报中提到："臣等遵照节奉钦依事理会差官舍分投赍执令旗令牌，督调南丹州土官男莫惟武、东兰州土官男韦起云、那地州土官男罗庭凤各目兵，并左右两江各卫所、府、州、县马步官军、打手、壮款人等齐集。"④据此可知，这时广西官府剿杀盗贼时，已经将作为募兵的打手纳入军事序列中，但是民壮和民款这样的民兵亦随军征战。

值得关注的是，嘉靖中期至隆庆年间，广西的募兵有两个来源，一个是招募广西当地的募兵如打手、杀手以及土司的土司兵，另一个是招募浙江及福建的士兵，吴桂芳曾言："初拟各募浙兵三千资之，

---

① 林富修，黄佐纂：《(嘉靖)广西通志》卷31《兵防志五·打手》，《北京图书馆古籍珍本丛刊》第41册，书目文献出版社2000年版，第396页。

② 林富修，黄佐纂：《(嘉靖)广西通志》卷31《兵防志五·打手》，《北京图书馆古籍珍本丛刊》第41册，书目文献出版社2000年版，第396页。

③ 据嘉靖《广西通志》卷20《田赋下》记载，嘉靖初年，梧州府秋粮约十万石。将梧州府民兵换为募兵，约要耗费三至四万石米，对于梧州官府来说开支过大。[林富修，黄佐纂：《(嘉靖)广西通志》卷20《田赋下》，《北京图书馆古籍珍本丛刊》第41册，书目文献出版社2000年版，第261页]

④ 汪森编辑，黄盛陆等校点：《粤西文载校点》卷1，广西人民出版社1990年版，第186页。

随贼调发。奈钱粮有限，饷给不敷，止令各募浙兵二千前来。"①广西官府雇佣地方的募兵及土司兵是因其熟悉当地情况且土司兵战斗力强，而召募浙江及福建的兵则单纯因其实力出众。② 综上，随着广西社会与军事情况的剧变，以力役为主的广西民兵不堪频繁佥发，纷纷逃亡，广西募兵之议出现。最初广西募兵与民兵关系密切，募兵头目名称多从民兵取来。由于雇佣兵士的耗费巨大，广西官府无法长期负担这一支出，故而广西募兵一开始使用得并不多。地方军情紧急迫使广西官府在嘉靖中期以后大量招募兵士，用以剿贼及守御地方。

三、隆庆至万历年间广西民兵与募兵的变化

在殷正茂大征古田之后，广西使用募兵的情况愈加明显，"至大征以后，哨堡云屯而召募益繁矣"③。广西对民兵的使用也发生变化，即以一条鞭法将民壮等力役折银，④ 此外提供月粮银钱，即与募兵相似，以金钱笼络。《苍梧总督军门志》载："有千长、百长、总甲、小

---

① 应槚修，刘尧诲重修：《苍梧总督军门志》卷25《奏议三》，全国图书馆文献微缩复制中心 1991 年版，第 283 页。

② 广西土司兵尤其是狼兵的战斗力之强，官员多有提及，如《明穆宗实录》卷四十二："广西毒民惟獞，而獞所畏服惟狼兵。"（《明穆宗实录》卷42，隆庆四年二月癸丑条，台湾"中研院"历史语言研究所 1962 年版，第 1042 页）而闽浙兵也因其强悍，被邻省广东多次招募。李迁言："而官府所以备之者，在军卫曰旗军，在有司曰民壮而已。故其势不得不募客兵以御之也。所募之兵，曰狼目；曰打手；曰浙兵；曰福兵。"（应槚修，刘尧诲重修：《苍梧总督军门志》卷25《奏议三》，全国图书馆文献微缩复制中心 1991 年版，第 290 页）

③ 苏濬纂修：《（万历）广西通志》卷22《兵防志二·民兵募兵》，吴相湘主编：《中国史学丛书初编》，台湾学生书局 1986 年版，第 408 页。

④ 《（万历）广西通志》卷十九载："自一条编之法行之两浙，诸藩多仿而行之。其法合一邑钱粮分为四差……一曰兵款，则弓兵、民壮之类也。"[苏濬纂修：《（万历）广西通志》卷 19，吴相湘主编：《中国史学丛书初编》，台湾学生书局 1986 年版，第 381 页]

甲、民壮等名，每名工食银七两二钱，器械银二钱。"①此外，官府定有杀贼赏格，并不区分是否为官兵、民兵或募兵。② 这样的改变，笔者认为是广西官府希望以给予民兵金钱的方式，换取民兵们长时间留在军队中操练备战，即希望民兵成为全职的兵士。

依靠赋役折银和提供月粮月钱的方式，广西官府以支付金钱的方式获得了大量民兵和募兵。以万历七年由刘尧诲重修的《苍梧总督军门志》的记载为例，书中详细记载了万历初年广西各地使用民兵的情况，如桂林府下辖诸州县："临桂县五百五十六名，兴安县三百一十九名，灵川县六百五十三名，阳朔县四百三十六名，永福县六十四名，义宁县三十五名，永宁州二十八名，全州六百七名，灌阳县二百一十六名。"③据笔者统计，万历初年，广西各州县共有 11808 名民兵，此时整个广西的军事系统的官兵约 5 万人，④ 可见万历初年广西民兵数量之多及使用范围的广泛。

至万历中期，民兵与募兵的职责已经趋同。考察广西各府州县的募兵情况，会发现此时民兵与募兵再无职责划分，皆是官府所雇募的士兵。如柳州府："柳州府哨官四员，哨长八名，队长二十七名，募兵三百五十一名，总甲一名，民款七十九名。守城听差总甲一名，月支梧饷银六钱，民款七十九名，每名支梧饷银四钱。"⑤兴安县："兴安县官一员，总甲二名，打手九十六名，民款五十八名，兵二十名，

---

① 应槚修，刘尧诲重修：《苍梧总督军门志》卷 7《兵防四·广西民款》，全国图书馆文献微缩复制中心 1991 年版，第 105 页。

② 《苍梧总督军门志》卷十六有载："凡官兵、乡夫但有素行为贼所信，能招降贼党向化者以中功论赏。凡深入杀贼及擒生斩级致中伤者，给下功赏医治。若止泛常被伤，止给五钱。"由于广西征剿多以民兵、募兵协助，此二条赏格可看作民兵与募兵同等获赏的依据。（应槚修，刘尧诲重修：《苍梧总督军门志》卷 16《赏格》，全国图书馆文献微缩复制中心 1991 年版，第 166 页）

③ 应槚修，刘尧诲重修：《苍梧总督军门志》卷 7《兵防四·广西民款》，全国图书馆文献微缩复制中心 1991 年版，第 105 页。

④ 民兵人数按照《苍梧总督军门志》卷 7《州县民款》统计得出，广西地方总兵数依靠《苍梧总督军门志》卷七、卷八、卷十、卷十一数据统计而来。

⑤ 苏濬纂修：《（万历）广西通志》卷 22《兵防志二·民兵募兵》，吴相湘主编：《中国史学丛书初编》，台湾学生书局 1986 年版，第 412 页。

守城并仓库打手五十八名，民款五十八名，县后汉兵二十名，以上每名月支银五钱。"①从上引府县的情况可知，这时广西的民兵与募兵所领月钱相同，而且要一直听候官府调遣，可目为二者趋同的表现。

再详细考察民兵与募兵的驻扎情况。《殿粤要纂》成书于万历三十年，与《(万历)广西通志》成书时间相近，可依此书内容考察万历中期广西民兵与募兵的驻扎情况。试举两例：兴安县："听差防守城池、库狱，及土坪、株子二隘民款、打手，唐家、六峝二巡司，白竹、山塘二堡弓兵、狼兵共二百二十名。"②全州："民款守库，及西北板山、烈水、里山、鲁塘、石塘、莲塘、源口、八十里、山口、白塘、杨梅、镇湘、罗山各堡，民款、打手共二百四十三名。"③修仁县："石墙隘口近发东募官兵，把总、哨官各一名……蚕村、太平、太苏三营，募兵一百五十名。"④从上引三例可知，万历中期的广西各处均有民兵与募兵的驻扎，二者驻扎的范围较广，如州县外的营堡，州县附近的军营等，其职责亦相同，既会同时驻扎城内，守护城池，也会驻扎在险要的营堡中，防范猺獞。因此可说万历中期时，广西的民兵与募兵在职责上已经趋同，除了民兵中的一部分仍需向官府缴纳条编银外，官府仅以名称，而不以职责划分民兵、募兵。

另外，值得关注的是，隆万年间官府雇募的兵士中，民兵与募兵这一类地方兵士是领取月钱的，但还有一类特殊的地方兵士群体，他们被称为"耕兵"，这些兵士每月领取一定的鱼盐钱和粮食，⑤ 官府

---

① 苏濬纂修：《(万历)广西通志》卷 22《兵防志二·民兵募兵》，吴相湘主编：《中国史学丛书初编》，台湾学生书局 1986 年版，第 410 页。

② 杨芳等编：《殿粤要纂》卷 1，《北京图书馆古籍珍本丛刊》第 41 册，书目文献出版社 2000 年版，第 736 页。

③ 杨芳等编：《殿粤要纂》卷 1，《北京图书馆古籍珍本丛刊》第 41 册，书目文献出版社 2000 年版，第 744 页。

④ 杨芳等编：《殿粤要纂》卷 2，《北京图书馆古籍珍本丛刊》第 41 册，书目文献出版社 2000 年版，第 791 页。

⑤ 按照《(万历)广西通志》的记载，万历中期广西耕兵约一万五千名，官府只需每月给一百四十八两六钱的鱼盐银以及四千八百三十八石七斗四升五合的田粮，比之民兵与募兵的月粮米钱数量不多。[苏濬纂修：《(万历)广西通志》卷 23《兵防志二·耕兵》，吴相湘主编：《中国史学丛书初编》，台湾学生书局 1986 年版，第 433 页]

分给田土作为回报。《(万历)广西通志》云:"一有征发,辄藉狼兵,事平之后,复藉狼兵为守,统以土官。仍以其地界之。官不爱阡陌之产以养战士,民亦视其高曾之遗无足屑意。曰:与其没于僮也,宁没于兵。诸狼人利于得田,不惮重迁。为兵扞圉计,土酋授田,各以其等为差。兵多者千计,受田万余,兵少者百计,受田千余,而在在皆耕兵矣。"①从引文可知,这些耕兵大多是由土司兵和狼兵转化而来,田地由土司分配。广西的狼兵及土司兵属于特殊的民兵,② 官府以田地为报酬很明显是拉拢这些特殊民兵,可看作"以夷制夷"的手段。自嘉靖至万历年间,广西几次征剿府江、十寨等地,占有大量荒地,这些田地大部分都分给了出力的地方兵士,这些兵士在领有耕地后成为耕兵,是明后期广西重要的军事力量,其规模不输地方民兵及募兵。万历中期,广西的耕兵共有"一万五千九百三十三名,共给田二千八百一十顷九十九亩二分四厘五毫"。③

总结来说,嘉靖以后,广西民兵在赋役折银的背景下,稍稍缓解了生活压力,广西官府也趁势给以月钱米粮,召集了一批地方民兵,稳定了地方民兵群体,此后战斗力更强的募兵也成为官府拉拢的对象,官府同样以金钱手段拉拢了一大批从各处招募来的募兵,而土司拥有的土司兵为征讨出力甚多,地方官府以田地为报酬,一定程度上将之收为己用,即是耕兵。民兵和耕兵皆可看作广西的地方民兵。募兵与民兵的来源与职责大致相似,有同质化的趋势。综上,隆万之间,广西官府依靠各类手段拥有了一支规模庞大的地方武装,这些兵士成为广西官府赖以统治的军事力量,但是他们大多依靠官府的金钱与田地来维系忠诚,其弊端亦是不小。

---

① 苏濬纂修:《(万历)广西通志》卷23《兵防志二·耕兵》,吴相湘主编:《中国史学丛书初编》,台湾学生书局1986年版,第433页。

② 梁方仲在《明代的民兵》中将明代民兵分为一般和特殊两类民兵。(梁方仲:《明代的民兵》,《中国社会经济史集刊》第5卷第2期,1936年,后收入梁方仲:《明清赋税与社会经济》,中华书局2008年版)

③ 苏濬纂修:《(万历)广西通志》卷23《兵防志二·耕兵》,吴相湘主编:《中国史学丛书初编》,台湾学生书局1986年版,第433页。

四、余　论

依据前文所述，广西民兵从最初的小规模的地方兵士变为万历初年不可忽视的地方军事力量，其人数也在万历年间达到了约一万二千人，只比广西卫所官军少一些，且募兵与耕兵也有很大的发展。万历中期，民兵、募兵及耕兵约占广西武装力量的一半，是什么因素造成了这一情况的出现？

笔者认为可从三个方面来探讨。其一是广西卫所官军的大量流失，造成了广西地方防卫人手的不足，广西官府不得不从其他地方寻找卫所官兵的替代品，民兵、募兵及耕兵即是卫所官兵的替代品。广西卫所官军，明初"兵戍广西至十五万"①，但是其流失速度也是惊人的，至成化年间，广西卫所官军流失了近九成。② 大量官兵流失造成地方防务捉襟见肘，为了稳定地方局势，广西官府不得不使用地方民兵，在民兵不堪大用后转而使用募兵，甚至不惜以田土为报酬拉拢土司兵。在万历中期，广西卫所几近崩坏，已经无法拿出更多的官军供官府使用，大量使用地方民兵、募兵及耕兵成为广西官府稳定地方局势不得不采取的手段。可以说广西卫所官军的流失是广西地方民兵得以兴起的重要原因。

其二是明中后期赋役折银的趋势。上文已经提到民壮是地方民兵的重要组成部分，是力役的一种，广西局势的不断动荡要求民兵出更多的力，严重影响了民兵的生活，造成其大量逃亡，民兵流失现象十分突出。明中后期一条鞭法后，赋役折银成为趋势，民壮无需服沉重的力役，只需交纳条编银，稍稍缓解了民壮的生活压力，而官府不失时宜地给予民兵月粮米钱，拉拢了一大批为官府卖力的民壮，巩固了民兵群体。赋役折银一定程度上方便了民兵，也方便了官府以金钱拉

---

① 《明宪宗实录》卷 74，成化五年十二月甲子条，台湾"中研院"历史语言研究所 1962 年版，第 1424 页。

② 《明宪宗实录》卷 74，成化五年十二月甲子条，台湾"中研院"历史语言研究所 1962 年版，第 1424 页。

拢兵士，广西民兵得以重新发展。

其三是广西局势长期动荡，需要大量的军士镇压地方。[1] 在卫所官军和外省戍军无法满足官府需求的情况下，人数众多的地方民兵、募兵及耕兵成为了不二之选。依照上文所述，广西的民兵、募兵规模不小，人数与卫所官兵相近，而耕兵人数众多，无需庞大的粮饷支出，只需官府付出田土，比之日益衰败的卫所官兵和弊端不断的外省戍军，无疑是广西官府镇压地方起义与叛乱的首选。

综上所述，广西卫所官军的大量流失、赋役折银的经济趋势和广西地方的军事需要是广西民兵、募兵与耕兵发展的重要因素。限于篇幅，笔者只梳理了广西民兵、募兵及耕兵的发展历程，未能详细讨论广西民兵与募兵的组织形式及二者的关系，也未能更为深入地探讨赋役折银这一经济趋势对广西地方兵士的影响，这些问题留待日后讨论。

（作者系武汉大学历史学院硕士研究生）

---

[1]　依照《苍梧总督军门志》卷十七、卷十八不完全的记载，正统至嘉靖末年 130 多年中，广西官府共镇压地方起义 52 次，其中不乏征伐大藤峡、十寨等大规模征讨，由此可一窥广西长期动荡的局势(应槚修，刘尧海重修：《苍梧总督军门志》，全国图书馆文献微缩复制中心 1991 年版)。

明万历年间贵州"榷税之议"始末

——兼论明代贵州开矿采课的政策变化

黄映清

摘要： 万历二十七年(1599)六月、二十八年(1600)六月和三十年(1602)正月，明廷就是否在贵州榷税掀起了三次"榷税之议"，榷税的对象主要是水银、朱砂和金银矿采课。"榷税之议"具有"复"与"止"的反复进行与原奏官由在京卫所的中下层官员组成两个特点。回顾明代前中期贵州开金银、水银、朱砂矿征课的过程，可见开矿主要集中于黔东北的思南、石阡、铜仁府一带，而开矿政策在万历以前呈"由松到紧"态势。"榷税之议"是文官集团在神宗积极开展"矿监税使运动"的背景下与皇帝、宦官与相关社会阶层进行的一次对抗，结局以"复矿税之陈请"作罢而告终。贵州贫困的经济情况、"一线路"以联通西南的特殊政治地位以及苗人四布、开发困难的现实情况是"止榷"的根本原因。同时，播州土司之乱对"止榷"也有直接影响。

关键词： 榷税；矿监税使；播州之乱

万历二十七年(1599)六月，正值播州土司杨应龙叛乱之期，明廷在播州之役中不仅劳师动众，并且财政投入巨大，阁臣申时行曾言此役"三省财力耗费以巨亿计，楚蜀之间绎骚甚矣"①。播州之役贵州正处前线，但此时，应天卫百户范仓上奏乞求恢复贵州税课，神宗则立即派遣内官监左监丞张庆率领原奏官民前往贵州，照例征收税

---

① 谈迁：《国榷》卷78，万历二十八年六月丁丑，中华书局1958年版，第4855页。

课。虽然神宗很快便在朝廷官员的反对之下停止派遣，但类似的在贵州征收税课的请求又分别在万历二十八年（1600）六月和三十年（1602）正月被反复提起，每次提请之后又都由于朝野上下的反对之声作罢。这三次因是否在贵州榷税而起的争议在郭子章所著的《黔记》中收录为《止榷志》，故本文称之为"榷税之议"。

关于贵州此次"榷税之议"，学界研究较少。颜丙震在论文中将《黔记·止榷志》的记载进行了一次梳理，将"榷税之议"的产生归因于贪腐的卫所官员，并未展开讨论。① 本文拟先对明代前中期贵州开矿采课的情况进行梳理，再通过讲述三次"榷税之议"的过程及其背后原因，窥探明代贵州开矿征课的情况，以便对贵州在明代政治格局中的地位有更深刻的理解。

一、万历以前贵州的开矿征税状况

万历二十七年（1599），"六月间，有应天卫百户范仓者上言：'恪遵祖制，敬复贵州税课，少助大功'"②。"复"一字表现出贵州矿税曾有蠲免，要探究"复"的原因，则先要对明代贵州开矿采课的情况及其蠲免进行梳理。明代的矿产开发政策总体呈现出由紧到松的态势，从洪武前期的"厉行矿禁"以保护农业恢复，经过了永乐到嘉靖年间政策的废弛无常，到明中后期随着商品经济发展和国家财政需要逐渐开放矿禁，直至最后完全消失，"一言以蔽之，明代的矿业政策演变具有明显的阶段性、功利性、多变性和复杂性，其历程虽然坎坷，但总体上矿禁日趋松弛，最终近乎消失"③。但具体到贵州而言，尤其是永乐至万历年间，明廷的开矿政策总体呈"由松到紧"的趋势。

明廷对贵州矿产的开发开始较早，且主要集中于黔东北地区的铜

---

① 颜丙震：《"榷税之议"与明代贵州的地位》，《凯里学院学报》2017年第4期。

② 郭子章：《黔记》卷13《止榷志》，西南交通大学出版社2016年版，第346页。

③ 赵长贵：《明代矿业政策演变的历史考察》，《郑州大学学报》2018年第4期，第100~101页。

仁府、石阡府和思州府一带。永乐开始，明廷在贵州开设场局以采办课税，所开矿产主要是金银矿、水银矿和朱砂矿，"永乐间……遣官湖广、贵州采办金银课，复遣中官、御史往核之……设贵州太平溪、交址宣光镇金场局，葛容溪银场局，云南大理银冶，其不产金银者亦屡有革罢"①。其中太平溪、葛容溪分隶黔东北地区的铜仁府、石阡府。黔西北地区的乌撒卫或也有过银矿开采，成化时"封闭乌撒卫天生桥、稻田坝、奈童场等处银峒，以矿脉微细，且密迩夷境，恐生边患，从巡抚都御史张瓒请也"②。说明银峒封闭之前似乎有过开采。相较于金银矿，明代贵州的水银矿和朱砂矿场局更多。永乐十二年（1414），有板场、木悠、岩前、任办四坑水银场局隶思南府务川县和印江县，鳌寨、苏葛、棒坑朱砂场局和大崖、土黄坑水银朱砂场局隶铜仁府。③ 思南府思印江长官司亦有水银场局。此外，查《（弘治）贵州图经新志》和《（万历）贵州通志》可知，将银矿、水银、朱砂列入土产目下的还有思州府。按《（弘治）贵州图经新志》普安州土产亦有朱砂和水银，④ 但在《（嘉靖）普安州志》中则言朱砂、水银"本州原无"，⑤ 故不计入。

　　明代的矿业政策具有鲜明的摇摆倾向，"明政府对官办金银矿业的态度因时势而异，缺乏一致性和连贯性，基本上处于时开时闭的摇摆不定的状态之中，可称之为摇摆政策"⑥。明廷在贵州设场采课的制度也并非一成不变，各矿场局的采课情况与行政架构随着时间迁移

---

　　① 张廷玉等：《明史》卷81《食货五》，中华书局1974年版，第1970页。

　　② 《明宪宗实录》卷176，成化十四年三月辛巳，台湾"中研院"历史语言研究所1962年版，第3181页。

　　③ 《明太宗实录》卷149，永乐十二年三月乙亥，台湾"中研院"历史语言研究所1962年版，第1735页。

　　④ 沈庠修，赵瓒纂：《（弘治）贵州图经新志》卷10《普安州·土产》，黄加服主编：《贵州地方志集成·贵州府县志辑》第1册，巴蜀书社2006年版，第113页。

　　⑤ 洪价修，钟添纂：《（嘉靖）普安州志》卷2《食货志·土产》，黄加服主编：《贵州地方志集成·贵州府县志辑》第15册，巴蜀书社2006年版，第30页。

　　⑥ 刘利平：《略论明代的金银矿业政策》，《肇庆学院学报》2005年第3期，第20页。

也各有变化。首先，明廷对贵州各矿场局采课时有蠲除和蠲免，"景泰三年(1452)，奏准蠲除贵州思印江长官司原额水银课，其婺川县板坑水银场局水银如旧"①。同年四月，又"免贵州大万山长官司苗贼扰害田地该征税粮、朱砂、水银"②。其中既能看到明廷对采课的调整，比如对重要的场局矿课进行保留的同时取消对其他场局的额贡，同时也能根据现实情况进行蠲免。其次，场局的官员乃至场局也被逐渐裁撤，征课任务由当地流官或土官代管：

己丑，革贵州石阡长官司落桥葛容溪银场局。③

废古任办水银场，在县治南七里，永乐间，因各处商民鳞集盗贼生发，奏革。④

裁减贵州铜仁府大万山长官司大崖土黄坑水银朱砂场局副使一员。⑤

罢贵州铜仁府金场局，以诏书停采办，故户部奏请罢之也。⑥

革云南(误，"云南"当为"贵州")思南府思印江长官司水银场局，其水银，令本司照数煎办。⑦

① 申时行等重修：《大明会典》卷37《户部二四·金银诸课》，《续修四库全书》第789册，上海古籍出版社2002年版，第662页。

② 《明英宗实录》卷215，景泰三年四月辛巳，台湾"中研院"历史语言研究所1962年版，第4628页。

③ 《明太宗实录》卷193，永乐十五年十月己丑，台湾"中研院"历史语言研究所1962年版，第203页。

④ 钟添、田秋纂修：《(嘉靖)思南府志》卷1《地里志·古迹》，黄加服主编：《贵州地方志集成·贵州府县志辑》第43册，巴蜀书社2006年版，第500页。

⑤ 《明宣宗实录》卷65，宣德五年四月壬辰，台湾"中研院"历史语言研究所1962年版，第1542页。

⑥ 《明英宗实录》卷13，正统元年正月丙戌，台湾"中研院"历史语言研究所1962年版，第241页。

⑦ 《明英宗实录》卷32，正统二年七月戊申，台湾"中研院"历史语言研究所1962年版，第635页。

革贵州铜仁府大万山长官司水银朱砂场局，以其官多人少、地瘠课重也。①

弘治十八年(1505)，裁革板坑水银场局大使等官，待后该征之时，行本县掌印官带管。②

板场坑水银场税课局，成化九年(1473)革去。③

以上材料可见，永乐至成化年间，贵州各类矿场局依次被裁革。裁革的原因，一方面是由于民间盗矿猖獗，官方不仅损失巨大，为维护矿场也需要投入更多的军队保护矿产、缉捕盗贼。如永乐年间任办水银场因盗矿频发而奏请关闭，成化年间乌撒卫甚至还发生了"役军盗矿"之事。另一方面则是由于明中期尤其是正统以来明廷对矿业政策的收紧。如英宗即位之初曾有过罢天下各处闸办的举措：

(宣德)十年(1435)正月，时英宗已即位，诏各处金银、朱砂、铜、铁等课悉停免，坑冶封闭，其闸办内外官员即赴京……明年正月，又罢贵州铜仁金场局。④

罢闸办矿课之举则与扰民和预防盗矿息息相关，如正德三年(1508)："上谕行在都察院臣曰：'比因闸办银课扰民，已皆停罢，封闭各处坑穴，禁人煎采。'"⑤

---

① 《明英宗实录》卷46，正统三年九月乙未，台湾"中研院"历史语言研究所1962年版，第893页。

② 申时行等重修：《大明会典》卷37《户部二四·金银诸课》，《续修四库全书》第789册，上海古籍出版社2002年版，第662页。

③ 钟添、田秋纂修：《(嘉靖)思南府志》卷2《建置志·属治》，黄加服主编：《贵州地方志集成·贵州府县志辑》第43册，巴蜀书社2006年版，第509页。

④ 清高宗敕撰：《续文献通考》卷23《征榷六》，浙江古籍出版社1988年版，第2999页。

⑤ 《明武宗实录》卷49，正德三年十二月乙丑，台湾"中研院"历史语言研究所1962年版，第945页。

各场局被裁革以后，各项采课并未完全蠲除，原由场局大使、副使负责的征课改由当地官员代理，如务川县板坑是重要的水银产地，弘治年间裁撤场局大使等官后，其该征矿课由本县掌印官代管。万历以前贵州贡赋岁额中仍保留膳马十二匹，水银二百二十七斤，朱砂十六斤八两，黄蜡一千五百七十斤十二两，① 至万历以后，岁额增加到了朱砂三十三斤，水银四百四十四斤，黄蜡二千九百一十斤。②

明代贵州各矿场主要开设于永乐、宣德年间，按《明史》所载："岁办皆洪武旧额也，闸办者永宣所新增也。"③贵州所承担的各项闸办由于英宗停办闸办之举和此后历朝的蠲除，使得贵州的金银、水银、朱砂采课逐渐减少并趋于稳定，征收主体也由各矿场局闸办官员变为地方官府。但诚如前文所述，明代矿业政策表现出摇摆倾向，历代统治者取消和减少闸办的同时也在设置新的闸办。但就与贵州相关材料而见，正统直到万历时期，明廷并无大规模遣官闸办、征采矿课的行动。闸办是皇帝直接利用亲信充实内库的一种方式，其所得"岁办并闸办课程等项金银段匹俱起解内府库"④，这与万历时期的矿监税使运动有相似之处。在财政紧张和不敷皇室用度的压力下，开采矿产征课收税便会成为一项有效的补贴。

二、贵州"榷税之议"之"榷"的范围界定

万历时期的"矿监税使运动"在全国范围内广泛开矿与征课，最初是先开矿设矿监，后又设税使，两者各领其职。随着运动开展，矿

---

① 谢东山删正，张道编集：《(嘉靖)贵州通志》卷3《土贡》，贵州人民出版社 2019 年版，第 159 页。

② 江东之等：《(万历)贵州通志》卷1，书目文献出版社 1991 年版，第 22页。

③ 张廷玉等：《明史》卷 81《食货五》，中华书局 1974 年版，第 1970 页。

④ 申时行等重修：《大明会典》卷 35《户部二十二·课程四·商税》，《续修四库全书》第 789 册，上海古籍出版社 2002 年版，第 628 页。

监与税使更是有所合流：一方面是矿监兼任税使，另一方面则有税使代管矿务，两种变化产生之后，矿监税使逐渐合流。① 彼时榷税的范围包括商业税与矿税两项。《明史·食货志》中记载："榷税之使，自二十六(1598)年千户赵承勋奏请始……或征市舶，或征店税，或专领税务，或兼领开采。"②在"中官遍天下，非领税即领矿"的情况下，各税使基于各地域不同的商贸和物产情况，针对性地开设税务，如"天津店租，广州珠榷，两淮余盐，京口供用，浙江市舶，成都盐茶，重庆名木，湖口、长江船税，荆州店税，宝坻鱼苇及门摊商税、油布杂税"③。因地各取有用。

万历二十七年(1599)贵州"榷税之议"起于应天卫百户范仓向神宗上奏："恪遵祖制，敬复贵州税课，少助大功。"④通过各处官员反对的奏疏中可见，本次榷税的对象主要包括矿产、马匹以及少量商税。时任贵州巡抚郭子章、贵州道御史应朝卿和内阁大臣沈一贯在反对贵州榷税时，分别提道：

> 贵州水银等物，俱产穷山苗穴中，今榷税以此为名，奸人蚁附成群，苗獠截夺蜂起。⑤
>
> 范仓所称水银、朱砂、铜铅、名马等物，生于嵁岩之中，邻于虎豹之穴。⑥
>
> 今云产有水银、铜铅、朱砂、雄黄、白蜡等货，每年可征税

---

① 方兴：《明万历年间"矿监税使"的阶段性考察》，《江汉论坛》2016 年第 3 期，第 108 页。

② 张廷玉等：《明史》卷 81《食货五》，中华书局 1974 年版，第 1978 页。

③ 张廷玉等：《明史》卷 81《食货五》，中华书局 1974 年版，第 1978 页。

④ 郭子章：《黔记》卷 13《止榷志》，西南交通大学出版社 2016 年版，第 346 页。

⑤ 郭子章：《黔记》卷 13《止榷志》，西南交通大学出版社 2016 年版，第 348 页。

⑥ 郭子章：《黔记》卷 13《止榷志》，西南交通大学出版社 2016 年版，第 349 页。

三万五千两，名马四十匹，理所必无，臣不敢信，纵使有之，亦出蛮夷。①

可知榷税的范围包括矿税、膳马以及征收门摊课程、门税等商业税。明代贵州"夷汉杂处"，商贸并不发达，由此可见，商业税并非榷税的重点，而贵州出产的水银、朱砂等矿产与马匹是此次榷税主要的对象。

三、"复"与"止"：三次榷税之议经过

第一次榷税之议发生在万历二十七年（1599），"六月间，有应天卫百户范仓者上言：恪遵祖制，敬复贵州税课，少助大功"②。此时正值播州土司杨应龙反叛，贵州首当其冲，平定叛乱成了最重要的任务。万历以前贵州土地未得清丈，岁赋大部分由土官认纳，历来税收鲜少，甚至需要依靠临省协济，同时中央征播州财用无算，甚至动用皇帝内库，所谓"少助大功"应是为了补贴财政支出。于是，神宗同意复贵州榷征，"丁未，置贵州税课，遣内官张庆往"③。此举引起朝野上下一片反对之声：吏部尚书李戴、户部尚书陈蕖、兵部尚书田乐、王世扬、户科给事中李应策、贵州道御史应朝卿、御史萧重望等纷纷上疏，陈明利害，但均留中不报。其后时任贵州巡抚郭子章与御史宋兴祖会同上疏，大学士沈一贯亦密奏神宗，才终于"书奏上，上优诏答之"，其诏旨曰：

> 览卿奏揭，忠君爱国，深虑远谋，嘉尚不已。贵州差官，非专为货财，欲访彼中军民利病、起衅之由耳。朕复思之，黔中正

---

① 郭子章：《黔记》卷13《止榷志》，西南交通大学出版社2016年版，第349页。

② 郭子章：《黔记》卷13《止榷志》，西南交通大学出版社2016年版，第346页。

③ 《明神宗实录》卷336，万历二十七年六月丁未，台湾"中研院"历史语言研究所1962年版，第6237页。

在用兵征讨之时，敕谕中使已停寝矣。①

第一次榷税之议就此而止。

从劝止的奏疏中无不见"离散民心""驱民归播""税反有害""益乱而长寇"等词句，其中，沈一贯疏中道出此次榷税之议中上下反对的根由：

> 况杨应龙正肆猖獗，杀戮无算，朝廷方议征讨……臣恐彼处久困水火望球之民，将避益深益热之害，奔逬林薮，助贼为虐，有司益难拊循，将校益难攻讨，一线之路，坐致沦没，而云南亦将永断矣。②

杨应龙叛乱已然肆虐西南，朝廷征讨甚为棘手，而贵州正当联通云南的战略要道，境内土司林立、财货不丰，如果此时复矿税、遣税使，或将激起民变，加剧播州乱局，这对于明廷的打击不可谓不大，所以朝廷内外无不阻止。朝野上下担心在贵州复税设使会引起"民心离散""益乱长寇"的主要原因是彼时正当播州之乱，当播州之乱结束后，此议必然复起。

万历二十八年(1600)六月，播州之乱基本平息。不久，便"有兴武指挥周原茂者，踵范仓故智，复以矿税之说进"③。为此山西道御史李时华奏言："臣读兴武卫指挥周原茂开采贵州一疏，违悖诏旨，尽丧良心者，大难之端，弃唾成之地。乞皇上置原茂于理，以安西南方以定人未定之心。"④疏中严词斥责周原茂进矿税之说，并述及贵州兵燹之后，贫瘠之状：

---

① 郭子章：《黔记》卷 13《止榷志》，西南交通大学出版社 2016 年版，第 350 页。

② 郭子章：《黔记》卷 13《止榷志》，西南交通大学出版社 2016 年版，第 350 页。

③ 郭子章：《黔记》卷 13《止榷志》，西南交通大学出版社 2016 年版，第 351 页。

④ 胡丹辑考：《明代宦官史料长编》，凤凰出版社 2014 年版，第 1892 页。

惟是臣乡如在水火，才幸脱离，则关心莫先于此者。至于地方贫瘠之状……如驿递无人走马，堡站无粮养军，旧谷以兵饷罄尽，市无卖米者，即有之，斗米数钱，人鲜再食。新谷以运粮未种，所在抛荒，即间有栽插，又值淫雨淋漓，立根不定，十室九空，千疮万孔。①

李时华上疏后，"内外臣工唾骂原茂，以贵阳（'贵阳'应为'贵州'）人方出水就岸，奈何复投之火也"②。最终，李时华奏疏留中，周原茂之请作罢。第二次榷税之议就此结束。

万历三十年（1602）春正月，第三次榷税之议应千户王应魁之请复起，"千户王应魁拾原茂余唾，复请设贵州税监"③。大学士沈一贯票拟：

贵州地方，连年兴师动众，播贼平，善后事宜尚未宁定，军民正当优恤之时，岂宜采办大木、矿银、颜料等件，以滋骚扰。这所奏罢，该衙门知道。④

神宗听从建议，此事最终结束。

从以上三次"榷税之议"来看，反映出如下特点：首先是"复"与"止"的反复。从万历二十七年（1599）到三十年（1602），反复三次，虽然每次都以失败告终，但总有人提出此请，可见在贵州复设矿税必然有其利益所在。其次是三次复矿税之请都是由卫所的下层官员提请，或千户、或百户，且都是来自在京卫所：范仓来自应天卫，为中

① 郭子章：《黔记》卷13《止榷志》，西南交通大学出版社2016年版，第351页。

② 郭子章：《黔记》卷13《止榷志》，西南交通大学出版社2016年版，第352页。

③ 郭子章：《黔记》卷13《止榷志》，西南交通大学出版社2016年版，第352页。

④ 郭子章：《黔记》卷13《止榷志》，西南交通大学出版社2016年版，第352页。

军都督府所属在京卫所;① 周原茂来自兴武卫,为后军都督府所属在京卫所;② 第三次陈请的王应魁则未知。

《黔记·止榷志》中将范仓等提请开矿征税并得以跟随宦官前往开矿的官员称为原奏官。原奏官是指万历矿监税使运动中,直接向皇帝提请开矿的官员,方兴将原奏官分为"锦衣卫等在京各卫的现役中下级军官""京师文官机构的下级官员或吏员"和"废弁白望"三类,无论何种,都是在京官吏或是能通过在京官员上奏之人。这些奏请通过"左顺门直接投入,那里有文书房的宦官值班,奏疏可以更加快捷地上呈皇帝"③。而为原奏官提供线索的"民"则与原奏官合称为"原奏官民","民"为"官"提供线索,"官"代"民"上奏,两者相互依赖。原奏官民本身即是希望借开矿之机攫取财富的群体,顺应神宗的求财之心便成为了其获取财富的有效方法,贵州"榷税之议"中范仓等人枉顾贵州情况、屡次请求开矿征课的行为便不难理解。

四、原因探析

从背景来看,万历二十七年(1599)六月到三十年(1602)正月,正是神宗在全国大肆加派矿监税使的高潮时期。从万历二十四年(1596)大肆派出税监,到万历三十三年(1605)十二月"诏罢天下采矿。以税务归有司,岁输所入之半于内府,半户、工二部"④。神宗对矿监税使的设立进行调整,此八年可视为一个阶段。在这个阶段里,矿监税使"随奏随准,星火促行"⑤"一人专敕行事,惟意所为,凭籍宠灵,擅作威福,以势凌抚按,使不敢一问其出入,以刑劫有

---

① 张廷玉等:《明史》卷90《兵制二》,中华书局 1974 年版,第 2200 页。
② 张廷玉等:《明史》卷90《兵制二》,中华书局 1974 年版,第 2203 页。
③ 方兴:《明代矿监税使事件中的原奏官(民)、委官及参随》,《中州学刊》2013 年第 9 期,第 127 页。
④ 张廷玉等:《明史》卷21《神宗二》,中华书局 1974 年版,第 285 页。
⑤ 《明神宗实录》卷 331,万历二十七年二月丁丑,台湾"中研院"历史语言研究所 1962 年版,第 6133 页。

司，使不得一加其调停，此所谓虎而翼者"①。矿监税使的设立是为了搜刮钱财、充实内库、补贴财政，故一直以来未曾设立矿监税使的贵州自然成了范仑、周原茂、王应魁等原奏官附和神宗以设立矿监税使的目标。

但贵州未设矿监税使有经济与政治的双重因素掺杂其中。经济上的贫乏是第一重因素。贵州本非物产稀缺之地，从清代贵州得到部分开发的情况看，仅大定府物产便有"银矿、铜矿、黑铅、白铅、乳漆器、革器、马"②等物，尤其是铅矿，大定府在清代前中期更是成为全国的主要产地。但在万历时期，朝臣们在奏疏中对贵州的评价则是"僻处遐荒，孤悬可念，实不及江南一大县""万山险恶，地实不毛""贵阳一省皆山也，其地狭隘，无奇异之产，其闾阎萧索，无难得之货……伏读圣谕，税止三万余"。这些评价是用以反对神宗设立贵州矿税时的说辞，或许并不能代表时人真实的评价，但仍可见贵州在时人眼中仍未脱离蛮荒之地的印象。

在政治上的特殊性是第二重因素。从朝臣们的奏疏中可看出这种特殊性，"黔自国初开一线于滇南，为保厘滇也"③。沈一贯在向神宗的奏疏中提到，"播方烦兵，又安能以余力余财越贵州一线路而为万里云南计乎？必不暇矣"④。"一线""一线路""一线地"等词常被用来形容贵州，可见贵州在明廷的部署中联通云南、确保朝廷对西南地区统治的作用十分明显。此外，明廷对于贵州的有效统治主要在设立卫所之地，卫所的分布也极不平衡，自明太祖以来，明朝在贵州设立的卫所"集中分布在湖广通往云南和四川的交通要道上……除了这几

---

① 《明神宗实录》卷331，万历二十七年二月丁丑，台湾"中研院"历史语言研究所1962年版，第6133页。

② 鄂尔泰等修，靖道谟、杜诠纂：《(乾隆)贵州通志》卷15《物产》，黄加服主编：《贵州地方志集成·贵州府县志辑》第4册，巴蜀书社2006年版，第287页。

③ 郭子章：《黔记》卷13《止榷志》，西南交通大学出版社2016年版，第347页。

④ 《明神宗实录》卷337，万历二十七年七月丙子，台湾"中研院"历史语言研究所1962年版，第6256页。

条交通驿道之外，辖地宽广的水西、水东地区，直到明朝末年才设立了敷勇卫、镇西卫，而黔东南，黔南的广阔地域只设立了都匀卫，后再无新的卫所屯军"①。卫所之外，土司遍布，民族复杂，不入王化，明廷难以进行有效统治，自然在派遣矿监税使上困难重重。时任贵州巡抚郭子章在奏疏中言道：

> 贵州……民居其一，苗居其九，一线之外，四顾皆夷……即城市所贸易者，不过米谷、菜果、绵花、油布之类，盖仅仅也。至范仓所称水银、朱砂、铜铅、名马等物，生于嵌岩之中，邻与虎豹之穴，倘一开凿之后，苗人眈眈，劫夺而去。②

从中可看出，时人所见的贵州并非不毛之地，只是矿产出自苗人聚居区，明廷难以安全地深入开发，这成为开发的一大障碍。思南府有人以采砂为业，"婺川县境有板场、本悠、岩前等坑产朱砂，其深十五六里，土人以皮为帽，悬灯于额，入坑采砂，经宿方出"③。恶劣的开采环境使得开采困难重重，官方开采有不敷投入之忧。

由此可见，贵州在万历时期矿监税使横行的背景下幸免，是范仓等人陈请复贵州矿税的重要原因。而贵州的经济贫困与开发不足，"一线路"以联通西南的特殊地位以及苗人四布、开发困难的现实情况，则是"止榷"的根本原因。而上文述及贵州正当播州杨应龙反叛，军情危急、人心浮动，倘若恢复矿税深恐激起民变，这可视为"止榷"的直接因素。

矿监税使的设立，不仅是满足神宗的财欲，作为实际操办人的税使及其部众同样从中获利甚多。如湖广税监陈奉"水沮商舟，陆截贩

---

① 唐莉：《试论明朝贵州卫所的特点》，《民族史研究》2013 年第 12 辑，第 47 页。

② 郭子章：《黔记》卷 13《止榷志》，西南交通大学出版社 2016 年版，第 349 页。

③ 沈庠修，赵瓒纂：《（弘治）贵州图经新志》卷 4《思南府·风俗》，黄加服主编：《贵州地方志集成·贵州府县志辑》第 1 册，巴蜀书社 2006 年版，第 54 页。

贾，征三解一，病国剥民"①。又如《定陵注略·内库进奉》记载："山西每年额解正税银四万五千二百两余，俱尽数解纳，乃税监孙朝止进银一万五千八百两，余银寝匿不进，假称拖欠。"②至于解额之外，税监及其部众侵吞更多。故而，范仓等人请复贵州矿税，与其说是"恪遵祖制"，不若说是借征税之名行谋私之实。在神宗派遣张庆赴黔征收税课后，题请的范仓也得以跟随前往贵州，而正如时任户科给事中李应策所言："而蒙差监张庆等、百户范仓等，土人谭应麒等，即至少亦不下数百人，沿途所餐所乘所宿，而供应者出自何地何人也?"③张庆、范仓等人入黔，舟车行旅、食宿安顿俱由黔地负担，跟随税监征收所得利益可见一斑。

从三次"榷税之议"的始末可看出，卫所官员是奏请复税的主力军。其实卫所官员上奏请开矿课税的情况，并不鲜见，"皇帝坚定不移的采矿决心，极大调动了社会各阶层采矿的积极性。从万历二十四年(1596)六月开始，从京师到各地，从中下级军官到商人胥吏，纷纷向朝廷报告各地矿源，请求派人督导采矿"④。如万历二十七年(1599)二月，神宗应忠义右卫千户张国臣奏请，遣尚膳监太监杨荣前往云南督办采矿、矿税事宜，又"遣内监丘乘云督原奏千户翟应泰等征税开矿于四川"⑤。又如万历二十七年(1599)三月，神宗应义勇前卫千户阎大经奏请，遣御用监监丞高淮采矿征税辽东。⑥ 可见中下层军官对于开矿征税的热情。

① 张廷玉等:《明史》卷305《宦官二·陈奉》，中华书局1974年版，第7807页。
② 文秉:《定陵注略》卷4，伟文图书出版社1976年版，第289页。
③ 郭子章:《黔记》卷13《止榷志》，西南交通大学出版社2016年版，第348页。
④ 方兴:《明万历年间"矿监税使"的阶段性考察》，《江汉论坛》2016年第3期，第106页。
⑤ 《明神宗实录》卷331，万历二十七年二月条，台湾"中研院"历史语言研究所1962年版，第6131页。
⑥ 《明神宗实录》卷332，万历二十七年三月条，台湾"中研院"历史语言研究所1962年版，第6142页。

故而，范仓、周原茂、王应魁等人反复上言请复矿税，多是为自身利益所求，"神宗掀起矿监税使运动并且使这场运动持续 20 年，却并不是一个人的力量乃至仅仅是皇族的力量所能办到的，矿监税使、原奏官、参随人等，以及各地的'亡命'、'无赖'乃至部分文官都是这场运动的'推手'，并形成巨大的上下互动的无形'合力'"①。正是由于神宗"藉大工以实内藏之心"，才引起了范仓等中下层军官请复贵州矿税之请，神宗的贪欲乃是"榷税之议"反复的根由。

五、结　语

综上所述，在神宗大肆加派矿监税使以满足自身贪欲的背景下，贵州未派遣矿监税使的情况引起了范仓、周原茂、王应魁等卫所中下层军官的注意，为谋求自身利益，此三人为附和神宗，不顾播州之乱以及文官反对反复上奏，以期跟随税监在征税途中牟利。但由于贵州贫困的经济状况、"一线路"外皆苗蛮的实际情况、联通西南的特殊政治地位以及正值播州之乱的特殊时期，"榷税之议"经历反复之后，最终作罢。贵州适逢播州之乱只是"榷税之议"暂时告一段落的直接原因，此事过后复税之议必然复起。神宗自身的贪欲是本次"榷税之议"反复的根源，而贵州贫困的经济情况、"一线路"以联通西南的特殊地位以及苗人四布、开发困难的现实情况，则是"止榷"的根本原因。

围绕贵州的榷税之争，万历二十七年（1599）六月至三十年（1602）正月，朝臣、宦官、卫所中下层官员反复论争，形成了三次"榷税之议"，"榷税之议"表面上是财税政策之争，但实际上是文官集团对于神宗矿监税使运动的反抗。矿监税使运动开展以来，剥削不尽，民怨沸腾，引起民变，如万历二十三年（1595）十二月，湖广税监陈奉因"抽三解一"引起民变，被押解京师问罪，又如万历三十四年（1606）四月，云南税监杨荣死于民变。"榷税之议"最终作罢，对

---

①　方兴：《明万历年间"矿监税使"的阶段性考察》，《江汉论坛》2016 年第 3 期，第 110 页。

于黔地、黔人自是幸事，停榷之旨下，贵州军民"舞蹈踊跃，甚至有泣下者"①，而朝堂之上则是一片歌功颂德，称神宗"仁、明、武三善具焉"②。

明廷对贵州的统治与开发仍然有限，使得贵州的榷税也受到阻碍，"榷税之议"也可视为明廷对于贵州开发政策上的分歧。但选择"止榷"不仅是为了保证明廷对贵州统治的安稳，更是其对于现实情况的妥协与承认。

（作者系武汉大学历史学院硕士研究生）

---

① 郭子章：《黔记》卷 13《止榷志》，西南交通大学出版社 2016 年版，第 350 页。

② 郭子章：《黔记》卷 13《止榷志》，西南交通大学出版社 2016 年版，第 350 页。

浅析清代圣谕宣讲制度

——以《圣谕广训》的宣讲为中心

王 中

摘要：清代圣谕宣讲制度作为清朝统治者向基层百姓输出价值观，维护基层社会秩序稳定，加强思想控制与专制集权统治的一种手段，在清代的政治与社会生活中占据着十分重要的位置。而《圣谕广训》自清代雍正朝开始，是乡村宣传教化中的主要内容之一，它涵盖的内容十分丰富，主要包含家族伦理、农业生产、法律风俗、学校教育、赋税保甲等多个方面。终清一代，统治者都十分重视"圣谕"在地方社会的宣传与讲解，曾出台一系列政策来确保圣谕在社会各个群体中的宣讲。圣谕的宣讲在一定时期内的确得到了相当程度的执行，也曾起到过一定的正面作用。但是嘉道之后，受各种因素的影响，"圣谕"在社会中的宣讲也逐渐式微，并最终消失在历史长河之中。本文试图以《圣谕广训》为着眼点，探讨其在清代基层社会中的具体宣讲形式，并对清代圣谕宣讲制度的兴衰进行一个初步考察。

关键词：清代；圣谕广训；乡约；宣讲制度

一、清代"圣谕"的演变与完善

中国传统文化的一个很重要的方面就是"美教化，移风俗"，也就是教育百姓遵纪守法，向善弃恶，使社会风气保持良好状态，以维持社会的和谐与国家的安定。① 所谓教化，广义上来说，是一种理念，体现在国家治理、社会生活的方方面面，无所不至。而具体的教化，究其实质，是一种价值观教育及其过程。通过这种过程，引导人们的动机和行为，从而达到其目的。② 乡村教化作为维护社会稳定的一种手段，为明清时期的统治者们所重视。而教化乡村的方式多种多样，其中非常重要的一个方式就是宣讲"圣谕"。中国古代宣讲圣谕之制始于明朝，清朝前中期逐渐趋于完善，至晚清逐渐衰落。不同于西方，宗教承担了主要的教化责任，在明清时期的中国，教化的责任主要通过社会来实现，而更重要的是通过政府主导来规范的。诚然，清代时的教化措施远不止宣讲圣谕这一种方式，宗族、善堂善会等也在其中发挥着巨大作用，③ 笔者主要就宣讲圣谕这一个方面进行探析，在其他方面则不做过多的阐述。清朝时期的圣谕宣讲制度，主要是由基层社会中的各级地方官员向社会各个阶层的人民宣讲皇帝所颁的"圣谕"。这套制度包括了"圣谕"及其内容的演变与完善、地方官的宣讲职责、圣谕宣讲的形式等方面。

清代圣谕宣讲制度承袭自明代，较明代更加完善。这项制度与清代基层的建制有着密切的关系，可以说二者互为表里，是基层社会管理与教化的重要手段。而有关于"圣谕"的内容，清代对明代也有继承。周振鹤曾对清代圣谕宣讲制度进行溯源，认为其发源于两端的结合，一个源头是始于宋朝而由明朝继承的乡约制度，另一个源头则是明太祖朱元璋的六言圣谕。④《国榷》记载，洪武三十年（1397）辛亥：

　　　令天下里置木铎。以老人持铎徇于路曰：孝顺父母，尊敬长

---

① 熊紫莹：《〈圣谕广训〉校读札记》，《文教资料》2014 年第 36 期，第 52~54 页。

② 丁坤丽：《清代教化研究述评》，《中国史研究动态》2021 年第 1 期，第 36~43 页。

③ 酒井忠夫著，孙雪梅译：《中国善书研究（下）》，江苏人民出版社 2010 年版。

④ 周振鹤：《圣谕广训：集解与研究》，上海书店 2006 年版，第 629 页。

上，和睦乡里，教训子孙，各安生理，毋作非为。①

这是明朝洪武年间颁布的"圣谕"，在清顺治时期被继承下来，且在内容上几乎相同，只将"尊敬"改为"恭敬"，"毋作"改为"无作"。② 康熙《大清会典》记载顺治九年(1652)，颁行六谕，卧碑于八旗直隶各省。顺治十六年(1659)议准：译书六谕，令五城各设公所，择善讲人员讲解开谕，以广教化。③ 后来康熙所颁布的《圣谕十六条》，也是以此六谕为本进行扩充。康熙《圣谕十六条》其内容为：

敦孝弟以重人伦、笃宗族以昭雍睦、和乡党以息争讼、重农桑以足衣食、尚节俭以惜财用、隆学校以端士习、黜异端以崇正学、讲法律以儆愚顽、明礼让以厚风俗、务本业以定民志、训子弟以禁非为、息诬告以全良善、戒窝逃以免株连、完钱粮以省催科、联保甲以弭盗贼、解仇忿以重身命。④

对比顺治时期的六谕，康熙《圣谕十六条》内容更加丰富，除了家庭与邻里关系外，还对农业、学校、正学与异端、赋税、保甲等多个方面进行了强调，可以说是清政府价值取向的一个显著体现。《圣谕广训》于雍正二年(1724)二月丙午御制并颁行天下，⑤ 是雍正皇帝对其父康熙所颁布的《圣谕十六条》的阐释性著作。雍正以其父康熙的《圣谕十六条》为纲，用近乎白话的形式进行逐条讲解，扩展至万言，称之为《圣谕广训》，成为圣谕宣讲制度的主要内容。如雍正在

---

① 谈迁：《国榷》卷 10，中华书局 1988 年版，第 779 页。
② 顺治时期已下令在全国宣讲六谕，并且顺治皇帝还编辑了一本名为《劝善要言》的书，作为社会教化的依据，但因为顺治朝六谕与明朝六谕差别细微，所以在当时中国的很多地方，宣讲的仍旧是明朝六谕。参见酒井忠夫著，孙雪梅译：《中国善书研究(下)》，江苏人民出版社 2010 年版，第 484 页。
③ 《(康熙)大清会典》卷 54，文海出版社 1994 年版，第 2638 页。
④ 《(康熙)大清会典》卷 54，文海出版社 1994 年版，第 2638~2639 页。
⑤ 《清史稿》卷 9，中华书局 1977 年版，第 311 页。

"敦孝悌以重人伦"一条下，就讲解六百三十二字。①《圣谕广训》有不同的版本，包括文渊阁本、文津阁本、荟要本等。② 周振鹤先生主编《圣谕广训：集解与研究》一书，是针对《圣谕广训》的一部综合性著作。全书分为集解编、资料编、研究编三部分，在集解编部分中，作者对于有关清代圣谕以及对其进行解释的史料进行了汇编，是研究清代圣谕十分重要的文献汇编。而在资料编一节中，作者又对清代有关于圣谕宣讲的上谕及奏折、宣讲仪式等相关资料进行了整理。在最后一部分研究编中，则是对于圣谕、《圣谕广训》和相关文化现象进行的学术性研究，并对雍正《圣谕广训》的诸多衍生版本进行了考辨。③ 这些衍生是《圣谕广训》在社会宣讲的过程中，针对不同习俗、不同群体所产生的更易于理解与传播的版本。如顾文苏的《乡约白话》中，对"敦孝悌以重人伦"的解释：

> 这一条皇上的意思，只为父母十月怀胎，三年乳哺，担了多少劳苦，望你成人长大，创家立业，若是老来子更其宝贝了，还有那遗腹，全靠娘守大的，又有一种叫做螟蛉，乃过继人家个来抚大的，总而言之，爷娘处境好还好，设或穷困出身，自己无饭吃怕儿子先饿，没衣穿怕儿子先冷，千方百计，哪一件不是为儿子的心肠？……④

这段话简单、直白，就是乡约宣讲给青年人听，先阐述父母生养孩子的不容易，再要求子女孝敬自己的父母。许多《圣谕广训》的衍生版本与之类似，也正因为如此，《圣谕广训》才更加易于在清代社会各个阶层中传播。就《圣谕广训》内容而言，虽然其中有一些相对

---

① 鱼返善雄编：《汉文华语康熙皇帝圣谕广训》，文海出版社1964年版，第106~107页。
② 熊紫莹：《〈圣谕广训〉校读札记》，《文教资料》2014年第36期，第52~54页。
③ 周振鹤：《圣谕广训：集解与研究》，上海书店2006年版。
④ 周振鹤：《圣谕广训：集解与研究》，上海书店2006年版，第179页。

比较积极、正面意义的倡导，如倡导孝道，① 但其本质上宣扬的仍旧是封建性质的价值观，维护的也是封建时代的纲常伦理，其最终目的也是为了清王朝统治的长盛不衰。

二、清代圣谕的宣讲形式

清代圣谕在内容上，经历了清初顺治时对明代圣谕的继承，到康熙、雍正时期对圣谕内容的完善与拓展，并在雍正之后逐渐趋于稳定，成为宣扬清朝统治者价值观的重要文献。而圣谕的内容是一方面，其在民间的宣讲最终的目的也是教化百姓，使其遵纪守法，按照清朝统治者所期望的那样行事。因此，圣谕在民间的宣讲形式也值得关注，圣谕的宣讲是以何种形式在民间展开，其具体过程又是什么样的？

清代的"圣谕"，宣讲形式，不拘一格，多种多样，包括"朔望"宣讲、"图事"宣讲、"通俗"宣讲、"合律"宣讲等。② 圣谕宣讲的时间基本上是集中在朔望。《学政全书》记载：

> 康熙三十九年议准：直省奉有钦颁上谕十六条，每月朔望，地方官宣读讲说，化导百姓。③

有清一代，宣讲圣谕的时间几乎都是定在每月的朔望(有些可能在初二和十六)，每月两次。至于宣讲地点，以康熙《圣谕十六条》为例，主要包括在城宣讲和在乡宣讲，酒井忠夫对此也有过相关论

---

① 常建华：《论〈圣谕广训〉与清代孝治》，《南开史学》1998年第1期，第33~41页。

② 汪强：《敦风厉俗：清代〈圣谕广训〉施行措施的考察与启示》，《江淮论坛》2018年第6期，第111~116页。

③ 素尔讷等纂，霍有明、郭海文校注：《钦定学政全书校注》，武汉大学出版社2015年版，第8页。

述。① 康熙年间的广州连山县知县李来章在其《圣谕图像衍义》中保留了一幅康熙年间的"讲约图"，可以更加直观地感受圣谕宣讲的过程，如图 1。

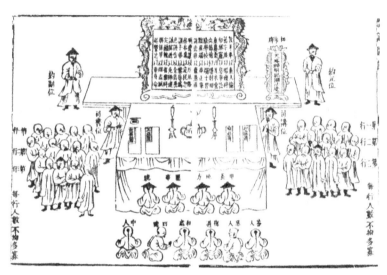

图 1　讲约图(李来章《圣谕图像衍义》，康熙四十三年刊本)②

这幅讲约图中包括司讲位、司书位、约正位、约副位，中间设有香案，上面放有和处簿、悔过簿、记恶簿、记善簿四本名册，香案后摆设的是《圣谕十六条》和一块刻有"天地神明纪纲法度"的和事牌。甲长、地方、禀事跪拜于香案之前，紧随其后的是地方民众代表，分别代表善人、恶人、悔过、和处、四睦、中人。左右各三行民众，人数不限，站立恭听宣讲。由此可见，州县文武官员皆参加的圣谕宣讲较为正式，规模也较大。《(雍正)河南通志》也记载了在州县进行圣谕宣讲的一个过程，但相比于连山县的宣讲，规模略小。《(雍正)河南通志》记载，在宣讲日期(朔望日)前，要预先为宣讲仪式准备好干

①　酒井忠夫著，孙雪梅译：《中国善书研究(下)》，江苏人民出版社 2010年版，第 492~494 页。

②　周振鹤：《圣谕广训：集解与研究》，上海书店 2006 年版。

净宽敞的场所,并摆设好香案,以迎接"御颁书"。① 待本州县文武官员到齐之后,礼生高唱:"序班",众人面对圣谕行三跪九叩之礼,然后至讲所环列肃听,之后礼生再高唱:"恭请开讲!"这时由司讲生在香案前叩首后,再恭捧"御颁书"上台,然后由木铎老人②跪接并宣读其大致内容,宣读过后再由礼生高唱:"请宣讲上谕第一条!"这时司讲生按次讲"敦孝悌以重人伦"。③ 整个宣讲的过程十分隆重,参与者包括司讲生、礼生、木铎老人、州县文武官员及恭听宣讲的军民。

而在乡村之中宣讲,则更多是由乡约来主持。以雍正年间的河南为例:

> 凡州县城内及各大乡村各立讲约之所,设约正一人,于举贡生员内拣选老成有学行者为之,值月三四人,选朴实谨守者为之,置二籍,德业可劝者为一籍,过失可规者为一籍,值月掌之,月终则告于约正而授于其次。④

宣讲活动中要有约正一人,值月三四人,还要出具两份名单,一份是德业可劝,即知错即改、遇善即做的人;另一份是过失可规,即犯过错误但可劝诫改正之人,这二籍是摘自《吕氏乡约》中所拟定的标准。宣讲前的准备工作,也没有上述的大型宣讲活动那么复杂。在每月朔日举行宣讲活动前,事先由值月预约同乡之人,集于讲约之所,等约正及耆老、里长到齐后,相对三揖,众人按照年岁长幼分左

---

① 此处"御颁书"系雍正所著《大义觉迷录》。

② 木铎老人系明清时期基层老人的别称,一般指乡村中五十岁以上的老人,因手持一个木头芯大铃铛,而被称为"木铎老人"。谈迁在《枣林杂俎》中记载:"木铎老人,国初专理本里事,权侔县令。县令不法,老人能持之。"[商传:《明太祖朱元璋(下)》,浙江文艺出版社 2013 年版,第 164 页]

③ 《(雍正)河南通志》卷 10,河南省地方史志办公室编纂:《河南历代方志集成》第 1 册,大象出版社 2018 年版,第 212 页。

④ 《(雍正)河南通志》卷 10,河南省地方史志办公室编纂:《河南历代方志集成》第 1 册,大象出版社 2018 年版,第 224~225 页。

右站立，设案于庭中，值月向案碑面立，大声宣读《圣谕广训》之条文，然后由约正负责推衍其意义，阐述其内涵，且容许质问，务必使来听宣讲者清楚理解。在宣讲过后，对乡村中有过失、有善心的人记载造册并由值月保管，在年末则考校其善过，编制成册报于州县官，作为劝惩的一种手段，如果有能够改过自新者予以奖赏。① 类似这种形式的宣讲，在清代社会整个圣谕宣讲活动中占据着很大的比重，它针对的大多是州县或乡村中的普通百姓，是清政府实施教化，安定社会秩序的重要手段。

清代以少数民族统治者的身份入主中原，在入关之初曾面临着严重的民族矛盾，满族精英与汉族精英(前明遗民)之间形成激烈的对抗，因此，宣讲圣谕也有缓和、化解民族矛盾的政治取向。而在历经顺治、康熙两朝几十年的经营后，满汉之间的民族矛盾逐渐淡化，圣谕宣讲在维护基层社会秩序方面的功能，更加受到清朝统治者的重视。如果说《大清律例》代表的是强硬的国家意志的话，那么宣讲《圣谕广训》的制度就可以视为柔软的国家意识形态对于基层社会的渗透。冯尔康先生认为，雍正帝施行教化，设立忠孝节义祠，创立族正制和实行保甲制、乡约制，制定存留承祀法，是制度性的措施，而在民间宣讲《圣谕广训》则是意识形态层面的事情。雍正帝撰写《圣谕广训》并在民间进行宣讲，是对顺康两朝实行的民间教化政策的继承，不过他做得更加认真、更细致。② 萧公权(Hsiao Kung—chuan)直言不讳地将圣谕宣讲制度称为一种"思想控制"，是加强对封建专制下的人民进行思想教化、维护其专制集权统治的一种方式。③ 以《圣谕广训》颁布为标志，清政府完成了清代乡教思想体系的建构，乡村教化已形成制度，执行中更多将儒家纲常名教与巩固王朝统治紧密结

---

① 《(雍正)河南通志》卷 10，河南省地方史志办公室编纂：《河南历代方志集成》第 1 册，大象出版社 2018 年版，第 225 页。

② 冯尔康：《名家说清史：雍正皇帝》，紫禁城出版社 2016 年版，第 172 页。

③ 萧公权著，张皓、张升译：《中国乡村：19 世纪的帝国控制》，九州出版社 2019 年版，第 219~242 页。

合，以致"忠孝一体"成为这时乡村教化的突出特征。①

三、《圣谕广训》所教化的不同群体

如前所述，圣谕宣讲最终的目的是教化"愚顽"，使百姓按照清政府所设想的那样劳作与生活。但整个社会中不同阶层的群体，如士人、武生、普通民众等，他们的身份、地位、背景各不相同。因此，对这些不同群体宣讲圣谕，显示的是清朝统治者在更广大的范围与更广泛的人群中维持社会秩序的期望。从雍正二年(1724)到清末近两个世纪的时间里，《圣谕广训》在清代社会各个阶层中广泛的传播，对清代社会产生了重要的影响，② 它最主要的目的，就是教化百姓，通过前述各种盛大的宣讲仪式，来"驯化"当地的民众，因而在普通百姓中的宣讲，占据着整个圣谕宣讲过程的很大一部分。但除了普通百姓外，它还在其他社会群体中宣讲与传播，尤其是士人武生这两个群体中。此外，它还作为化俗的手段之一被推广至少数民族及偏远地区。《圣谕广训》在颁布之初就要求"每月朔望，宣读听讲"，它成了清代社会教育中的一部分，甚至在清代的学校教育中也占据一席之地。③

中国帝制时期的学校、书院作为培养封建士大夫的地方，自然而然成了圣谕宣讲的一个重要场所，《圣谕广训》成为教育的组成部分。书院通过培育士子、表率乡里从而教化社会，这些受过国家"正统观念"教育的士子，又通过知识传播、德性培育以及事功建立等措施在

---

① 张瑞泉：《略论清代的乡村教化》，《史学集刊》1994 年第 3 期，第 22~28 页。

② 王有英：《清前期社会教化研究》，华东师范大学教育学院博士学位论文，2005 年；雷伟平：《〈圣谕广训〉传播研究》，华东师范大学历史系硕士学位论文，2007 年。

③ 马镛：《中国教育制度通史(第五卷)》，山东教育出版社 1999 年版，第 330~339 页。

乡村施展教化。① 士绅阶层实际上是清朝政府在基层宣传其思想的主要力量。② 那么在这些受过教育的士绅教化基层百姓之前，便要确保他们在学校及书院中认真地学习"圣谕"。根据《学政全书》的记载，康熙三十九年（1700），清政府曾对地方学堂宣讲"圣谕"做过相关的规定：

> 直省奉有钦颁上谕十六条，每月朔望，地方官宣读讲说，化导百姓。今士子亦应训饬，恭请御制教条，发直省学宫，每月朔望，令儒学教官传集该学生员，宣读训饬，务令遵守。如有不遵者，责令教官并地方官详革，从重治罪。③

在学校中教授"圣谕"，不仅仅是要"化导百姓"，还要训饬学堂中读书的学生，更是严令学校的教官严格执行宣读活动，教官如不尽力，则要革职治罪。然而康熙的圣谕虽然有十六条，且内容简洁凝练，但是简洁之余内容却不够丰满。雍正皇帝在三年（1725）七月的一道上谕中说道：

> 我圣祖仁皇帝教育群生，御制上谕十六条，期以厚民风而端习俗。朕仰承先志，推衍发明，著为《广训》，使愚氓易晓，日用可遵。凡兹作述之间，悉本先师孔子之道以为训，是行之本并无一语新奇，出乎圣教之外也。卿为至圣后裔，果能祗遵祖训，身体力行，则修身齐家之道，化民善俗之模莫大乎。④

---

① 于祥成：《论清代湖南乡村书院的社会教化》，《湖南大学学报（社会科学版）》2018年第4期，第128~132页。

② 尤永斌：《绅士阶层与清代乡村社会教化》，《理论界》2012年第11期，第116~118页。

③ 素尔讷等纂，霍有明、郭海文校注：《钦定学政全书校注》，武汉大学出版社2015年版，第8页。

④ 《世宗宪皇帝上谕内阁》卷34《雍正三年七月》，钦定四库全书本，第208页。

由此可见，《圣谕广训》的根本，实际上还是儒家的"孔子之道，圣人之言"，并没有任何越出儒家伦理道德的言语与要求。这段话原是雍正给他手下的臣子所说的，皇帝认为这些人都是"至圣后裔"，如果他们能够身体力行地践行，代替国家在乡村中施展教化，那么让"愚氓"了解并遵守，便不是一件难事了。

从雍正年间到同光年间，《圣谕广训》在整个清代的宣讲教化过程中都占据着十分重要的地位。从康熙的《圣谕十六条》到雍正的《圣谕广训》，显示的是清代宣讲制度的进一步系统化与完善化。在学校的宣讲教化系统中，《圣谕广训》首先作为一个官方指定的学习教材而存在，且要求童生背诵默写。根据学政全书的记载：

> 雍正三年议准：士子诵习，必早闻正论，俾德性坚定。将《圣谕广训》万言论、御制《朋党论》颁发各省学政，刊刻印刷，赉送各学。令司铎之员，朔望宣诵。①
>
> 雍正三年议准：童生考试，岁、科两试，复试童生令其默写《圣谕广训》一条。②
>
> 令直省各学儒童诵习《圣谕广训》，凡不能背录者，不准录取。③

在《圣谕广训》正式颁布的一年后，雍正皇帝就下令将其颁布给各省的学校中。并且更为重要的是，《圣谕广训》在地方童生的考试中，也成了考试内容之一。康熙年间进士甘汝来曾在其文集中记载道：午后令将从前所读书文温习数篇，再敬奉《圣谕广训》，朗诵一条，并为讲解，使之礼认亲切，裨益身心。④

---

① 素尔讷等纂，霍有明、郭海文校注：《钦定学政全书校注》，武汉大学出版社 2015 年版，第 9 页。

② 素尔讷等纂，霍有明、郭海文校注：《钦定学政全书校注》，武汉大学出版社 2015 年版，第 77 页。

③ 《清朝文献通考》卷 70，浙江古籍出版社 1988 年版，第 5495 页。

④ 甘汝来：《甘庄恪公全集》卷 13《杂著·咸安宫学学规》，乾隆赐福堂刻本，第 14 页。

这样，带有清代国家意识形态的《圣谕广训》，开始影响这些刚刚迈入科场中的学子。没有按照国家规定正确默写《圣谕广训》的学生，则要受到相应的惩处。清代《科场条例》中记载嘉庆年间一条规定：《圣谕广训》一二百字其不能默写者，按其文义，递降等第及斥置不录。①

另一方面，《圣谕广训》伴随着清代改土归流政策，开始被推广到边缘及少数民族地区，成为怀柔地方的一个重要工具。《清朝文献通考》中所记载的，清政府在云南威远、东川，四川建昌，湖南永绥等各处建立学校及调整学生数额的时候，曾要求"番夷"研读《圣谕广训》，"选延塾师，先令熟番子弟来学，日与汉童相处，宣讲《圣谕广训》，俟熟习后再令诵习诗书"②，借助将《圣谕广训》定为钦定教材并确立研习的具体要求，清政府得以在学校系统中成功地插入这项"宣讲制度"以输出其所推崇的价值观，这是清代《圣谕广训》宣讲的途径之一。

除了文官与士人之外，清政府还要求武人群体中也要研习《圣谕广训》。雍正二年(1724)：御制《圣谕广训》万言，颁发直省督、抚、学臣，转行该地方文武教职衙门，晓谕军民生童人等，通行讲读。③晚清名臣陈康祺曾在《壬癸藏札记》中记载："壮武督兵剿贼，每三五日集众讲《圣谕广训》及性理诸书，暇日令军士习射作字……"④晚清理学家李棠阶也曾写道应当对于习武之人进行圣谕教化以驱除其身上的桀骜不驯：

> 至武生亦于每月定期传集默写武经一段及《圣谕广训》一二百字，伊等更宜宛转训戒，或与之讲圣谕一二段，令伊等拱听，久亦可化其桀慢之气。⑤

---

① 《钦定科场条例》卷3，文海出版社1989年版，第263页。

② 《清朝文献通考》卷70，浙江古籍出版社1988年版，第5498页。

③ 素尔讷等纂，霍有明、郭海文校注：《钦定学政全书校注》，武汉大学出版社2015年版，第292页。

④ 《皇朝经世文续编》卷53，崇文书局光绪二十八年石印本，第925页。

⑤ 牛铭实：《中国历代乡约民规》，中国社会出版社2014年版，第51页。

清朝有着规模巨大的军队，如何对军队进行管理，除了需要完善的制度和优秀的武将领袖外，"圣谕"这种柔性的思想浸润也是必不可少的。但在晚清，军队腐败严重，战斗力极剧下降，而此时地方团练兴起，这种由传统士大夫领导的军队，更加需要这种宣扬"忠孝"之道的思想来帮助他们管理队伍。咸同年间"乡约局"的出现，使清代晚期逐渐破败的乡约制度面貌一新。由于太平天国的压力，地方绅士和官府重新审视这套制度，希望靠它来和团练相结合，解救燃眉之急，① 但这时的清王朝正处于内忧外患之下，太平军席卷南方，英法列强趁机发难，在这种情况下，"乡约局"实在难以达到这些士绅理想中的效果。

《圣谕广训》在全国的推广，体现的是清代基本解决满汉民族矛盾及内外威胁，在政权稳固之后，力图进一步消除社会内部隐患所做的努力。清代一些文人对于《圣谕广训》在民间"化俗"的作用做了一些描述，如鲁九皋在《翠岩杂稿》中记载：

> 期我阖邑人士，各于其居洁扫宽敞室宇，朔望，衣冠相集，宣讲《圣谕广训十六条》，退而共敦礼让，实力奉行，为四民表率。俾夫闾里之间，群相慕效争，平讼息讹，淳俗美斯。官于此者，乐观风俗之成焉，邑人士其勉之无怠。②

与此相类似的史料还有很多，笔者认同《圣谕广训》曾经在地方社会秩序的稳定中发挥了一定的作用。但需要说明的是，这些史料多出自地方士绅、致仕官员以及官方官修方志等史料之中，它是否能够确切地反映出清代基层社会在此宣讲制度下的真实状态还有待进一步考察。可以确定的是，清政府确确实实在此过程中付出了巨大的努力，但是随着清代统治的内外环境恶化，这套宣讲制度也开始崩溃。

首先是官员士子的忽视，前述嘉庆年间，士子若是无法正确默写《圣谕广训》，就要被斥降等级甚至不予录取。这一方面体现了清政

① 牛铭实：《中国历代乡约民规》，中国社会出版社 2014 年版，第 51 页。
② 鲁九皋：《翠岩杂稿》卷 3，乾隆年间刻本，第 5 页。

府对于《圣谕广训》在士人群体中传播的重视程度，即便从雍正到嘉庆已经经历了大半个世纪的时间，但是对于学生群体的教化仍旧没有放松。但是另一方面实际上也体现出，乾隆晚年及嘉庆后《圣谕广训》的宣讲效果可能完全没有达到统治者的预期，以至于诸多士子甚至都无法正确地默写一二百字。例如，道光年间的一条记载，道光九年（1829）题结磨勘各省科考试卷，广西思恩府学附生谭大英未默《圣谕广训》，应降为二等，如由本案补廪查明照例办理。①

而在光绪年间《圣谕广训》的宣讲更是已成具文，光绪二年，御史吴鸿恩上奏折请求宣讲圣谕：

> 宣讲圣谕广训，钜典昭垂，自应认真举办，乃近来各地方官往往视为具文，实属不成事体，着顺天府五城实力奉行，并着各直省督抚学政督饬地方官及教职各官随时宣讲，毋得有名无实。②

许多人上书认为社会上"风气日趋卑下，仕宦惟求迁擢而不思爵禄之所自来，士子专务揣摩而不思科名之所以重，至于俗敝民浇，寡廉鲜耻"。其皆是因为"列圣相承"的宣讲圣谕之法积久相忘。③

其次是财政上的困局。清后期圣谕宣讲制度逐渐衰败，可能与清朝后期的财政困境有着非常大的关系。清初设立乡约讲习，约正、副约正每年都是可以向官府领取薪俸的。《（光绪）四会县志》记载雍正十三年（1735）：

> 冬十一月，命各州县设约正，大乡村设立讲约，于举、贡、生员内选择老成有学行者充约正，复选朴愿谨守者三四人充值

---

① 《钦定科场条例》卷51，文海出版社1989年版，第85页。
② 朱寿朋编，张静庐等点校：《光绪朝东华录》，中华书局1958年版，第185页。
③ 朱寿朋编，张静庐等点校：《光绪朝东华录》，中华书局1958年版，第91页。

月，每月朔宣讲《圣谕广训》，约正岁予银六两，值月岁予银三两六钱，凡一年之内能化导愚民，给扁奖之，三年之内著有成效，遴其最优者送部引见，年衰不能赴部，举人出身则给以六品冠带，贡生给以八品，耆老给以九品。①

清代后期众多的战争、赔款等事项，使得政府开支巨大，财政陷入危机。巨额的军费对清朝财政造成的负担不言而喻。晚清战争赔款、筹办洋务等都是巨大的开销。各方面财政的压力，清政府无法拿出更多的资金来确保乡约、教习等对《圣谕广训》的宣讲，甚至对于基层社会的控制也逐渐松弛。清末基层社会大量出现"异端"宗教与农民起义，是清朝苦心营建的乡村教化体系瓦解的一个体现。

四、结　语

《圣谕广训》是清代官方意识形态的体现，是雍正皇帝在前人的基础之上，所做的一部内容更加完备、更通俗易懂的化俗素材。在地方上，它曾经以各种形式存在；在学校里，它作为士子们必读必写的教材；在基层社会中，它作为化民成俗的金玉良言；在武人群体中，它作为祛除武人嚣张跋扈习气的良药；甚至还出现了方言的变本以及弹词等更加贴近下层社会的形式。它曾经在清代的教育系统中占据着一个重要的位置，也曾经有利于国家的统治，社会秩序的稳定。但这是建立在一个强有力的统治核心以及一个良好的财政环境之下的。康雍乾时期，尤其是雍正皇帝严苛的为政作风，加速了地方上圣谕宣讲制度的进一步完善以及在基层社会中的进一步推广。但乾隆后期及嘉庆年间，清政府的诸多问题开始逐渐暴露，官员群体腐败因循，加之大规模的农民起义此起彼伏，西方列强的入侵、筹办洋务；晚清内部爆发大规模农民起义，造成中央与地方权力的重新分配。这些因素，使得清政府的财政开支急剧攀升的同时，也伴随着中央权力的衰落，圣谕宣讲制度在此大背景之下，也难以躲过时代的浪潮，虽然清政府

---

① 《(光绪)四会县志》卷10，广东人民出版社1996年版，第17页。

还在尽力地维持这套意识形态，但也没能挽救它的命运，最终与清政府一起走向覆灭。

（作者系武汉大学历史学院硕士研究生）

时势与撰史：《革朝志·建文君纪》 对"靖难"双方的叙事论析

魏圆圆

摘要：《革朝志》创作于大礼议之争后，其作者许相卿亦曾亲历大礼议并反对加兴献帝谥号。在这样的背景之下，《革朝志》关于建文朝的史观便与官方有所不同。《革朝志》通过恢复建文年号、尊称为帝、记载其仁政等方式建立建文帝的正统性，以对朱棣发动靖难之役、篡夺皇位行径进行否定，而嘉靖帝则在大礼议之争中被群臣的反抗所激怒，对颠覆靖难历史颇为敏感和警惕。围绕《革朝志》修纂所激起的历史波澜，反映出嘉靖年间史官试图冲破传统禁锢而皇帝决意严防死守的复杂史学局面。

关键词：革朝志；建文历史；靖难之变；大礼议

洪武三十一年，明太祖朱元璋临死传位于皇太孙朱允炆，允炆即位，改元建文，是为明惠帝，一称建文帝。建文元年朱棣起兵造反，号其师为"靖难"，至建文四年，攻下南京，登上帝位。这一历史事件被称为"靖难之变"。有关靖难历史的书写变化较为复杂，主要与该时期的官方态度有关。明成祖朱棣为塑造自身统承明太祖的正统形象，废去建文年号、将建文帝废为庶人。纂写建文一朝史籍成为禁区，"文皇帝入继大统，党禁严迫。凡系诸臣手迹，即零星片札悉投水火中，惟恐告讦搜捕之踪及，故其事十无一存"①。甚至还专门修

---

① 屠叔方：《建文朝野汇编》，国家图书馆出版社 2009 年版，第 3 页。

《奉天靖难记》美化自己，丑化建文帝，对自己起兵、登基的活动进行粉饰。但迄明中叶，政治氛围逐渐宽松。英宗时期，下令除去建文庶人称呼，释放建文帝亲属，① 尤其是嘉靖朝发生的"大礼议"对当时的学术文化风气产生了直接的作用，民间私修靖难之变的书籍增多。

关于靖难历史的研究著作较多，传统研究大部分致力于靖难史事的考证和叙述上面，近年来学界关注到靖难历史书写问题，通过建文朝历史的编纂研究来更为深入地讨论建文朝历史在后代的书写与影响，如吴德义的《政局变迁与历史叙事：明代建文史编纂研究》②、牛建强的《试论明代建文帝历史冤案的反正过程——以明中后期建文朝史籍纂修为视角》③等。不少学者还将目光集中于某一本明代私修建文史籍的研究上面，进而透视不同时期建文历史修撰背后所呈现的史观，如丁修真、夏维中的《明代中期建文故事的整合与传播——以黄佐〈革除遗事〉为中心》④，赵振的《民间记忆与历史叙事：〈袁氏家训〉和建文帝事迹》⑤等。但是学界对于这类私史的关注还不够，仅停留在《革除遗事》《袁氏家训》《建文书法儗》上面，对于其他史籍如《革朝志》的利用较少。本文拟从经历大礼议之争的许相卿所著《革朝志》出发，结合许相卿所处时代环境，探讨许相卿关于靖难之变的历史叙事态度和历史书写方式，讨论《革朝志》的叙述立场，探究历史书写与社会生态之间的关系，尝试发掘大礼议之争对于靖难之役历史书写的影响。

---

① 《明英宗实录》卷 283，天顺元年冬十月丙辰，台湾"中研院"历史语言研究所 1962 年版，第 6080 页。

② 吴德义：《政局变迁与历史叙事：明代建文史编纂研究》，中国社会科学出版社 2013 年版。

③ 牛建强：《试论明代建文帝历史冤案的反正过程——以明中后期建文朝史籍纂修为视角》，《史学月刊》1996 年第 2 期，第 32~38 页。

④ 丁修真、夏维中：《明代中期建文故事的整合与传播——以黄佐〈革除遗事〉为中心》，《安徽史学》2012 年第 6 期，第 63~69 页。

⑤ 赵振：《民间记忆与历史叙事：〈袁氏家训〉和建文帝事迹》，《史学月刊》2015 年第 9 期，第 129~133 页。

一、逐步承认:《革朝志》对建文帝
称呼与年号的处理

《革朝志》是由许相卿(1479—1557)所著、记载了建文朝史的一部纪传体史书。许相卿字伯台,号云村,海宁人,正德十二年进士,以直谏名。世宗即位后,授兵科给事中。大礼议之争中,许相卿反对上兴献帝皇号,"帝议加兴献帝皇号,相卿复争之"①。任给事三年,所谏之言皆不为皇帝所采纳,遂谢病归。家居三十余年,从事著述,著有《史汉方驾》《革朝志》《云邨文集》《良方辑要》等。

《革朝志》记录了建文一朝君臣始末,全书共十卷,分别是《建文君纪》《阖宫传》《死难列传》《死事列传》《死志列传》《死遁列传》《死终列传》《传疑》《名臣列传》《外传》。本文主要就其第一卷《建文君纪》的相关内容进行讨论。

在传统社会中,直呼皇帝名讳乃为大不敬,但是《革朝志》中多次称呼建文帝为"允炆",如"首雄英早伤,诸子允炆为长"②"遂以洪武二十九年庚寅立允炆为皇太孙"③"嫡孙允炆,以九月十三日册为皇太孙"④等。其中大部分见于建文帝即位之前的记载。

至建文帝即位后,《革朝志》对其称呼便迅速由"允炆"转化为"帝",如"帝在东宫素问孝孺贤,及即位,驰驿召还,将以为执政用事者"⑤"帝在东宫,诸王多不逊服,帝患之,以问子澄。子澄以汉

---

① 张廷玉等:《明史》卷 208,中华书局 1974 年版,第 5492 页。

② 徐相卿:《革朝志》卷 1《建文君纪》,《金陵全书》第 12 册,南京出版社 2013 年版,第 49 页。

③ 徐相卿:《革朝志》卷 1《建文君纪》,《金陵全书》第 12 册,南京出版社 2013 年版,第 49 页。

④ 徐相卿:《革朝志》卷 1《建文君纪》,《金陵全书》第 12 册,南京出版社 2013 年版,第 52 页。

⑤ 徐相卿:《革朝志》卷 1《建文君纪》,《金陵全书》第 12 册,南京出版社 2013 年版,第 55 页。

讨七国事对，帝入其说，至是遂向用之"①"帝视朝颇晏昌隆极"②等。在对建文帝的称呼方面，《革朝志》对《奉天靖难记》里面的书写方式既有继承，又有改变：以"允炆"来称呼登基之前的建文帝，又在其嗣位后通篇称其为"帝"。这说明在嘉靖年间，政府对于建文史的管控已有所松弛。

官方对于建文历史态度的放宽还体现在《革朝志》对于建文帝尊称和年号的处理上。与《革朝志》同时，由于朱棣对建文年号的革除，其他史书纪年基本上或用干支，或用洪武年号。《革朝志》则与众不同。靖难之变的历史主要记载于第一卷《建文君纪》中，该书篇名便称朱允炆为"建文君"，"建文君"既可理解为"建文君主"之意，也可视为一般尊称，③ 此处进行了比较模糊的处理方式。另外，许氏还频繁使用建文年号，"明年正月初一日为建文元年，大赦天下"④，"己卯，建文元年春正月，庚辰大祀天"⑤。《革朝志》是明代第一部使用建文年号纪年的史书，说明当时社会对于建文帝的敌对情绪有所缓和。

《革朝志》不仅在《君纪》部分以建文年号纪年，在建文朝廷臣子的传记中也使用建文年号。如《革朝志》卷三《戴德彝传》，"建文中改左拾遗。北师南还，与黄子澄、齐泰、方孝孺……等日夕画策防御"⑥。这对后代修纂建文历史时直接使用建文年号起到了引领作用。如黄光升(1506—1586)《昭代典则》不刻意回避使用建文年号，在卷

① 徐相卿：《革朝志》卷1《建文君纪》，《金陵全书》第12册，南京出版社2013年版，第56页。

② 徐相卿：《革朝志》卷1《建文君纪》，《金陵全书》第12册，南京出版社2013年版，第61页。

③ 谢贵安：《试论〈明实录〉对建文帝的态度及其变化》，《北京联合大学学报(人文社会科学版)》2010年第8期，第30页。

④ 徐相卿：《革朝志》卷1《建文君纪》，《金陵全书》第12册，南京出版社2013年版，第55页。

⑤ 徐相卿：《革朝志》卷1《建文君纪》，《金陵全书》第12册，南京出版社2013年版，第63页。

⑥ 徐相卿：《革朝志》卷3《戴德彝传》，《金陵全书》第12册，南京出版社2013年版，第200页。

十二写："己卯建文元年春正月庚辰，大祀天地于南郊，奉太祖高皇帝配。"①《昭代典则》记载的永乐登基诏书亦不避免使用建文字样，"一，今年仍以洪武三十五年为纪，其改明年为永乐元年。一，建文以来祖宗成法有更改者，仍复其旧制。刑名一依大明律科断"②。

必须指出的是，建文帝的身份一直是较为复杂敏感的问题，若是承认建文帝的正统地位，就会影响到成祖之后的历代皇帝根基问题。若是不承认，又难以堵住天下悠悠之口。嘉靖朝史家修纂建文诸史籍时，虽然修纂环境有了一些松弛，重点主要放在了美化朱标事迹之上，但是对于建文帝的形象塑造并没有因此而停止。

《革朝志》载：

> 君讳允炆，太祖高皇帝之孙，懿文皇太子之子也。初，太祖起兵，从滁阳王，日侍王左右。王夫人善相人，相太祖非常，语王妻以女马氏。周旋兵间，生五子。长标，幼有异质，长师宋濂，通经史大义。太祖时命太子裁决庶务，中外咸服。③

这段记载亦见于嘉靖年间所修《姜氏秘史》④：

> 皇帝讳允炆字，太祖高皇帝嫡长孙。初，太祖从滁阳王，日侍左右。王夫人善观，谓太祖风格异常，语王妻以养女马氏。周旋兵间，生五子。长讳标，幼有异质，聪明英毅豁如也。稍长，师宋濂，通经史大旨。洪武戊申，太祖即位于南

---

① 黄光升：《昭代典则》，上海古籍出版社 2008 年版，第 309 页。
② 黄光升：《昭代典则》，上海古籍出版社 2008 年版，第 331 页。
③ 徐相卿：《革朝志》卷 1《建文君纪》，《金陵全书》第 12 册，南京出版社 2013 年版，第 51 页。
④ 《姜氏秘史》未标明写作时间，具体时间现有争议，因书中有记载嘉靖初年事，故其书不早于嘉靖初。靖难之后，建文一朝史事较多遗失。正德、嘉靖年间，随着官方对待建文帝态度的变化、政治高压的降温以及大礼议之争对于文化控制松动等因素发展，史学界掀起了一股修订建文历史的风潮，该书正是修于此时。

郊……洪武十五年高皇后崩，太祖倦勤，命皇太子裁决庶政，惟军国重务以闻。于是皇太子日御文华殿，百官启事，宽仁有断，臣工尽服。①

这两段文字有许多相似之处，似有承袭之意，或史源相似。但是《革朝志》仍与《姜氏秘史》有一些不同，在介绍建文帝身份的时候，《姜氏秘史》直言建文帝为皇帝，是太祖嫡长孙。但是《革朝志》开头却称建文帝为"君"而非"帝"，只言建文帝为"太祖高皇帝之孙"而未点明其嫡孙地位，虽然在即位后仍称其为"帝"，但刻意不谈其嫡孙身份，有意模糊建文帝的正统身份，说明此时的政治虽有所松动却也是有限的松弛。

二、客观肯定：《革朝志》对建文帝施政的记述及态度

许氏对建文帝即位前的记述较少，文墨着重在建文帝登基之后的施政上面。《革朝志》对于建文改革持有肯定的态度，认为建文帝发政施仁，"帝自即位以来，赦疑罪、捐捕租、赈穷赒乏、褒进良吏，孜孜求治。是岁春和，复有是诏"②。建文帝还尤其垂怜疲癃残疾，注重济弱扶倾，"各处水旱灾伤报勘赈济，军中孤儿给量存恤，已有定例。其笃废残疾无人养侍及年老有丁代役者，宜加抚恤，愿还乡者听民间笃废残疾不能自存者，收入养济院，支给衣粮。骸骨暴露田野者掩骼埋胔之时，官司收瘗"③。

《革朝志》记载，建文元年七月，"方士袁珙以相术说，潜邸由是渐有大志，已而上致群贤力行仁政、民莫不悦，潜邸复质珙，民心所

---

① 姜清：《姜氏秘史》，《金陵全书》第13册，南京出版社2013年版，第339页。

② 徐相卿：《革朝志》卷1《建文君纪》，《金陵全书》第12册，南京出版社2013年版，第66页。

③ 徐相卿：《革朝志》卷1《建文君纪》，《金陵全书》第12册，南京出版社2013年版，第70页。

向。珙曰:'天之所造,何论民心?'潜邸意遂决"①。袁珙"以相术"坚定了朱棣的反叛之心,但由于建文帝仁政改革造福于民,颇得民心,朱棣便产生了动摇,认为造反前途渺茫。对此袁珙一方面承认民心在建文,另一方面指出"天命"比"人心"更重要,这才使后者下定决心。这说明百姓、朱棣及袁珙都对建文仁政予以了肯定。

在靖难之役爆发后,朱棣发出息兵的请求,建文朝臣对此莫衷一是。在这样的关头承天门突然失火,人心惶惶。部分朝臣认为此乃天谴,"朝臣多言宜罢兵息民以答天谴"②。占卜者亦认为息兵乃天意所向,"占者以为天示警戒,欲劝允炆息兵"③。《革朝志》并没有强调这场灾异的含义,而是侧重于记叙建文帝面对灾异的态度及措施,"承天门灾,诏求直言,举山林岩穴,怀才报德之士,帝虚心图治,惟日不给。既广求直言,又令内外群臣各举隐逸,于是寿州学训导刘亨、崇仁县学训导罗恢皆以言擢用"④。《革朝志》却不言承天门寓意,直言建文帝虚心纳谏、广招贤良的措施和其带来的各州崇尚仁政、礼尚贤良的社会风气变化,能够看出许氏对于建文帝仁政的推崇。

《革朝志》关于建文帝和方孝孺更定官制的记叙态度较为客观:"四月乙巳更定官制。升六部尚书秩正一品。增设左右侍中,员次尚书。都察院设都御史、副都御史、佥都御史。改都察院为御史府,置察院一,设监察御史二十八员。诏曰:'顷以诉讼繁多,易御史台为都察院,兴刑部,分治庶狱,以行宽政。赖宗庙神灵,断狱颇简,其更都察院如汉制,为御史府,专以纠贪残、举循良、匡政事、宣教化

---

① 徐相卿:《革朝志》卷 1《建文君纪》,《金陵全书》第 12 册,南京出版社 2013 年版,第 78 页。

② 《明太祖实录》卷 7,建文二年九月壬戌朔,台湾"中研院"历史语言研究所 1962 年版,第 71 页。

③ 《奉天靖难记》卷 2,《四库全书存目丛书》第 45 册,齐鲁书社 1997 年版,第 454 页。

④ 徐相卿:《革朝志》卷 1《建文君纪》,《金陵全书》第 12 册,南京出版社 2013 年版,第 62 页。

为职。置察院一，设御史二十八员，务为忠厚，以底治平。'"①《革朝志》对于更定官制并没有做任何议论，而是如实地记叙改革内容及所颁布的诏书。

对于变更官制一事，明代史家有过不少批评。如陈建认为："夷考建文数年间，官制旧章变更殆尽，只此已大不是矣……建文亲承祖训，陵土未干，奈何悉取而纷更之？将何以致神明之孚佑？是故乱其纪纲，乃底灭亡。建文只此一事，足以致亡矣。"②建文三年，燕军兵临城下之际，建文帝仍旧忙于变更官制，陈建对此愤慨万分："是时，南师屡熸，靖难之兵日逼，国势危如累卵矣，而犹以改更制度为事，扬扬若无事时。昔人'燕雀处堂'之喻，其建文君臣之谓乎！"③《姜氏秘史》也对建文君臣沉迷变革制度、不能审时度势的行为予以了较为激烈的批判。相较而言，《革朝志》对于改更官制的记叙较为客观，没有掺杂情感立场，也没有多加议论。

三、漠视成功：《革朝志》对于朱棣的 称呼及其对靖难的态度

《姜氏秘史》中称呼朱棣为"永乐"，如"太祖崩，未几召还永乐，丙戌正月卒"④。亦称其为"文皇帝"："文皇帝必起兵，遂与都指挥谢贵以在城七卫，及屯田军士列九门防守。"⑤《革除遗事》称为"文

---

① 徐相卿：《革朝志》卷1《建文君纪》，《金陵全书》第12册，南京出版社2013年版，第73~74页。

② 陈建撰，钱茂伟点校：《皇明通纪》之《皇明历朝资治通纪》卷2，庚辰洪武三十三年，中华书局2008年版，第347页。

③ 陈建撰，钱茂伟点校：《皇明通纪》之《皇明历朝资治通纪》卷2，辛巳洪武三十四年，中华书局2008年版，第363页。

④ 姜清：《姜氏秘史》，《金陵全书》第13册，南京出版社2013年版，第391页。

⑤ 姜清：《姜氏秘史》，《金陵全书》第13册，南京出版社2013年版，第391页。

庙"："文庙在燕邸。"①《靖难功臣录》中亦称其为"文庙"："文庙曰：
'若蒙殿下不弃，当奉上白帽子戴，盖谓皇字也。'"《革朝志》中却直
接使用"燕王""潜邸"等中性词汇，如："燕王来朝，由皇道入，登陆
不拜"②，"以谢贵为北平都指挥使，时屡削夺诸藩，潜邸称病不
出"③。

《革朝志》亦称朱棣为"燕府"：

> 丁卯，湘王柏有罪，自杀，国除。柏谋逆事觉，守臣奏闻，
> 以兵围王城，柏穷蹙，纵火焚宫，乘马执弓，跃入火死。五月癸
> 酉，齐王榑有罪，废为庶人。时诸王相继煽动，朝议出兵讨罪，
> 并诮让燕，皆黄子澄、齐泰等之谋也。以秦府右长史茅大芳为都
> 察院右副都御史，以左补阙胡闰为大理寺左少卿。北平按察使陈
> 瑛有罪，安置广西。佥事汤宗奏瑛潜受燕府赏赉，有异谋故
> 也。④

《革朝志》认为湘王朱柏、齐王朱榑皆有罪，一个被揭发自尽，
一个被废为庶人。当时诸王也蠢蠢欲动，于是朝廷发兵征讨，向燕王
问责。此外朝廷原本设置在北平监察燕王的陈瑛也被告发与燕府谋异
的计划，所以被贬广西。徐相卿认为湘王朱柏、齐王朱榑、相继煽动
的诸王、陈瑛皆为有罪，朝廷对于他们的处罚也合乎正理。而《革朝
志》对待燕王的态度则更是直接暴露其有"异谋"之心，而未以"靖难"
粉饰。

关于湘王朱柏是否有罪，一直有不同的说法，有不少人支持其谋

---

① 黄佐：《革除遗事》，《金陵全书》第 12 册，南京出版社 2013 年版，第
396 页。

② 徐相卿：《革朝志》卷 1《建文君纪》，《金陵全书》第 12 册，南京出版社
2013 年版，第 71 页。

③ 徐相卿：《革朝志》卷 1《建文君纪》，《金陵全书》第 12 册，南京出版社
2013 年版，第 61 页。

④ 徐相卿：《革朝志》卷 1《建文君纪》，《金陵全书》第 12 册，南京出版社
2013 年版，第 76 页。

逆说,如明人王世贞在《弇山堂别集》中说:"建文元年有告反者,遣使即讯,王惧,阖宫自焚。"①《明史》亦言:"夏四月,湘王柏自焚死,齐王榑、代王桂有罪,废为庶人。"②并记载了建文帝诏书:"邦家不造,骨肉周亲屡谋僭逆。去年,周庶人橚僭为不轨,辞连燕、齐、湘三王。朕以亲故,止正橚罪。今年齐王榑谋逆,又与棣、柏同谋,柏伏罪自焚死,榑已废为庶人。"③亦有人认为湘王之罪在于私造宝钞,如《革除逸史》卷一载:"四月荆州告变,谓湘王柏私造宝钞,残虐杀人,乃遣使让王。"④《革朝志》继承了建文帝诏书中所提及的谋逆说,选择站在建文帝的立场上去看待诸王叛乱之事,认为削藩之举是在各藩镇谋逆反叛的推动下做出来的决策,而非建文帝君臣的谋略。

朱棣起兵之初,将战争的责任归咎于黄子澄、齐泰二人,以"清君侧"为名发起靖难之役。《奉天靖难记》也将建文帝削藩的原因归结为黄子澄、齐泰等人发起阴谋,"今幼主昏蒙,奸臣执柄,谋害宗藩,图危社稷"⑤。但《革朝志》的记载却有所不同,"主少国疑,诸藩与中朝互相猜贰"⑥,"上冲年即位,性复仁柔,而诸王属尊势盛,嫌忌渐积"⑦。许氏认为建文帝即位以来,藩王与朝廷之间是相互猜忌的,而非单单只是建文帝猜忌诸藩。另外,防范各藩国也并非齐、黄二人私谋,建文朝亦有许多官员意识到藩王势力强盛,尾大不掉的

① 王世贞:《弇山堂别集》,中华书局 1985 年版,第 571 页。

② 张廷玉等:《明史》卷 4,中华书局 1974 年版,第 61 页。

③ 张廷玉等:《明史》卷 4,中华书局 1974 年版,第 61 页。

④ 朱睦㮮:《革除逸史》,《金陵全书》第 13 册,南京出版社 2013 年版,第 21 页。

⑤ 《奉天靖难记》卷 1,《四库全书存目丛书》史部第 45 册,南京出版社 2013 年版,第 430 页。

⑥ 徐相卿:《革朝志》卷 1《建文君纪》,《金陵全书》第 12 册,南京出版社 2013 年版,第 58 页。

⑦ 徐相卿:《革朝志》卷 1《建文君纪》,《金陵全书》第 12 册,南京出版社 2013 年版,第 78 页。

弊端，"辽州王钦荐高巍，巍上书论分封防患，尤其切当世之务"①。

关于朱棣起兵，《革朝志》载："七月壬申，燕王举兵。"②未用靖难字眼。在靖难之役爆发之前，朱棣便有一些异样举动，如建文元年二月，"燕王来朝，由皇道入，登陛不拜，是日御史曾凤韶侍班，奏曰：'诸王来朝，殿上宜展君臣之礼，宫中乃叙叔侄之伦。燕王由皇道入，不拜大不敬，当问。'不报"③。《革朝志》并没有为尊者讳而隐去这段燕王傲慢无礼、野心昭昭的史料，而是将朱棣越矩以试探建文朝的狼子野心公之于众。

朱棣宣称靖难之役是被逼无奈，"吾受命皇考，封建茅土，且不能保，割地岂其本心哉？此奸恶缪计，欲以见欺，焉可为信？我此行在诛奸恶，以清朝廷，奠安社稷，保全骨肉，事已，欲得故封幸矣，余非所望也"④。然据《革朝志》所载，早先燕王势力就开始了与建文朝的较量与试探。洪武三十年十二月时，"以谢贵为北平都指挥使，时屡削夺诸藩，潜邸称病不出，人言其有异意。齐泰谋以备虏为名，遣贵及张昺侦察防御之，以进士曾凤韶为监察御史，以流人刘有年知太平府，以右都督沐晟袭封西平侯充总兵镇守云南，以何福为右军都督同知，以燕府参军事训导康汝楫为安岳县知县"⑤。建文帝对于朱棣的防范在即位初就开始了，派谢贵为北平都指挥使监视朱棣的同时不断地削藩，并借"备虏"之名重新部署了北平的监察系统。朱棣见势便称病不出，或是在谋划叛乱。建文元年三月，"壬辰燕王还国，甲午遣参将宋忠屯兵，开平都督徐凯练兵，临清都督耿瓛练兵，山海

① 徐相卿：《革朝志》卷1《建文君纪》，《金陵全书》第12册，南京出版社2013年版，第63页。

② 徐相卿：《革朝志》卷1《建文君纪》，《金陵全书》第12册，南京出版社2013年版，第77页。

③ 徐相卿：《革朝志》卷1《建文君纪》，《金陵全书》第12册，南京出版社2013年版，第71页。

④ 《明太宗实录》卷9，建文四年五月癸巳，台湾"中研院"历史语言研究所1962年版，第123页。

⑤ 徐相卿：《革朝志》卷1《建文君纪》，《金陵全书》第12册，南京出版社2013年版，第62页。

关忠之屯开平也,调沿边各卫马步官军三万,选燕府护卫精壮官军悉隶麾下,护卫、胡骑、指挥、关童等调送,入调永清左卫官军于彰德,调永清右卫官军于顺德,以防燕也"①。建文元年三月的时候,建文朝对于朱棣的防范继续升级,从监察到调送燕王势力下的军兵,以削弱燕军实力。建文元年五月,"北平按察使陈瑛有罪,安置广西。金事汤宗奏瑛潜受燕府赏赉,有异谋故也"②。朱棣与建文帝之间的矛盾继续激化,朱棣暗地拉拢建文帝派来监督朱棣的按察使,筹划叛乱。建文帝也明面地处罚陈瑛而未有掩饰,说明两者之间的矛盾已经不再讳莫如深了。

四、《革朝志》同情建文、漠视朱棣的背景分析

靖难之役改变了明代帝系的传承,朱棣革除建文年号,直接接续太祖。民间对于建文历史的记载也在官方的控制之下,"文皇帝入继大统,党禁严迫。凡系诸臣手迹,即零星片札悉投水火中,惟恐告讦搜捕之踪及,故其事十无一存"③。及至嘉靖年间,朝廷对于靖难历史的讨论仍然是非常敏感。

《明世宗实录》中载嘉靖十二年杨僎奏请褒扬建文殉臣,礼部尚书夏言的回复是:"若齐泰、黄子澄辈,则是当时误国有罪之人,太宗文皇帝名其如君侧之恶,声其罪而诛之者也……非赖我太宗应天顺人,内靖外攘,则我高皇帝万世帝王之业当未知何所底定,此我太宗神功圣德所以宜为百世不迁之宗也。今所奏,是徒闻野语流传之讹,而不知国史直书之可信……僎实新进儒生,不识忌讳,所据奏内事理,实难准议。"于是"上责僎不谙事体,轻率进言,姑宥之"④。此

---

① 徐相卿:《革朝志》卷1《建文君纪》,《金陵全书》第12册,南京出版社2013年版,第73页。

② 徐相卿:《革朝志》卷1《建文君纪》,《金陵全书》第12册,南京出版社2013年版,第76页。

③ 屠叔方:《建文朝野汇编》,国家图书馆出版社2009年版,第3页。

④ 《明世宗实录》卷177,嘉靖十四年七月甲申,台湾"中研院"历史语言研究所1962年版,第3824页。

时朝中已有反思靖难之役的官员为建文殉难诸臣发声，但是官方的态度仍旧坚持齐泰、黄子澄等是误国罪人，永乐皇帝清君侧具有合法性和正义性的立场。为了维护自身统治，作为朱棣后裔的嘉靖皇帝并不打算在历史问题上翻案。

杨僎为靖难殉难群臣求恩典之事还存在于嘉靖年间所修的《建文逊国臣记》当中，"今皇帝因召对礼官，问曰：'昨给事中言建文诸臣事云何？'夏言对曰：'诸臣误君乱国，先朝诛殛，岂宜褒录？'今皇帝色变，曰：'言官得无诮朕？'言对曰：'言官本书生，初入仕，闻人言建文诸臣死事甚烈，以故辄为陈说耳。'今皇帝色霁。明日上议，亦不罪僎"①。《建文逊国臣记》亦成书于嘉靖初年，此书中的记载更为详细生动，嘉靖皇帝认为杨僎为建文诸臣请求表彰是借此以讥诮他，甚至因此脸色骤变。这本书直言嘉靖皇帝的反应，揭露了嘉靖皇帝对此的敏感和反对心理。《建文逊国臣记》并没有像《明世宗实录》一样隐掉嘉靖的反应，但是该书也只是提到了嘉靖表情的变化，仍然是借用春秋笔法来叙述，相比之下《革朝志》更加直言不讳。为何谈及几百年前建文朝历史嘉靖帝会有这么大的反应呢？

这其中的原因可能是嘉靖帝由朱棣通过靖难之役而"非法"接续了太祖皇位联想到自己亦是通过旁支入嗣大统，所以嘉靖皇帝非常支持朱棣，不光承认其正统性，还将朱棣庙号由"太宗"改为"成祖"，以示尊崇。② 然而，杨僎所提及的建文诸臣虽忠于前朝，却因此而丧命于朱棣之手，几百年后再提此时，不由得挑动了嘉靖帝的敏感神经，联想到曾经轰动朝野的大礼议之争。当时，嘉靖帝不顾群臣劝诚，甚至经过左顺门哭谏事件后，仍然追尊其生父兴献王为睿宗皇帝，欲入太庙。这样的行为与成祖当年革除建文年号使用洪武纪年，杀害建文诸臣的做法，不无相似之处。正因如此，嘉靖帝览杨僎奏疏后，心生不悦。

---

① 郑晓：《建文逊国臣记》，台湾"商务印书馆"股份有限公司 1977 年版，第 34 页。

② 陈建撰，钱茂伟点校：《皇明通纪》之《皇明历朝资治通纪》卷 9，甲辰永乐二十二年，中华书局 2008 年版，第 512 页。

同样《革朝志》的作者许相卿亦是反对嘉靖帝尊父为帝入太庙，但是嘉靖帝并未纳谏，许氏称病不朝，闲居家中乃修《革朝志》。因此，《革朝志》的态度非常明确——支持建文帝，反对朱棣的靖难之说，实隐含对嘉靖"大礼议"的不满之意。

许氏在《叙革朝志》中提及修书目的："高皇帝宾天，永乐壬午文皇帝入纂大统，中间三年君道事尽革除之，使无传矣。夫既革之，从其革尔，若何？夫春秋列国，犹不可旷年无君。天朝大一统，而三年之久，莫嫡称天下主人，文靡所繁属事，辞罔克贯，继往续来，事理有不当然者。抑又闻之：古我先正，国可灭，史不可灭，况继体善治，狥主血诚，人极于是乎赖！顾使泯为无传，恐天道人心樊积既久，不可抑遏，将野史褾出，矫诬失真，弥益甚耳，是革朝所为志也。"①许氏反对革除建文年号及史料，认为若是革除，那建文三年并不能够得到合理的解释，并不符合天道伦理，所以许氏在修撰《建文君纪》时恢复了建文年号，称其为帝，称扬建文仁政，比较客观地叙述了建文变更官制的过程以及藩王叛乱事件。从总体上来看，《革朝志》的编撰立场更加偏重于支持建文帝，一方面是因为徐相卿遵循"国可灭，史不可灭"的著史传统精神，另一方面是大礼议之争中许氏反对嘉靖帝行为，强调正统而不得，只能将这样的抱负置于史书修撰之中，遂而成《革朝志》。大礼议之争不光是在当时有震动朝野的影响，对于嘉靖朝及后世史书修撰的文化生态也有较为深刻的影响。

五、结　　语

《革朝志》把建文帝放在卷首，明显体现了作者对建文帝正统的认可。在建文即位前称其为"允炆"，在其即位后尊称为"帝"，既沿袭了《奉天靖难记》中直书建文皇帝名讳的传统，又尊称其为帝。此外，《革朝志》还使用了建文年号纪年，破除永乐时期的革除之传统，说明嘉靖朝建文历史书写的社会生态有所松弛。《革除志》记载了大

---

① 　徐相卿：《革朝志》卷1《建文君纪》，《金陵全书》第12册，南京出版社2013年版，第7～9页。

量的建文仁政措施，指出时人多认为建文帝乃民心所向，即便朱棣也不得不承认并退而求天意。在许多史书诟病的承天门灾、更定官制、削夺诸藩的问题上，许氏也保持了较为中立客观的态度，而没有承袭《奉天靖难记》等前朝史料中的批评。许氏对于朱棣的态度也较为明显，不尊称其为"帝""上""文庙"等，而是直呼其为"燕王""燕府""潜邸"，论及靖难之役的缘由，《革朝志》更是直接暴露燕王及诸藩的异谋，强调削藩乃是朝中多数呼声而非一二人阴谋。建文帝对朱棣势力之间的防范经历了从监察至调兵乃至直接打压的过程，而朱棣对建文帝的态度则是从称病避嫌到入皇道明目张胆大不敬转变。

总体上来说《革朝志》有较为明显的认可建文帝统治，反对朱棣靖难之役夺权行为的倾向，这也与作者坚持"史可灭，国不可灭"的修史情怀及大礼议的影响有关。朱棣凭"靖难之役"篡位，中断了建文帝系的正统传承；嘉靖为其生父上皇帝谥号、入太庙，中断了武宗帝系的正统。许相卿以建文说事，实际上表达了对嘉靖追尊睿宗的不满。大礼议之争作为政治事件以嘉靖帝的胜利告一段落。一些持不同意见的政客文人转而将他们的不满情绪诉诸史学书写中，这是嘉靖朝重述"建文历史"活跃的原因。《革朝志》的修纂和"建文历史"重述所激起的历史争论，反映出嘉靖年间史官试图跳出传统叙史禁锢而官方固守政治立场的复杂史学局面。

（作者系武汉大学历史学院硕士研究生）

贾洪诏与清咸同年间
云南回民起义关系研究

李莞婷

摘要： 晚清咸同年间云南地区回民起义一度成为西南边疆治理的重要事件，贾洪诏便是此时被派驻云南，后成为封疆大吏的朝廷官员。本文通过分析贾洪诏的自著《葆真斋集》并结合史实，考察贾洪诏对在云南对回民起义的看法和处理措施。

关键词： 贾洪诏；回民起义；晚清官员

咸同年间，清政府在处理西方列强入侵的问题之外，还要面对国内各地的反清起义，例如太平天国起义、陕甘回民起义和北方捻军起义等。而此时西南地区的民族关系越发紧张，边疆动荡不安，回民起义开始在云南各处爆发。这一时期历届云南督抚无不如履薄冰，例如当时补授为云贵总督的林则徐评价滇省为"边疆重地，既虞控驭之难周，加以回汉杂居，尤戒抚绥之失当"①。

关于云南回民起义的研究，学界权威性的研究学者是白寿彝和荆德新。白寿彝整理了有关回民起义全方位的史料，梳理了各重大事件，编成书籍《回民起义》。② 荆德新的著作《杜文秀起义》系统地回顾了杜军在云南的发展和消亡过程，对杜文秀起义进行评价和定

---

① 《补授云贵总督谢恩折》，来新夏等主编：《林则徐全集》第四册《奏折卷》，海峡文艺出版社2002年版，第1835页。
② 白寿彝：《回民起义》一、二册，神州国光社1952年版。

性。① 此外在论文方面，杨永福对云南起义的背景、原因，与甘肃回民起义的比较研究进行了讨论。②其他论文则主要侧重于杜文秀起义和杜文秀本人的研究，很多学者对大理政权和杜文秀进行了评价。③

有关贾洪诏人物传的历史文献记载目前只发现一篇《贾洪诏传》，载于《湖北通志》。④ 其他文献中还记载了贾洪诏家族人物传记，如贾洪诏的高祖父《贾启贵传》⑤和祖父《贾增辉传》。⑥现今有关贾洪诏的学术研究，王学范对《葆真斋集》进行笺注，还对贾洪诏的生平事

---

① 荆德新：《杜文秀起义》，云南民族出版社1991年版。

② 详见杨永福：《晚清云南、甘肃回民起义领导层及其起义影响之比较》，《宁夏大学学报(人文社会科学版)》2003年第3期，第11~18页。杨永福：《对晚清云南、甘肃回民起义的再认识》，《文山师范高等专科学校学报》2004年第3期，第245~247页。杨永福：《再论晚清云南、甘肃回民起义的社会历史背景》，《宁夏大学学报(人文社会科学版)》2005年第4期，第37~42页。

③ 详见罗尔纲：《回民起义杰出领袖杜文秀》，《回族研究》2009年第3期，第65~74页。林荃：《杜文秀政权与斯拉登勾结了吗——与高鸿志先生商榷》，《回族研究》2009年第3期，第53~61页。林荃：《杜文秀起义研究的新篇章》，《回族研究》2010年第1期，第51~52页。段鑫：《试析杜文秀的政策矫正和族际矛盾之调解》，《思想战线》2011年第37卷，第185~190页。

④ 吕调元、刘承恩等编纂：民国《湖北通志》，《人物志十五·列传五》，长江出版社2009年版。

⑤ 贾启贵：贾洪诏的高祖父，字君显，潜江人，康熙初侨居泌阳，由伯父抚养长大，安家于武当，后迁入均州(今湖北省丹江口市)，伯父死后抚养其两子长大，家庭日渐富裕，枝叶繁茂。到乾隆二十一年(1756)，贾家成为拥有近千亩天地，数处房产和店铺，远近闻名的富户。有《贾启贵传》，载于马云龙修、贾洪诏纂：同治《续辑均州志·卷十一·人物志》。

⑥ 贾增辉，贾洪诏祖父，字文斋，少时成孤，孝顺寡居之母，为人慷慨有义，乐善好施，乾隆年间救助遭受饥荒的乡邻，嘉庆初奉谕团防，歼戮侵扰均州的邪匪。贾增辉家法严厉，贾洪诏出宰滇南时虽年谕八旬，仍然手书洪诏，教导其洁己奉公。有两篇《贾增辉传》，一篇载于恩联修、王万芳纂《(光绪)襄阳府志·卷二十一·人物志》，一篇载于马云龙修、贾洪诏纂《(同治)续辑均州志·卷十一·人物志》。

迹进行整理研究，发表论文《贾洪诏其人其书》，概述了贾洪诏的一生。① 另有陈林、胡晶的《从古均州走出的一代廉吏贾洪诏》介绍了贾洪诏的事迹,② 丁进军的《同治初年各省督抚藩臬履历（下）》说明了贾洪诏在云南的升任情况,③郑峰的《骆秉章与西南政局（1861—1867)》中提到了贾洪诏是骆秉章的门生。④ 胡政武的硕士学位论文《晚清大变局视野下的贾洪诏研究》对贾洪诏的一生的行事进行了专门研究。⑤ 可以看出在贾洪诏人物研究问题上才刚刚起步，特别是贾洪诏在云南处理回民起义的详情还未得以深入挖掘。

一、贾洪昭的仕途

贾洪诏，字金门，湖北均州人，嘉庆十一年（1806）出生，于道光十九年（1839）中恩科举人，道光二十年（1840）中进士，到达云南任职知县，历任云南定远、他郎、河西、南安、元江、昆明等州县。在做基层官员期间，他详细考察南安州，写成《详陈南安州地方情形书》,⑥处理定远县民聚众挟官事件，减少昆明县徭役，在腾越厅剔除马柜积弊，捐修考棚，威慑扰事的土司，缉捕盗匪，使得边境安宁。

咸丰元年（1851）贾洪诏擢升景东同知，而后在该地慎举乡约，严格规范保甲条规，并重修试院。咸丰三年（1853）升任顺宁府知府，咸丰四年（1854）署曲靖兼迤东道。在曲靖厘正祭典，重修府城桥堤，

---

① 王学范：《贾洪诏其人其书》，《郧阳师范高等专科学校学报》2014 年第 2 期，第 19~22 页。

② 陈林、胡晶：《从古均州走出的一代廉吏贾洪诏》，《档案记忆》2017 年第 7 期，第 17~19 页。

③ 丁进军：《同治初年各省督抚藩臬履历（下）》，《历史档案》1996 年第 1 期，第 58 页。

④ 郑峰：《骆秉章与西南政局（1861~1867)》，《社会科学研究》2008 年第 3 期，第 160 页。

⑤ 胡政武：《晚清大变局视野下的贾洪诏研究》，江西师范大学硕士学位论文，2019 年。

⑥ 贾洪诏：《详陈南安州地方情形书》，王学范、温明总笺注：《葆真斋集》第 2 卷，中国文化出版社 2016 年版，第 35~37 页。

并妥善处理汉民回民造成的冲突，尽力维护东路稳定。咸丰九年（1859）五月被任命为贵州按察使，暂留云南办理东路军务。

咸丰十年（1860）三月任云南布政使，同治二年（1863）三月任云南巡抚。同治三年（1864）四月，对于云南总督劳崇光①镇压滇回动乱不用外兵，以回攻回的建议，贾洪诏上书力陈不可，并认为应"分别良莠，剿抚兼施"。② 七月贾洪诏上书《奏假满请开缺回籍调理疏》，八月朝廷用"借病规避"名义罢免贾洪诏云南巡抚的职务。

贾洪诏在回乡后主修了通志《郧县志》和《（光绪）续辑均州志》。同治六年（1867）为汉江涨潮呼吁官府修筑堤坝，后来提出修复南阳书院及忠孝祠。光绪十三年（1887）贾洪诏汇总生平著述做成《葆真斋集》，其中收录了其奏疏、家传、家书、诗歌等。光绪二十二年（1896），贾洪诏重赴鹿鸣宴，赏三品卿衔。次年再赴宴，朝廷赏头品顶戴。光绪二十三年（1897）贾洪诏病逝，享年九十三岁。

在贾洪诏的仕途中，对他帮助最大的是林则徐和骆秉章。道光二十五年（1845），林则徐任云贵总督处理昆山县汉回大规模械斗的事件，贾洪诏从中协助。林则徐在道光二十八年（1848）上疏保奏贾洪诏升补景东同知，并对贾洪诏赞赏有加。③ 林则徐辞官离滇时，曾经告诫贾洪诏"凡汉回事务，持平办理，庶可日久相安。否则，不数年旧衅必将复萌"，并留诗云："莫道西征烽火熄，从来未雨宜绸缪。"④林则徐逝世后，贾洪诏为其赋长诗《挽少穆师林文忠公》表达自己的悲痛心情。⑤贾洪诏是骆秉章的门生，与骆秉章来往最为密切。

---

① 劳崇光（1802—1867），清朝大臣，字辛阶，湖南善化（今长沙市）人。道光十二年（1832）进士，官至云贵总督。卒谥"文毅"。

② 贾洪诏：《密陈统兵剿办滇回与督臣意见两歧请旨遵办疏》，王学范、温明总笺注：《葆真斋集》第 1 卷，中国文化出版社 2016 年版，第 23 页。

③ 胡政武：《晚清大变局视野下的贾洪诏研究》，江西师范大学硕士学位论文 2019 年，第 26 页。

④ 贾洪诏：《办理云南迤东军务记》，王学范、温明总笺注：《葆真斋集》第 4 卷，中国文化出版社 2016 年版，第 217~218 页。

⑤ 贾洪诏：《挽少穆师林文忠公》，王学范、温明总笺注：《葆真斋集》第 6 卷，中国文化出版社 2016 年版，第 426 页。

骆秉章任四川总督时，贾洪诏在云南东路处理军务，多次与骆秉章商量处理云南回民起义的办法，帮助贾洪诏逃脱了前任云南巡抚徐之铭的陷害，在反对云南总督劳崇光"以回攻回"的政策时，骆秉章也为贾洪诏说话，指出劳崇光计策的缺陷。骆秉章病逝后，贾洪诏写长文《祭先师骆文忠公文》怀念了骆秉章的知遇之恩。①

二、回民起义爆发及贾洪诏的认识

回族人民在云南地区的发展是从元代开始的，跟随忽必烈征服大理国后，"回回"进入云南留镇，为官或者屯田，长期定居于此，逐渐形成了民族共同体。清朝加强西南边疆地区的开发，更多的回民进入云南发展，"至清乾隆以后，滇西的保山、巍山，滇南的蒙自、通海，滇东的嵩明、寻甸，滇东北的鲁甸、昭通、巧家、会泽等地形成许多回民聚居点"。②

贾洪诏对云南有这样的描述："滇南地居天末，民风朴鲁。我国家定鼎以来二百余年，汉、回、夷服教归化，熙来攘往者，宇相连，壤相错也。"③清朝前期，回民与汉民虽有小冲突，矛盾却不明显，清朝中后期流血事件开始不断出现，而冲突的地点大多发生在矿厂，多由与汉民在矿区相互争利引起。这跟云南矿业的发展和汉民的大量迁入有明显的关联。清代以来云南矿业发展繁荣，回族历代在采矿业上的投入也不菲，明代移军于矿，很多回族士兵就已转变为矿夫。经营矿业"是云南回族社会经济一个较为显著的特征"④。雍正二年（1724）云贵总督鄂尔泰在云南大规模推行改土归流措施，加强中央

① 贾洪诏：《挽少穆师林文忠公》，王学范、温明总笺注：《葆真斋集》第6卷，中国文化出版社2016年版，第241~244页。
② 罗群：《清朝道咸年间云南汉回关系与政府危机应对研究》，《民族研究》2018年第6期，第93页。
③ 贾洪诏：《办理云南迤东军务记》，王学范、温明总笺注：《葆真斋集》第4卷，中国文化出版社2016年版，第217页。
④ 杨永福：《再论晚清云南、甘肃回民起义的社会历史背景》，《宁夏大学学报（人文社会科学版）》2005年第4期，第38页。

集权，内地汉人不断流入边疆，从事矿业开采，"清王朝对内地汉族擅自进入边疆土司地区开矿是明令禁止的，担心会引起民族间的纠纷酿成事端，然而该禁令有名无实"①。可见汉民的涌入一方面为云南带来了利益，一方面为云南带来了隐患。嘉庆中期后，云南矿业开始趋于衰落，例如滇铜产量的减少使得多数厂办不敷济运，矿厂停办导致众多回民和汉民失业，社会不稳定因素增加。同时回、汉两族都将农业作为经济主体，大量迁移而来的汉人激起人地矛盾，加深了回汉冲突。

回汉人民在矿业上的利益相争，其不满的情绪不断积累，于道光二十五年(1845)最终爆发，并酿成"永昌血案"。

道光二十五年(1845)三月，陕西、顺云有回民八人在保山板桥街在"茶肆内唱秧歌，互相笑谑，其意似借以诮汉人"，② 于是有汉人与其发生口角。时任保山县知县李峥嵘派兵追捕闹事回民，回民杀伤官兵后出逃，永昌府知府金澄报告时又掩饰事实。板桥之仇招致八月二十九日的丙麻之祸，回民兵临城下，官兵束手待死。消息传到永昌城内，官兵布列满城，开始屠杀城内回民，"凡回民居皆为瓦力场"。③ 贾洪诏认为这次血案官府"更易郡守，复妄信狡仆诡言，坑戮合城回众，以致回忿愈深，传帖句连各路同类，与汉绝不两立"，④ 可见贾洪诏本人对汉回冲突十分忧心。

直至道光二十七年(1847)林则徐从陕西巡抚调任云贵总督，重新对"永昌血案"进行处置，采取"但分良莠，不论回汉"和"就地正法"⑤的政策，平定回汉乱事，回汉之间才暂时安定。

---

① 苍铭：《云南边地移民史》，民族出版社2004年版，第46页。

② 荆德新编：《云南回民起义史料》，云南民族出版社1986年版，第63页。

③ 盛毓华：《永昌汉回互斗案节略》，荆德新编：《云南回民起义史料》，云南民族出版社1986年版，第64页。

④ 贾洪诏：《办理云南迤东军务记》，王学范、温明总笺注：《葆真斋集》第4卷，中国文化出版社2016年版，第217页。

⑤ "就地正法"政策：云南省幅员辽阔，险山颇多，往往押犯人回省城实为艰难，中间不乏半路逃脱或劫夺者。林则徐便对当地抓捕的案犯立即提审惩办，情节严重者就地正法。

综上，云南回民因与汉民从矿业上的利益相争发展为与地方官府对抗，如贾洪诏所言，云南地方官府对回民的不正当处理，使得矛盾不断激化，各个地方由小型自主的起义转变为有组织有规划的联合进攻。虽然林则徐处理案件后暂时缓和了矛盾，但咸丰六年（1856）回民将领马德新占领昆明，咸丰七年（1857）杜文秀占领大理，至同治二年（1863），杜文秀联合武定、嵩明、寻甸等处回民起义，并派遣马荣率兵东征省城，昆明被二次攻陷。云南全省几乎被回民所占据。

三、贾洪诏的平抚与治滇

从道光二十年（1840）贾洪诏赴滇任知县、后升任巡抚，到同治三年（1864）罢官，其间二十五年的阅历使其对云南认知越发深刻。他在平定云南回民起义问题上，一直坚持"但分良莠，不分汉回""不卑不亢，剿抚兼施"和"安夷孤回，抚夷联汉"三种处理方法。

（一）但分良莠，不分汉回

"但分良莠，不分汉回"意为汉民作乱即办汉民，回民作乱即办回民，以除暴安良为念，无歧视汉回之心。贾洪诏继承林则徐在滇的治理方案，并在处置回汉事件中积极贯彻。

咸丰六年（1856），回民将领马德新占领昆明，省城内外声息隔绝，贾洪诏作《晓劝回目马德新等亟解省围以洗叛名谕》劝说昆明回民，从中可见贾洪诏的安抚办法。文中对马德新等人进行了回应，马德新等人声称，占据省城并非夺地，实际上是来报仇的，此时若将去夏省回之冤陈明，[1] 洗去叛逆二字，并判断曲直，回民即各归各业。贾洪诏回复道，可以洗白叛逆之名，想要洗脱冤屈，必先压制住回民中作恶的人。[2]

贾洪诏先向回民表明个人态度，然后再谈对汉回产生民族矛盾原

---

[1] 去夏省回之冤：指前文中所提咸丰六年省城杀回事件。

[2] 贾洪诏：《晓劝回目马德新等亟解省围以洗叛名谕》，王学范、温明总笺注：《葆真斋集》第 2 卷，中国文化出版社 2016 年版，第 56 页。

因的看法。贾洪诏认为汉回民族关系二百年以来彼此相安无事，近些年动辄干戈，肆意屠戮的原因是人心挑起了争端。"乃汉民不思严查汉中之奸，而专与回为仇；回民亦不自治回中之匪，而专与汉为仇。愈仇愈斗，愈斗愈仇，以致兵连祸结，竟成莫解。残害生灵，不可数计。每一念及，实足寒心。"①

接着贾洪诏又对回民晓之以理，动之以情，提出省围的处理办法。呼吁回民换位思考，"但知汉民之聚啸谋财，结伙为盗，而不知回民之逞凶亡命，横肆鸱张；但知回民之投渊堕井，号天吁地，而不知汉民之填壑倒沟，暴尸露骨"。②在劝说回民的同时，贾洪诏还提拔曾因疏忽防御、师溃而逃的何弁，让其立功赎罪，率精悍旧部，联合他路部队相继进击，最后打通粮路，解除省围。

"但分良莠，不分汉回"可以说是贾洪诏处理民族关系的核心方略，凡解决汉回案件都以此为基础，汉回两方均不可能赶尽杀绝，持平办理才能使人心安定，这是贾洪诏在滇深谙的道理。

（二）不卑不亢，剿抚兼施

面对汉民和回民的冲突，贾洪诏一直保持不卑不亢的态度。咸丰六年（1856），贾洪诏权守曲靖时，曲靖郡城外回民侵扰不断，城内汉绅被城外的回民骚扰，激愤情绪无处发泄，就想屠杀城内的回民以泄愤。贾洪诏对汉绅说先让汉民兵力坚守郡城四门，自能严行盘问，若内回与外回相通证据确凿，诛之有名，否则滥杀无辜，断不能为之。汉绅听完非常恼怒。曲靖李署守恒谦、南宁许令濂说群情汹汹，如若不按汉绅的请求办理，恐惹杀身之祸。贾洪诏正色道："凡事当究理之是否，持理既正，虽刀锯不为所动。彼等即甘心，于余朝廷亦当有辨，岂谓以众相劫，遂低首下心，听其为而莫敢争耶？"③平彝施

①　贾洪诏：《晓劝回目马德新等亟解省围以洗叛名谕》，王学范、温明总笺注：《葆真斋集》第2卷，中国文化出版社2016年版，第57页。
②　贾洪诏：《晓劝回目马德新等亟解省围以洗叛名谕》，王学范、温明总笺注：《葆真斋集》第2卷，中国文化出版社2016年版，第57页。
③　贾洪诏：《办理云南迤东军务记》，王学范、温明总笺注：《葆真斋集》第4卷，中国文化出版社2016年版，第220页。

令仲璘听闻贾洪诏言语，毅然自负排难解忧之任，传集各汉绅，力陈利弊福祸，反复开导，众汉绅最终平息怒火。咸丰七年（1857）到咸丰八年（1858），顺宁、澄江、永昌、腾越各郡县回民都以肆意诛杀城中良回为名，复仇攻破城池，坑杀民众，毫无剩留。而曲靖安然无恙，汉绅才明白了贾洪诏的用意。

贾洪诏对待起义回众亦坚持"剿抚兼施"的办法。同治二年（1863），贾洪诏丁忧守制，返回湖北，接到巡抚的任命后，由楚入川，因云南道路阻塞，停留在成都数月，与其门师骆秉章共商滇省事宜。贾洪诏认为咸丰七年（1857）以前可用抚，七年以后不能专用抚。① 咸丰七年（1857）迤西回民攻占省城，迤西杜文秀占据大理，这种焦灼情形已无法专用招抚，建议重兵钜饷，从昭通、东川二府进师，"分别良莠，认真剿抚，节节查办"。滇回知良者仍得保全，为恶者即诛杀。

而时任总督劳崇光提出了另一解决办法，即"以回攻回，不必用一客兵"的策略，任用云南本地回族将领马如龙，与岑毓英一同带兵攻打省城昆明和大理，不必向其他省区筹兵。马如龙原是滇东南抵抗清军的回军代表，后接受招抚。

这一计策的提出，立马遭到了贾洪诏和骆秉章的反对，贾洪诏于同治三年（1864）上书《密陈统兵剿办滇回与督臣意见两歧请旨遵办疏》，陈述了自己对于现在云南时局的计策和劳崇光的计策不可为的理由。其最担心的就是回民马如龙等将领是否忠诚于清政府。贾洪诏认为回民杜文秀、马荣、马联升已成为"三逆"，各图势力雄长，"以回攻回"实则"以逆攻逆"，即便成功，"不过去一逆增一逆"。②《清史稿》中记载"如龙性豪纵，管云南提篆日，惟娱声色。巡抚贾洪诏弹之，置勿问"。③ 因该奏折与朝廷意愿相悖，最后导致贾洪诏被罢

---

① 贾洪诏：《密陈统兵剿办滇回与督臣意见两歧请旨遵办疏》，王学范、温明总笺注：《葆真斋集》第1卷，中国文化出版社2016年版，第24页。

② 贾洪诏：《密陈统兵剿办滇回与督臣意见两歧请旨遵办疏》，王学范、温明总笺注：《葆真斋集》第1卷，中国文化出版社2016年版，第25页。

③ 赵尔巽撰：《马如龙传》，《二十四史》第12卷，《清史稿》下，中州古籍出版社1998年版，第1926页。

黜的结局。

（三）安夷孤回，抚夷联汉

在回汉民族关系矛盾中，云南地区其他少数民族在其间的作用也非同小可，贾洪诏认为应该让少数民族"为我所用"。

咸丰七年（1857）回民围困省城以前，还未与少数民族进行沟通。后来回民占据省城两月多，八月看到粮路被攻打开，有武定的少数民族协同官兵出力。回民十分恐慌，害怕通省"夷民"助官打仗，开始设法联络。回民抢去"剿办"回众的札文，将"回"字挖补改为"夷"字，给识字的少数民族首领看，又在耳边煽惑，一些少数民族于是想投靠回民。

贾洪诏在东路侦知此情，极力抚导。立定主见，不准乱杀少数民族，混烧寨子。这表明贾洪诏对于少数民族态度是以保全为主。他认为"攻回兼攻夷，势激而祸烈；安夷以孤回，势缓而祸轻"。除保全之外，针对回民沟通少数民族的情况，要以"解散夷民以破其奸"。建议用机敏才智汉人，暗中联属"夷人"，不为回用而为我用，秘密派遣晓事少数民族头领潜入回民中，暗做内应。①

贾洪诏还作通告，要求各属安抚少数民族，选拔少数民族首领。各道所属地方官应遵循的方针是："以抚夷为安民良图，以抚夷为救时上策。"②选拔首领能招抚十寨者，酌赏若干；招抚百寨千寨者，保赏若干；设法捆献犯人者，奖叙官职。跟少数民族联合后抵抗回民的时候务必贯彻坚壁清野的方法。"剿抚"遵循的原则为"回必剿而后可以称抚，威克厥爱也。夷必抚而后无害于剿，胁从罔治也。"③

在云南任职期间，贾洪诏秉持上述三种方法处理众多回民起义。其功绩使贾洪诏一度擢升为云南巡抚。但到同治时期，清政府认为只

---

① 贾洪诏：《陈筹办滇省军务以安夷孤回为要疏》，王学范、温明总笺注：《葆真斋集》第 1 卷，中国文化出版社 2016 年版，第 7 页。

② 贾洪诏：《通饬各属安抚夷民檄（代吴仲畇制军）》，王学范、温明总笺注：《葆真斋集》第 1 卷，中国文化出版社 2016 年版，第 63 页。

③ 贾洪诏：《通饬各属安抚夷民檄（代吴仲畇制军）》，王学范、温明总笺注：《葆真斋集》第 1 卷，中国文化出版社 2016 年版，第 64 页。

分良莠、剿抚兼施等办法无法执行，因为杜文秀的势力逐渐扩大，云南省内除了昭通东川一带，皆被其所掌握。

清政府的目的是尽快镇压回民起义，重新夺回云南要地。此时陕、甘、黔等地起义不绝，骆秉章督导的军队不断支援周边各省，清政府担心兵力不足，难以兼顾。而劳崇光"以回攻回"的建议解决了这一情况。同时，朝廷对马如龙等回人的归顺之心，也抱着将信将疑的态度，几次告诫地方官查明情况，探清马如龙虚实。清政府还认为贾洪诏因滇省几为回人占领，畏葸不前。同治二年（1863）至同治三年（1864），朝廷多次严催贾洪诏赴昭通筹办滇省军务，但是贾洪诏停留四川日久，后又上奏因病恳请开缺回籍，被认为这是在借病规避。

同治三年（1864）八月，朝廷以借病规避的名义罢免了贾洪诏云南巡抚之职，贾洪诏返回原籍。贾洪诏的罢职也代表着清政府对回民起义的政策由剿抚兼施转变为以回攻回。

四、结　语

晚清咸同年间云南地区回民起义一度成为西南边疆治理的重要事件，贾洪诏便是此时被派驻云南，后成为封疆大吏的朝廷官员。通过结合史实并分析贾洪诏的自著《葆真斋集》，我们可以考察贾洪诏对云南回民起义的看法和处理措施。

贾洪诏认识到云南回民起义是由汉回在矿业上的争夺发展形成的抗争，激化矛盾的便是当地地方官的乱作为。贾洪诏在云南多年，看到多起汉回相互屠杀的惨案，并受到林则徐和骆秉章的影响，坚持"但分良莠，不分汉回""不卑不亢，剿抚兼施"和"安夷孤回，抚夷联汉"的处理方法，持平办理云南当地的军务。同治三年（1864）因坚持的方针与云南总督劳崇光"以回攻回"的意见不合，遭到朝廷的罢免，结束其在云南二十五年的任职。

罢黜贾洪诏后，清廷采用劳崇光的方案，选拔岑毓英、马如龙等回籍将领镇压滇西杜文秀起义军。同治七年（1868）杜文秀进攻昆明，同治八年（1869）马如龙与岑毓英解除省围，同治九年（1870）平定大理，成功平复云南。

虽然贾洪诏最终以免职作为自己仕途的收场，但是归乡后贾洪诏留有诗云："平生眼界久凌空，五岳都归一览中。变幻风云天地阔，耐寒松柏古今同。国常有道宜民乐，海不扬波祝岁丰。回忆为官经廿载，身家弗顾只从公。"①这是贾洪诏对自己在滇为官的总结。光绪二十三年(1897)朝廷赏头品顶戴，恢复贾洪诏的名誉，也是对他在云南为官阶段尽忠为民、积极处理回民起义的肯定。

（作者系武汉大学历史学院硕士研究生）

---

① 贾洪诏：《丙子感时抒怀》，王学范、温明总笺注：《葆真斋集》第 6 卷，中国文化出版社 2016 年版，第 430 页。

武汉轮渡开办时间考

齐子健

摘要：武汉三镇作为沿长江与汉水的近代商业城市，为开办近代轮渡的适宜之地。目前学界对武汉轮渡开办时间问题仍有争议，主要有 1894、1895、1896、1900 年之说，但各说均可进一步商榷。笔者考证武汉轮渡开办时间应在 1900 年，该年武汉确有开办轮渡且由于与划帮产生冲突暂时停止，次年复兴。又据日本方面的调查资料，1900 年之前武汉并无轮渡。轮渡若开办于 1894—1896 年，其时轮渡尚属违禁且缺乏对开办本身及与其伴生的划帮闹事现象的记载。但 1900 年前也曾有人意图开办轮渡，只是未被张之洞允许，至 1901 年张之洞才在洋商的刺激下渐趋支持轮渡事业。

关键词：武汉三镇；轮渡；公共交通

一、引　　言

近代的武汉三镇因其九省通衢的优越经济地理位置，加之 1861 年汉口开埠通商的历史机遇，成为中国举足轻重的商业城市。三镇间被长江与汉水隔开，来往客货均须渡江才可继续北上南下。传统的渡江方式基本靠民间渡船、官渡局渡船和民间善堂的红船，① 但此种方式弊端甚多，直至武汉轮渡开办前的情况仍是"鄂省与汉口遥隔一

---

① 方秋梅：《近代汉口市政研究（1861—1949）》，中国社会科学出版社 2017 年版，第 78 页。

江，唤渡者多如恒河沙数，每遇风狂浪猛，失事者时有所闻"①。而轮渡作为高效可靠的近代水上交通工具，恰可适用于武汉。目前学界关于晚清时期武汉轮渡的相关研究，由于受当时所存史料的限制，或有语焉不详之处，或有存在争议之处。其中武汉轮渡的开办时间问题就存在多种说法。本文拟在前人研究的基础上，进一步深入挖掘中外史料并进行考辨梳理，力求证实武汉轮渡的开办时间。

关于武汉轮渡的开办时间，学界主要有 1894、1895、1896、1900 年之说。主张 1894 年者主要有，刘宏友、徐诚主编《湖北航运史》认为"1894 年 4 月，商营仁记公司以'楚裕'、'楚盛'号两艘轮船开始经营汉口、武昌间的轮渡，是长江沿线大城市中见诸记录最早的 1 家商营轮渡公司"②。但未知书中所言"见诸记录"具体是出自何处。主张 1895 年者主要有，武汉地方志编纂委员会编《武汉市志》第 12 卷《交通邮电志》所记载的仁记轮船公司于 1895 年开办轮渡，并将其作为汉口地方轮运企业之始。③ 但也未知其记载出于何处。至于 1900 年之说，任放认为厚记公司与利记公司均开业于 1900 年，④ 所用史料为日本驻汉口领事水野幸吉著《汉口》的富山房 1907 年日文版。但据笔者所见《汉口》的 1908 年上海昌明公司中译本与 2014 年武汉文库日译文献中译本两个版本的记载，厚记公司均开业于 1896 年而非 1900 年，与 1907 年日文版所记一致，这里应是史料运用错误。陈钧、任放著《世纪末的兴衰——张之洞与晚清湖北经济》亦采取相同说法，⑤ 所据史料除《汉口》外另有杨铎《武汉经济略谈》，但杨著也记载厚记公司开业于 1896 年，上述史料都不足以证明厚记公司开

---

① 《创兴轮渡》，《申报》1899 年 12 月 20 日第 2 版。

② 刘宏友、徐诚主编：《湖北航运史》，人民交通出版社 1995 年版，第 236 页。

③ 武汉地方志编纂委员会编：《武汉市志》卷 12《交通邮电志》，武汉出版社 2006 年版，第 197 页。

④ 任放：《近代两湖地区的交通格局》，《史学月刊》2014 年第 2 期，第 95~104 页。

⑤ 陈钧、任放：《世纪末的兴衰——张之洞与晚清湖北经济》，中国文史出版社 1991 年版，第 188 页。

业于 1900 年。

相较于以上三种说法，更为学界多数意见所认同的是 1896 年之说。皮明庥主编《近代武汉城市史》记载，仁记公司于 1896 年成立，同年改组为厚记公司，仍以武汉轮渡为主业，且这两家公司皆由冯启均开办。① 此记载亦不知其出自何处。武汉公用事业志编纂委员会编《武汉公用事业志》认为武汉轮渡最早为 1896 年开办的厚记公司，但未提及其前身仁记公司。② 郑少斌主编《武汉港史》则认为创办于 1896 年 4 月的仁记公司为武汉轮渡之始，③ 但此处有明显的谬误是结论与其所依据的史料，即与水野幸吉著《汉口》1908 年中译本中的记载不符，水野幸吉原文为"厚记公司系继续仁记公司之营业者，明治二十九年四月开业"。④ 这里明确指出厚记公司于 1896 年 4 月开业，而不是仁记公司于 1896 年 4 月开业。同样的错误还见于樊百川《中国轮船航运业的兴起》，书中也认为"湖北在一八九六年四月即有仁记公司开始经营汉口、武昌间的轮渡业务"⑤。所据史料也同样是水野幸吉的《汉口》。这两种著作虽存在对史料的误解，但仍将武汉轮渡开办时间定在 1896 年。目前笔者所见各著作中对于近代武汉轮渡研究较为充分的是方秋梅《近代汉口市政研究（1861—1949）》，作者在书中对武汉轮渡的开办时间有一番考证，最终将结果定在 1896 年，⑥ 所据史料为东亚同文会《中国省别全志·湖北卷》的记载："民间渡船既颇感危险又甚费时。因此自 1896 年设立民营公司，开始

---

① 皮明庥主编：《近代武汉城市史》，中国社会科学出版社 1993 年版，第 217 页。

② 武汉公用事业志编纂委员会编：《武汉公用事业志》，武汉出版社 1990 年版，第 153 页。

③ 郑少斌主编：《武汉港史》，人民交通出版社 1994 年版，145 页。

④ 水野幸吉著，刘鸿枢等译：《汉口：中央支那事情》，上海昌明公司 1908 年版，第 173 页。

⑤ 樊百川：《中国轮船航运业的兴起》，中国社会科学出版社 2007 年版，第 245 页。

⑥ 方秋梅：《近代汉口市政研究（1861—1949）》，中国社会科学出版社 2017 年版，第 226 页。

小蒸汽船的航行。"①吴承胜在《近代武汉轮渡发展论述》中也采信了方秋梅的观点。②

二、轮渡开办与政府作为

综上，现有研究对该问题的史料发掘深度仍有待提升，史料运用略显单一，缺乏对各种史料的梳理考辨、排比参证，各说之间缺少交流对话。因此武汉轮渡开办时间似可进一步商榷。据笔者考证的结果，武汉轮渡开办时间应在 1900 年，且该年武汉开办轮渡之事易得证明。

在 1899 年年末开办轮渡尚在动议阶段时，就有报纸称武汉两城"拟购轮船数只，往来济渡，已秉明两湖总督准行了"③。此为 11 月底之事，至 12 月底《申报》更详细的报道称"现在内河小轮船已奉文驰禁，爰有某商者具禀督辕复申前请，制军韪之，札饬江汉关道妥定章程，以便开办。从此大川利涉，一苇可杭，亦便民之善政也"④。

但武汉轮渡的开办并不顺利。轮渡作为近代水上交通工具，其高效便捷与安全性远超传统渡船，必然对传统渡船业产生威胁。因此在 1900 年 4 月就发生"本月初六日小划船忽斜妇女千名至江汉关大肆滋闹"的事件。其缘由为"武汉轮渡开办未久，民颇称便。惟划船生计被夺，不免怨咨"⑤。《新闻报》报道此事件时又称武汉轮渡"蒙岑尧阶观察批准开行已历数日"⑥。划帮闹事为 4 月 5 日，轮渡开办必然在此之前，考虑到轮渡开办后划帮反应组织的时间，轮渡的具体开办

---

① 东亚同文会编：《支那省别全志·湖北卷》，东亚同文会 1918 年版，第289 页。

② 吴承胜：《近代武汉轮渡发展论述》，《社会科学动态》2017 年第 8 期，第 89~95 页。

③ 《议办轮渡》，《觉民报》1899 年第 7 期，第 16~17 页。

④ 《创兴轮渡》，《申报》1899 年 12 月 20 日第 2 版。

⑤ 聂宝璋、朱荫贵编：《中国近代航运史资料》第 2 辑(1895—1927)下册，科学出版社 2016 年版，第 994 页。

⑥ 《轮渡复停》，《新闻报》1900 年 4 月 12 日第 2 版。

时间似可推至 3 月底。之后此次划帮闹事的事态发展又屡次见诸报章。划帮的要求是停驶轮渡，时任江汉关监督的岑春蓂令夏口厅对其婉言相劝，始得解散，但又恐再生事端而"旋饬渡江小轮，暂且停驶，以筹善法"①。岑春蓂曾有意惩办祸首，但被夏口厅同知陈树屏以"众怒难犯"为由劝止。官方既不能有效解决二者的矛盾，加之"轮船中人亦恐遭众怒"最终"现在轮渡已作罢论，划船遂安静如常"②。可见，在武汉轮渡初创面临阻碍之时，官府并未对这种近代化的水上交通事业予以全力支持。

轮渡虽暂时停止，但渡江的需求不可能随之消失。1900 年夏"当伏汛将临之际，某职商具禀督辕再申前请，并拟将渡资从重抽收。头等客位每人取钱一百文，次者五十文，庶可与划船并行不悖。张香涛制军趣之，已批饬开具详细章程听候核办矣"③。以加收渡资的方式减少轮渡所占市场份额，使其与传统渡船并存，的确可减少轮渡开办所面临的阻碍，但水上公共交通的便民性质也将大打折扣。凡此种种均可证明 1900 年武汉轮渡的开办情况，且是形成于当时的一手史料，具有相当的可信度。

至于 1894、1895、1896 年之说，疑点颇多不应轻易采信。首先，持 1896 年之说者所依据的重要史料之一是水野幸吉的《汉口》与《中国省别全志·湖北卷》。但日文版《汉口》的原文为"厚记公司は仁记公司の营业を引き继ざたる者にして，明治二十九年四月开业し"④，这只能说明水野幸吉进行调查之时经营武汉轮渡的厚记公司开业于1896 年，并不能说明厚记公司自 1896 年开业时起即经营轮渡业务，更不能证明轮渡开始于 1896 年。而《中国省别全志·湖北卷》的记载又佐证太少。日本人在 1896—1900 年曾有多次赴汉口考察航运、港

---

①　聂宝璋、朱荫贵编：《中国近代航运史资料》第 2 辑（1895—1927）下册，科学出版社 2016 年版，第 994 页。

②　聂宝璋、朱荫贵编：《中国近代航运史资料》第 2 辑（1895—1927）下册，科学出版社 2016 年版，第 994 页。

③　《轮渡复兴》，《申报》1900 年 6 月 22 日第 2 版。

④　水野幸吉：《汉口：中央支那事情》，富山房 1907 年版，第 203 页。

口等事宜。一是 1896 年农商务省商工局参事官有贺长文等人的报告，① 并未提及武汉两城之间有轮渡行驶。二是 1899 年大阪商船株式会社主事石原市松考察中国长江航运后，写给社长中桥德五郎的报告，② 其中涉及汉口部分也未提及有轮渡行驶。三是日本驻汉口领事馆 1899 年报告的 1894—1898 年汉口民船往来情况，其中涉及武汉两城间渡江的部分只提到原有的官渡船与民间善堂所有的红船，而没有近代化的轮渡。③ 这三种史料形成时间基本与 1896 年相去不远，可认为是当时的一手史料。《中国省别全志·湖北卷》则是大正七年(1918)发行，属形成稍晚的调查资料，且此处的记载与前三处有冲突，又是孤证，未必完全可信。

其次，无论 1894、1895、1896 年中的任何一年为武汉轮渡之始，都会存在数个无法解释的矛盾。一是若按《中国省别全志·湖北卷》的记载"民间渡船既颇感危险又甚费时。因此自 1896 年设立民营公司，开始小蒸汽船的航行"。④ 表明当时经营轮渡的是商办公司，而华商是在 1898 年清政府颁布《内港行轮章程》后方可兴办内河小火轮公司。⑤ 具体到湖北的情况，1897 年王先谦等人议办鄂湘善后轮船局时，张之洞的回复中有"作为善后局官轮，官督绅办，不涉商人之事"⑥。可见其当时并不支持商人自办内河小火轮公司。鄂湘善后轮船局改为商办也是在 1898 年。张之洞在《内港行轮章程》颁布后，方

① 农商务省商工局：《清国出张复命书》，农商务省商工局 1896 年版，第 45~53 页。

② 石原市松：《清国长江运送业现况》，1900 年版，第 30~36 页。

③ 外务省通商局纂：《通商汇纂(复刻版)》第 47 卷 第 130 号，不二出版株式会社 1990 年版，第 51 页。

④ 东亚同文会编：《支那省别全志·湖北卷》，东亚同文会 1918 年版，第 289 页。

⑤ 章程第一条即规定"中国内港，嗣后均准特在口岸注册之华洋各项轮船，任便按照后列之章往来，专作内港贸易，不得出中国之界，前往他处。"王铁崖：《中外旧约章汇编》第 1 册，上海财经大学出版社 2019 年版，第 731 页。

⑥ 张之洞：《咨南抚院湘绅王先谦等请办湖南内河小火轮船一案》，苑书义、孙华峰、李秉新主编：《张之洞全集》公牍 38 咨札 38，河北人民出版社 1998 年版，第 3390 页。

才认为"现在时局已变，内河小轮新章已行，华洋均无限制，情形自与上年不同。此时湘鄂两省绅商，若愿制造小轮，来往长江内河，搭客搭货，均无不可"①。而在限制尚未解除的1894—1896年，在武汉两城间建立商办轮渡业务，不可能不为张之洞所察知，既为官宪所知又不被禁止，需要一个合理解释。

二是武汉三镇作为全国重要商埠，若轮渡业务早在1896年前后即出现，何以在1900年之前中外各种报纸和日本方面的调查报告上全然不见任何记载。且直至1900年创办轮渡时，各种报道的字里行间也都将此次开办轮渡作为首次看待，并未提及之前有可作为武汉轮渡开端的事件。1904年两湖轮船局欲拨船参与轮渡业务时，《中外日报》的报道更直接指出"武汉渡江小轮自利记公司开埠以来，已历五年，获利甚优"②。

三是1900年开办轮渡时有大量划帮为抗拒轮渡碍其生计而闹事的记载，甚至一度逼停轮渡。若早在1896年前后即有轮渡，与其伴生的划帮闹事现象不见于任何记载，也颇感奇怪。

综上所述，武汉轮渡的开办时间应定于1900年较为确切。但1900之前也并非无人有开办轮渡之意。《觉民报》和《申报》在报道1899年末武汉轮渡动议时，分别提到"先前拟办轮船济渡，未有成议"③和"前由职员胡某拟创办小轮船以资利济，张香涛制军恐有碍民船生计，未即允行"④。这里张之洞以"有碍民船生计"为由拒绝开办轮渡，但直到1904年两湖轮船局准备开办轮渡业务，议设码头于董家坡时，划帮依然聚众抗议阻止，可见官府并未真正解决民船生计问题。到1901年洋商拟参与武汉轮渡时，张之洞才"以洋商小轮船既难禁阻"最终决定"不若准华商先行试办，责令按月报效银若干，庶

---

① 张之洞：《札行黄嗣东禀筹办鄂省行轮定期、饬县出示并会各水师营照料等》，苑书义、孙华峰、李秉新主编：《张之洞全集》公牍46 咨札46，河北人民出版社1998年版，第3628页。

② 聂宝璋、朱荫贵编：《中国近代航运史资料》第2辑（1895—1927）下册，科学出版社2016年版，第652页。

③ 《议办轮渡》，《觉民报》1899年第7期，第16~17页。

④ 《创兴轮渡》，《申报》1899年12月20日第2版。

利源不至外溢"①。对划帮的态度也转为"由关道岑观察出示晓谕，并派员弹压，以免划船阻挠"②。前者划帮阻挠时，清政府选择迁就划帮而暂停轮渡行驶。后者在洋商有意介入轮渡业务的条件下，同样面对划帮阻挠，清政府对划帮的态度已截然不同。

　　轮渡代替传统渡船是必然的趋势，在未能解决双方矛盾的情况下，清政府的做法虽暂免民船失业，但毕竟不利于水上公共交通工具的近代化。且由于向外国开放内港行轮权，张之洞最终也在洋商的刺激下渐趋支持开办轮渡，民船生计仍属堪忧。对此水野幸吉感叹道："这正是为了保护人力车夫而反对电车，为了汲水苦力的生计而阻碍自来水一般，然而在中国此种理论仍属有力，为之奈何?"③

（作者系武汉大学历史学院硕士研究生）

---

　　①　《创行轮渡》，《申报》1901 年 9 月 18 日第 2 版。
　　②　聂宝璋、朱荫贵编：《中国近代航运史资料》第 2 辑(1895—1927)下册，科学出版社 2016 年版，第 704 页。
　　③　水野幸吉：《汉口：中央支那事情》，富山房 1907 年版，第 204 页。

1909—1911 年陈宝琛仕宦
经历与宣统政局*

常芳彬

摘要：1908 年，光绪皇帝、慈禧太后相继去世，政局激荡突变，各派系势力在斗争与妥协中分化、组合。赋闲二十多年的陈宝琛由此被重新起用，先任礼学馆总理、内阁学士兼礼部侍郎，再任山西巡抚而不得，最终出任帝师。作为宣统政局漩涡中的重要人物，陈宝琛与满汉大臣有千丝万缕的关系，其 1909—1911 年的仕宦经历，显现了载沣派和奕劻派的政争，折射出清末政治的重重乱象，似乎预示着清政府的崩溃和瓦解不可避免。

关键词：陈宝琛；载沣；奕劻；清末政局

陈宝琛(1848—1935)，字伯潜，号弢庵、陶庵、听水老人。福建闽县(今福州市)螺洲人。同治戊辰科进士，授翰林院庶吉士。1874 年，转翰林院侍讲，充日讲起居注官、内阁学士兼礼部侍郎。中法战争中，因举荐唐炯办理军务失当，被连降九级，从此赋闲，热衷于家乡教育、铁路等事业。1909 年，被重新起用，任礼学馆总裁。1911 年，出任帝师。1935 年，在北京逝世。陈宝琛与清末政局关系

* 本文为 2021 年度四川省社科规划项目"共产国际与社会民主党关系对马克思主义中国化早期进程的影响研究(1919—1943)"(课题编号：SC21C080)阶段性成果。

紧密，极受学者们关注，已有不少相关研究，① 但对其 1909—1911 年仕宦经历与当时朝政关系仍有未发之覆。本文以此为中心，剖析各种政治势力之间的矛盾关系和错综复杂的利益纠纷，为研究清末政局更替与官员任免以及满汉关系提供一个新的视角。

一、一波三折——陈宝琛的复出、归隐与再出

关于陈宝琛的复出，之前已有诸多研究和猜测。据陈宝琛外孙女何艺文回忆，"也有传说外公重被清廷起用，并非张之洞引荐，而是江苏巡抚陈启泰上专折举的。在他的专折中对外公极力誉扬"。② 何艺文的回忆主要依据陈启泰的奏折：

> 查有降调内阁学士陈宝琛，从前侍值讲帷，早邀知遇，迩来时事日棘，尤为物望所归，闽省学务路政，赖其主持，虽海外侨人，亦莫不输诚翕服，今年甫六十，精力强壮如初，可胜艰巨之任……洵足表率群伦，为时桢干，倘荷擢用，必有可观。③

但是她的回忆并不准确，陈启泰上奏的时间是 1907 年 9 月，在慈禧去世之前。陈宝琛被起用则是在 1909 年，在时间上有出入。有

---

① 沈渭滨《论陈宝琛与"前清流"》(《复旦学报》1995 年第 1 期)指出陈宝琛既有不媚时俗、不畏权贵、敢于直谏等清流人物共有的风骨，更有学西学、新内政的鲜明个性；但"清流"作为言官手中既无实权，又短于实践，一当权力争斗调节器作用消失，"清流党"的消失也就不可避免。黄新宪《江西学政任内的陈宝琛》(《教育学术月刊》2020 年第 7 期)指出陈宝琛早年在担任江西学政期间，除弊兴学，勤跑基层，实地了解教育方面存在的弊端，并提出切实可行的改进措施，在科举考试、书院教育、人才选拔等方面有不少建树。苏经强《末代帝师陈宝琛晚年复仕之路探析》(《重庆交通大学学报》2018 年第 4 期)考察陈宝琛复出的前因后果，指出晚清治国人才紧缺及其陈宝琛深受儒家传统"出处进退"观影响是其复出的内外两个因素，忽视了政局变迁才是陈宝琛复出的关键因素。

② 何艺文：《孤忠傲骨一诗翁：谨记我外公"帝师"陈宝琛事略》，《传记文学》1989 年第 54 卷第 2 期，第 81~82 页。

③ 孙琳敬：《矐庵遗稿》，第 35 页，出版信息不详。

的学者则指出:"从光绪末年到宣统元年,陈宝琛得到了众多地方大吏的推荐,其中张之洞的作用最为重要,其次是陈启泰。"①众多大吏还包括安徽巡抚冯煦、两广总督张人骏②、闽浙总督松寿③等。但陈宝琛的启用与复出并非如此简单。

1907 年 9 月,张之洞由湖广总督调往中央担任军机大臣,明升实降,慈禧希望用张之洞牵制和制约权势日益膨胀的袁世凯。翌年,慈禧、光绪相继去世,溥仪继位,其父载沣总揽朝政。载沣排除异己,任用宗室亲贵,成为朝廷实际掌控者,但宗室内部各派系之间明争暗斗,政局激烈动荡。

经过载沣、世续多次密议与协商,朝廷决定开复甲申政潮中受到打击的"清流派"。在张之洞的引荐下,起用陈宝琛。陈宝琛得到开复消息后,"先则迟迟其行,犹豫莫决"④。主要原因是两宫逝世后,满与汉、满与满、汉与汉之间斗争激烈,政局动荡不安。陈宝琛担心自己有心无力、碌碌无为。同时陈宝琛认为"闽路督办,责任綦重",⑤ 不愿半途而废。其三弟陈宝璐"责以礼教和世道攸关,劝其趁此出山"⑥。广西巡抚张鸣岐、高凤岐也积极怂恿陈宝琛出仕,张鸣岐甚至向清政府奏保陈宝琛。⑦

陈宝琛此时的内心状态,可以通过他离闽入京前的两首诗予以解读。第一首是陈宝琛拜别先冢所作:

---

① 苏经强:《末代帝师陈宝琛晚年复仕之路探析》,《重庆交通大学学报(社会科学版)》2018 年第 4 期。

② 《陈宝琛之重用》,《顺天时报》1908 年 3 月 1 日第 7 版。

③ 《奏前内阁学士陈宝琛请予擢用片》,《顺天时报》1908 年 5 月 24 日第 5 版。

④ 郭肇民:《我所知道的陈宝琛》,《福建文史资料》第 5 辑,福建人民出版社 1981 年版,第 69~70 页。

⑤ 《汉文台湾日日新报》1908 年 2 月 23 日第 3 版。

⑥ 郭肇民:《我所知道的陈宝琛》,《福建文史资料》第 5 辑,福建人民出版社 1981 年版,第 69~70 页。

⑦ 陈衍:《附录一》,陈步编:《陈石遗集》下,福建人民出版社 2001 年版,第 2008 页。

> 孤儿昔作宦，十载一过家。大父犹老健，二亲鬓始华。
> 五年失吾祖，母分亦弃儿。父幸儿得归，汝才讵适时？
> 长跽聆爷言，誓侍爷以老。冉冉一星终，欲报恨不早。
> 遗羹既无所，椎牛亦谁知？剩持年年泪，来洒青松枝。
> 此行岂儿愿，除经已周纪。壮盛付等闲，衰迟复何恃？
> 得归儿会归，不为祖考忝。成亏盖天事，晚节敢自贬？
> 下山且十里，犹闻叹息声。雨止慎泥潦，微阳偏向晴。①

第二首是拜别友朋所作：

> 东坡六十一，始规白鹤峰。明春乃落成，我龄适与同。
> 屏居越两纪，一壑甘长终。谁知无心云，去住随天风。
> 兹山匪广峻，横舍环玲珑。脉络系全闽，却居闾井中。
> 引泉溉新竹，对月哦古松。固虑佚老办，不为山灵容。
> 欲别谢知爱，所期信无穷。行藏吾自审，不用哀龙钟。②

第一首中前半部分描绘陈宝琛被贬斥赋闲在家、孝敬父母的生活状况，后半部分叙述入京并非其真实意愿。不愿意复出的原因，一是担心祖宗名声受累，二是担心晚节不保。并暗示如若仕途不顺，可能会适时罢仕、辞官返家。在二十多年前的中法战争中，仕途的骤起骤落，给陈宝琛极大的教训，其父陈承裘甚至告诫："汝以书生骤当重任，吾夙夜惟陨越是惧……吾固患汝之骤用也。"③陈宝琛此次重新入京做官，显然有违其父的忠告，因而在先冢前阐释自己并非自愿。第二首诗则是完全相反的心态，陈宝琛积极出山，并且不担心年老体衰。因该诗是在拜别友朋时所作，无需隐藏自己内心的想法，更真实

---

① 陈宝琛：《入都拜别先冢》，刘永翔编：《沧趣楼诗文集》上，上海古籍出版社 2013 年版，第 112~113 页。

② 陈宝琛：《海天阁成属有北行留别山中诸子》，刘永翔编：《沧趣楼诗文集》上，上海古籍出版社 2013 年版，第 112 页。

③ 北京图书馆编：《北京图书馆藏家谱丛刊·闽粤侨乡卷》第 11 册，北京图书馆出版社 2000 年版，第 708 页。

地反映陈宝琛内心世界。

慈禧对清流派的压抑，是陈宝琛赋闲二十多年的原因。之前的研究只注意到众多官员对陈宝琛的推荐和奏报，却忽视政局更替才是陈宝琛复出的关键。也应该看到，陈宝琛在庙堂之中依然有众多的人脉关系，这为陈宝琛在慈禧去世后的复出发挥了一定作用。最终，陈宝琛虽有种种担忧，但在陈宝璐、张鸣岐、高凤岐等人的鼓励与劝勉以及他内心的"责任感"与"忠君观"下，终于踏上入京之路。

陈宝琛被引荐到中央后，本希望大展宏图。外界也对陈宝琛的仕途持乐观态度，"陈宝琛本之洞故交，监国从其言，强起之，咸以为必大用"①。但直到 1909 年 4 月，才担任无所轻重的礼学馆②总理，"之洞虽引以为疚，亦不敢为宝琛进一言"③。张之洞作为汉族官僚在庙堂之上的代表，在人事任免权上也几乎毫无发言权，汉族官僚在满族宗室的压抑下也逐渐失声。

编订礼法制度是清政府试图把"统治权"与"教化权"合为一体的一次尝试，但礼学馆多数人尸位素餐，陈宝琛担任礼学馆总理后，"日以无所事事为恨"④。1909 年 10 月 4 日，张之洞病逝，陈宝琛失去重要靠山，"益觉了无兴味"。陈宝琛以为重新出山必能受到重用，实际担任的却是无所轻重的礼学馆总理。君王的忽略和漠视使陈宝琛由复出前的欣喜迅速转化为复出后的愤懑与愠怒。后悔复出，以"为续闽漳铁路事"⑤为由乞假，1909 年 11 月底返闽，外界风传"闻将不复出山矣"⑥。

陈宝琛此时的内心想法，可以尝试从他在 1909 年 12 月 1 日写给二弟陈宝璐的信中探索："兄此来恍如隔世，朝市人物举目皆非，私意犹冀时局可为，及见南皮郁郁成病，继起无人，益以外患日棘，内

① 胡思敬：《国闻备乘》，中华书局 2018 年版，第 216 页。

② 1907 年，清政府在礼部附设礼学馆，孙诒让担任礼学馆总理，1908 年 5 月，孙诒让去世。

③ 胡思敬：《国闻备乘》，中华书局 2018 年版，第 216 页。

④ 《福建陈阁学之宦途风味》，《大公报》1909 年 11 月 30 日第 17 版。

⑤ 《福建陈阁学之宦途风味》，《大公报》1909 年 11 月 30 日第 17 版。

⑥ 《福建陈阁学之宦途风味》，《大公报》1909 年 11 月 30 日第 17 版。

忧将作，深愤多此一出，然进退行藏，固自有道，拟于礼学馆修书过半后再自审度。"①儒学入世精神使陈宝琛心怀天下，然而二十多年的政局动荡与变迁已然物是人非，重新出山的陈宝琛并没有得到重用。更深层次的原因可能是短暂的复出仕宦经历使他对清政府的前途失去信心，也对清末政局无能为力。理想与现实之间巨大的落差甚而使陈宝琛怀疑重新出山是不是"多此一举"。

回闽的陈宝琛内心踟蹰、迷茫、彷徨、不知进退。在此期间，陈宝琛往来于上海、南京、福建等地，拜访陈三立、缪荃孙、夏寿田、樊增祥等旧友，探讨出世与入世以及清王朝的命运。1909 年除夕，与其弟子陈三立在南京会晤，陈宝琛和诗：

> 迩来此道失浮竞，根本性情害政事。
> 训词深厚古有闻，未屑雷同况羹沸。
> 日辉风畅鸟雀喜，想望中兴验春气。
> 著龟自取庶民从，靮铎何关处士议？
> 老鸡不晨百无用，啄粟太仓类游戏。
> 秋风事事可硬差，谭艺还当就吾契。②

从诗中可以看出，陈宝琛感慨自己年老无用，但是依然殷殷期盼清王朝能够中兴。正在此时，清王朝发布上谕，"陈宝琛着补授内阁学士兼礼部侍郎"③。陈宝琛乞假归家后，礼学馆无人主持，清王朝迫切希望陈宝琛回归继续主持礼学馆的事务。陈宝琛谢恩折中提到，"贾谊之对宣室，非复少年；苏轼之直禁林，永怀先帝"④。陈宝琛自比贾谊和苏轼，在仕途绝境中，忽然柳暗花明，得到庙堂之上的眷顾。

---

① 陈绛：《〈落花〉诗所见陈宝琛的晚年心迹》，丁日初主编：《近代中国》第 12 辑，上海社会科学院出版社 2002 年版，第 252 页。

② 陈宝琛：《除夕至金陵伯严有诗见及因答其意》，刘永翔：《沧趣楼诗文集》上，上海古籍出版社 2013 年版，第 122 页。

③ 《大公报》1910 年 4 月 12 日第 2 版。

④ 陈宝琛：《谢授内阁学士兼礼部侍郎衔折》，刘永翔：《沧趣楼诗文集》下，上海古籍出版社 2013 年版，第 715 页。

二、拟任山西巡抚引出的政治风波

1911 年 5 月 8 日，清政府改革官制，裁撤旧内阁，实行责任内阁制，奕劻担任总理大臣。作为内阁学士的陈宝琛、荣庆也在被裁之列，听候改用。6 月，荣庆出任弼德院院长。山西巡抚丁宝铨因"交文惨案"①受到弹劾而乞休，朝廷讨论继任人选。时有谣传："有人以巨金运动，务欲得一巡抚之缺，其金以为老□□所受，而其人实不堪方面。"②"老□□"即庆亲王奕劻，以贪污臭名昭著，"有人"可能是陆钟琦，奕劻接受贿赂后准备奏报陆钟琦担任山西巡抚。但清末民权日益伸张，民气日渐高扬，遏抑民气可能激化社会矛盾，引发清政府统治和社会管控危机，因此清政府的决策不得不参考社会舆论，社会舆论已然或多或少影响到政府的决策。载沣也想借助社会舆论打压奕劻，选派陈宝琛出任山西巡抚，扩张自己派系的势力。

丁宝铨离任之际，内阁协理大臣那桐和弼德院院长荣庆曾向载沣密保陈宝琛。奕劻、袁世凯则主张陆钟琦担任，双方意见并不一致。荣庆与奕劻关系素来不睦，而与那桐私交甚密，推荐陈宝琛可能是那桐、荣庆私下商量结果。那桐在日记中也记录陈宝琛拜访的经过③。载沣认为陈宝琛行政能力较弱，担任山西巡抚可以弱化地方行政长官的权力，由此加强中央集权，扭转道咸以来"外重内轻"的局面。6 月 18 日，朝廷发布谕旨，"以内阁学士陈宝琛为山西巡抚"④，造成陈宝琛担任山西巡抚的既成事实，断绝奕劻让陆钟琦出任山西巡抚的想法。

赋闲二十多年后，陈宝琛终于得到重任，"以起用废员，曾几何

---

① 董宝花，《清末民初山西"交文惨案"探析》，《沧桑》2013 年第 5 期。
② 《陈宝琛之得邀异数》，《新闻报》1911 年 6 月 26 日第 6 版。
③ 那桐：《那桐日记》下，新华出版社 2006 年版，第 692 页。
④ 《清实录·宣统政纪》，中华书局 1987 年版，第 983 页。

时而竟得由侍从之臣，膺封疆之寄，朝廷知遇，不可谓不优矣"①。
陈宝琛想和曾任山西巡抚的张之洞一样大展宏图："臣惟有勉殚驽
钝，遇事考求，免贻陨越之羞，冀答生成之德。"②时人也把两者进行
对比，"虽然昔日张文襄之洊膺疆寄也。亦发迹于阁学，亦拜命于三
晋，自是以来，政望优隆，而交广，而两湖，勤猷卓越卒为名臣……
吾不知陈宝琛此行，尚忆及文襄前日事否"③。礼学馆张锡恭指出
"礼教干城将见之于实政"④，认为清政府将以"礼"治国，正是礼学
馆官员所殷殷期盼的。然而《申报》认为中国传统礼教在西方文化一
波又一波的冲击下，有"礼崩乐坏"的态势，危及清政府的统治。希
望作为礼学馆总理的陈宝琛负责修礼，以儒学的"礼法"抵御西方波
涛汹涌浪潮的冲击，可他却对外放任山西巡抚，"欢悦而去"。礼学
馆无人主持编订"制礼"，因此有"以后更无人能维持礼教也"的感
慨。⑤

　　陈宝琛是"清流"重要成员，"清流大都是处于第二线的朝内言官
和词臣，对实际操作所知甚少，易成空议论的书生。他们尽管论政时
头头是道，批评时鞭辟入里，一旦需要参与实际，处于一线时，往往
就会手足无措，动辄受制，以至无功而返，遗恨不尽"⑥。清流派长
于批判，乏于实践，陈宝琛也有类似的特征，"陈伯潜学士之特简山
西巡抚，为近来政界中第一之明星，陈本为大学问家而兼诗家者，向
来并未一差，只去年派过两回阅卷差而已"⑦。质疑他的行政能力是
否能胜任山西巡抚。

---

　　① 《时评》，《申报》1911 年 6 月 19 日第 6 版。
　　② 陈宝琛：《谢授山西巡抚折》，刘永翔编：《沧趣楼诗文集》下，上海古
籍出版社 2013 年版，第 717 页。
　　③ 《时评》，《申报》1911 年 6 月 19 日第 6 版。
　　④ 张锡恭：《送陈伯潜先生巡抚山西序》，《清代诗文集汇编》编纂委员会：
《清代诗文集汇编·茹荼轩文集·茹荼轩续集·康南海先生诗集·康南海文集》
第 786 卷，上海古籍出版社 2010 年版，第 181 页。
　　⑤ 《陈宝琛为礼教功臣》，《申报》1911 年 7 月 6 日第 4 版。
　　⑥ 沈渭滨：《论陈宝琛与"前清流"》，《复旦学报》1995 年第 1 期。
　　⑦ 《陈宝琛之得邀异数》，《新闻报》1911 年 6 月 26 日第 6 版。

陈宝琛赴任前，向奕劻请训，"官吏之入邸求见者，又必先纳门包与司阍而后得入"①。陈宝琛未与司阍议妥，尽管陈宝琛的女婿林炳章向司阍贿赂一万两白银，却仍然没有得到召见，司阍的阻隔可能是只是其中的一个因素，更深层次的原因可能是奕劻不满载沣直接下旨任命陈宝琛出任山西巡抚，以拒绝接见表示他反对与否定的态度。

载沣发布谕旨任命陈宝琛担任山西巡抚后，并没有终止各派势力对山西巡抚的争夺。奕劻任人唯亲，"各省疆吏各部要臣尽安置私人，内外联为一气"②。奕劻与宝棻、陆钟琦③有密切联系。同时陆钟琦"运动巡抚之缺不遗余力……政府某大老即乘机奏保"④。据陈宝琛表兄弟孙子郭肇民回忆，"某大老"即庆亲王奕劻，"亲贵庆亲王受陆钟琦的贿赂，恃自己年老辈长，又是军机大臣首席的资格，要监国载沣以陆易陈"⑤。无论庙堂之上还是江湖之远都知晓奕劻贪婪成性，"时庆之门如市，凡外省运动官缺，皆有价值等差，前门外某金店为之外府"⑥。社会舆论和新闻报道可能并非事实，但是却真实地反映清末官场贪污腐败、贿赂公行的政治生态。奕劻收受贿赂后，虽然载沣发布了任陈宝琛为山西巡抚的谕旨，仍然在积极运动，希图能改变载沣发布的谕旨，让陆钟琦担任山西巡抚。

奕劻也积极拉拢那桐，那桐"又专视庆（奕劻）意，庆所可者，那即可之；庆所否者，那即否之"⑦。当那桐得知奕劻奏保陆钟琦担

①　嘉定陆保璇编：《满清稗史·前函》，新中国图书局 1913 年版，第 13 页。

②　胡思敬：《国闻备乘》，中华书局 2018 年版，第 213 页。

③　江春霖：《劾庆亲王老奸窃位多引匪人疏》，朱维干：《江春霖集》上，马来西亚兴安会馆总会委员会 1990 年，第 218 页，江春霖弹劾奕劻，"见缺又荐引填补，就众所指目而言，江苏巡抚宝棻、陕西巡抚恩寿、山东巡抚孙宝琦，则其亲家"。宝棻任江苏巡抚时，陆钟琦任江苏布政使，陆钟琦回京复命时还特意去开封，拜访时任河南巡抚宝棻，约谈一小时，宝棻曾任山西巡抚。

④　《大公报》1911 年 7 月 14 日。

⑤　郭肇民：《我所知道的陈宝琛》，《福建文史资料》第 5 辑，福建人民出版社 1981 年版，第 70 页。

⑥　许指严：《十叶野闻》，中华书 2007 年版，第 146 页。

⑦　孤愤：《论资政院参劾枢臣之壮举》，《时报》1910 年 11 月 24 日第 2 版。

任山西巡抚后，转而附和奕劻的意见，推荐陆钟琦出任山西巡抚。虽然袁世凯已被载沣驱除回籍，但是奕劻与袁世凯互为同盟，北洋势力依然缠绕渗透在清政府的各个机构和府衙。袁世凯和张之洞素来关系不睦，据袁世凯之子袁克文记载："先公亦党之洞之相倾陷，累思乞休。"①陈宝琛作为张之洞派系人物，袁世凯也积极支持奕劻，抵制载沣任命陈宝琛为山西巡抚。以奕劻为首的部分宗室亲贵和以袁世凯为首的汉族官僚给载沣造成极大的压力。

载沣援引的汉族大臣张之洞、鹿传霖等相继去世。新壮宗室亲贵虽然是载沣依靠的主要力量，但内部并非铁板一块，胡思敬将宗室王公分为载泽、毓朗党，载涛、良弼党，肃亲王善耆党，溥伦党，隆裕党，载泽党，瓜尔佳氏党，奕劻党等八个派系。② 宗室内部分裂，载沣无法依靠新壮宗室亲贵抗衡奕劻的压力，最终只得收回成命。1911年 7 月 11 日重新任命陆钟琦为山西巡抚，"陈宝琛以毓庆宫行走开缺"③。

更换督抚是对权力、利益的再分配，奕劻派和载沣派都把遴选山西巡抚看成打击对方势力、扩展自身势力的机遇，两派展开激烈的冲突与竞争。双方都企图任命自己派系的人，争夺对地方的控制，并作为中央内部斗争援引的势力。尽管载沣抢先发布上谕，任命陈宝琛为山西巡抚，但是在以奕劻为核心的派系抵制和运作下，最终不得不妥协。陆钟琦是载沣的老师，与载沣有千丝万缕的联系，是双方都能接受的人物。妥协虽然是处理矛盾与冲突的一种手段，却也变相鼓励和助长了各派系意识和宗旨的滋长和表述，加剧了统治集团内部的分散，各派系的意志和观点的协调和集中更加困难。作为摄政王的载沣理应拥有最高的权威，然而在山西巡抚任命中，发布谕旨后，又在抗拒和反扑中被取消，极大损害了载沣的权威，使政府的管理和控制能力更加虚弱和单薄。慈禧去世后，载沣作为摄政王，联合少壮亲贵，

① 袁克文：《辛丙秘苑》，上海书店出版社 2000 年版，第 32 页。
② 胡思敬：《国闻备乘》，中华书局 2018 年版，第 229 页。
③ 《中国大事记》，《东方杂志》1911 年第 6 期，第 12 页。

想把权力集中于以自己为核心的少壮亲贵手中，不断打压和削弱长期把持朝政的奕劻派，但就政治资历、深谋远虑、阴谋手段等而言，终归略显稚嫩。在载沣集权于少壮亲贵的过程中，遭到奕劻派的抗拒与反抗，加剧了宗室亲贵的内部斗争，宗室亲贵的纷扰与内斗是清王朝的崩溃的一个重要因素。

三、隐忍与妥协——出任帝师

1911 年 7 月 10 日，陈宝琛被重新任命为帝师。陈宝琛能够担任帝师，并非毫无征兆，之前已有风闻。1909 年，载沣与某枢臣协商寻找帝师时提及陈宝琛，"礼学馆总理陈宝琛学士人极老成，学问渊博，拟派入南书房行走，以便预备皇上典学事宜，并拟再选通娴新学者一员以资补助云"①。

1911 年，溥仪五岁，为了培养溥仪治理和统治天下的能力，选派师傅成为当务之急，隆裕选定陆润庠。但是在选择副师时，在陈宝琛和刘廷琛之间犹豫不决。隆裕征询载沣和奕劻意见时，"监国与庆、那、徐三大臣协商数次，最后提及鹿相当日之面奏及其遗折，始决意以陈为副师"②。隆裕咨询奕劻，"王（奕劻）谓刘廷琛虽薄负时誉，据外间传说则系内行多亏道德缺乏之人，恐不足以裕圣功而端治，本臣以为不如陈宝琛"③。一致推荐陈宝琛担任副师，可见宗室亲贵在权力与利益的分配中，既有斗争，也有妥协。

"陈伯潜侍郎前简晋抚，行有日矣，昨忽改简帝师，不特外间莫名其妙，且伯老亦殊出意外。昨午接见亲友娓娓言出京事，俄由家丁自外送来一函，拆视毕，伯老忽喜形于色。"④陈宝琛接到出任帝师的谕旨后，"欣欣色喜者，固亦以避去喧嚣专任讲授为得计也"⑤。陈

---

① 《陈学士有帝师之望》，《大公报》1909 年 11 月 10 日第 9 版。
② 《京师近事》，《申报》1911 年 7 月 24 日第 6 版。
③ 《廷琛争不过宝琛》，《申报》1911 年 7 月 17 日第 5 版。
④ 《帝师由来记》，《时报》1911 年 7 月 16 日。
⑤ 《帝师由来记》，《时报》1911 年 7 月 16 日。

宝琛本来拟出任山西巡抚，已经开始准备"出京"赴任，然而在高层政治斗争与妥协中，最终阴错阳差出任帝师。巡抚权势重，帝师威望高，对于强于学术，乏于实践的陈宝琛来说，帝师可能更合适。相比在辛亥革命中殉难的陆钟琦来说，陈宝琛可能"因祸得福"。

报人希夷则发出质疑的声音："帝师所以养正圣躬，启沃君德。责任何等重大。吾不知陆润庠、陈宝琛能深明各国通行之宪政，与数十年来发明之学理否？"①清代选帝师，通常注重品行和学识。陈宝琛从小接受儒家传统文化的教育，传统道德观念是陈宝琛安身立命的准则，但他并非固守儒家传统思想的"腐儒"，对西学已有一定的认知。他曾积极筹建铁路，开办新式学堂，为戊戌六君子平反。"新"与"旧"同时杂糅与缠绕在他身上，"含混复杂"是鲜明的时代特征，厘清他身上"新"与"旧"的界限并不容易，"所谓传统本非一个整体，其内部原本存有多元异质，一旦裂为片段，面对新的历史条件，自然也会有不同的遭遇"②。虽然陈宝琛兼通中西，但其对西方的政治制度却并不精通。而且，作为传统的儒绅帝师，"思以圣功养正为致治之基，启沃不遑"③，也不可能给溥仪授读西学。溥仪晚年的笔供中回忆：

> 在家庭读书，都是为封建统治阶级服务的孔孟学说和为封建帝王服务的歪曲历史，竟把"忠"字看成是对封建制剥削阶级的帝王的尽忠，竟把"国"看成是一家一姓的封建帝王的"祖国"。④

这可能有自抑忏悔的成分，但是综合溥仪、陈宝琛、梁鼎芬等人

---

① 《申报》1911 年 7 月 12 日第 6 版。
② 王东杰：《历史·声音·学问 近代中国文化的脉延与异变》，东方出版社 2018 年版，第 3 页。
③ 陈宝琛：《附录二》，刘永翔编：《沧趣楼诗文集》下，上海古籍出版社 2013 年版，第 742 页。
④ 溥仪：《溥仪笔供：详细履历和罪恶事实》，王庆祥编：《溥仪文存》，群众出版社 2017 年版，第 362 页。

的记录，溥仪接受的西学有限，且大部分来自庄士敦。隆裕最初选择陈宝琛时，指示：

> 其各朝夕纳诲，尽心启沃，务于帝王之学，古今中外治乱之原，详晰讲论，随事箴规。当此世界大通，文明竞进，举凡数十年来通行之宪政，发明之学理，尤当按切时势，择之务精，语之务详，仍不外乎孔子格致、诚正、修齐、治平之要旨。①

陈宝琛显然没有达到隆裕的要求，但他"担任溥仪师傅的时间最长，对溥仪的影响也最深，所以溥仪很信任他，事无巨细，溥仪都要问一问他"②。

在当时众多汉族官僚被排挤出权力核心的背景下，陈宝琛却逆势而上。出任帝师不久，8 月 2 日，又补授正红旗汉军副都统，"正二品，旗各二人……掌八旗政令，宣布教养，鳌诘戎兵，以赞旗务"③。副都统上承皇帝意旨，"实际上都统、副都统已掌握了一旗的军事、行政大权"④。这可能只是统治集团内部的妥协，妥协是暂时的，一旦有外力的介入，则这种平衡很快就会被打破。

1911 年，陈宝琛频繁迁调也引起外界的质疑，"一月三迁，而陈宝琛之结果如此。诚哉朝廷之用人，非草茅所能测矣"。⑤ 陈宝琛屡次迁调是清政府统治者内部的斗争与妥协的表现和结果，也加剧了清政府统治者的纷扰与混乱。官员随意变动，朝令夕改，说明朝廷政策和措施没有延续性和稳定性，时常处于紊乱与纷乱的状态，这自然也是政权迅速瓦解与崩溃的重要因素。

1909—1911 年，陈宝琛短短三年的仕宦历程折射出清末的政治

---

① 载沣：《醇亲王载沣日记》，群众出版社 2014 年版，第 406 页。

② 郑里：《逊清皇室·轶事杂录》，《紫禁城》1984 年第 1 期。

③ 赵尔巽：《清史稿》117 卷，中华书局 1976 年版，第 3368 页。

④ 徐恒晋：《八旗都统在清朝政治机构中的地位和作用》，《满族研究》1985 年第 2 期。

⑤ 《时评》，《申报》1911 年 8 月 3 日第 6 版。

生态，官场贪污公行、贿赂常态化，派系为自己的权势和利益争斗不休，满汉、满满、汉汉的冲突和矛盾日益加剧和激烈，重重的矛盾和冲突也是清政府从内部瓦解的重要因素。

（作者系上海社科院历史所硕士研究生、江苏省高邮中学教师）

国民革命的微观侧写：
基于一位银行经理的研究

江　冬　黄家轩

摘要： 1926 年 8 月，国民革命引发的地方政权鼎革近在眉梢，身为浙江实业银行汉口分行经理的梁俊华不得不设法应付。行政当局的一再勒饷、经济危机的接踵而至以及工运大潮的汹涌澎湃，一同构成了他对这场革命风暴的原初印象。参诸史实，个体的勉力维持终究难抵金融政策的失当和湖北时局的萎靡，加之工人运动又对该行既有人事平衡造成了结构性冲击，身心俱疲的梁俊华只得以关张歇业减少损失。尽管这位小人物眼中满是对社会失序的失望，但其经历依旧表明这场政潮直接造成的社会情绪波动有限，短促的兵燹并非彼时工商业者鲜见之事，真正瓦解其经营信念的是稳定的社会秩序的长期缺位。

关键词： 微观史学；国民革命；浙江实业银行；梁俊华

国民革命作为中国近代史中的一场巨变，颇受学界重视，自宏观层面之研究可谓浩如烟海。然则，"中国历史是由精英所书写的，民众的日常生活在地方和国家的正统历史中缺席"[①]，而微观层面的研

究国民革命之成果尚属罕见①。事实上，"与宏观历史主题相联系的微观史研究完全可以成为总体史的组成部分，或者成为观察总体历史的一个很好的视角和途径"②。经由个体视角、自下而上考察国民革命，将有助于探究个中鲜为人知之处，为相关研究的深化提供参考。基于此思路，本文拟经由时任浙江实业银行汉口分行经理梁俊华的记叙，管窥 1926—1927 年处于革命风暴中的武汉。

浙江实业银行，原名浙江第一商业银行、浙江地方实业银行，与浙江兴业银行、上海储蓄银行并称"南三行"，素以经营稳健著称，其汉口分行(以下简称"汉行")设立于 1921 年，其经理梁俊华系广东香山人，1922 年起出任该职直至 1933 年。③本文所引史料主要为上海市档案馆藏梁俊华与总行董事长李馥荪的私人通信，内容翔实且贴近底层，正可资"通过一个人，折射这个人所在银行，以及所处的那个时代"④。

---

① 目下以自下而上的微观视角考察国民革命的成果仅二：学者李在全以黄尊三日记还原了北洋政权边缘人对这场革命的体验(参见李在全：《北伐前后的微观体验——以居京湘人黄尊三为例》，《近代史研究》2018 年第 1 期，第 23~40 页。)，而学者刘平则通过陈伯琴在武汉的短暂经历，展示了时人对"赤都"工运的部分观感(参见刘平：《微观金融史：一个银行职员的档案寻踪》，东方出版中心 2019 年版，第 272 页。)。前者受限于研究视角，不足以剖析这场革命的多重位面，而后者则限于史料深度，未能够详述特定时代的冲波逆折。

② 俞金尧：《微观史研究与史学的碎化》，《历史教学(下半月刊)》2011 年第 12 期，第 4 页。

③ 《浙江地方实业银行总管理处为聘梁俊华为汉口分行经理事的决定》，1922 年 2 月，上海市档案馆藏：Q270-1-358-11，第 1 页；何品：《从官办、官商合办到商办：浙江实业银行及其前身的制度变迁(1908—1937)》，复旦大学博士学位论文，2006 年，第 55、65、121、224 页。此外，梁俊华为人十分低调，除与上级的信件来往外，并未公开更多的个人观感，故而本文选择聚焦其字里行间，揣摩时人之观感。

④ 刘平：《微观金融史：一个银行职员的档案寻踪》，东方出版中心 2019 年版，第 3~4 页。

一、国民革命给梁俊华的原初印象

对在汉口金融界少年有成的梁俊华而言①，国民革命是其就任汉行经理以来所遭遇的最激烈动荡。与后世占据话语权的革命者大相径庭的是，来自各方面的混乱、恐慌和冲击共同构成了这场政潮给他的原初印象，具体分析，主要有三：

一是当局一而再的勒饷。

南北战事延至长江流域，中游金融中心汉口即成为北洋政权筹措军费的首选。1926 年 8 月，吴佩孚以军费奇缺为名，向汉口各银行强借二百五十万。②汉口银行公会"开紧急会议，决定中交两行各派十万四千，四行（中南银行、盐业银行、大陆银行、金城银行，笔者注）各派五万，其余十行各派三万五千"。因吴佩孚向各行谎报"战事甚有把握"，不久却败于汀泗桥、贺胜桥，故各业者对北洋当局的信誉极怀疑，梁俊华即表态拒绝担负借款。③经再次会商，汉行借款额降至三万元，可当局"催款甚急……万难拒绝"，梁俊华便采取拖延战术，先支付其中一万，余款"迄未照付"，以期减少损失。④ 随着战争形势的变化，当局日益加紧盘剥，甚至"由军警督察等派人来取"，梁自感前途未卜，只得暗下决心"惟至万不得已时，亦只得照

---

① 梁在清末时便出没于汉口商圈，参与筹建汉商跑马场，详见姚星、龙涛：《跑马场与近代汉口消闲娱乐方式的转变》，《江汉大学学报（社会科学版）》2009 年第 26 卷第 4 期，第 90 页。

② 《梁俊华致李馥荪》，1926 年 8 月 29 日，上海市档案馆藏：Q270-1-121，第 148 页。

③ 《梁俊华致李馥荪》，1926 年 8 月 30 日，上海市档案馆藏：Q270-1-121，第 153~154 页。

④ 《浙江第一商业银行关于行务业务押放款以及北伐前后武汉杭州当地军事借款等事项分行副经理请示报告及函》，1926 年 1—12 月，上海市档案馆藏：Q270-1-121，第 149~161 页。

付出会"。幸而吴军不久退出武汉三镇，原定筹款终不了了之。①梁俊华巧妙周旋，有惊无险地度过了政权鼎革的初次波澜。

不过，向银行强借绝非军阀专利，新立的国民政府亦需之以平衡日渐高企的赤字。省城武昌枪炮声尚此起彼伏之际，湖北财政委员会就迫不及待地向汉行催缴一万五千元。②梁便延续此前策略，再度借口"押款不可靠"而"拒绝不做"，其他银行态度莫不似此。③见难以打开局面，政府便以继承前政权债务为名，要求各行将"吴军借款尚有一百万未付……改付蒋军"④。为此，当局承诺债权人有权监管抵押物，以彰信誉，甚至派陈公博等要员上门劝导，梁俊华依旧不为所动。⑤眼见催收进展欠佳，财政部部长宋子文遂亲自约见梁俊华，一方面表示安抚，承诺"北军积欠各银行款项，国府均承认偿还"，另一方面重申借款要求，梁俊华本拟以"将直接电商吾兄（指李馥荪，笔者注）"为借口拒绝，谁知宋竟扣留梁，强迫他当场发报给李，还逼迫大为惊恐的梁在电文中加入"恐难推却"四字。⑥

在如此强硬的手段下，汉行被迫吞下了十万元借款。⑦此后，财

---

① 《浙江第一商业银行关于行务业务押放款以及北伐前后武汉杭州当地军事借款等事项分行副经理请示报告及函》，1926 年 1—12 月，上海市档案馆藏：Q270-1-121，第 175~180 页。

② 《湖北财政委员会文告》，1926 年 9 月 11 日，上海市档案馆藏：Q270-1-121，第 202 页。

③ 《梁俊华致李馥荪》，1926 年 9 月 15 日，上海市档案馆藏：Q270-1-121，第 177 页。

④ 《梁俊华致李馥荪》，1926 年 9 月 20 日，上海市档案馆藏：Q270-1-121，第 180 页。

⑤ 《浙江第一商业银行关于行务业务押放款以及北伐前后武汉杭州当地军事借款等事项分行副经理请示报告及函》，1926 年 1—12 月，上海市档案馆藏：Q270-1-122，第 198~211 页。

⑥ 《梁俊华致李馥荪》，1927 年 1 月 3 日，上海市档案馆藏：Q270-1-122，第 1~2 页。

⑦ 《浙江第一商业银行关于行务业务押放款以及北伐前后武汉杭州当地军事借款等事项分行副经理请示报告及函》，1926 年 1—12 月，上海市档案馆藏：Q270-1-121，第 235~238 页。

政部的勒索一发不可收拾，或云同行已允，或给出还款日期以表诚意，可谓"日来缠扰"，梁俊华虽然屡屡"严词拒绝"，但既不胜其烦、也始终对新政权空前强大的控制力怀有恐惧。①毕竟，逼迫发报只是宋子文诸多催款手法中最不强硬之一种，中国银行汉口分行的遭遇才堪称耸人听闻：面对同样拒绝借款的中行，宋竟派军警包围之，"不准运出现金"，市面上又传出"政府没收中行之谣传"，一时间储户挤兑不可遏制，结果仍是中行被迫就范。②通过借款一事所呈现的冲突不难发现，新政权的强势使得梁俊华为代表的银行业者难以墨守成规，借款本身虽并未对各行造成致命打击，却亦于银行业者中引发了不小震动。

二是危机频仍的战时经济。

国民政府迁汉伊始，内外危机便形显现，这种局面甚至持续到宁汉合流之后。二期北伐如火如荼之时，首都武汉施行战时经济管制，集中现金是其措施之首。不同于学界对当时私营银行应对情况的认知，③梁俊华颇为配合，④并认为"此项钞票行用市面与现金无异，物价亦未见高昂"⑤。随着上海银行公会宣布暂停与汉方的汇兑业务，汉口银行业遭受了重大打击，汉行则幸因规模相对不大，且早已采取收缩战略，故梁俊华尚有余力从容应对。

不过，内乱的加剧和现金的匮乏还是引发了一系列危机，影响了汉行的收益。因市场恐慌，流通性较强的辅币成为了各方争抢之物，

---

① 《梁俊华致李馥荪》，1927 年 1 月 6 日，上海市档案馆藏：Q270-1-122，第 48 页。

② 《汉行报告财政会借款五十万元及挤兑经遇情形案》，1927 年 1 月 19 日，中国第二历史档案馆藏：全宗号 3 案卷号 402，第 16~18 页。

③ 有研究认为当时汉口私营银行多抵制集中现金政策，详见黄传荣：《行政管控与业界应对：武汉国民政府"集中现金令"的颁行与实效研究》，《民国研究》2017 年第 1 期，第 79 页。

④ 《梁俊华致李馥荪》，1927 年 4 月 23 日，上海市档案馆藏：Q270-1-122，第 63 页。

⑤ 《梁俊华致李馥荪》，1927 年 5 月 4 日，上海市档案馆藏：Q270-1-122，第 70~71 页。

铜元因此不敷使用，以致公安部门不得不出面遏止铜元走私。① 然而，政府虽采取了发行铜元票、搜集旧铜铸币、"停铸当五十铜元，增铸当二十铜元"等措施，② 但铜元之供应仍显紧张，这种情况至少持续到了1927年7月。③ 流通货币的匮乏大大降低了资本周转率，汉行的收放款业务因此大受影响，银行赖以维系的存贷款差额日趋缩小。与集中现金的影响类似，这些危机只是减少了银行的业务量及盈利额，相关损失仍然在汉行可担负的范围内，故梁俊华对此尚无太多忧虑。

三是工人运动对经理人事权的冲击。

武汉局势稍安，银行工会便借革命浪潮向经理们提出改善劳方待遇的条件："工友在各行无三次大过，资本家不得任意开除工友；犯过一次，资本家须通函工会，工会须派员调查真伪情形，戒其不法……工友在各行犯过，各行认为加以惩戒者，得随时具函通知工会，以戒其不法；各行开除工友须函报工会，由工会调查开除之原由。"④银行经理惩戒、开除员工，竟需工会同意，梁俊华对此自不以为然，照旧"将秦仲乾、王名振、沈明仲等即行辞退，连前辞退之洪蓴楼、王庆东等，共计九人，行役亦全数辞退"，以图压缩开支，不料工会出面"纠缠再四"，好在不久即平息。⑤梁俊华见此事结果，自恃工会不足为惧，便继续裁员，熟料引起了更大冲突——"为节省开支，曾开除茶役二人……讵工人会不允，派人前来闹说不准开除……

---

① 《武汉市公安局注意维护金融》，《民国日报》(汉口)1927年5月20日，第2张第4页。

② 《省财厅改良辅币之进行》，《民国日报》(汉口)1927年5月21日，第2张第4页；《金融稳固造币厂业已开工》，《民国日报》(汉口)1927年6月11日，第2张第4页；《增铸铜元》，《民国日报》(汉口)1927年7月17日，第2张第3页。

③ 《维持市面金融》，《民国日报》(汉口)1927年7月2日，第2张第2页。

④ 《汉口银行工人工会出纳部条件》，上海市档案馆藏：Q270-1-203，第105~106页。

⑤ 《汉口浙江实业银行董事会总经理书字第四号》，1927年1月15日，上海市档案馆藏：Q270-1-203，第27页。

甫隔数日，该工会突然纠集数十人亲行，强欲回复"，甚至捕走并软禁了处理此事的两名汉行职员，梁俊华深恐事态恶化，只好让步于工会。①

值得注意的是，彼时梁俊华的住所在汉口法租界霞飞路9号②，而统辖武汉三镇工运的湖北全省总工会则位于友益街2号③，两地相距甚近，对自身安全的担忧抑或系其妥协的重要促因。后夏斗寅叛军逼近武汉，"行员谢怡然、钱云衢二人，值此时局危急之时，不来告假，潜行回乡里……将此二人开除，并将理由通知工会"④，可见梁最终还是承认工会在人事问题上的话语权。虽然对梁俊华个人而言这实属无奈，但也不失为为汉行争取稳定环境的办法。

总之，尽管当局勒索、经济危局和工人运动给梁俊华带来了巨大的冲击，但梁俊华面对上述问题，或借故周旋、或暂时忍让的根本目的仍然是维持汉行运营、减少损失，并且实际上也取得了一定的效果。因此，革命局势高涨时的社会骤变，对汉行产生的影响较为有限。

二、国民革命对梁俊华信心的摧毁

信心是金融业赖以维持的关键，革命初潮并未击垮梁俊华的经营信念，但混乱和危机的延续却扭转了其预期，其因有三：

首为国民政府失当的金融政策。若说集中现金尚属战时的必要管制，那么国库券及法币的滥发则系竭泽而渔。国民政府迁汉不及一个月，便发行九百万元国库券，⑤超出原额一倍有余，持有人兑换本息

---

① 《梁俊华致李馥荪》，1927年4月11日，上海市档案馆藏：Q270-1-122，第56~58页。

② 《浙江第一商业银行关于汉口分行同人录》，1927年1月3日，上海市档案馆藏：Q270-1-203-71，第2页。

③ 《李景明撰写的关于省总、工人纠察队、劳动童子团等回忆材料》，1963—1964年，武汉革命博物馆藏：Z1-00083，第2页。

④ 《梁俊华致李馥荪》，1927年5月30日，上海市档案馆藏：Q270-1-122，第92页。

⑤ 《财政部发行国库券九百万》，《民国日报》(汉口)1927年1月15日，第1张第2页。

更要依靠抽奖①。虽经有识之士多加劝阻，②却仍无济于事。直至宁汉对立后，汉方辖地日益萎缩，国库券多由湖北一省消化，市场更显悲观，以至汪精卫一经离汉劳军，国库券就行暴跌。③梁俊华对此体会亦深，1927年4月以来"汉市受国库券影响，商店多数停业，街市萧条，银行业因而非常清淡"④。8月，通货膨胀再行恶化，"市况初颇岑寂……讵因国库券发行过多，军人强迫商家兑现，致全市商店相率闭门、停止营业"⑤。

国民政府为平衡赤字而滥发的债票使摇摇欲坠的经济形势雪上加霜。1926年年底，宋子文主导发行三百万元债票。⑥次年5月，国民党中央不顾财政部反对，再发湘鄂赣公债。⑦6月，当局又摊派北伐胜利有奖债券，汉口银行业承接近其四成。⑧债券滥发和通货膨胀相互交织，将地方经济推入了绝境："百业停顿……又以中央钞票国库券无整理之望，票价大跌，申汇水涨至五六十两，人心愈觉恐慌，商

---

① 《中国国民党中央执行委员会政治委员会第四十六次会议速记录》，1927年8月15日，中国第二历史档案馆编：《国民党第一、二次全国代表大会会议史料》，江苏古籍出版社1986年版，第1335页。

② 《中国国民党中央执行委员会政治委员会第九次会议速记录》，1927年4月5日，中国第二历史档案馆编：《国民党第一、二次全国代表大会会议史料》，江苏古籍出版社1986年版，第1014页。

③ 《国库券照常通行》，《民国日报》（汉口）1927年8月3日，第2张第2页。

④ 《梁俊华致李馥荪》，1927年5月30日，上海市档案馆藏：Q270-1-122，第167页。

⑤ 《汉行十六年八月份营业报告》，1927年9月30日，上海市档案馆藏：Q270-1-203-75，第99页。

⑥ 《中国国民党中央执行委员会国民政府委员会临时联席会第六次会议议事录》，1926年12月27日，郑自来、徐莉君编：《武汉临时联席会议资料选编》，武汉出版社2004年版，第126页。

⑦ 《中国国民党中央执行委员会政治委员会第二十五次会议速记录》，1927年5月30日，中国第二历史档案馆编：《国民党第一、二次全国代表大会会议史料》，江苏古籍出版社1986年版，第1218页。

⑧ 《各团体争先购有奖债券》，《民国日报》（汉口）1927年6月8日，第2张第3页。

店几全歇业。……半年以来，各项放款收起者寥寥"，汉行最后陷入了"无几存款"的地步。①

次为时局的持续萎靡。自国民革命席卷长江流域以来，武汉竟无一日安定。事实上，梁俊华作为一位资深银行业者，应对艰险时局并非毫无经验，从一年多前设法于两湖乱局中拿下不少盈利便能见一斑。② 北伐军初入两湖，汉行即"为备防万一，计已多储现款为充分之准备"③。汉口、汉阳光复后，"人心非常恐慌"④，梁见状果断收缩经营时间，"本行自上午十时起至下午二时营业四小时，以便顾客支取款项"⑤，同时进一步扩充现款储备，⑥ 并收回远东运动场、万国体育会、丰昌榨油厂股票作抵。⑦正因上述周密布置，汉行才得以维持。

但动荡的持续性却超出时人预想。底定湖北不过是北伐中点，其后战火不断，时局依旧不振。国府迁汉后，"各路交通阻滞，下游经济封锁，进出口货物锐减，市面异常疲滞，春间钱庄歇业者即有四五十家"，连华资银行中实力最强的中国银行汉口分行也"受莫大损失，业务完全停顿"。⑧"当吴军北退、武昌合围时，全市震动，停闭者二

---

① 《十六年下期决算报告书》，1928 年 1 月 27 日，上海市档案馆藏：Q270-1-225-87，第 2~5 页。

② 《浙江第一商业银行关于汉口分行一九二五年上期下期决算报告书》，1926 年 1 月，上海市档案馆藏：Q270-1-224-77，第 2~4 页。

③ 《梁俊华致李馥荪》，1926 年 8 月 28 日，上海市档案馆藏：Q270-1-121，第 147 页。

④ 《梁俊华致李馥荪》，1926 年 8 月 31 日，上海市档案馆藏：Q270-1-121，第 157 页。

⑤ 《梁俊华致李馥荪》，1926 年 9 月 14 日，上海市档案馆藏：Q270-1-121，第 175~176 页。

⑥ 《梁俊华致李馥荪》，1926 年 9 月 3 日，上海市档案馆藏：Q270-1-121，第 160~161 页。

⑦ 《梁俊华致李馥荪》，1926 年 10 月 8 日，上海市档案馆藏：Q270-1-121，第 193 页。

⑧ 中国银行总管理处：《民国十六年份中国银行报告》，1927 年 12 月 31 日，中国第二历史档案馆藏：全宗号 3 案卷号 105，第 23 页。

十余日，嗣后鄂局稍有转机，讵料北路通车难远豫境，川中反复航路维艰，致几百商货依然停顿，市面状况日形萧条……百业停顿、金融呆滞，业务自无发展之可言"①。次年春，鄂局势仍未好转，"交通阻塞、新潮澎湃，市况更形沉寂……惜市面凋疲、人心变更，致至今犹无成绩之可言。外行行员罢工，洋商之进出口又类形停滞。自沪宁战事紧急，航行复时不通……钱庄受时势影响，困难已极，无力支持，宣告破产清理者有四十六家之多"②。春末，武汉全市钱庄、银行开门者已不及 20 家，某钱庄经理甚至因无法收回放款而"仰药自尽"③，梁俊华等银行业者的绝望之情溢于言表。雪上加霜的是，宁汉分裂造成汉方空前孤立，煤荒、盐荒、油荒以及米荒接踵而至④，工人忍痛卖子惨剧亦始上演。⑤ 宁汉合流后，梁俊华本以为"渐有转机之望"⑥，可唐生智与南京中央的矛盾又形激化，南京部分党政大员公开宣布要武力讨伐之，唐部盘踞的武汉自是在劫难逃。身心俱疲的梁俊华此时手头既无充足储备，又乏应对危机的信心，只得草草决定"于十一日宣布解散全体行役"⑦。

然而此举却引起新的风波，是为末因。梁俊华原拟行员"各领薪

① 《汉行十五年下期决算报告书》，1927 年 1 月 31 日，上海市档案馆藏：Q270-1-203-51，第 57 页。

② 《汉行十六年三月份营业报告》，1927 年 4 月 13 日，上海市档案馆藏：Q270-1-203，第 92 页。

③ 《汉行十六年四月份营业报告》，1927 年 5 月 16 日，上海市档案馆藏：Q270-1-203，第 98 页。

④ 详见《汉口商情》，《民国日报》(汉口) 1927 年 6 月 22 日，第 2 张第 4 页；《武汉食盐问题》，《民国日报》(汉口) 1927 年 8 月 5 日，第 2 张第 4 页；《汉口日用行情》，《民国日报》(汉口) 1927 年 8 月 18 日，第 2 张第 4 页；《食米货缺价涨》，《民国日报》(汉口) 1927 年 9 月 15 日，第 2 张第 4 页。

⑤ 《生计逼人惨卖爱子》，《民国日报》(汉口) 1927 年 8 月 24 日，第 2 张第 3 页。

⑥ 《汉行十六年八月份营业报告》，1927 年 9 月 30 日，上海市档案馆藏：Q270-1-203-75，第 99 页。

⑦ 《梁俊华致李馥苏》，1927 年 10 月 17 日，上海市档案馆藏：Q270-1-122，第 200 页。

金三月"，岂料"全体行役一致否认，均谓须照中南（中南银行，笔者注）先例，每各给予三百元"，被梁拒绝后，行员竟试图限制其人身自由，"讵伊等自表间工会成立以来，骄悍异性成，云不畏法，竟昨午将弟（指梁俊华，笔者注）包围，实施软禁，希图威胁承认"，最后经工会调解，劳资双方按照"各给薪金十月、川资五十元"的标准达成协议。① 梁为进一步减少损失，又在最后一刻将劳方川资压缩二十元，仅以三千一十元遣散全部行员。② 行员对此极为愤慨，甚至威胁再见梁时必痛殴之。③ 遣散风波表面似一场火药味十足的劳资纠纷，但其内含的传统观念与时代剧变之张力却更耐人寻味。浙江实业银行起于浙江，大量雇佣浙江籍员工是其管理特色之一：1927 年在编 32 位行员，浙江实业银行汉口分行非浙江籍者仅 3 人（包括梁本人）。④ 总行意在利用浙江籍员工的同乡感情牵制汉行管理层，而管理层亦可因行员身处异乡、无处可退而有效管理之，此举大大有利于强化总行对分行、分行对职员的控制。这种基于同乡感情的制衡在工潮后失去了效力，被迫遣散的行员将昔日的上司视为夺食的仇敌，完全不顾所谓乡情，梁俊华将此简单归因为工会的教唆与纵容。

事实上，退潮的工运和"七·一五"后经改编的工会早已不复从前。行员的"犯上"之举更似待遇落差所致——1925 年，汉行管理层共领薪五千二百元，其余二十多位行员却共仅得约七千四百元。⑤ 1926 年，汉行四位高管领薪近七千六百元，其余行员则仅得六千余

---

① 《梁俊华致李馥荪》，1927 年 10 月 17 日，上海市档案馆藏：Q270-1-122，第 200~204 页。

② 《浙江第一商业银行汉口分行一九二七年用费决算表》，1928 年 1 月 12 日，上海市档案馆藏：Q270-1-225-82，第 5 页。

③ 《梁俊华致李馥荪》，1927 年 10 月 18 日，上海市档案馆藏：Q270-1-122，第 213 页。

④ 《浙江第一商业银行关于汉口分行同人录》，1927 年 1 月 3 日，上海市档案馆藏：Q270-1-203-71，第 2~5 页。

⑤ 《浙江第一商业银行汉口分行关于一九二五年用费决算表》，1926 年 1 月，上海市档案馆藏：Q270-224-87，第 2~6 页。

元。①汉行员工看得到繁荣时期高管待遇的直线上扬，却得不着自身待遇的提升，判若鸿沟的薪资落差极易引发心理失衡，"一般自私自利的钱商，平日盘剥重利，苛索抵押"②的舆论又为其行动提供了道德大义，如此一来，此前的工运斗争策略才成为他们仿效的范例。当然，也应考虑到 1927 年 10 月武汉的糟糕经济环境，本就生活拮据的外地行员一经离职，几无再于本地就业之可能，外加穿越战区返回故乡之困难，其激愤之举真可谓事出有因。因此，工潮最终促成行员的觉醒，行员与经理间的待遇落差这才骤然演变为暴力冲突，击垮了汉行自恃固若金汤的同乡关系网络。

如是种种客观上引发梁俊华的绝望之感，最终瓦解其经营信心。1928 年 1 月，他伺机重启汉行，"银钱百业均未敢放手经营……押汇利率甚低……本期仍注重催熟旧欠……时局未能大定，押款不敢多做"③，汉行在局势已趋平稳的这年仅取得四千元纯益，不及 1926 年的零头，④ 去岁对这位经理的消磨能见一斑。

三、小人物眼中的社会剧变

"微观史学的兴起在很大程度上是由于要克服和弥补宏观史学过分强调结构、过程、长段的研究而忽视了对历史中的人和历史现象的

---

① 《浙江第一商业银行汉口分行一九二七年用费决算表》，1928 年 1 月 12 日，上海市档案馆藏：Q270-1-225-82，第 2 页。

② 《武昌市商民协会请筹备武昌市商民合作银行意见书》，《民国日报》（汉口）1927 年 2 月 28 日，第 3 张第 3 页。

③ 《浙江第一商业银行汉口分行关于一九二八年下期决算报告书》，1928 年 1 月 23 日，上海市档案馆藏：Q270-1-227-153，第 2~3 页。

④ 汉行 1928 年纯益接近四千元，而 1926 年纯益超过四万元，详见《浙江第一商业银行汉口分行关于一九二八年上期决算报告书》，1928 年 7 月，上海市档案馆藏：Q270-1-225-65，第 5 页；《浙江第一商业银行汉口分行关于一九二八年下期决算报告书》，1928 年 1 月 23 日，上海市档案馆藏：Q270-1-227-153，第 5 页；《十六年上期决算报告书》，1927 年 7 月 25 日，上海市档案馆藏：Q270-1-225-87，第 20 页。

研究"①，梁俊华对当时社会剧变的观感，正可资深化国民革命的史学书写。在他眼中，这场革命无外乎社会失序，作为资本人格化具象的他不愿臣服于新秩序，最终选择歇业以自保。

首先，失序是梁俊华对国民革命的直观感受。对风险的敏感是金融从业者的本能，他在武昌战役时就曾向外商咨询"有无可保战乱兵险者"，还将"活存各钱庄例纹已于日前陆续收回存储库中"②。此种保守策略本用以应对临时危机，却出奇延伸到了汉行关张以前。这是因为政治、经济、社会的失序状态并未因战事结束而消散，且当局政策、各派的你来我往并无规律可言：汉口克复后工运叱咤一时，财政部勒饷、集中现金等又纷至沓来，而国库券的滥发和宁汉的对立或合流，则均是其难以窥测个中规律的剧变，以致他只得以"正月自军兴以来，几无一日不在狂风骇浪中"③概括这段光景。梁俊华深感无法继续维持汉行，只得歇业了之。

其次，梁俊华始终未臣服于革命构建的新秩序，故而幻想着这种新秩序退散后，一切都能回到此前状态。早先时人对国民革命的观感止于南北军争，梁起草的函件也均以"南军"称呼北伐军并将北洋各军归为"北军"，可见他对国民革命的大义并无兴趣。相比之下，彼时浙江实业银行杭州分行，就在呈报中使用"无产阶级"一类时髦辞藻，④ 而更早接触国民革命的梁从未仿效此风。可见，革命能冲击他的认识，甚至迫使其让步，却未曾改变他作为资本人格化身的实质。国民革命虽有舒缓工商业发展限制、促进实业的旨趣，后世亦多视之为资产阶级主导的革命，但在梁俊华看来，却反映在工人运动对其经营的干扰与破坏之上。因此，他虽碍于工会威力、维持汉行经营之

---

① 陈启能：《略论微观史学》，《史学理论研究》2002 年第 1 期，第 29 页。

② 《梁俊华致李馥荪》，1926 年 9 月 4 日，上海市档案馆藏：Q270-1-121，第 163 页。

③ 《汉行十五年下期决算报告书》，1927 年 1 月 31 日，上海市档案馆藏：Q270-1-203-51，第 57、60~61 页。

④ 《杭行致李馥荪》，1927 年 4 月 30 日，上海市档案馆藏：Q-270-1-116，第 108 页。

需，暂时让步于工会，可一旦有机会反攻倒算，他甚至会不顾行员与总行方面的同乡之情，不遗余力地降低劳方待遇，这表明他从未服膺于新秩序。

最后，信心的瓦解才是梁俊华关闭汉行的主因。革命造成的剧变并未击退自恃阅历颇深的汉行经理，当局强借、工潮乃至集中现金、国库券超发他都能设法应付，然则汉行最后还是以歇业告终，何也？一家银行的核心业务为收款和放款，此二者与宏观环境密不可分。国民革命满是回转起伏，其构筑的秩序始终不稳，经验丰富如梁者亦深感难以招架。纵观国民革命始末，当局的决策从未考量过银行业利益，纵然梁俊华百般腾挪，汉行所蒙损失仍触目惊心：1927 年上半年该行亏损近一万五千元，[1] 下半年亏近一万元，[2] 系 1923 年以来浙江实业银行各分行首现亏损者，该行此前连续五年盈利超过总行的成绩至此终结。[3] 在经营现状山穷水尽、局势交困前途未卜以及自身信心严重受挫等三方面因素的影响下，关闭银行反而成了梁俊华最"务实"的选择。

四、余　　论

史实熠熠，当局勒饷、危机频仍和工运大潮共同构成了梁俊华对国民革命的原初印象，老谋深算的他没能领导汉行成功熬过时势起伏。失当的金融政策、时局的持续萎靡，耗尽了汉行经理的信心，而内部组织的失控又为汉行的关张画上了令其吞声忍泪的句点。实际

---

① 《十六年上期决算报告书》，1927 年 7 月 25 日，上海市档案馆藏：Q270-1-225-87，第 14 页。

② 《十六年下期决算报告书》，1928 年 1 月 27 日，上海市档案馆藏：Q270-1-225-87，第 4 页。

③ 从 1923 年到 1926 年，汉行每年盈利一度占浙江实业银行总盈利额约四分之一，1927 年以后近十年内，汉行之盈利占比均未回升至此水平，详见何品：《从官办到官商合办再到商办：浙江实业银行及其前身的历史变迁（1908—1937）》，上海远东出版社 2014 年版，第 340 页。

上，梁俊华自始至终都未臣服于革命建构的新秩序，作为资本人格化征验的他选择转嫁损失于行员，以闭门歇业回应之。除却上述表象，梁的际遇还剖析了国民革命鲜为人知的侧面：

一方面，国民革命直接造成的社会情绪波动总归有限。革命初期的战乱一度引起汉口金融业萧条，但 1926 年 9 月下旬武昌激战正酣时，大部分钱庄、银行已设法恢复营业，① 次年夏斗寅叛军逼近武昌也未造成汉行放弃经营，足见时人尚对局势有所期望。此外，工潮的确冲击了工商业，汉行不得不同意提升行员的待遇，② 但梁俊华这类职业经理人依旧能在与工会的博弈中勉力维持，足见工潮不过是促成汉行关张的次要因素。至于当局勒饷，其数额虽大却尚有兑现之机，加之政府一体均沾的摊派，反未造成当地金融业起魂落魄，也不能算作汉行关张的主因。

另一方面，长期社会动荡消解了工商业者的经营信心，这才是梁俊华选择闭门歇业的主因。汉行的关闭既不在工潮澎湃的 1926 年年底，也不在形势最严峻的 1927 年夏，却在局势较舒缓的 10 月，这种抉择意出于何？从梁俊华的阅历来看，其所经战乱无不以数月为限——同样以武汉为战场、震撼全国的辛亥革命堪堪持续了 4 个月，后来军阀混战的时间跨度、战争烈度还不及此。然而，国民革命造成的动荡在湖北绵延一年之久，当地工商业者的经营信心渐渐消磨殆尽，汉行的歇业亦为大势所趋。上述史实亦从侧面展现了武汉国民政府实力的相对衰落，由其确立的革命新秩序虽有着远超北洋政权的社会控制力，却也难以实现地方经济环境的长期稳定，更遑论削平内外反对力量、进行彻底的社会改造了。

此外，也谈微观史学范式之于重探革命的意义。革命是近代中国的惯常之事，自党派、政府、军队、经济和文化等宏观层面的研究确

---

① 《梁俊华致李馥荪》，1926 年 9 月 20 日，上海市档案馆藏：Q270-1-121，第 180 页。

② 《工会条件》，1927 年 5 月，上海市档案馆藏：Q270-1-122，第 401~408 页。

有其积极意义，但革命及其引发的社会剧变绝非空洞的口号或留于纸上的政纲，而是每一个身处其中的个体的思想、行为的质变，微观史学自下而上的范式正好能够反映其所思所想，以期补充、完善以往宏观视角所忽略的历史细节。

（作者系武昌工学院马克思主义学院教师、早稻田大学亚洲太平洋研究科研究生）

西迁前夕武汉大学学生
生活与思想状况探微

杨自立

摘要：西迁前夕武汉大学的学生虽然还过着寻常学习生活，但受到战争影响，他们的生活状况整体上发生了翻天覆地的变化。武汉大学的学生在民族危机前没有选择逃避，而是毅然决然的挺身而出，在学生救国会和抗敌后援会等团体的组织下从事多种形式的抗战服务工作。他们与教师、学校当局在支援全民抗战的事业中虽然是战友关系，但在争夺控制权和讨论是否应实施抗战教育时又是意见相左的"对手"，从武汉大学学生生活与思想状态不难发现全面抗战时期中国高等教育的困境与坎坷。

关键词：武汉大学；学生生活；全面抗战；高等教育

全面抗战期间，国立武汉大学(以下简称"武汉大学")受战事影响，同大部分高校一样，中途迁往后方继续办学。因此武汉大学在全面抗战期间的办学历程可分作两段：前一段从七七事变至 1938 年 4 月，校方坚持在武汉办学，后一段则是乐山时期。在这两个阶段，武汉大学既遭遇困难，又取得不菲的成绩，因此备受治校史者重视，出现了一批优秀的研究成果。① 以往的研究大多关注乐山时期，对留守珞珈山时的情况鲜有涉及，尤其对那时学生的生活、思想状态不甚关

---

① 例如涂上飙主编的《乐山时期的武汉大学(1938—1946)》(长江文艺出版社 2009 年版)通过对西迁历程、办学经费、机构设置、教师延聘、教师工作、学生培养、校内进步活动、东归历程等章节的描述，充分展现武汉大学在乐山时的办学面貌。而涂上飙和刘昕撰写的《抗战烽火中的武汉大学》(河南大学出版社 2015 年版)还介绍了师生在乐山的生活状况。

注。因此笔者拟利用武汉大学档案馆馆藏档案、师生回忆录和《大公报》等资料，微观考察西迁前夕武汉大学学生生活的一些实相。

一、校园中的变与不变

全面抗战初期，中国军队顽强抵抗，一度将战线维持在华北和京沪一带。武汉除偶尔遭遇空袭，总体较为安全，因此武汉大学校务基本得以正常运转，学生照常学习、生活。1937 年夏，武汉大学招录338 名新生和 12 名转学生，① 9 月下旬正式开学。新生们踏足珞珈山，无不为宏伟壮丽的校舍和山明水秀的风光所赞叹，历史系新生严耕望称"住在那样古典式的宏伟辉煌的建筑里，感到无比的兴奋"②。有些来自战区的新生没能按时报到，学校体谅他们，准备了"绿色通道"——"注册组的执事先生们，颇为客气，说是战区来的，可以通融，只要写一简单报告请教务长批准就行"。③ 当时在武大校园里"战区来的"和稍后的"流亡学生"，俨然是一种自傲的"资历"。

报到完毕，新生开启在武汉大学的求学生活。他们大多庆幸遇见良师，在课堂上可以跟随教师的思维畅游知识海洋。不过亦有部分学生对学校师资阵容不满，外文系新生吴鲁芹说："教基本英文的是一位美国女传教士。我至今还不太明了何以要弄些洋和尚洋尼姑教大一英文，我听到的唯一理论基础是训练学生听英语的能力，似乎这些人有没有能力或者经验，可以不必考虑。大一唯一一门属于本系的课是'短篇小说选读'，照说是重头戏，但是教的人只有跑龙套的本钱。"④

---

① 参见《第三零八次校务会议常会纪录》，《国立武汉大学周刊》1937 年 10月 11 日第 2 版。

② 严耕望：《我与两位王校长》，董鼎：《学府纪闻——国立武汉大学》，南京出版有限公司 1981 年版，第 68 页。

③ 吴鲁芹：《武大旧人旧事》，董鼎：《学府纪闻——国立武汉大学》，南京出版有限公司 1981 年版，第 142 页。

④ 吴鲁芹：《我的大学生活》，董鼎：《学府纪闻——国立武汉大学》，南京出版有限公司 1981 年版，第 304 页。

上课之余，食宿是学生生活的重头戏。留守珞珈山时期，学生对饭堂基本满意。那时学校为照顾不同地区学生饮食习惯，将饭堂分为四类，分别是满足北方学生的北方食堂，供应川黔等省学生的西南食堂，江浙风味的下江食堂，以及价格较为低廉的经济食堂。经济食堂每生每月伙食费至多4.5元，每餐可吃到两菜一汤。当时学生可以自由选择菜色，每天一位学生轮流到食堂"帮厨"，跟随厨房师傅去菜市场买菜，买什么菜由学生决定，厨房师傅只管核算是否超出预算。①

学校当局照常处理校务，没有放松对学生的纪律管理。新学年伊始，"学生杨炳光穿着木屐及背心汗衫径入文学院，又刘池等四人私留朋友住宿斋舍"②，先后被校方严厉申斥。尽管战线日益逼近武汉，但武汉大学仍维持安定的状态，师生们过着寻常的生活，"开战后半年多，东湖水涯，珞珈山顶，弦歌的声浪，依旧随时随地地可以听到"③。

随着战局恶化，平津和京沪一带的党政机关、学校师生及社会团体纷纷内迁，一时间，各股力量汇聚武汉。因为蒋介石正"驻跸"武汉，武汉俨然成为当时全国抗日中心。武汉大学学生的生活逐渐出现变化，最明显的是他们身边多了许多借读生。应教育部要求，武汉大学于1937年10月、11月，分两批集中招录648名借读生，④ 兼之零散接收，"学校各项设备尽量扩充而至增无可增之最大容量也"。⑤要解决庞大的借读生群体的食宿问题，学校的方案是在原两名本校生

---

① 端木正：《我们不得不向乐山走去》，韩进主编：《乐山的回望——武汉大学西迁乐山八十周年纪念文集》，武汉大学出版社2018年版，第5页。

② 《第三零九次校务会议常会纪录》，《国立武汉大学周刊》1937年10月11日，第2版。

③ 王星拱：《抗战以来的武汉大学》，《教育杂志》1941年第31卷第1号，第19页。

④ 参见《借读生审查完竣》(《国立武汉大学周刊》1937年10月25日第2版)和《武大借读生二次录取七十二名》[《大公报(汉口版)》1937年11月12日，第4版]。

⑤ 《借读生审查完竣》，《国立武汉大学周刊》1937年10月25日第2版。

一间的宿舍中安插一名借读生。本校生被"打扰"了，但他们未与借读生不睦，反而和衷共济，携手为抗战服务。1937 年年末，"武汉大学学生抗敌后援会与借读同学会，为促进抗战教育起见，特联合组织武大学生抗战教育推进委员会，并草拟武汉学生抗战教育方案草案，呈请校当局采择施行"。①

很多在校学生或因家在战区，经济来源断绝，或因物价上涨，生活费用不敷支出，难以度日，不得不外出寻觅工作。学生难以安心上课，甚至有的学生出现精神失常的状态。鉴于此，学校当局成立"贷金审查委员会"，贷予清贫学生"膳食贷金"。但学生不只物质困窘，精神上亦相当"困顿"。学生对自身及民族的前途命运感到迷茫，对接受的教育能否适应抗战需要心存疑虑。学校当局对此束手无策，使得学生中的消极情绪不断发酵。"差不多每一个斋舍里和过道上，都可以遇到三五学生在慌乱地互相交换关于学校的情报，互相商量着'怎样办'?"②

当时在汉的党政军要员和社会名流经常去学校发表讲演。学生听过的政要名人有周恩来、董必武、王明、陈独秀、汪精卫、陈诚等。总体而言，学生对来讲演的共产党人印象好过国民党人。例如宋光逖说："董必武来过两次，俄式大胡子，嗓音洪亮，语调欢快幽默，不同于国民党大员之装腔作势，故弄玄虚"。汪精卫也来过学校讲演，有的学生慕其"美男子"声名，趋之若鹜，但也有学生觉得"闲聊比听汪精卫胡言乱语似更好些"。③

学生中发生了分化。国共要员不止在讲演中争奇斗艳，还借助各种学生团体扩大在学生中的影响力。受此影响，学生中有举"蓝旗"者，也有举"红旗"者。举"红旗"者更活跃，开展过各种服务抗战的工作，一定程度上满足了学生支援抗战的愿望，因此"珞珈山上举红

---

① 《武大学生抗敌后援会推进抗战教育拟定草案请学校采纳》，《大公报》(汉口版)1937 年 12 月 6 日，第 3 版。

② 刚:《目前大学教育的严重现象——以武汉大学作对象》，《大公报》(汉口版)1937 年 12 月 7 日，第 3 版。

③ 宋光逖:《珞嘉留爪印》，武汉大学北京老校友会、《北京珞嘉》编辑部编:《珞嘉岁月》，北京珞嘉编辑部 2003 年版，第 605 页。

旗的越来越活跃，相形之下那些举蓝旗的则有些销声匿迹"。① 学生虽有所分化，但绝大多数认可国共合作，有个别学生唱"攘外必先安内"的陈年老调，得不到丝毫共鸣。

二、学子掀起支援抗战的浪潮

"自卢沟桥的炮声震惊了珞珈山以后，本校师生无不懔于国难的严重，而肩荷着抗战与建国的两重使命。"②武汉大学的教师在维持正常教学、科研工作的同时，以各种形式积极参与抗战服务工作。由战时服务干事会组织，他们开展捐款、制作和捐献慰劳品、慰劳伤兵等活动。有教师参加军事训练，希望身赴战场；有教师发挥智囊作用，为党政军高官分析抗战形势、为民众普及抗战知识；还有教师为维护抗战大局，为国共要员联络穿针引线。例如向来与左翼文人不和的苏雪林，在同事同她商量共同邀请邓颖超聚餐时，欣然答应。她日后回忆，当时在饭桌上，"双方未谈政治，但同我们言笑甚欢，尽兴始散"。③ 校长王星拱身先士卒，1937 年 7 月他出席"庐山谈话会"，8 月，他与蔡元培、蒋梦麟、胡适、梅贻琦、罗家伦、竺可桢等人联名致电国际联盟知识合作委员会谴责日本摧毁南开大学校园，吁请各国制裁。9 月，他参加中央军校武汉分校毕业典礼，在典礼上"对目前中国抗战之国内外形势及国际关系有明晰之分析，并对学员及毕业生今后努力之方向多有所指示"。④ 王星拱利用各种集会向学生宣传抗战。1937 年 9 月，他在开学典礼上大声疾呼："我们大学学生，应当作国民的表率。我们应当咬定牙关，撑起脊梁，抱必死之决心，争最

---

① 宋光远：《珞嘉留爪印》，武汉大学北京老校友会、《北京珞嘉》编辑部编：《珞嘉岁月》，北京珞嘉编辑部 2003 年版，第 602 页。

② 王星拱：《抗战以来的武汉大学》，《教育杂志》1941 年第 31 卷第 1 号，第 19 页。

③ 苏雪林：《浮生九四：雪林回忆录》，三民书局 1991 年版，第 125 页。

④ 《中央军校武汉分校昨举行盛大毕业典礼，蒋委员长勉各努力抗敌建设，学员答词为国而生为国而死》，《大公报》(汉口版)1937 年 9 月 21 日第 4 版。

后的胜利。"①

教师们以身作则,学子亦不甘落后,有组织地投身支援抗战的热潮。广大学生在各种爱国学生团体的组织下,通过募捐和公开宣讲等形式增强了武汉全民抗战的氛围,鼓舞了民众的抗战热情,但他们也遭遇了来自政府当局和学校的阻力。

在爱国学生团体中,"国立武汉大学学生救国会"(后简称"学生救国会")风头极盛。该会以发动民众、督促政府、维护领土及主权、御侮救亡为宗旨。卢沟桥事变爆发,该会率先致电国民政府,呼吁"暴日犯卢,显欲夺我整个华北,和平绝望,请即出兵抗敌"。② 随着战线推移,武汉各伤兵医院收容的患者日益增多。学生救国会组织学生前往慰问,除带水果等慰劳品,他们还携带信封、信纸,替伤兵写家信。③ 为激发民众的抗战情绪,学生救国会组织宣传队赴武汉周边宣传抗日。他们"定于本月廿八日出发武昌东乡卓刀泉一点露□举行扩大宣传,惟因时局不靖,深恐宵小乘机扰乱",④ 致函武汉警备司令部,请求派兵保护。武汉警备司令部并未应允,反而致函学校当局,询问学生救国会是否立案。学校当局亦未"袒护"学生救国会,向警备司令部表示该会未经党政机关立案,学校将训令学生在非常时期内不出外宣传。过了一个月,学校当局下令取缔学生救国会,"学生救国会及其他一切未经学校承认之团体应即取消,所有校内一切后援工作统由本校战时服务干事会积极组织进行"。⑤

---

① 《本学期开学典礼校长训词》,《国立武汉大学周刊》1937 年 1 月 4 日第 1 版。

② 《全国民众兴起 慰劳抗敌将士》,《大公报》(上海版)1937 年 7 月 14 日第 4 版。

③ 参见端木正:《我们不得不向乐山走去》,韩进主编:《乐山的回望——武汉大学西迁乐山八十周年纪念文集》,武汉大学出版社 2018 年版,第 9 页。

④ 《武汉警备司令部关于武汉大学学生救国会请派兵保护、该会已否立案、请查明真相见复的公函》,1937 年 8 月 29 日,武汉大学档案馆藏:6-L7-1937-055-012。

⑤ 《第三一四次校务会议常会纪录》,《国立武汉大学周刊》1937 年 11 月 8 日第 2 版。

面对来自政府和学校的双重压力，学生救国会于 1937 年 10 月初改组，团体骨干转移到"国立武汉大学学生抗敌后援会"（后简称"抗敌后援会"）。抗敌后援会与学生救国会的组织架构和工作职能并无二致，但宗旨稍有不同，抗敌后援会强调"本会以拥护政府抗战，并举办各种后援工作为宗旨"，① 试图以此减少来自政府的阻力。10月，抗敌后援会先后参加鲁迅逝世周年祭和郝、刘两将军公祭仪式。11 月，该会组织五十余名学生赴大冶等地农村宣传抗日，并参与纪念孙中山诞辰的全市大游行。即便抗敌后援会强调拥护政府抗战，可仍未摆脱遭取缔的命运。中国国民党湖北省党部以"国立武汉大学学生抗敌后援会，自由救国会改组成立以来，言论越轨，抗敌工作引向匪浅"②为由，饬令武汉大学取缔该会。

国民政府和武大校方并非完全不同意学生参与抗战服务工作。国民政府颁布《高中以上学校学生战时后方服务组织与训练办法大纲》，规定各校都要成立战时后方服务团（队），并设立训练班，规定除身体有疾病，所有学生都要报名参加。战时后方服务团（队）训练班的训练、活动内容相较学生救国会和抗敌后援会有过之而无不及，它包含采访情报、侦查间谍、协助警察维护社会治安等明显与学生身份无关的内容。③ 学校当局也制定了推动学生参与战时后方服务工作的办法，学校在战时服务干事会下设置了机械修造、化学工程、政治经济等十三个组，每组分设各种训练班，规定每个学生至少参加一组服务或一班培训。

学生救国会、抗敌后援会和政府、学校当局组织学生参加抗战服务工作的愿望一致，活动内容亦十分相近，他们之所以"冲突"，在于争夺学生活动的控制权。政府并不急于让学生投身抗战服务，而是

---

① 《国立武汉大学大学生抗敌后援会章程》，武汉大学档案馆藏：6-L7-1937-045-001。

② 《中国国民党湖北省党部关于武大学生抗敌后援会言论越轨等情及该会未经本部立案请转饬停止活动的公函》，1937 年 11 月 30 日，武汉大学档案馆藏：6-L7-1937-155-024。

③ 参见《高中以上学校学生战时后方服务组织与训练办法大纲》，武汉大学档案馆藏：6-L7-1937-045-002。

想影响学生，以备日后所需。学校规定一切后援工作由战时服务干事会组织进行，以确保学生不发生逾矩行为。因此校方拒绝了学生救国会自发外出宣传的要求，却允许战时服务干事会到咸宁、嘉鱼等九县从事宣传。校方制定了战时服务干事会宣传规则，确保宣传内容须绝对服务于政府需要。①

举"红旗"的学生积极向中国共产党靠拢，组织起党的基层"外围组织"——抗战问题研究会（后简称"研究会"）。研究会的成员一面积极阅读《共产党宣言》《联共（布）党史简明教程》及《新华日报》等进步书籍报刊，一面广泛开展实践活动，研究会在学校里组织游击训练班，"通过武汉八路军办事处请两位教官聂建东、张昔方到武大讲游击战争的战略战术，准备在日军占领区打游击"。② 研究会时常邀请在汉的中共领导人来校讲演，1937 年 11 月中旬，董必武应邀来校讲演《群众运动诸问题》，为学生指明群众运动的重要性，介绍发动群众的方法。研究会除了主动组织活动，还善于利用各种集会。文学院为在欧洲牺牲的教师拜尔举行追悼会，研究会不仅送挽联，而且安排学生到场。学生在追悼会上高呼拜尔先生是为主义而死，有的上台朗诵挽诗，有的高喊口号，俨然把追悼会变"群众大会"。③

有一些学生加入了组织性不强的学生团体，有的直接从事抗战服务工作。部分学生组织珞珈剧团，参加武汉三镇戏剧大会演，在舞台上表演弟弟投敌当汉奸、哥哥大义灭亲的剧目。④ 有的学生"主张组

① 参见《国立武汉大学战时服务会宣传队宣传规则》，《国立武汉大学关于送本校战时服务干事会宣传组宣传规则及队员名单请查照并盼转知咸宁等请惠允指导、给予便利的公函》，1937 年 11 月 13 日，武汉大学档案馆藏：6-L7-1937-155-026。

② 石述文：《武大进步同学的先驱——记刘清通知的革命历程》，武汉大学北京老校友会、《北京珞嘉》编辑部编：《珞嘉岁月》，武汉大学出版社 2018 年版，第 436 页。

③ 吴鲁芹：《哭吾师陈通伯先生》，董鼎：《学府纪闻——国立武汉大学》，南京出版有限公司 1981 年版，第 81 页。

④ 参见宋光遽：《珞嘉留爪印》，武汉大学北京老校友会、《北京珞嘉》编辑部编：《珞嘉岁月》，武汉大学出版社 2018 年版，第 604 页。

织一个战区儿童救护队，去救济那些流离失所，被父母们所遗弃的、可怜的、可爱的儿童"。① 还有的学生在老师的带领下在校办工厂生产手榴弹、弹壳以及弹壳上的螺孔等军事用品。当时所有学生都要完成购买十元救国公债的指标，有经济实力的学生自然不在话下，经济实力较差的学生则通过劝募来努力完成。

三、战时生活难掩师生纷争

随着抗战形势日益严峻，学校里的氛围也日趋紧张。国仇家恨激荡起满腔热血，学生不甘心继续在象牙塔里研读圣贤书，迫切希望从事抗战服务工作。然而，他们学到的知识、技能，大多难以在抗战中应用，而且"不重要的课程却束缚住了我们；我们要学习活的教育活的智识，然而目前考试求学分的课程却不能满足我们；我们要热烈紧张的生活，然而眼前的学制体系却要我们读死书死读书"②，热心抗战的学生无法忍受，他们通过抗敌后援会等团体向学校当局呼求教学改革，与校方围绕是否应实施抗战教育爆发矛盾。

1937年11月，抗敌后援会依据《高中以上学校学生战时后方服务组织与训练办法大纲》，上书校长王星拱，恳请"俯顺众情，施行特殊科目之教学，加紧专门部分与战事有关之训练，减少普通或次要学科之时间，使生等得养成非常时期之技术，以供国家驱使之处"。③ 11月8日，王星拱发表题为《抗战与教育》的演讲回应学生。他首先辩驳学生们主张实施抗战教育的两点理由——教育须适应环境和教育为预备生活之历程，指出教育不是要适应落后的环境，而是要预备近代化的生活。接着他反驳一般教育与抗战无关的说法，举例说明高等数学和历史都有益于抗战。他强调："中日的战争，不是一次所能完

---

① 董长椿：《抗战期间儿童保育问题》，《大公报》(汉口版)1938年3月10日第4版。

② 《国立武汉大学学生为要求施行战时教育上师长书》，《战时教育》1937年第8期，第11页。

③ 《呈为呈请实施国难教育事》，转引自吴骁、程斯辉：《武汉大学校长王星拱》，山东教育出版社2012年版，第315页。

结的……无论这一次的战争结果如何，将来的战争还要接二连三底加紧。"因此，师生更应多探求专门学识，早日实现国家近代化，这样才能取得最终的胜利。王星拱在最后承认动员群众是必要的，但认为"各部分有各部分的责任，我们不能拿这一部分去做另一部分的事情，更不能拿所有各部分都去做某一部分的事情"。宣传工作都能做，但探求专门学识，唯有大学生可以为，所以"我们在一班课程之中，贯注抗战精神，是应当的，把一班的课程都变成抗战课程，是不可能的"。学校设置训练班供学生接受培训，并酌减了课时，但原定课程绝不能变更，减少课时亦不可超过限度。他表示如有学生非参加直接的抗战工作不可，大可办理休学。① 讲演结束后，王星拱当日主持校务会议，通过了"对于任何课程举有不上课不应考，以致该项课程无学年成绩者，无论为个人或为全班均以留级论"②的决议。

见学校当局不同意，学生决定向校方公开施压。11 月 18 日，抗敌后援会在汉口大智门大智饭店，"招待新闻记者，交换关于战时教育之意见"。③ 11 月 25 日，抗敌后援会班代表会发表《国立武汉大学学生为要求施行战时教育上师长书》。他们表示："抗战已开始三个多月，然而我们的经历时间却还化之于背公式读古典应考试！到今天我们已经没法忍受了！"他们控诉学校不体谅学生呼求实施抗战教育的诚心，"校务会议的结果，竟以每周减少四点钟上课时数，就算了结！不但我们的要求未见容纳，而且一部分学校负责人竟公开否认了战时教育的必需否认了战时教育的存在，否认了教部的指令"。他们呼喊："今日的教育设施应为受教育的青年着想，为民族今日的抗战着想！"④

学生声势浩荡，校方却不为所动。王星拱在接受采访时，重申校

① 参见王星拱：《抗战与教育》，《国立武汉大学周刊》1937 年 11 月 15 日第 4 版。

② 《第三一四次校务会议常会纪录》，《国立武汉大学周刊》1937 年 11 月 8 日第 2 版。

③ 《简短新闻》，《大公报》(汉口版)1937 年 11 月 18 日第 4 版。

④ 《国立武汉大学学生为要求施行战时教育上师长书》，《战时教育》1937 年第 8 期，第 11 页。

方立场——学生如欲离校赴前方工作，或返乡从事后方后援工作，均任其自由离校，学校可以贷给路费，返还学费，如若学生选择留校，则必须上课，"至于学生最近要求变更课程，乃绝不可能之事，此实有事实上之困难，即如学生求所谓抗战教育之课程，院长亦无法办到，各教授亦无此种学识，无法授课"[1]。王星拱的说辞难以让人信服，《群众》周刊刊载名为《抗战教育与读死书》的短评声援学生，表示"武汉大学的学生开大会，发宣言，忙个不了，为了要求实行抗战教育而忙着……我们不敢，不应，拿风潮或嚣张两个字来抹杀他们的诚意的正当的要求"[2]。

校方以抗敌后援会鼓吹抗战教育，扰乱学校正常教学秩序为由，勒令其停止活动，但抗敌后援会没有屈服。1937年12月初，该会联合借读学生会组织武大学生抗战教育推进委员会，草拟武汉学生抗战教育方案草案提交校方。他们没有收到学校回应，反而听到学校准备提前放假的消息。不得已学生只得自行实施抗战教育，他们计划以延安抗大为榜样，利用假期开办"抗战大学"。他们的计划遭到一些攻击，有人指斥他们"赤化"。左翼文人许涤新为学生开脱，表示"'武大'大部分同学听说只望实施抗战教育，不固执'抗大'名称"，得到社会力量帮助，学生课外抗战教育计划成功实施。1938年1月21日，他们"与抗战教育研究会在华中大学附中办起了'抗战常识研究班'，学习民族解放理论、抗日军事技术、群众工作等内容"[3]。

在全面抗战爆发初期，不只是武汉大学的学生对学校里"各系科目，仍与平时一式，教授讲课，仍照原样，同学听课，还是机械地做教授的记录"不满，其他学校学生亦是如此。师生围绕是否应实施抗战教育争执不下，纷争背后是教师对学生存在误解以及师生在观念上存在较大差异。

---

① 《武大停课问题王校长谈并无此事，学生赴前后方工作均可离校，留校上课学生必设法予保护》，《大公报》(汉口版)1937年12月5日第3版。

② 《短评：抗战教育与读死书》，《群众》1937年第1卷第1期，第2页。

③ 毛磊、刘继增：《武汉抗战史要》，湖北人民出版社1985年版，第183页。

首先，一些教师认为学生要求实施抗战教育并非真心诚意想从事抗战服务工作，而是想借机逃避学习任务。他们之所以会产生这种看法，是因为有的学生之前令人很失望。他们原本以为平日里学生一直嘟哝要参加抗战，如今抗战真爆发了，会不会纷纷投笔从戎？但实际情况是"学生竟比平时多了一倍，那些爱唱高调的热血分子还是悠然自得地留在学校里，课是不肯上的，说没有心思，前线固不愿去，后方工作也要较量待遇的厚薄，环境的优劣，工作的舒适与辛苦"。① 因此那些教师不赞成学生请求。抗战后援会对此有所了解，所以在《国立武汉大学学生为要求施行战时教育上师长书》中特别声明——"绝不是我们为了逃避功课而创造的幻想"。②

其次，学生看的是眼前的危局和肩上的重任，认为国家已危在旦夕，他们若不挺身而出，对不起国家的栽培和厚望。他们想"活在当下"，却发现身体被"禁锢"在校园里，智识被"束缚"在应对日常功课与考试中，所学知识难以在抗战服务工作中直接应用，所以他们迫切地要实施抗战教育。但教师和校方更关注社会分工以及中日两国长远的国力竞争，他们认为社会"分配"给学生的首要任务，是钻研学问、提高国家的科技水平。他们认为国家间的竞争是长期的，如果为了眼前的胜利，打光"子弹"，那国家将丧失恢复元气的机能，日后敌人若卷土重来，将会毫无还手之力。因此他们才坚持维持正常的教学、科研，学生"在不影响课业的原则下，做些切实有效的抗战工作"。③

经过几番较量，校方最终占据上风，武汉大学没有整体实施抗战教育。不过这并非校方胁迫学生就范的结果，而是因时势变化，抗战进入相持阶段，亡国危险不再迫在眉睫，持久战的意识已深入人心。越来越多的人意识到抗战、建国同等重要，学生亦主动"沉淀"下来，在继续钻研学问的同时，做一些力所能及的抗战服务工作。

---

① 苏雪林：《寄华甥》，沈晖编：《苏雪林文集》，安徽文艺出版社 1989 年版，第 319~320 页。

② 《国立武汉大学学生为要求施行战时教育上师长书》，《战时教育》1937 年第 8 期，第 11 页。

③ 王星拱：《抗战以来的武汉大学》，《教育杂志》1941 年第 31 卷第 1 号，第 19 页。

四、结　语

全面抗战期间，武汉大学的学生受战争影响，生活和思想状况均发生了巨变。回顾他们的境遇，分析他们在民族危机面前的选择，可以看见莘莘学子在时势面前扮演的角色和发挥的力量。

在时势前面，个人如同一叶浮萍，无法完全自主自己的境遇。在全面抗战爆发初期，学生无法正常学习、生活。他们的生活空间被"安插"进许多借读生，他们建立了比较和睦的关系。许多学生陷入经济困厄和精神迷茫的境地，学校提供贷金，为他们解决燃眉之急，但无法消除他们内心的迷茫和不安。这个问题被遗留给在汉的党政军要员和社会名流，他们时常对学生发表讲演。受他们影响，学生群体明显分化，学生中既有举"红旗"者，也存在举"蓝旗"的，举"红旗"的学生逐步向中国共产党靠拢。

个人虽然不能左右自身遭遇，但可以自主进行人生选择。在民族危机面前，武汉大学的学生没有选择躲进"世外桃源"，而是迫切想要投身全民抗战的事业当中。他们在学生救国会和抗敌后援会等团体的组织下，做了许多工作。只是后来为争夺控制权和讨论是否应实施抗战教育，与教师、学校当局发生了"冲突"。细究其缘由，发现冲突的根源在于教师对学生存在误解以及师生在观念上存在的差异。

（作者系武汉大学历史学院硕士研究生）

9 世纪加洛林文献中
查理曼形象的刻画与变动

史瀚君

摘要：9 世纪加洛林文献中的查理曼形象历经多次变化。在他刚逝世时，文人通过挽歌对其表达哀悼和颂扬。虔诚者路易即位之初，针对查理曼的批评之声增多。不过，接下来加洛林王朝动荡的政局，加上与艾因哈德《查理大帝传》的出色描写，查理曼的正面形象得以重新树立。从 9 世纪 20 年代起，加洛林教士与文人在艾因哈德基础上继续塑造查理曼的形象，使其更为基督教化，为 10—12 世纪圣徒崇拜背景下查理曼形象的神圣化做了初步的铺垫。在政治环境、作者与时代多方面的影响下，查理曼的形象逐步丰富。其形象变化反映出不同时期、不同阶层的人士出于当时社会环境以及自身需要对查理曼的记忆与书写。

关键词：查理曼；人物形象；加洛林王朝

史籍中加洛林王朝皇帝查理曼①的形象分外高大，廷臣艾因哈德（Einhard，770—840）用其妙笔，将查理曼描绘为一位骁勇善战、道德高尚、治国有方的理想帝王。然而艾因哈德同时代人眼里，查理曼

---

① "查理曼"（Charlemagne）源于拉丁语 Karolus Magnus，指"查理大帝"或"伟大的查理"，是 12 世纪武功歌《罗兰之歌》里首次出现的对法兰克国王查理一世的尊称。国内一般将 Charlemagne 翻译为"查理曼"或"查理大帝"。本文在提到艾因哈德与圣高尔修道院僧侣诺特克（Notker）为查理作的传记时，遵从商务印书馆中译本使用"查理大帝"，其余部分则称"查理曼"。

又有另一种形象：沉溺凡俗、道德败坏、独断专行。查理曼的理想形象在 9 世纪逐步成为主流，甚至出现了神化的迹象，这不禁使人思考：为何查理曼的负面形象会慢慢湮没在文献中？查理曼形象变迁反映了何种时代背景？本文试图借助加洛林时代的文献材料探究上述问题。

9 世纪加洛林王朝在查理曼治下迎来"加洛林文艺复兴"，此时帝国境内教士文化修养、居民识字率均有提升，为修撰史书提供了必要准备。正逢其时，帝国境内也取代容易受损的纸莎草纸（Papyrus）和易损的蜡板，采用动物毛皮制成的羊皮纸（Parchment），使文献能在西欧潮湿、寒冷气候下长久保存。此外，使用皮纸制成的抄本（Codex）也比纸莎草纸制成的卷轴更方便阅读、存放，因此修史规模较六七世纪扩大不少，留存至今的文献数目也更多。但因皮纸难以制作、价格昂贵，修史主要仍为宫廷、修院中识文断字的教士所垄断。① 这一时期留存至今的文献，与本文主题相关的材料主要有以下几种：首先是约 9 世纪初成书的半官方材料《法兰克王家年代记》（Annales regni Francorum）②，根据学者研究，该书可能由加洛林王家教士编撰，聚焦 8 世纪中后期至 9 世纪初加洛林家族的崛起，对查理曼在位时期的文治武功着墨颇多，多有歌颂之意。此外 9 世纪有数种由帝国廷臣或教士撰写的帝王传记：查理曼的传记，除艾因哈德仿效古罗马史家苏维托尼乌斯（Gaius Suetonius Tranquillus）《罗马十二帝王

① 关于加洛林王朝文献增多与 9 世纪皮纸投入使用的关系，可参朱君杙：《加洛林时代史学成就探微》，东北师范大学博士学位论文，2013 年，第 54～60 页；Paul Edward Dutton，"KAROLVS MAGNVS or KAROLVS FELIX：The Making of Charlemagne's Reputation and Legend," in Matthew Gabriele and Jace Stuckey（eds.），*The Legend of Charlemagne in the Middle Ages Power*，*Faith*，*and Crusade*，New York：Palgrave Macmillan，2008，p. 25.

② 该书最初因于德意志洛尔施修道院发现而称《洛尔施大年代记》（*Annales Laurissenses Maiores*），19 世纪时著名史家兰克（Ranke）经研究认为本书是秉承加洛林王室意图编撰的半官方史书，故改为现名。国内有陈文海老师解读本书编撰、研究史的详注译本，参陈文海译注：《法兰克王家年代记》，人民出版社 2019 年版。

传》(*De Vita Caesarum*)撰写的《查理大帝传》(*Vita Karoli*)外，还有 9 世纪末胖子查理(Charles le Gros)①统治时委托圣高尔修院僧侣诺特克撰写的《查理大帝行传》(*Gesta Karoli Magni*，下文简称《行传》)，两本传记都对查理曼多有赞誉。虔诚者路易则有三本传记，分别为提甘(Thegan)、厄默尔德乌斯(Ermoldus)与"天文学家"(Astronomer)②三位教士完成，这几本传记里也提到查理曼事迹，但基调是赞颂传主路易。以上五本帝王传记，其原始文本保存在《德意志史料集成》(*Monumenta Germaniae Historia*，*MGH*)之中，这套资料是德意志学者从 18 世纪末史学逐步专业化起，便致力校勘、编纂、研究的古典文献汇编。在英语学界有多种译本，本文引用传记文本时主要采用美国学者托马斯·诺布尔(Thomas F. X. Noble)的合译本③

落到本文主题，欧陆学界对查理曼研究着力颇多，主要在加洛林政治史研究层面。前述《德意志文献集成》即为其代表，并有大量围绕原始文本的整理与校勘。英语学界在 20 世纪也对 9 世纪加洛林帝国政治与查理曼的形象变迁进行了深入研究，近年来学界关注的问题主要为 9 世纪时期加洛林帝国文人对查理曼的记忆与形象塑造。以马修·英尼斯的文章为起始，口述传统与文献材料共同成为研究 9 世纪时查理曼形象变迁的重点。④ 其后，欧美学者围绕英尼斯文章的观点给予多角度的回应。其中较有代表性的学者有罗莎蒙·麦基特里克(Rosamond McKittrick)，关注加洛林王朝时期的历史编纂与历史记

---

① 胖子查理最初为东法兰克王国国王，因为继承亲属的领地，成为加洛林王朝最后一位一统帝国的皇帝，但此时胖子查理的皇权已大不如前，于 887 年被侄子阿努尔夫(Arnulf)篡位。

② "天文学家"似为"虔诚者"路易宫廷内一位教士，因为宣称自己了解天文而得此绰号。

③ Thomas F. X. Noble, *Charlemagne and Louis the Pious*: *lives by Einhard*, *Notker*, *Ermoldus*, *Thegan*, *and the Astronomer*, University Park: The Pennsylvania State University Press, 2009.

④ Matthew Innes, "Memory, Orality and Literacy in an Early Medieval Society", *Past & Present*, February, 1998, No. 158, pp. 3-36.

忆，以及查理曼的形象对欧洲的影响。① 美国学者托马斯·诺布尔与保罗·爱德华·达顿则有专文论述查理曼在 9 世纪的形象变迁，载于论文集《中世纪查理曼传奇——权力、信仰与十字军东征》，两位作者的论述将查理曼视作一种宣传符号，从文献与其社会背景互动的角度梳理查理曼的正面形象如何在 9 世纪树立。国内学界对这一专题的研究有孙涛与李霞两篇硕士学位论文②，以及王晋新老师辨析诺特克如何塑造查理曼形象的文章。③

由于查理曼在 9 世纪加洛林文献中呈现出一种不断变化的形象，本文试图借助记忆研究的材料，思考其在不同时代变化的原因。在此领域，参考性强的著作有法国学者皮埃尔·诺拉主编的《记忆之场》④，以及中国中古史领域利用政治体视角研究北方民族历史记忆、书写及其流变的思路。⑤ 除此之外，中世纪至近现代英法王权的塑造过程也属于本文的参考资料，本文试图借助彼得·伯克与马克·布洛赫的著作⑥讨论人物形象与社会环境如何彼此塑造、相互影响。

---

① 麦基特里克教授著作等身，与本文主题相关的代表作如下：Rosamond McKitterick, *History and Memory in the Carolingian World*, Cambridge：Cambridge University Press, 2004; Rosamond McKitterick, *Charlemagne*：*The Formation of a European Identity*, Cambridge：Cambridge University Press, 2008. Rosamond McKitterick, "Constructing the Past in the Early Middle Ages：The Case of the Royal Frankish Annals", *Transactions of the Royal Historical Society*, 1997, Vol. 7, pp. 101-129.

② 孙涛：《传奇的诞生——11—13 世纪法国文学中的查理曼形象探析》，华东师范大学硕士学位论文，2012 年；李霞：《制造"查理曼"：9—12 世纪西欧查理曼形象》，东北师范大学硕士学位论文，2018 年。

③ 王晋新：《情感与真实——诺特克所述"查理曼之泪"之辨析》，《世界历史评论》2021 年第 1 期，第 18~38 页。

④ 皮埃尔·诺拉，黄艳红等译：《记忆之场：法国国民意识的文化社会史》，南京大学出版社 2020 年版。

⑤ 苗润博：《契丹建国前史发覆——政治体视野下北族王朝的历史记忆》，《历史研究》2020 年第 3 期，第 42~65 页。

⑥ 彼得·伯克著，郝名纬译：《制造路易十四》，商务印书馆 2015 年版；马克·布洛赫著，张绪山译：《国王神迹：英法王权所谓超自然性研究》，商务印书馆 2018 年版。

一、9 世纪初查理曼的多重形象

查理曼将法兰克王国的势力大幅扩展，统一了欧洲大部，其统治的区域日后逐步形成法兰西、德意志与意大利。因其丰功伟绩，查理曼刚逝世时，悼念他的挽歌里常渲染悲痛之情。如查理曼曾赞助的意大利博比奥(Bobbio)修院一位僧侣所写，从日出之地至日落西海，法兰克人、罗马人、基督徒，男女老少都为查理曼的逝世悲叹，曾饱受创伤的法兰克，却从未遭受如此的哀痛。①

查理曼能享有如此赞誉，除源于他建立的功业外，与其统治时期的文化复兴也有关联。查理曼不会书写，无法为后世描摹自身形象，但他远超前朝王族的权力使其能延揽欧洲各地学者至亚琛(Aachen)②宫廷：为查理曼作传的艾因哈德，来自意大利圣卡西诺山的执事③保罗(Paul the Deacon)，西班牙的狄奥多夫(Theodulf)，来自英格兰的阿尔昆(Alcuin)等人。他们为查理曼发展教会学校、振兴文化，改良手写字体、传抄古典文献，革新宗教礼仪、规范精神生活，得到查理曼的礼遇，同时也需向查理曼献上精细的颂词。在查理曼之父矮子丕平统治时期，并无一首赞颂丕平的诗歌，但在查理曼治下，已出现五十余首由宫廷学者为他写的颂词。④ 这些颂词将查理曼塑造为理想君主，并影响宫廷精英对查理曼的印象。可以说查理曼宫廷中文人云集之时，也是其传奇逐渐编织之日。宫廷文人为查理曼留下正面的文字记载，而文字背后反映查理曼的强大王权对其光辉形象的间接塑造。

---

① Thomas F. X. Noble, "Greatness Contested and Confirmed: The Raw Materials of the Charlemagne Legend," in Matthew Gabriele and Jace Stuckey (eds.), *The Legend of Charlemagne in the Middle Ages Power, Faith, and Crusade*, New York, Palgrave Macmillan, 2008, p. 3.

② 查理曼统治法兰克王国时的首都。当时的拉丁文名为 Aquisgranum。

③ 执事(Deacon)指天主教会中辅佐主教的副手。字面意义上指仆人。

④ Paul Edward Dutton, "KAROLVS MAGNVS or KAROLVS FELIX: The Making of Charlemagne's Reputation and Legend," in Matthew Gabriele and Jace Stuckey (eds.), *The Legend of Charlemagne in the Middle Ages Power, Faith, and Crusade*, New York: Palgrave Macmillan, 2008, p. 25.

在艾因哈德《查理大帝传》流行之前，对查理曼诸种不当行径的批评也同时存在。比如查理曼禁止女儿出嫁，却不理睬她们在宫内与人私通，其子虔诚者路易即位后为纠正父亲的行为，将她们都赶出了宫廷。路易还在即位后向各地派出使者，宣布减轻民众负担，查处先父姑息的贵族违法行径。①

除其继承者外，还有一些教士与文人含蓄地批评查理曼的过失。他们主要抨击查理曼的私生活，比如他对女儿极有争议的养育方法，在男女关系上的不检点，还无情地与第一任妻子离婚。曾任德意志赖歇瑙（Reichenau）修道院院长的海托（Heito）在 824 年虚构另一位院长维蒂（Wetti）的故事，以此含蓄批判查理曼的私德。他描写维蒂往生后在天使引领下看到一位"曾统治意大利与罗马人"的君主（即查理曼）正被一只动物撕咬着生殖器。维蒂很惊讶：他知道这位皇帝给教会做了不少贡献，最后也会升入天国，为何还会受此折磨？天使答道，因为这位帝王犯下肉体之罪，因此他也难逃神罚。② 还有人提及查理曼骚扰修女，甚至有流言说布列塔尼边防长官罗兰③是查理曼和姐妹乱伦的孩子。虔诚者路易宫廷的著名文人瓦拉弗里德·斯特拉波在歌颂路易时也批判了查理曼，他撰写抨击东哥特国王狄奥多里克（Theodoric）的诗文时，也顺带提及查理曼对狄奥多里克的喜爱，批判查理曼对"蛮族"④文化过于热衷。他还化用《旧约·出埃及记》第 32 章的典故⑤，指责查理曼仍陶醉于装饰、财

① Thomas F. X. Noble, "Greatness Contested and Confirmed: The Raw Materials of the Charlemagne Legend," in Matthew Gabriele and Jace Stuckey (eds.), *The Legend of Charlemagne in the Middle Ages Power, Faith, and Crusade*, New York: Palgrave Macmillan, 2008, p. 4.

② Thomas F. X. Noble, "Greatness Contested and Confirmed: The Raw Materials of the Charlemagne Legend," in Matthew Gabriele and Jace Stuckey (eds.), *The Legend of Charlemagne in the Middle Ages Power, Faith, and Crusade*, New York: Palgrave Macmillan, 2008, p. 4.

③ 即《罗兰之歌》的主人公。

④ 中文语境下"蛮族"本身带有贬义，需加引号表明特定情况下才可使用。

⑤ 《旧约·出埃及记》32 章载，以色列人为神铸造一头金牛犊，向其祭拜，神因以色列人陷入偶像崇拜而震怒，准备向他们降下灾祸，因摩西求情而作罢。摩西随后命以色列人毁掉金牛犊，并整肃全民对神的信仰。

富、肖像，就像迷恋金牛犊的以色列人，而路易是击碎偶像崇拜的摩西。① 这些批评在虔诚者路易统治初期占据上风，但此时艾因哈德的《查理大帝传》也将著成。为何艾因哈德的描述会逐步压倒其他负面声音，到 9 世纪末重新塑造出查理曼近乎完人的形象？这就需要谈及艾因哈德作品的特点，以及 9 世纪 20 年代始加洛林王朝社会环境与政局的变化。

二、政局变幻与艾因哈德对查理曼形象的重构

作为查理曼的亲密朋友与廷臣，面对斯特拉波等人在虔诚者路易统治时对恩主的攻击，艾因哈德撰写《查理大帝传》自然有重塑查理曼正面形象的意味，该书之所以能掩盖对查理曼的批评之声，部分原因是艾因哈德高超的写作技巧。

艾因哈德的《查理大帝传》从体例、选材上借鉴苏维托尼乌斯的《罗马十二帝王传》，这种借鉴在 16 世纪末为学者指出后，人们长期认为艾因哈德的作品是对《罗马十二帝王传》的抄袭和挪用。1933 年，西格蒙·赫尔曼（Siegmund Hellmann）提出了新的看法，他指出，艾因哈德不像苏维托尼乌斯那样大段记载传主奇闻异事，也未在字里行间挖苦、讽刺传主，更没有多次引用查理曼本人的言语。准确来说，艾因哈德确实借用苏维托尼乌斯的行文思路与结构，但目的是采用前人文体表达自己的观点。② 毕竟，艾因哈德与苏维托尼乌斯不同，他还是著名的圣徒传记作家，借助圣徒传记的写作手法，从世俗角度切入记述查理曼的一生。

① Thomas F. X. Noble, "Greatness Contested and Confirmed: The Raw Materials of the Charlemagne Legend," in in Matthew Gabriele and Jace Stuckey (eds.), *The Legend of Charlemagne in the Middle Ages Power, Faith, and Crusade*, New York: Palgrave Macmillan, 2008, pp. 4-7.

② Thomas F. X. Noble, "Greatness Contested and Confirmed: The Raw Materials of the Charlemagne Legend," in Matthew Gabriele and Jace Stuckey (eds.), *The Legend of Charlemagne in the Middle Ages Power, Faith, and Crusade*, New York: Palgrave Macmillan, 2008, pp. 9-10.

在艾因哈德笔下，查理曼十分虔诚，但他不是神选之王，在出生时没有天降吉兆，少年时也未有奇闻。查理曼并非将自己全身心奉献给教会，他更重视为法兰克王国开疆拓土。艾因哈德在叙述查理曼的功业时也没有将其比作旧约中的国王，常有神迹出现。与斯特拉波抨击查理曼的"蛮族"特征不同，艾因哈德以赞颂的笔调强调查理曼的法兰克特性：他爱骑马打猎、爱本民族服装、爱本民族的歌谣，"他经常操练骑术和打猎，这是一种民族习惯，因为在这点上，世界上简直没有任何种族可以同法兰克人相媲美"[1]。艾因哈德笔下的查理曼虽是君王楷模，但并非高不可攀的圣徒，而是有血有肉的人。他征服大片土地，被教宗加冕为罗马皇帝，同时也是疼爱甚至溺爱子女的父亲。[2] 面对查理曼一些确实难以回避的缺点，艾因哈德或尽力维护或淡化其严重性，以此粉饰查理曼的形象。例如，他将查理曼禁止女儿出嫁解释为他过度关爱女儿，并将女儿私通他人的行为归因于女儿自身道德败坏，而查理曼是这种问题的受害者。而查理曼同第一任妻子离婚的原因，艾因哈德也尽力淡化，只写到他也并不清楚。[3] 查理曼统治时期的两场叛乱（发起人分别为日耳曼地方贵族与查理曼长子"驼子"丕平）被艾因哈德归结为查理曼之妻法斯特拉达（Fastrada）的暴虐：

　　人们相信，王后法斯特拉达的残暴是这些阴谋案件的原因

---

　　[1]　艾因哈德，圣高尔修道院僧侣著，戚国淦译：《查理大帝传》，商务印书馆1979年版，第26页。

　　[2]　Thomas F. X. Noble, "Greatness Contested and Confirmed: The Raw Materials of the Charlemagne Legend," in Matthew Gabriele and Jace Stuckey (eds.), *The Legend of Charlemagne in the Middle Ages Power, Faith, and Crusade*, New York: Palgrave Macmillan, 2008, pp. 10-11.

　　[3]　艾因哈德，圣高尔修道院僧侣，戚国淦译：《查理大帝传》，商务印书馆1979年版，第22~24页。事实上查理的结发妻子是伦巴德国王之女，查理对伦巴德用兵时这桩政治婚姻也就失去了价值，因而查理选择休妻。但这种抛弃妻子的行为仍会招致一些人的反感，例如查理的亲戚、廷臣阿达拉德（Adalhard）。

和根源。据信，两次阴谋案件之所以发生，都是由于他在残暴的妻子的教唆下，已经与其天生的善良和一贯的仁慈背道而驰了。①

通过以上叙述，艾因哈德试图塑造一位充满魅力的查理曼。但仅凭艾因哈德本人写作的传记还不能重塑查理曼的正面形象。名声需在特定条件下，才能由特定群体塑造、传播、散布、继承，恰如良种需沃土才可茁壮生长。因此虔诚者路易在817年遇到的挑战，成为艾因哈德《查理大帝传》这颗良种发芽的沃土，路易的不幸反倒成就查理曼的幸运。

由于法兰克人固有的分封继承制，加洛林王朝的继承问题困扰着虔诚者路易。查理曼曾颁布《分国诏书》，将帝国分给三子：小查理（Charles the younger）、路易（即虔诚者路易）和丕平（意大利王丕平），小查理和意大利王丕平去世后，查理虽将路易立为共治皇帝，让路易一人继承帝国，但将意大利封给丕平之子贝尔纳，这就给路易的皇权带来了威胁。路易继位后于817年颁布《帝国御制》（*Ordinatio Imperii*），将贝尔纳一部分领地划给自己的儿子日耳曼人路易（Louis the German），致使贝尔纳反叛。路易平叛后俘虏贝尔纳，并将其折磨致死，路易的残暴行为冲击了他统治的合法性，迫使路易急需维护自身权威，此时，他通过任命教士修订半官方史书《法兰克王家年代记》试图达到这一目的。② 在修订版本中，增添了不少原始版本未记载的内容，其中许多是查理曼时期讳而不谈的叛乱细节，例如前文艾因哈德描述的两场叛乱；抑或查理曼的军事失利，如778年法兰克人在西班牙北部遭巴斯克人伏击大败而归。无论是即位之初对查理曼原

---

① 艾因哈德，圣高尔修道院僧侣，戚国淦译：《查理大帝传》，商务印书馆1979年版，第25页。

② 研究者一般认为《法兰克王家年代记》有"原创本"与"修订本"两种版本，"修订本"为路易命人于818年前后改定，而对《法兰克王家年代记》的用意，下文参考陈文海老师的解读，参陈文海译注：《法兰克王家年代记》，人民出版社2019年版，第51~55页。

有政策的变动，还是此时披露查理曼当政时秘而不宣的史料，路易的目的都是为了稳固自己的皇权。但因自身对叛乱处理不当，加上边境局势不稳，如今路易面临的挑战更多，他也无法如前几年那样通过降低查理曼的权威来树立自己的威信，只得变换方法，强调自己和先王一样都面对过相似的挑战，来宣告自身统治的合法性，证明自己也能战胜挑战，成就伟业。由此，查理曼的形象也随着政治局势逐步变幻。

路易利用宣传手段稳固统治的手段并未奏效，822 年，迫于教俗两方压力，路易在法兰克城镇阿蒂尼（Attigny）公开为他和父亲的过错忏悔。《法兰克王家年代记》写道："他（路易）在阿蒂尼召开民众大会，在全体与会者面前公开忏悔，并为自己当年的暴戾行为苦行补赎。……在这次大会上，他还极其谦恭地表示，对于他本人或其父亲所犯的其他任何诸如此类的过错，他都会尽力弥补。"①不过，此后路易遭遇到更大的危机：823 年幼子秃头查理（Charlie le Chauve）的出生使路易试图修改原有的帝国继承方案，导致诸子纷争，最终于 830 年掀起内战。此外，皇后茱蒂丝（Judith）的外遇流言也影响了路易的威望。帝国并不完备的政治制度也给路易带来了压力：查理曼通过武力建立起来的庞大帝国，其根基并不稳固。尤其是采邑制度（Manorialism）②使王朝贵族对加洛林家族只保有松散的效忠，这类效忠需要对外征伐的战利品才能维护。当帝国境内维京人的袭扰逐渐增多，路易无力效仿查理曼向外投射军力，向内恩威并施压服贵族，路易的皇权逐渐不稳。因而，帝国的教士与文人也将对现实的不满施加在查理曼与路易身上，查理曼的种种流言便在 9 世纪 20 年代甚嚣尘上。除前文提及的几则外，还有一则名唤《拉昂苦妇人所见幻象》

---

① 陈文海译注：《法兰克王家年代记》，人民出版社 2019 年版，第 208 页。

② 指此时加洛林王朝统治区域内实行的一种农业、政治制度。在政治层面，拥有土地的贵族可在自己的土地上行使司法权，王朝统治者对各地采邑只保有松散的控制。

(*Vision of the Poor Woman of Laon*)，故事描绘这位妇人看见查理曼正经受拷打，只有路易赈济穷人才能让他解放；路易也因为谋害贝尔纳而受惩罚，而查理曼和路易的重臣被魔鬼灌进熔化的金子。①

实际上，这些宫廷精英对查理曼怀有更为复杂的情感。因为在查理曼治下，加洛林帝国更为和平，政局也较为稳定。面对现实的混乱，也有部分文人愿意美化查理曼的形象，将对统治者理想的期许加诸查理曼之身。② 这种复杂的现实情况，为艾因哈德《查理大帝传》的传播提供了条件。在《查理大帝传》成书后，得益于艾因哈德的高超文笔，连曾经攻击查理曼的斯特拉波也转换口吻，夸赞先帝"明智的盛名，虽有多人嫉妒和多人揶揄，却不曾非时地从他身上消失，也不曾置他于不可挽救的危难之中"③。

当然，查理曼身上确实具有一些利于构建理想君王的特质。与西塞罗(Cicero)这类既留下具体面容，又有大量信件、著作传世的人物相比，查理曼既没有同时代的画像、雕像留存，也因为不会写字没有多少言行传世。艾因哈德曾记载查理曼随身带着能够写字的薄板与纸张，试图学会写字，但最终未果。④ 如果查理曼的形象更具体、本人言行记载更为详细，更可能会成为西塞罗那样有争议的人物，后世也更难随心所欲地塑造查理曼的形象。

查理曼的理想形象借助合适的现实环境，经由艾因哈德重塑，若

---

① Thomas F. X. Noble, "Greatness Contested and Confirmed: The Raw Materials of the Charlemagne Legend," in Matthew Gabriele and Jace Stuckey (eds.), *The Legend of Charlemagne in the Middle Ages Power*, *Faith*, *and Crusade*, New York: Palgrave Macmillan, 2008, p. 5.

② Paul Edward Dutton, "KAROLVS MAGNVS or KAROLVS FELIX: The Making of Charlemagne's Reputation and Legend," in Matthew Gabriele and Jace Stuckey (eds.), *The Legend of Charlemagne in the Middle Ages Power*, *Faith*, *and Crusade*, New York: Palgrave Macmillan, 2008, pp. 32-33.

③ 艾因哈德、圣高尔修道院僧侣著，戚国淦译：《查理大帝传》，商务印书馆 1979 年版，第 2 页。

④ 艾因哈德、圣高尔修道院僧侣著，戚国淦译：《查理大帝传》，商务印书馆 1979 年版，第 28 页。

无后世文人继承依旧无法确立。查理曼推行、路易继续推广的"加洛林文艺复兴"很大程度上影响了查理曼形象的重塑。此时文人撰写作品时普遍采用皮纸，以更好辨认的"加洛林手写体"取代原有复杂难认的"墨洛温手写体"。9 世纪西欧缮写室（Scriptorium）①的出现让缮写员能传抄艾因哈德的作品，查理曼的正面形象逐步稳固。艾因哈德的《查理大帝传》如今有 134 份抄本存世。在最早的抄本里，标题并非"查理大帝传"（Vita Karoli Magni），抄本角落里也有缮写员对查理曼的批评。但在后来的抄本里，查理曼获得"大帝"（Magnus）的称号；到 12 世纪，在法兰西武功歌《罗兰之歌》中被称作"查理曼"，完成由加洛林家族众多的查理（Charles）到独此一位查理曼（Charlemagne）的转变。②《罗兰之歌》里的查理曼是基督教反抗穆斯林的圣战领袖，也是前往西班牙朝圣的先行者，被赋予了强烈的基督教色彩与浓厚的神话意味。而神化查理曼形象的源头，即是艾因哈德《查理大帝传》成书后，加洛林王朝文人创作的有关查理曼的传记与故事。那么，这些文人笔下的查理曼与艾因哈德的版本又有何不同呢？

三、逐步神圣化的查理曼形象

艾因哈德虽塑造了一位世俗的查理曼，但他在叙事时也借用了当时文学界盛行的圣徒传记文体。这类文体多选择基督教著名的圣徒作为传主，传记里圣徒常行神迹，屡遭磨难，最后得神庇佑成为圣人。在艾因哈德塑造的理想查理曼形象成为主流后，其他文人也尝试遵循这一撰述方式，但他们的古典文化素养不一定有艾因哈德那样深厚，

① 指修道院内的缮写员用皮纸抄写古典文献的场所。缮写室的出现使中世纪的抄写文化逐步流行，以此保存了大量古典文献。缮写员传抄古典文献时对文献的注解也成为反映当时社会思想的一种方式。

② Thomas F. X. Noble, Greatness Contested and Confirmed: The Raw Materials of the Charlemagne Legend, in Matthew Gabriele and Jace Stuckey (eds.), *The Legend of Charlemagne in the Middle Ages Power, Faith, and Crusade*, New York: Palgrave Macmillan, 2008, p. 12.

在提到查理曼的事迹时更倾向采用流行的圣徒传记写法。例如为虔诚者路易作传的教士提甘，斯特拉波评价他的传记文风"更重视真实而非优雅"①。而在传记中提到查理曼临终的情形时，他的写法也与艾因哈德不甚相同，更富宗教色彩：

> (查理曼)用最后的力气伸出右手，在额头上划了十字，又在胸前和全身划十字。最终，他并拢双脚，将两臂两手放在身上，闭上双眼，缓缓吟出《诗篇》内这节经文："主啊，我将我的灵交在你手里。"②紧接着，查理曼"寿高年迈，得享天年"③，安详离世。④

提甘在这段材料里两次引用《旧约》原文，将查理曼与大卫王(King David)和亚伯拉罕(Abraham)相比，把查理曼临终的场景描绘成圣徒即将受主感召升入天国一般，使查理曼更像《旧约》里的以色列王，而非艾因哈德笔下充满法兰克色彩的世俗皇帝。

在 9 世纪中后期虔诚者路易去世后，加洛林帝国政局虽陷入动荡，但神化查理曼的趋势并未弱化。840 年路易去世后，他的三个儿子日耳曼路易、秃头查理、罗退尔(Lothar)为帝国继承问题再次掀起内战，最终于 843 年签订《凡尔登条约》，将帝国一分为三，三人分治东、西、中法兰克。对昔日帝国一统的怀念，以及宣示自身乃加洛

---

① Thomas F. X. Noble, *Charlemagne and Louis the Pious: lives by Einhard, Notker, Ermoldus, Thegan, and the Astronomer*, University Park: The Pennsylvania State University Press, 2009, p. 194.

② 此处引用《旧约·诗篇》31：5 大卫王祈祷诗(诺布尔教授在标注出处时记为 31：6，似乎有误)，译文参考中国基督教两会：《圣经》，中国基督教两会出版部发行组 2008 年版，有改动。

③ 此处引用《旧约·创世纪》25：8，译文同样参考中国基督教两会：《圣经》，中国基督教两会出版部发行组 2008 年版，有改动。

④ Thomas F. X. Noble, *Charlemagne and Louis the Pious: lives by Einhard, Notker, Ermoldus, Thegan, and the Astronomer*, University Park: The Pennsylvania State University Press, 2009, p. 198.

林王朝正统的迫切需要，使得三个王国的统治者更重视对先祖功绩的渲染。日耳曼人路易和秃头查理便尤为重视对查理曼形象的塑造，在统治时处处效仿祖父，促进了宫廷文人对查理曼形象的神化。

到 9 世纪末诺特克受胖子查理委托撰写《行传》时，查理曼个人的形象变得越发神圣。诺特克撰写此书的目的是讽喻恩主胖子查理，而查理曼便是他劝诫胖子查理效仿的理想帝王。诺特克用《旧约·但以理书》中的典故，将查理曼建立的帝国美化为第二轮四大帝国的开端："当同时掌管各国命运和时间更序的全能的世界主宰把一座华贵的塑像——即罗马人——的半铁半泥的脚砸碎之后，他凭借卓越的查理的双手在法兰克人中间树立起另外一座毫无逊色的塑像的精金头颅。"①"四大帝国"典出《旧约·但以理书》2：33，当时新巴比伦王尼布甲尼撒二世（Nebuchadnezzar Ⅱ）梦见一尊金头、银胸、铜腹、铁腿、半铁半泥脚的塑像，先知但以理（Daniel）为他解梦，预言这指代包括新巴比伦在内的四大世界帝国。后来基督教神学家认为四大帝国覆亡后是敌基督出现、基督复临、"上帝之国"降临的时代。拉丁教父圣哲罗姆（St. Jerome）解经时认为，金头是新巴比伦王国，银胸是波斯帝国，铜腹是亚历山大帝国，铁腿和半铁半泥的脚是罗马帝国。诺特克在此处将查理的帝国描述为第二个塑像的金头。②

此外，与艾因哈德的记载相比，《行传》中的查理曼与主教、教会的联系也更加密切，是由教会庇佑的神圣统治者，查理曼的统治是神意所归。作者记载，查理曼曾徒手就把刀剑折弯，"他是一位真命皇帝！就象先知以赛亚在他的预言里所说的那样：'你们要追想被凿而出的磐石'，因为在日耳曼所有的广大群众中间，唯有他蒙受上帝的特殊恩宠，上升到先世的勇武的高度"③。诺特克还为查理曼虚构

---

① 艾因哈德，圣高尔修道院僧侣著，戚国淦译：《查理大帝传》，商务印书馆 1979 年版，第 38 页。
② 朱君杙：《竖立起"塑像金头"的查理曼——论结巴诺特克〈查理大帝事迹〉中的神学隐喻》，《历史教学》2017 年第 22 期，第 59~63 页。
③ 艾因哈德，圣高尔修道院僧侣著，戚国淦译：《查理大帝传》，商务印书馆 1979 年版，第 101 页。

了一则在纳尔榜高卢（Narbonnese Gaul）①击败诺曼人（Normans）时感怀自己老之将至，为后人将面临的黑暗时局而泪流满面的故事。书中的查理曼悲叹："一想到甚至当我还活在世上，他们就敢于触犯这片海岸的时候，真使我凄然于怀；而在预计他们对于我的子孙及其臣民会造成何等灾害的时候，就更使我忧伤欲绝了。"②诺特克为查理曼虚构这一故事的用意是劝诫恩主胖子查理与侄儿阿努尔夫摈弃前嫌，共同挽救摇摇欲坠的加洛林帝国。③ 故事虽非真实，但同样能反映此时查理曼更加神化的形象：在自己的事业如日中天之时，为后人将要面临的挑战潸然泪下，仿佛一位未雨绸缪、深谋远虑的睿智君王，让查理曼的形象在加洛林帝国风雨飘摇之时显得更加高大。

查理曼的神圣形象还超出了法兰克人的视野，影响到查理曼曾经的敌人——撒克逊人（the Saxons）。与诺特克同时代的一位萨克森诗人借助《法兰克王家年代记》与艾因哈德的作品塑造出萨克森版本的查理曼形象。作者承认查理曼扩展法兰克疆界的功绩，但更强调查理曼的功绩是秉承上帝旨意将基督教带给撒克逊人，他是基督教圣徒的继承人，是救赎历史的一部分，将带领撒克逊人而非法兰克人走向天堂。④ 到此时，查理曼除是艾因哈德笔下荣耀的征服者、杰出的统治者、帝国的缔造者、伟大的立法者、文教的推动者外，在更广阔的范围内又多了一层圣徒色彩的外衣，这层外衣还会在日后文人的书写中更加繁复。

---

① 法国南部地中海沿岸地区。

② 艾因哈德，圣高尔修道院僧侣著，戚国淦译：《查理大帝传》，商务印书馆 1979 年版，第 92 页。

③ 王晋新：《情感与真实——诺特克所述"查理曼之泪"之辨析》，《世界历史评论》2021 年第 1 期，第 34~38 页。

④ Thomas F. X. Noble, "Greatness Contested and Confirmed: The Raw Materials of the Charlemagne Legend," in Matthew Gabriele and Jace Stuckey (eds.), *The Legend of Charlemagne in the Middle Ages Power, Faith, and Crusade*, New York: Palgrave Macmillan, 2008, pp. 14-15.

四、结　语

　　9 世纪是查理曼理想形象经历冲击、重新确立的时期，该形象首先作为加洛林王朝的一种政治符号存在。9 世纪初，查理曼及其延揽的宫廷文人主动塑造他的形象，宣示自己牢固的统治地位，但随着查理曼逝世与加洛林王朝动荡，后继者试图从自身考量出发塑造新的查理曼形象，以巩固王权。自此，作为政治符号的查理曼与作为历史人物的查理曼逐步疏离，并被赋予更具宗教色彩的内涵，在 10—12 世纪获得更丰富的解读。

　　法兰西卡佩王朝的统治者将查理曼视作家族先祖，宣扬"王权回归加洛林"的神话，以此强调卡佩家族对法兰西各公爵领、伯爵领的封建宗主权。① 随着此时西欧十字军运动逐步兴起，圣徒崇拜与朝圣事业得以发展，天主教会在 1125 年将查理曼封圣，同时有教会文人虚构查理曼前往地中海东岸圣地（Holy Land）获得众多圣物的故事，还让他成为率领基督徒与西班牙穆斯林作战的领袖。从这个角度讲，我们可以说查理曼（"伟大的查理"）也是"幸运的查理"（Karolus Felix），因为他并未像"伟大的庞培"（Gnaeus Pompeius Magnus）②那样在去世后形象变得消极，而是被粉饰上层层神圣的迷雾。③ 而这层层迷雾之后又隐含不同时代、身份的群体在特定条件下对查理曼形象的再创作，以及推动他们创作的社会背景。查理曼的真实形象早已无

---

　　①　黄春高：《"国王们都有长长的手臂"——法国路易六世时期的王权》，《历史研究》2006 年第 2 期，第 128 页。

　　②　罗马共和国晚期军阀，曾因剿灭地中海海盗、在小亚细亚取得军功而闻名，后与恺撒（Gaius Julius Caesar）、克拉苏（Marcus Licinius Crassus）结成"前三头同盟"共同影响罗马共和国政局，在克拉苏战死后与恺撒开战，最后败北逃亡埃及，中途为埃及法老托勒密十三世（Ptolemy XIII）派人谋杀。

　　③　Paul Edward Dutton, "KAROLVS MAGNVS or KAROLVS FELIX: The Making of Charlemagne's Reputation and Legend", in Matthew Gabriele and Jace Stuckey (eds.), *The Legend of Charlemagne in the Middle Ages Power, Faith, and Crusade*, New York: Palgrave Macmillan, 2008, pp. 26-27.

人可考，但探析不同时代人心中的查理曼形象仍能深化我们对这一问题的认识。

（作者系武汉大学历史学院硕士研究生）

天主教改革视野下的罗马兄弟会

蔡文婕

摘要：兄弟会兼具宗教和社会双重身份，与教会和政府势力纵横交错。作为民间宗教组织，教会对兄弟会的虔诚程度产生怀疑；作为社会基层管理组织，政府质疑兄弟会活动的正当性。加之近代早期的社会危机和宗教改革的爆发激化了天主教世界的宗教和社会矛盾，罗马教廷最终于 1545—1563 年召开特兰特会议推行天主教改革。罗马兄弟会允许大量教士入会并在他们的指导下崇拜圣礼和圣体，迎合天主教改革精神。他们还摒弃了中世纪的鞭笞活动和私下祈祷，转而举办公开且隆重的游行仪式，并在仪式中强调他们对天主教改革的支持与宣扬对圣体的尊崇。通过救济贫穷人家、安抚罪犯等慈善活动，罗马兄弟会不仅展现了他们的宗教热忱与虔诚，向公众传播了基督之爱，还适当弥补了近代早期罗马政府慈善功能的不足，有效地缓解了社会危机。

关键词：天主教改革；罗马；兄弟会

兄弟会（Confraternity）是由成年男性主导的、为了能共同表达他们的宗教虔诚而自愿联合的平信徒宗教组织，其起源可追溯到 13 世纪。1517 年，马丁·路德掀开宗教改革的浪潮，新教思想和天主教思想展开激烈交锋。在对待兄弟会的方式上，新教国家选择取缔或将其纳入政府管控的范畴，而在天主教国家，除了天主教教会加强对兄弟会的监控外，政府同时也利用兄弟会的慈善功能弥补其职责的不足。

在西方学界，对兄弟会的传统研究是将其作为教会史或神学思想史的边缘研究。自 20 世纪 60 年代始，兄弟会的研究引入新的研究视角和路径。1960 年，纪念 1260 年鞭笞运动开展 700 周年的活动在佩鲁贾举行，这激发了学者们对鞭笞运动和兄弟会的研究兴趣和重新审视，同年学界举办了一场学术会议以纪念此次周年纪念活动。20 世纪七八十年代始，兄弟会研究引入社会学视角，着重关注兄弟会与城市政府的互动。① 20 世纪 90 年代至今，跨学科研究兴起，开辟了兄弟会研究的新路径。学者们开始关注兄弟会在艺术上的赞助角色、成员的性别差异、民族属性等问题。② 以往学者对兄弟会的关注大多局限于意大利某个地区或亚平宁半岛，随着研究视角的扩大，学者们开始将目光转向整个欧洲甚至美洲地区。③ 虽然学界关于意大利兄弟会的研究很多，但学者们主要集中在北部及中部地区，对南部地区的研究相对较少。④

　　国内关于兄弟会的研究不多，见诸介绍性论著⑤和少数论文中，主要介绍了兄弟会的起源与特征⑥、组织结构⑦以及在移民浪潮中，

---

　　① Brian Pullan, *Rich and Poor in Renaissance Venice*, Cambridge：Harvard University Press, 1971；Ronald F. E. Weissman, *Ritual Brotherhood in Renaissance Florence*, New York：Academic Press, 1982.

　　② 如 Diana Bullen Presciutti, *Space*, *Place*, *and Motion*：*Locating Confraternities in the Late Medieval and Early Modern City*, Leiden：Brill, 2017.

　　③ 如 Pamela Gravestock, *Early Modern Confraternities in Europe And the Americas*, Hampshire：Ashgate Publishing Company, 2006. 关注到了低地国家、爱尔兰、拉美等地区的兄弟会发展情况，同时还关注到兄弟会与戏剧、建筑、济贫之间的关系。

　　④ 关于罗马兄弟会的综合性研究著作主要有 Matizia Maroni Lumbroso and Antonio Martin, *Le Confraternite Romane nelle Loro Chiese*, Roma：Fondazione Marco Besso, 1963. 关于文艺复兴时期意大利兄弟会的基本介绍主要有张少斌：《文艺复兴时期意大利兄弟会研究》，陕西师范大学硕士学位论文，2012 年。

　　⑤ 王挺之、刘耀春：《文艺复兴·城市卷》，人民出版社 2008 年版。

　　⑥ 陈凯鹏：《论文艺复兴时期意大利兄弟会的缘起与特征》，《江汉大学学报(人文科学版)》2012 年第 4 期，第 96~100 页。

　　⑦ 尚洁：《文艺复兴时期威尼斯兄弟会初探》，《武汉大学学报(人文科学版)》2004 年第 5 期，第 110~115 页。

兄弟会如何发挥了社会融合的作用。① 以上论文涉及的地域是在意大利北部的威尼斯以及法国，那么在16世纪特兰特会议举办后，身处天主教中心的罗马对于作为重要基层组织的兄弟会又有什么影响？罗马的兄弟会是通过什么方式对天主教改革作出回应并强化罗马作为天主教中心的形象？本文试图通过聚焦罗马兄弟会的游行活动和慈善活动，以期对这个问题作出解答。

一、近代早期罗马兄弟会的处境

欧洲在14—15世纪出现了"中世纪晚期危机"，黑死病席卷欧洲，战争和饥荒不断，导致了欧洲人口骤减、政治衰败和经济凋敝。正是在对天灾人祸的恐惧和不安的情况下，兄弟会为平信徒提供了发泄激情的渠道和联系情感的纽带，于是不断发展起来。15世纪前罗马兄弟会的数量不足10个，但到了15世纪末，数值翻了近3倍，共存在约30个兄弟会，16世纪40年代起数量再次猛增，至16世纪末，罗马约有100个兄弟会存在。②

兄弟会由于自身的特点和活动经常引起教会和政府的猜忌，但它们又不得不依靠兄弟会以达到其目的。作为民间宗教组织，兄弟会由平信徒领导并且其成员能够布道、讨论圣经和教义，加之他们的活动具有保密性。这导致教会对兄弟会的虔诚程度有所怀疑，担心它们是否与异端有所联系。但同时，由于兄弟会扎根民众，教会可以利用它们来宣传天主教义，通过它们的活动对新教的冲击做出回应。作为基层管理组织，政府对待兄弟会的态度也存在双重性。一方面，政府担忧兄弟会的某些活动是否存在扰乱社会秩序的嫌疑，故而对兄弟会进行打压。例如佛罗伦萨的圣弥额尔兄弟会（The Confraternity of Or San

---

① 吕昭：《中世纪晚期法国的城市移民与社会融合》，《世界历史》2020年第3期，第46~60页。

② Alessandro Serra, " Culti e devozioni delle confraternite romane in Età moderna," PhD dissertation, Università degli Studi di Roma " Tor Vergata", 2010, p. 43.

Michele)经常受到政府的审查。1419 年，它和其他兄弟会受到政府的压制，此后政府定期颁布对它们的镇压法令。① 另一方面，16 世纪的罗马政府面临内外困扰，无法建立一套完善的救济系统以解决城内的贫困问题。而兄弟会的慈善活动恰好弥补了罗马政府职能的缺失，因此政府鼓励兄弟会的慈善活动。

反观天主教，1517 年，马丁·路德在维滕堡教堂门口张贴《九十五条论纲》，揭开宗教改革的序幕。为了应对新教的冲击和肃清天主教会内部的腐败问题，天主教会于 1545—1563 年召开了特兰特会议，推动天主教改革。1562 年，特兰特会议讨论了兄弟会的相关事宜，明确表示兄弟会及其救济院(Hospital)都应该受到主教的管控，即主教有权巡视这些兄弟会并检查他们落实遗嘱的工作，同时主教每年还需定期汇报兄弟会的活动。②

在以上背景下，罗马兄弟会在天主教改革精神指导下，对自身的活动进行调整，以表达其虔诚的天主教信仰和缓解教俗政权的猜忌。

二、罗马兄弟会的成员构成与类型

为了打消教廷对他们的猜疑，罗马兄弟会首先调整了成员结构和组织类型。与中世纪时期相比，兄弟会不仅接受教会对他们监管的加强，更多的教士还被允许参与到罗马兄弟会内部，甚至成为他们的领导层。16 世纪新建的兄弟会以宣扬天主教改革精神为主要特征。

罗马的贡法龙兄弟会(The Archiconfraternità del Gonfalone)的成员就由平信徒和教士构成。兄弟会在成立之初大多依仗托钵僧团或教会组织的帮助，所以与托钵僧或教士的联系较为紧密。但在十三、十四世纪，托钵僧或教士对兄弟会的管控并不严格，许多兄弟会能够自主

---

① Jennifer Fisk Rondeau, "Homosociality and Civic (Dis) order in Late Medieval Italian Confraternities," in Nicholas Terpstra (ed.), *The Politics of Ritual Kinship: Confraternities and Social Order in Early Modern Italy*, Cambridge: Cambridge University Press, 1995, p. 44.

② Christopher Black, *Church, Religion and Society in Early Modern Italy*, New York: Palgrave Macnillan, 2004, p. 133.

管理本兄弟会的事务，如自行选举兄弟会管理层、自行决定宗教仪式活动的举办等，其领导权掌握在平信徒手中。① 但从 16 世纪开始，这种局面发生了转变。罗马教会逐渐强化对兄弟会的管控，教士成为兄弟会的监管者。1562 年，特兰特法令要求加强对宗教场所的精神管控，1604 年教皇再次颁布教谕强调新建的兄弟会必须处于主教的控制之下，限制和削弱兄弟会的独立性。② 于是，贡法龙兄弟会在1563 年出现了主教保护者（Cardinal-Protector）的职位。圣母大教堂的大主教圭多·阿斯卡尼奥·斯福尔扎（Guido Ascanio Sforza）和亚历山德罗·法尔内塞（Alessandro Farnese）都曾担任过该职位。③ 从圣吉罗拉莫慈善兄弟会的 16 世纪成员名单上可见其成员大多为教士。④1578 年，圣三位一体兄弟会的章程中明确规定，兄弟会的领导人必须由教会的高级神职人员担任，⑤ 这些高级神职人员都是教会内的高层人士。

13 世纪意大利地区的兄弟会类型主要可分为两种：一是赞颂（laudesi）兄弟会，二是鞭笞（disciplinati）兄弟会，当时兄弟会以鞭笞兄弟会为主。特兰特会议强调了圣徒和圣物的重要性，于是一股崇拜圣母、圣徒和圣体（The Host）的潮流席卷天主教世界，因此这时期大量涌现侧重天主教圣礼和圣体崇拜的兄弟会，如圣母（Marian）兄弟会、玫瑰经（Rosarian）兄弟会、圣礼（Sacramental）兄弟会等。同时，这类兄弟会主要基于堂区（parish）教堂而建，所以它们很大程度上依

---

① Christopher Black, *Italian Confraternities in the Sixteen Century*, New York：Cambridge University Press, 1989, p. 33.

② Christopher Black, *Church, Religion and Society in Early Modern Italy*, New York：Palgrave Macnillan, 2004, p. 133.

③ Barbara Wisch, "The Archiconfraternita del Gonfalone and Its Oratory in Rome：Art and Counter-Reformation Spiritual Value," PhD dissertation, University Microfilms International, 1985, p. 10.

④ Pamela M. Jones, Barbara Wisch and Simon Ditchfield（eds.）, *A Companion to Early Modern Rome*, 1492-1692, Leiden：Brill, 2019, p. 200.

⑤ Pamela M. Jones, Barbara Wisch and Simon Ditchfield（eds.）, *A Companion to Early Modern Rome*, 1492-1692, Leiden：Brill, 2019, p. 218.

附于堂区教堂和堂区神父。堂区神父不仅能够满足兄弟会对举行宗教仪式的要求，还可以通过它们强调弥撒和圣餐礼的重要性，使它们成为天主教向平信徒宣传其改革精神的重要途径之一，此外还迎合了罗马教廷加强对兄弟会监管的要求。在天主教改革精神的影响下，罗马兄弟会作为教廷改革思想在民众间有效的传播者和践行者，其数量迅速扩张。罗耀拉（Ignatius of Loyola）协助圣约瑟夫兄弟会（The Arciconfraternità di Giuseppe e della Casa dei Catecumeni e Neofiti）致力于让更多不同信仰的人皈依天主教，如穆斯林、新教徒。① 圣三位一体兄弟会（The Arciconfraternità della SS. Trinità dei Pellegrini e Convalescenti）成立于 1562 年，该兄弟会通过修缮礼拜堂的祭坛画而传播罗马天主教使徒的神圣性。②

总体来看，16 世纪的罗马兄弟会在人员组成和类型上都较之十四十五世纪出现了新的变化，教士阶层在兄弟会中的比例上升，甚至掌握着部分兄弟会的领导权，并推动一系列尊崇圣体的兄弟会出现。这种新变化迎合了天主教改革的需求，不仅加强了教会对兄弟会的控制，还一定程度上减轻了罗马教廷对兄弟会的疑虑。

三、罗马兄弟会的游行活动

除了从成员构成和组织内部着手外，罗马兄弟会也通过改变其宗教活动来迎合天主教改革的要求。中世纪时期，成员一般独自或几个人聚集在兄弟会内的小礼拜堂或小房间内，低声祈祷或进行鞭笞活动。兄弟会活动的隐私性时常遭到教会的质疑。到了近代早期，特兰特会议鼓励兄弟会的虔诚活动公开化，并强调内化天主教改革精神以

---

① Alessandro Serra, "Culti e devozioni delle confraternite romane in Età moderna," PhD dissertation, Università degli Studi di Roma "Tor Vergata", 2010, p. 60.

② Barbara Wisch, "Embracing Peter and Paul: The Arciconfraternita della SS. Trinità dei Pellegrini e Convalescenti and the Cappella della Separazione in Rome," in *Space, Place, and Motion: Locating Confraternities in the Late Medieval and Early Modern City*, pp. 178-216.

规训自身，加之兄弟会强调圣徒和圣礼崇拜的新特征。因此，罗马兄弟会更青睐于通过公开、宏伟的游行活动中彰显自己的宗教虔诚。

十五十六世纪，兄弟会逐渐摒弃鞭笞运动，其压力主要来自两方面。从教会层面来看，教会希望控制鞭笞行为，但鞭笞者往往拒绝服从教会，存在异端的嫌疑，① 这引起了教会的愤怒。从世俗政权层面来看，鞭笞者们在大街上一边鞭笞一边游行，身躯被鞭子抽打得血肉模糊，还伴随着痛苦呻吟，对城市面貌和秩序稳定都造成了威胁。在教俗双方的压力下，兄弟会的鞭笞运动式微，将重心转移至游行活动。

兄弟会有着悠久的举办游行活动的传统，兄弟会的游行活动是平信徒虔诚信仰和宗教热情的公开展示。在 16 世纪，罗马兄弟会的游行仪式除了展现罗马信徒的宗教虔诚外，还向其他民众强调了天主教改革精神，强调圣礼和圣体是这时期罗马兄弟会宗教仪式的显著特征。

这时期不仅出现了大量圣礼兄弟会，还有很多与圣体有关的节日被确立，如四十小时(The Forty Hours)，这个节日的设立旨在强调圣体和耶稣受难的重要性。菲利波·内里(Filippo Neri)于 1550 年将其引入罗马，随后引起罗马托钵僧团和兄弟会的极大关注。罗马的托钵僧团和兄弟会在四十小时节日上极力追求华丽和壮观。1628 年，著名艺术家贝尼尼(Bernini)被聘请为梵蒂冈的圣保罗教堂中的一个小礼拜堂装饰，他用两千盏灯营造出天堂荣耀(The Glory of Paradise)的景象。② 圣体是新教和天主教在圣餐礼上发生巨大分歧的内容之一，作为基层组织的罗马兄弟会选择圣餐崇拜，无疑是打击了新教势力和巩固了天主教阵营。

圣耶稣受难像兄弟会在 1593 年的耶稣受难日举行隆重的游行活动。他们邀请了 31 名身份地位显贵的嘉宾参与到此次游行中，其中

---

① 李化成:《黑死病期间西欧的鞭笞者运动(1348—1349)》,《历史研究》2013 年第 1 期，第 147~159 页。

② Christopher Black, "The Public Face of Post-Tridentine Italian Confraternities", *The Journal of Religious History*, 2004, Vol. 28, No. 1, pp. 94-96.

包括西班牙大使和教皇枢机子侄(Cardinal Nephew)皮埃特罗·奥尔德布兰迪尼(Pietro Aldobrandini，1571—1621)。他们事先准备了游行需要用到的十字架、蜡烛和火炬，还有一个具有神圣力量的十字架的复制品。该兄弟会还为此次游行活动聘请了乐师，他们从圣母大教堂(Santa Maria Maggiore)中聘请 16 人组成合唱团，由本兄弟会的两名成员指挥音乐。这次游行活动共计约 300 人参与。① 圣耶稣受难像兄弟会的游行不仅显示了其成员的宗教热忱与虔诚，也是对天主教改革支持的体现。

此外，罗马兄弟会还试图通过游行强调它们对天主教改革的支持和向民众传播天主教的教义。在基督教神学思想中，基督被钉十字架象征着肉身苦难与奉献的救赎之路。信徒通过观看耶稣受难像上极端痛苦的表情与破损的肉体，联想到人类的原罪和基督替人类赎罪的伟大，激发自身的宗教忏悔与虔诚。

罗马城内拥有许多圣地和神圣的遗物，为了使罗马成为天主教新的"耶路撒冷"，教皇鼓励天主教徒前往罗马进行朝圣。罗马兄弟会的游行路线根据罗马这些圣地和圣物的分布进行规划，特地前往它们的所在地朝圣，以彰显它们的神圣性和荣耀，这也强调了罗马作为天主教世界中心的重要地位。

四、罗马兄弟会的慈善活动

罗马兄弟会通过游行活动抒发了他们的宗教虔诚，在回应新教的冲击的同时减少教廷的猜忌；他们的慈善活动除了蕴含着丰富的精神涵义外，更在物质层面上缓解了近代早期罗马的社会危机，弥补了罗马政府慈善救济的不足，向政府展示他们团结社会的形象来减轻世俗政权的担忧。

马丁·路德对天主教宣称"通过善功获得救赎"的教义发起猛烈

① Diana Bullen Presciutti（ed.），*Space, Place and Motion: Locating Confraternities in the Late Medieval and Early Modern City*，Leiden：Brill，2017，p. 281.

抨击，而罗马教廷的应对方针是鼓励更多的信徒和机构参与慈善活动。① 在天主教改革精神的推动下，耶稣会和奥拉托利会（Oratorian）鼓励兄弟会积极参与慈善活动，② 通过扩大慈善救济对象范围和数量来宣扬天主教的互惠救助原则和反驳新教的批判。其实在中世纪时期，教会一直是社会慈善活动的主体力量。但自14世纪后半期开始，教会的济贫职能面临严峻挑战，民族国家逐渐成为社会济贫的主力，并且形成较为集中的救济体系。然而，就罗马来说，它长期处于天主教廷的控制之下，奉行的慈善模式仍然是分散的、去中心化的。③ 加之16世纪的罗马不断遭遇天灾人祸，因而由罗马教廷控制的政府却根本无力独自建立一套完备的慈善救济体系。为了缓解16世纪罗马城的困境，许多救助对象更具针对性的罗马兄弟会成立，它们的活动不仅扩大了救助对象和范围，还从影响民众的精神层面扩大到物质层面，有效地缓解民众的贫困问题。

出于教会集权和加强对兄弟会管控的需求，教会要求罗马小型的兄弟会加入规模较大的兄弟会中，组成大兄弟会（Archconfraternity）。这类大规模的兄弟会能够有充足的人力和物力支持兄弟会展开慈善活动。此外，兄弟会也由注重内心的自省转变为外部展示，更注重节日庆典的游行仪式和慈善活动，于是在15世纪，大量以慈善活动为中心的兄弟会建立。由在罗马生活的佛罗伦萨人建立的圣乔万尼·德科拉托仁慈兄弟会（The Confraternity of San Giovanni Decollato detta della Misericordia）于1488年成立，④ 该兄弟会的慈善活动主要是为被处死

---

① Christopher Black, *Church, Religion and Society in Early Modern Italy*, New York: Palgrave Macnillan, 2004, p. 130.

② Christopher Black, "The Public Face of Post-Tridentine Italian Confraternities", *The Journal of Religious History*, 2004, Vol. 28, No. 1, p. 92.

③ Lance Gabriel Lazar, *Working in the Vineyard of the Lord: Jesuit Confraternities in Early Modern Italy*, Toronto: University of Toronto Press, p. 13.

④ Jean S. Weisz, "Caritas/Controriforma: The Changing Role of a Confraternity's Ritual," in Konrad Eisenbichler (ed.), *Crossing the boundaries: Christian Piety and the Arts in Italian Medieval and Renaissance Confaternities*, Michigan: Medieval Institute Publications, 1991, p. 221.

刑的罪犯提供生前的宗教仪式服务。成立于 1540 年的圣凯瑟琳玫瑰兄弟会(The confraternita di S. Caterina della Rosa per le Vergini Miserabili)主要为悔改的妓女和穷困潦倒的人提供帮助。①

新教合并或撤销了各种宗教济贫机构，并且严禁乞讨行为的出现。但特兰特会议后的天主教仍保留着传统的互惠救赎济贫理念，原有的宗教机构与新的集中化的体系一起发挥着济贫作用。② 在天主教高层教士的倡议下，许多兄弟会及救济院建立，例如 1519 年红衣主教朱利奥·美第奇(Giulio de' Medici)建立了圣吉罗拉莫慈善兄弟会，16 世纪 40 年代在罗耀拉的大力推动下，一系列致力于济贫的耶稣会式兄弟会及救济院建立，其中包括了孤儿院(The House of Orphans)。③ 兄弟会在选择资助对象时经过慎重考虑和内部商议，确保帮助到真正需要得到帮助的穷人。罗马的圣十二使徒兄弟会(the Confraternity of SS. Dodici Apostoli)于 1564 年在教皇西克斯图斯五世(Sixtus V，1520—1590 年在位)的倡议与赞助下正式建立，专门为穷人提供救济服务。该兄弟会在 1573 年的章程中对其需要帮助的对象进行明确规定，分别是贫困的家庭(famiglie vergognose)、无工作能力的单身汉和老寡妇、需要照顾孩子但被丈夫抛弃的妻子以及有工作能力但入不敷出的家庭。圣十二使徒兄弟会中的一名成员朱塞佩·卡拉桑齐奥(Giuseeppe Calasanzio)在 1596—1601 年曾 157 次到罗马各地帮助穷人，分发了共 539 斯库迪(scudi)，还为穷人提供了识字教育服务。④

为了避免年轻女性因为贫穷而沦为妓女，罗马兄弟会定期为一些

---

① Alessandro Serra，"Culti e devozioni delle confraternite romane in Età moderna," PhD dissertation, Università degli Studi di Roma "Tor Vergata", 2010, p. 55.

② 刘林海：《宗教改革时期的新教与罗马公教研究》，中国社会科学出版社 2020 年版，第 231 页。

③ Lance Gabriel Lazar, *Working in the Vineyard of the Lord*：*Jesuit Confraternities in Early Modern Italy*，Toronto：University of Toronto Press, p. 18.

④ Christopher Black, *Italian Confraternities in the Sixteen Century*，New York：Cambridge University Press, 1989, p. 174.

穷困的年轻女孩介绍姻缘以及提供一定数额的嫁妆。希望得到救济的
女孩亲自或由其监护人首先向罗马的兄弟会提出申请，经由兄弟会内
部对其家庭情况和道德品格进行考核，检验通过后再为她提供资助。
对于资助的年轻女孩，罗马兄弟会的要求一般是"她的年龄超过 14
岁，父母双方都是罗马人，家庭成员的生活习性都是良好的，是一名
处女且家境贫寒"。① 圣母领报兄弟会（The Confraternity of the
Annunziata at S. Maria sopra Minerva）为女孩提供嫁妆与其崇拜圣母的
虔诚表达有关，该兄弟会的章程开头着重强调了圣母玛利亚的崇高地
位，② 所以为年轻女孩提供嫁妆不仅能缓解近代早期罗马女性的结婚
难问题，更能通过这项活动表达兄弟会的宗教虔诚。兄弟会有时会将
其慈善活动公开表演化，即为这些女孩的结婚举办游行仪式。在圣露
西亚节（Santa Lucia）当天，主教举行弥撒结束后，这些女孩身穿天蓝
色长裙，手持小灯，由贡法龙兄弟会的女总管（Prioress）陪伴，随着
兄弟会的游行队伍从圣露西亚教堂（Santa Lucia Nuova）出发，环绕一
圈再次回到起点。③ 在教皇英诺森三世（Innocent Ⅲ，1198—1216 年
在位）的教谕推动下，罗马的萨西亚的圣神堂救济院（The Hospital of
Santo Spirito in Sassia）及其兄弟会建立。圣神堂兄弟会就会为适龄的
贫穷女孩举行游行仪式，并在参与游行活动中为她们挑选适合的婚配
对象。④ 虽然难以衡量兄弟会为这些年轻女孩提供的嫁妆在她们的婚
姻生活中起到何种程度的影响，但是兄弟会的资助能够有效避免贫穷

---

① *Statutes of the Venerable Company of the Gonfalone in Rome*, Chapter XXXX
Ⅱ, from The 1495 Statutes of the Roman Confraternity of the Gonfalone, (trans.)
Nerida Newbigin, 2009, p. 24.

② Anna Esposito, "Ad dotandum puellas virgines, pauperes et honestas: Social
Needs and Confraternal Charity in Rome in the Fifteenth and Sixteenth Centuries",
Renaissance and Reformation, 1994, Vol. 18, No. 2, pp. 5-18.

③ *Statutes of the Venerable Company of the Gonfalone in Rome*, Chapter XXXX
Ⅱ, from The 1495 Statutes of the Roman Confraternity of the Gonfalone, (trans.)
Nerida Newbigin, 2009, p. 22.

④ Barbara Wisch and Diane Cole Ahl (eds.), *Confraternities and the Visual
Arts in Renaissance Italy: Ritual, Spectacle, Image*, New York: Cambridge University
Press, p. 248.

的女孩们被迫沦为妓女，同时也能通过慈善活动强调天主教的虔诚信仰。

兄弟会还拥有释放罪犯和安抚罪犯的权力。经常出现在罗马法庭上的单词 condonatio 就是指拥有教皇特权的兄弟会释放罪犯。① 能够被释放的罪犯所犯的罪行必须除异端、伪造货币或教皇文书、谋杀、纵火等外，兄弟会还需全力保证被释放的罪犯日后不再犯罪。② 如果兄弟会无法获得释放罪犯的权力，那么它可以为即将行刑的罪犯提供安抚(Comfort)的服务。在得知罪犯即将被处以死刑后，兄弟会组织成员到监狱，在罪犯结束悔罪告解结束后，与教士一起将这名罪犯护送至行刑地。在路途中，兄弟会成员吟诵悔罪诗篇、箴言、演说和祈祷词，待行刑结束后，成员负责将罪犯的尸体带走。③ 在此游行过程中，兄弟会成员会戴上耶稣受难像十字架或是绘制相关主题的画作，这些物品的作用主要是起到了提醒和安抚的作用。对于罪犯来说，它们能够使罪犯将自己的行刑与耶稣基督为人类赎罪的受难与殉道联系起来，想象自己通过模仿基督在十字架上受刑以展现基督对人类的爱和拯救人类的慈善行为，能够更有勇气去面对即将到来的刑罚。对于兄弟会和观众而言，兄弟会携带这些物品并一路护送罪犯至刑场，让他们联想到"苦路"(Dolorosa)，想到基督忍受极端的肉体折磨，体会着基督对人类深沉的爱。

16 世纪的罗马是教皇国的中心，严格处在天主教廷控制之下。由于教皇与政府救济的有限和贫困问题的严重，兄弟会承担起慈善救济的任务。兄弟会的慈善活动内容多样，除了救济穷人、提供嫁妆、安抚罪犯等主要内容外，还有提供教育、贷款等，这些慈善活动正好弥补了罗马政府职能的不足，有效缓解了近代早期罗马的社会问题。在慈善活动中，成员们不仅是为需要帮助的人提供救助服务，也是把

---

① Peter Blastenbrei, "An Unusual Privilege of Early Modern Roman Confraternities", *Confraternitas* 15, 2004, No. 2：6, pp. 3-9.

② Peter Blastenbrei, "An Unusual Privilege of Early Modern Roman Confraternities", *Confraternitas* 15, 2004, No. 2：6, pp. 3-9.

③ Christopher Black, *Italian Confraternities in the Sixteen Century*, New York：Cambridge University Press, 1989, p. 218.

天主教的信仰融入慈善活动中，向社会传播天主教信仰，同时也通过慈善活动强化天主教的"善功"学说，抵抗新教的冲击。

结　语

天主教改革的主要目的是回应新教的抨击、革除教会内部的腐朽和重振天主教的传统。它对兄弟会的指示共有两项：一是要求兄弟会及其救济院必须置于主教的监管之下；二是为了回应马丁·路德的抨击，兄弟会的慈善活动数量和范围应当扩大。处于天主教中心的罗马兄弟会接受了天主教廷的规训，不仅通过其活动彰显了他们的宗教虔诚、摆脱教俗权威的猜忌，还为天主教改革精神在民众中的传播提供了良好的媒介。此外，兄弟会的慈善活动还在弥补罗马政府社会救济的能力中发挥了显著的作用。

兄弟会兼具宗教和社会双重身份，日常的宗教和慈善活动都与天主教会和城市政府密不可分。罗马兄弟会作为教会与平信徒之间重要的联系纽带，它能为教廷在平信徒中宣扬天主教信仰和特兰特会议精神提供良好的平台；尽管在近代早期的罗马，教廷及其掌控下的政府成为救济的主导力量，但兄弟会仍作为社会救济系统中不可或缺的辅助力量而存在。正是在这种情况下，罗马地区的兄弟会在天主教改革时期没有遭到教会的取缔，而是继续在大众的宗教和社会生活中发挥着重要作用。然而，兄弟会对教俗权威的管控也不是一味消极地接受，在面对不合理要求时仍然发起反抗。兄弟会、教会和政府三方势力互相博弈，推动着近代早期的罗马社会不断向前发展。

（作者系武汉大学历史学院硕士研究生）

6世纪佛教传入日本的外部契机：
以朝鲜半岛为中心的考察

宋胤兴

摘要：佛教在4世纪从中国大陆进入朝鲜半岛，又在6世纪中叶从朝鲜半岛传入日本。日本在6世纪末开启了真正的佛教受容。佛教传入并在日本展开受容的过程与当时的东亚世界，尤其是朝鲜半岛的政治局势息息相关。佛教在东亚的传播带有强烈的政治属性，是与东亚国家间的政治交往相伴而行的。东亚各国间的互动，即朝鲜三国之间及其与中国王朝、日本之间的交往所形成的东亚政治局势，构成佛教传入日本的外部契机。

关键词：6世纪；日本；佛教；朝鲜半岛

作为世界三大宗教之一的佛教起源于列国时代的印度，在发展过程中逐渐东传，经过中亚、中国和朝鲜半岛，最终在6世纪上半叶传至日本。作为一种外来文化，佛教是作为一种先进的、新大陆文化的代表进入日本的，它促进了日本文字、建筑和艺术等诸多方面的发展，同时还与日本古代国家的政治和意识形态的形成息息相关，在此后的日本历史上一直扮演着重要角色。因此，对于日本佛教的研究一直是日本史，尤其是古代和中世史研究领域的重大课题，国内外学界均有大量成果问世。

就佛教传入日本的契机这一问题，需注意以下两点：首先，佛教传入日本不是单一国家的历史问题，而是整个东亚世界的历史问题；其次，日本佛教传来不是单纯的文化史问题，而是与当时东亚国家间的政治、外交互动密不可分的。日本学界很早就重视对中国佛教的研究，但直到20世纪70年代以后，以中井真孝、田村圆澄等为代表的一批学者才开始重视朝鲜半岛在日本古代史上的作用，并联合韩国学者发表了相关著述。① 不过学者们关注的重点多是制度史的沿革、人物史的考察或是进行考古文物的比较研究，对于国际政治与佛教关系的考察尚不充分。国内学界对于日本古代佛教史也有一定研究，② 但对于当时东北亚的政治局势与日本佛教传来关系的研究尚不充分。由于历史与现实原因，中日学者的研究分别带有各自的特点，但大多忽视了朝鲜半岛在佛教传播问题上的主体性作用。6世纪日本佛教的初传与东亚各国之间的"佛教外交"密不可分，既不能局限在日本国内的研究中，也不能停留在文化史的思考模式之下。因此，本文试图在解读文献③的基础上，以朝鲜半岛为中心考察6—7世纪东亚国家统治阶层之间的互动，进而分析佛教传入日本的"外部契机"，以更深入地理解佛教在东北亚地区的传播的途径和方式。

---

① 比较有代表性的著作包括田村円澄：《飛鳥仏教史の研究》，塙书房1969年版；田村园澄、秦弘燮编：《新羅と日本古代文化》，吉川弘文馆1981年版；田村円澄：《古代朝鮮と日本仏教》，讲谈社1985年版；中井真孝：《朝鮮と日本の古代仏教》，东方出版1994年版；吉村武彦、吉川真司、川尻秋生主编：《渡来系移住民——半島・大陸との往来》，岩波书店2020年版。此外，末松保和《新羅史の諸問題》(东洋文库1954年版)是日本学界对朝鲜半岛，尤其是新罗研究的基础。

② 国内学界关于日本古代佛教史的研究专著不多，仅在一些通史性著作中有所涉及，例如杨曾文：《日本佛教史》，商务印书馆2018年版，等等。不过这些通史性著作一般只作泛泛之论，其所依据的日本学界的观点也多有陈旧。也有一些论文涉及朝鲜半岛与日本古代国家关系的问题，如王明星：《日本古代文化的朝鲜渊源》，《历史研究》1999年第3期，第59~64页；王佳：《东北亚丝绸之路上的佛教文化与民族交流》，《地方文化研究》2019年第1期，第8~13页等。另外，罗玲用日语写就的《论飞鸟时代佛教传入日本的诸条件》(湖南大学硕士学位论文，2005年)对于朝鲜半岛和渡来人对日本佛教传来所起到的历史作用进行了论述，不过主要是聚焦于日本国内的研究。

③ 本文使用的主要文献为《三国史记》《三国遗事》《日本书纪》和从《三国志》到《旧唐书》为止的一系列中国正史。这其中，《日本书纪》的造作问题已有诸多先学指正，在使用文献时，本文尽可能采用可信度较高的中国、朝鲜史书。

一、佛教传入朝鲜半岛

在奈良时代以前，日本佛教的主要来源是朝鲜半岛。传入日本的是中国佛教，更是朝鲜佛教。① 因此，在讨论日本佛教的传入问题之前，有必要说明朝鲜半岛三国的佛教初传情况，② 从中也可以窥见佛教传入日本的性格。

从西汉末年到 7 世纪下半叶新罗统一朝鲜半岛的时期被称作朝鲜前三国时代，即高句丽、百济、新罗三足鼎立的时期。其中，佛教传来最早的是与中国大陆直接接壤的高句丽。佛教于 4 世纪下半叶传入高句丽，据《三国史记·高句丽本纪第六》载：

> （小兽林王）二年（372），秦王符坚遣使及浮屠顺道送佛像、经文。王遣使回谢，以贡方物；四年（374），僧阿道来；五年（375）春二月，始创肖门寺，以置顺道。又创伊弗兰寺，以置阿道。此海东佛法之始。③

值得注意的有以下三点：第一，佛教通过前秦官方的使节传入高句丽，带有鲜明的政治色彩；第二，高句丽王反应积极，立刻予以回应，当年即遣使入贡，与前秦建立了关系；第三，文献以建寺之年特记为"佛法之始"，显示出鲜明的中国北方佛教特色。

4 世纪的高句丽处于南北两大强敌，即鲜卑慕容氏与百济的威胁之下，而这一由官方主导的佛教传播与高句丽如此的国际政治局势密

---

① 关于日本佛教的源流问题，可参照塚本善隆：《仏教の东渐》，家永三郎监修：《日本佛教史Ⅰ古代篇》，法藏馆 1969 年第 4 刷，第 17 页。

② 关于朝鲜半岛佛教的初传，国内已有相关论著，如李海涛：《略论高句丽的佛教及其影响》，《世界宗教文化》2011 年第 6 期，第 51~55 页；吴焯：《从相邻国的政治关系看佛教在朝鲜半岛的初传》，《中国史研究》2006 年第 1 期，第 69~80 页等。

③ 金富轼著，孙文范等校勘：《三国史记卷第十八》，吉林文史出版社2003 年版，第 221 页。

不可分。自慕容廆继任单于(285)以来，鲜卑慕容部就与相邻的高句丽、段部鲜卑和宇文部鲜卑接连爆发冲突。高句丽美川王二十年(319)，就有"我(高句丽)及段氏、宇文氏，共攻慕容廆"①、二十一年(320)"遣兵寇辽东"②的记载。但及至慕容廆之子慕容皝建立前燕之后，高句丽的处境急转直下，故国原王九年(339)，"燕王皝来侵……王乞盟，乃还"；十年(340)，"王遣世子朝于燕王皝"；十二年(342)，慕容皝大举入侵，"我兵大败……(慕容皝)入丸都……发美川王墓，载其尸，收其府库累世之宝，虏男女五万余口，烧其宫室，毁丸都城而还"；十三年(343)，"王遣其弟称臣入朝于燕"；二十五年(355)，故国原王被前燕封为"乐浪公、征东大将军、营州刺史"③，标志着高句丽被纳入中原王朝的册封体系之中。迫于慕容氏的压力，高句丽将战略重心转向南方的百济。但局势显然不容乐观，故国原王三十九年(369)"南伐百济，败绩"；四十一年(371)，"百济王来攻……王为流矢所中……薨……太子即位(即小兽林王)"。④在如此危局之下，苻坚发兵攻燕之于高句丽宛若神兵天降，在 370 年苻坚围困邺城时，"高句丽及上党质子五百余人，夜开城门以纳坚军"。⑤高句丽借由与前秦的良好关系，得以全力应对百济的威胁，于 375—377 年连年入侵百济，外部局势大为好转。

因此佛教在高句丽的初传期是作为与前秦之间进行国家交往的工具而发挥作用的，政治用意十分明显。此时的高句丽王对于佛教思想如何看待并没有确证，建造寺院也只是为了显示对佛教和前秦的尊重，佛不过是被看作"多神之一"，具有明显的杂糅色彩。需要注意

---

① 金富轼著，孙文范等校勘：《三国史记卷第十七》，吉林文史出版社 2003 年版，第 217 页。

② 金富轼著，孙文范等校勘：《三国史记卷第十七》，吉林文史出版社 2003 年版，第 217 页。

③ 金富轼著，孙文范等校勘：《三国史记卷第十八》，吉林文史出版社 2003 年版，第 219~220 页。

④ 金富轼著，孙文范等校勘：《三国史记卷第十八》，吉林文史出版社 2003 年版，第 220~221 页。

⑤ 房玄龄等撰：《晋书·慕容暐载记》，中华书局 1974 年版，第 2858 页。

的是，372 年的佛教传入称为"公传"或官传，无法否认在此之前佛教已通过民间渠道进入高句丽。特别是根据《高僧传·竺法潜传》的记载可知，至迟在 4 世纪上半叶已有"高丽道人"①存在，但是由于民间记载缺失，对于高句丽民间佛教的具体样相无法详知，此状况同样适用于百济、新罗与日本。此外，由于高句丽与前燕的敌对关系，高句丽政府理应不会对"前燕佛教"持有好感，即使有民间佛教的传布，恐怕也并没有合法的地位。这一特点同样体现于百济、新罗与日本的情况。

佛教在 4 世纪末叶传入百济。据《三国史记·百济本纪》：

> （枕流王）元年（384）七月，遣使入晋朝贡。九月，胡僧摩罗难陀自晋至、王迎至宫内礼敬焉。佛法始于此。②

又据《三国遗事·兴法第三·难陀辟济》：

> 第十五枕流王即位甲申，胡僧摩罗难陀至自晋，迎置宫中礼敬。明年乙酉，创佛寺于新都汉山州，度僧十人。此百济佛法之始。③

据此，百济佛教官传时间较之高句丽约晚 12 年，且百济的佛教来自东晋，而不是与其接壤的高句丽或相近的中国北方王朝；此外，胡僧来朝恰在百济向东晋遣使之后两月，很难认为是偶然。参照前文高句丽的情势，自 4 世纪 70 年代以后高句丽与百济关系的急剧恶化，特别是在高句丽与前秦建立友好关系后，逐渐转向南进，对百济造成

---

① 释慧皎撰，汤用彤校注：《高僧传卷第四·晋剡东仰山竺法潜》，中华书局 1992 年版，第 157 页。
② 金富轼著，孙文范等校勘：《三国史记卷第二十四》，吉林文史出版社 2003 年版，第 296 页。
③ 一然撰，权锡焕、陈蒲清译：《三国遗事》，岳麓书社 2009 年版，第 213 页。

了巨大威胁。百济别无他法，只得寻求加强与东晋的关系。① 事实上，百济早在佛教传入记事之前就有向东晋朝贡的记录，即前文所述百济击杀高句丽故国原王次年，恰与佛教传入高句丽同年的 372 年，近肖古王遣使向东晋朝贡，次年再次朝贡，这极有可能是百济出于战略考虑而采取的步骤。此外，在近仇首王时代（375—384 年在位），除去连年与高句丽战事的不利，又遇"大疫、地裂、不雨、日晕"，379 年遣使朝晋又"遇恶风，不达而还"。② 在当时的思想下，百济的国运可谓是风雨飘摇，向"宗主国"寻求精神支柱也就理所当然，摩罗难陀前往百济很有可能是东晋一方为加强与百济的联系、维系自身正统地位进而与北方王朝竞争影响力的举措。

另一方面，由于与高句丽的敌对关系，尤其是高句丽长寿王竟役使僧人道琳前往百济为间谍，诱使百济"尽发国人，蒸土筑城，即于其内，作宫室楼阁台榭……是以仓廥虚竭，人民穷困，邦之阢杌，甚于累卵……长寿王喜将伐之"③，致使百济王国破身死。可见，百济佛教的传入不仅受到国家间政治外交互动的制约，同时也带有强烈的政治意义。

新罗是朝鲜三国中对佛教受容最晚的国家。对于佛教传入新罗的问题，末松保和基于文献与考古史料进行了细致的研究，将其总结为三点：④ 其一，新罗佛教的传入者为僧阿道；⑤ 其二，新罗佛教起源的年代为法兴王（514—540 年在位）丁未年（527）；其三，新罗佛教

---

① 当然此时日本也是一个选择。《三国史记·百济本纪第三》于 397 年首次出现"王与倭国结好，以太子腆支为质"的记载。百济与日本的良好关系此后长期保持，这也为百济向日本传播佛教埋下了伏笔。

② 金富轼著，孙文范等校勘：《三国史记卷第二十四》，吉林文史出版社 2003 年版，第 296 页。

③ 金富轼著，孙文范等校勘：《三国史记卷第二十五》，吉林文史出版社 2003 年版，第 306 页。

④ 末松保和：《新羅史の諸問題》，东洋文库 1954 年版，第 224~225 页。

⑤ 从高句丽到新罗的僧人还有讷祗王（417—458 年在位）时的墨胡子，不过自《三国遗事》作者一然以来，学界一般认为其与毗处王（479—500 年在位）时的僧阿道为同一人物。但不论如何，此时通过高句丽僧人传入的新罗佛教大体处于民间隐伏状态，甚至还曾遭到官方的镇压。

从高句丽传来，但以梁使的到来为契机才最终得到国家的公认。

在法兴王欲兴佛教之时，遭到群臣反对，有臣异次顿挺身而出，称"我未法就刑，佛若有神，吾死必有异事"，被斩首后，"血从断处涌，色白如乳。众怪之，不复非毁佛事"。① 显然与高句丽和百济不同，这一传说反映出新罗与日本同样存在关于崇佛与否的论争。② 法兴王不顾群臣反对，坚持要"肇行佛法"的理由何在？

考虑到新罗的地理位置，其与百济、高句丽和日本的关系就尤为重要。据《三国史记·新罗本纪》的记载，三四世纪以来，新罗长期遭受百济与倭国的入侵，通览《三国史记·新罗本纪》，从奈勿王(356—402 在位)到智证王(500—514 在位)时期，与百济、倭国的和战记事频繁出现，从地缘的视角出发，新罗与高句丽日益走近不难理解。奈勿王三十七年(392)即"以高句丽强盛，送伊餐大西知子宝圣为质"，③ 401 年质子归国后于次年即位为实圣王，此后数十年间，新罗与高句丽关系良好，"质于高句丽"、"遣使高句丽"的记载多处可见，由此，在 5 世纪时佛教由高句丽传入新罗民间也就不难理解。

---

① 金富轼著，孙文范等校勘：《三国史记卷第四》，吉林文史出版社 2003 年版，第 51~52 页。

② 这里有必要简单说明朝鲜三国的国家构成。一般认为，高句丽是扶余族基于血缘、部落纽带而建立起来的"骑马民族国家"，因此虽然王权和官僚制度始终未能成熟，但国家的凝聚力和对抗外敌的能力较强。百济王族与高句丽同出扶余族，但却是在对异质的在地韩民族支配的基础上发展起来的征服王朝，王族"孤立"存在于在地韩族之上，因此官僚制的组织形式和超部族意识形态就成为必需。而新罗与日本相同，是诞生于本土农业社会之中，存在强大的贵族合议机制，门阀势力强大。本文无法对四国的国内组织展开详细的讨论，但是它们的区别无疑与佛教和律令制导入过程的差异息息相关。详情可参照薗田香融：《日本古代伝教の伝来と受容》，塙书房 2016 年版，第 9~10、13~15、19~20 页；井上秀雄：《古代東アジアの文化交流》，溪水社 1993 年版，第 61、82、85 等頁；鬼頭清明：《日本古代国家の形成と東アジア》，校仓书房 1976 年版，第 263~268 页等论著。

③ 金富轼著，孙文范等校勘：《三国史记卷第三》，吉林文史出版社 2003 年版，第 36 页。

但是，从 5 世纪下半叶起，伴随着高句丽长寿王(413—491 年在位)南进政策的展开，高句丽与新罗的关系逐渐恶化。讷祗王三十四年(450)和三十八年(454)，高句丽两次入侵新罗。而三十九年(455)，"高句丽侵百济，王遣兵救之"①的记载可视为一个标志，即新罗与高句丽正式决裂而与百济交好，这一态势一直延续至 6 世纪。另一方面，新罗与中国的交往不便，直至法兴王八年(521)才"遣使于梁，贡方物"。② 关于这次遣使，《梁书·诸夷传》文曰：

> 其国小，不能自通使聘。普通二年(521)，王姓募名秦(即法兴王)，始使使随百济奉献方物。③

可见，此时的新罗并没有直接与中国通贡的能力，因此必须由百济为中介，这正因为新罗处于与百济的蜜月期才得以实现，而梁使"赐衣著、香物等"就成了法兴王弘扬佛教的契机。可见，新罗的佛教传入与其所处的外部环境是密不可分的。④

佛教传入朝鲜带有鲜明的政治属性，而日本的佛教既直接由朝鲜半岛而来，当然会带有朝鲜三国的佛教特性。在此逻辑基础上，下文

---

① 金富轼著，孙文范等校勘：《三国史记卷第三》，吉林文史出版社 2003 年版，第 41 页。

② 金富轼著，孙文范等校勘：《三国史记卷第四》，吉林文史出版社 2003 年版，第 50 页。这里需要注意，《三国史记·新罗本纪第四·法兴王十五年条》关于梁使的记载存在年代错误，《梁书·新罗传》明确新罗与中国的首次交往是普通二年(521)，即与法兴王八年遣使入贡条相符合。

③ 姚思廉撰：《梁书·诸夷传》，中华书局 1973 年版，第 805 页。

④ 基于此国际关系的考察，薗田香融认为法兴王时代的新罗佛教是以百济为中介从南朝梁传入的，并未受到 5 世纪从高句丽传来的民间佛教的过多影响。对于末松保和所说的高句丽对新罗佛教的影响，薗田认为是在真兴王攻取高句丽的汉江下流域之后(552 年之后)受到当地既存的佛教影响的结果。关于薗田说，详见薗田香融：《日本古代伝教の伝来と受容》，塙书房 2016 年版，第 22~28 页。

转入对日本①的考察。

二、佛教传入日本——百济的努力

关于佛教传入日本时间的记载基本上分为两大系统，其一是《日本书纪》记载的钦明天皇十三年壬申（552），其二是由《元兴寺伽蓝缘起并流记资财帐》和《上宫圣德法王帝说》等记载的钦明天皇七年戊午（538），但这里面包含着安闲、宣化、钦明三代天皇纪年上的错乱，日本学界对此也并无定论。本文无法对此进行讨论，不过日本佛教在"钦明天皇时期由百济传来"当可确认无疑。② 据《日本书纪·卷第十九》钦明天皇条记载：

> （十三年）冬十月，百济圣明王更名圣王。遣西部姬氏达率怒唎斯致契等，献释迦佛金铜像一躯、幡盖若干、经论若干卷。别表，赞流通、礼拜功德云："是法于诸法中，最为殊胜，难解难入。周公、孔子，尚不能知。此法能生无量无边福德果报，乃至成辨无上菩提……由是，百济王臣明谨遣陪臣怒唎斯致契，奉传帝国，流通畿内，果佛所记'我法东流'。"是日，天皇闻已，欢喜踊跃。诏使者云："朕从昔来未曾得闻如是微妙之法。然朕不自决。"乃历问群臣曰："西蕃献佛相貌端严，全未曾看。可礼以不？"苏我大臣稻目宿祢奏曰："西蕃诸国，一皆礼之。丰秋日本，岂独背也？"物部大连尾舆、中臣连镰子，同奏曰："我国家之王天下者，恒以天地社稷百八十神，春夏秋冬，祭拜为事。方今改拜蕃神，恐致国神之怒。"天皇曰："宜付情愿人稻目宿祢，

---

① 一般认为这一时期尚不存在"日本"的国家称谓，本文只为方便和统一性而采用此名。"天皇"之号的使用与此同。

② 《隋书·东夷传·倭国条》文曰："敬佛法，于百济求得佛经，始有文字"，亦可佐证日本佛教的来源是百济，见魏征等撰：《隋书·东夷传》，中华书局 1973 年版，第 1827 页。当然，日本民间早已由大陆渡来人带来了佛教，在《扶桑略记》中就记载了继体天皇十六年（521）时来自中国的司马达止等渡来人礼佛的事迹。钦明天皇时期是日本佛教"公传"时期。

试令礼拜。"大臣跪受而忻悦，安置小垦田家。……于后国行疫气，民致夭残，久而愈多，不能治疗。物部大连尾舆、中臣连镰子，同奏曰："昔日不须臣计，致斯病死。今不远而复，必当有庆。宜早投弃，勤求后福。"天皇曰："依奏。"有司乃以佛像，流弃难波堀江，复纵火于伽蓝，烧烬更无余。于是天无风云，忽灾大殿。①

　　根据学者们的考证，这段记载存在诸多问题。② 但若将其作为钦明天皇时代日本与百济多次佛教关系往来的其中一次的话，则遣使本身一事大体可以信赖。8 世纪初的书纪编纂者们显然是出于某种理由选择了 552 年的这次往来作为日本佛教官传的起始，并在文本中加以润色。如引文所述，日本并没有立刻接受佛教，苏我稻目的崇佛主张受到物部氏与中臣氏的反对，于是钦明天皇只允许苏我氏试行礼拜，不料遭遇疫病，物部、中臣认为是因为苏我氏礼拜佛像招致国神之怒，经天皇奏准而实行了排佛行动。③ 日本的统治阶层中只有新兴的地名氏族苏我氏④等少数氏族对佛教抱持积极态度，可即使是这种态度，也主要停留在礼拜佛像、祈求福佑，同时利用佛教来加强苏我氏

---

　　① 　《日本书纪》，四川人民出版社 2019 年版，第 265~266 页。

　　② 　对于该条记载考辨的代表论述，可参见井上薰：《日本書紀仏教伝来記載考》，井上薰主编：《日本古代の政治と宗教》，岩波书店 1966 年版。

　　③ 　关于此次排佛事件的时间，《日本书纪》与《元兴寺伽蓝缘起并流记资财帐》等文献的记载略有不同，但排佛一事当可信赖。另外，敏达天皇纪也有一次流程几乎一致的排佛事件，而每一次排佛后均会招致更大的灾异，两次事件如同复写，显然是出自书纪编纂者的润色。但不论如何，这些记载反映出在佛教初传时期，日本统治阶层的意见并不一致。

　　④ 　对于苏我氏的起源、性质以及其为何对佛教持积极态度，首先可与葛城氏加以对照进行考虑，因为双方的权力模式相似，可参见井上光贞：《帝紀からみた葛城氏》，土田直镇、青木和夫、黛弘道等主编：《井上光貞著作集第一卷：日本古代国家の研究》，岩波书店 1985 年版；其次关于苏我氏的研究，可参照吉村武彦著，吴灵芝译：《苏我氏的兴亡》，社会科学文献出版社 2019 年版等著作。

势力集团的层次上。① 大体而言，直到乙巳之变苏我氏本宗灭亡为止，日本佛教一直停留在以苏我氏为主导的氏族佛教阶段，直到舒明天皇(629—641 年在位)为止，历代天皇基本对佛教持中立甚至偏否定的态度，② 只是出于种种考虑默许了苏我氏的佛教活动。因此，笔者认为没有证据表明日本统治阶层在佛教传入一事上的主动态度，不如说是在与百济的外交往来中作为"被动"的一方而接受了佛教，或者也可以说，是出于加强双方关系的考虑而默许了佛教进入日本的事实。总而言之，在日本佛教初传的问题上，百济是主推手，那么百济主动向日本传播佛教的缘由就值得注意。

5 世纪末以来，百济在高句丽的连年入侵下趋向衰落。到了圣王(523—554 年在位)时代，《三国史记·百济本纪第四》圣王条的相关重大记事如下：

> ……十六年(538)，移都于泗沘，国号南扶余；
> 三十二年(554)，王欲袭新罗……为乱兵所害，薨。③

---

① 原始大和政权的本质特征是"祭政一体"。关于苏我氏支持佛教的理由，有以下一些可能的考虑：苏我氏作为新兴的氏族集团，无法和当时掌握原始神道话语权的物部氏、中臣氏等对抗，因此想利用佛教来塑造一个"另外的"宗教权威，进而提升自己的政治话语权；另一方面，苏我氏是通过掌管财政事务而崛起的，而财政事务需要高等的知识水平，而当时绝大多数掌握先进知识的渡来人氏族，如鞍作氏、东汉氏、秦氏等均由苏我氏管辖，他们共同构成了苏我氏的力量基盘，而这些渡来氏族大都信奉佛教，并在之后苏我氏的佛教受容活动中起到了重要作用，只因如此，苏我氏就没有理由排斥佛教。更何况还有学者认为苏我氏本身就是朝鲜渡来氏族。关于这些渡来人在日本历史尤其是佛教史上的作用，以及他们与苏我氏的关系，可参照吉村武彦、吉川真司、川尻秋生主编：《渡来系移住民——半岛·大陆との往来》，岩波书店 2020 年版；吉村武彦著，吴灵芝译：《苏我氏的兴亡》，社会科学文献出版社 2019 年版等著作。此外也可参考罗玲：《论飞鸟时代佛教传入日本的诸条件》，湖南大学硕士学位论文，2005 年，第 21~25 页。

② 关于日本佛教初传期的受容主体苏我氏的活动和历代天皇的态度，可参见速水侑：《日本仏教史：古代》，吉川弘文馆 1986 年版，第 68~76 页；薗田香融：《日本古代伝教の伝来と受容》，塙书房 2016 年版，第 42~50 页；田村円澄：《飛鳥仏教史の研究》，塙书房 1969 年版，第 5~12 页等著述。

③ 金富轼著，孙文范等校勘：《三国史记卷第二十六》，吉林文史出版社 2003 年版，第 315~317 页。

另据《日本书纪·卷第十九》钦明天皇十三年条：

> （十三年）是岁（552），百济弃汉城与平壤。新罗因此入居汉城，今新罗之牛头方、尼弥方也。①

除了与高句丽的多次战事之外，值得注意的有两点：其一，恰巧在日本文献记载的佛教官传的 538 年或 552 年，百济均发生了重大的事件。如果认为百济在这二年向日本遣使并传入了佛教经论、佛像等物品的话，恐怕不能归于偶然；其二，在圣王执政末期，百济与新罗长达百年的同盟关系宣告破裂。

关于泗沘迁都一事，全香在《论百济的熊津、泗沘迁都及其影响》一文中作了细致的分析，指出熊津地区被群山环绕，不利于农业发展和对外交流，而泗沘位于今韩国忠清南道扶余地区，处于交通要道，便于和南朝、日本来往；同时，武宁王时代的积累为迁都提供了物质基础，泗沘迁都是百济圣王为解决熊津都城的局限、为强化和南朝的联系以及强化王权而采取的主动措施。② 笔者大体赞同这一考量，但笔者认为，加强对外联系除了国内政治文化建设的需要之外，必然也有地缘政治的考虑。在《日本书纪》钦明天皇纪文中，包括钦明天皇十三年（552）在内，圣王遣使向日本"乞救军""乞军兵"的记载多处可见③。

一方面与新罗关系的恶化以及汉城地区的放弃，使得百济不再与

---

① 《日本书纪》，四川人民出版社 2019 年版，第 266 页。

② 全香：《论百济的熊津、泗沘迁都及其影响》，延边大学硕士学位论文，2016 年，第 19~21 页。

③ 在分析古代朝鲜国家的筑城、迁都问题时，必须要考虑其自古以来的城市观。对于古代朝鲜国家，尤其是国力相对弱小的百济而言，筑城、迁都是一种消极的防御措施。朝鲜国家的首都一般受到高句丽"国内城—丸都山城"模式的影响，是由"在城"和"山城"，即日常居住的城市和防御用城市组合而成的配套体系，熊津、泗沘也不例外。保护国民、防御外敌一直是朝鲜国家对城市功能的首要考虑。关于百济古代城池，参见井上秀雄：《古代東アジアの文化交流》，溪水社 1993 年版，第 411~413、453 页。

高句丽接壤，与高句丽对立的时代基本结束，但转而要和新兴的新罗进行对抗。另一方面，新罗的汉城进出意味着历经法兴王、真兴王两代耕耘之后，新罗实现了巨大的飞跃，① 对于和百济的联盟已经不再重视。同时，汉城、平壤地区对于新罗来说是与中国大陆联系的门户，若占据此地则可以摆脱对百济的依赖，独自开展对中国的外交，② 战略意义重大。这样一来，在朝鲜半岛趋于孤立的百济只能进一步加强和南朝、日本的联系。但是与南朝的册封关系本就徒有形式，自侯景之乱后梁、陈对于朝鲜事务更是有心也无力，因此日本就成了百济的唯一选择。

百济圣王以佛教外交的形式来加强与日本的关系这和佛教传入朝鲜半岛三国时的政治特性密切相关。在百济看来，佛教本就是开展国家间政治活动的有效工具，同时佛教的国家护佑属性也贴合百济与日本交好的需求，因此数次遣使日本、进献佛教相关的物品，借此和日本交好，并寻求日本在物资、人力或军事上的援助可以说是顺理成章的选择。此外，在百济圣王时代，百济佛教获得的巨大的发展③也是百济能够独立开展佛教外交的前提。

反观日本，6 世纪初对朝鲜外交中任那问题是日本、百济、新罗三国关系的基轴。任那地区位于朝鲜半岛南部，夹在百济与新罗两国之间，由安罗、金官等众多小国组成，其前身为《三国志》中记载的弁韩地区。自神话时代的神功皇后(年代约当 3 世纪或 4 世纪)以来，任那地区与日本一直保持着某种密切的联系。在倭五王时代的日宋交涉中，日本天皇就多次请封为"使持节、都督倭新罗任那加罗秦韩慕韩六国诸军事，安东将军、倭国王"④的称号，显示出日本掌握朝鲜

① 参见末松保和：《新羅史の諸問題》，东洋文库 1954 年版，第 18 ~ 26 页。

② 新罗在占据汉城后开展了对中国的自主的两面外交，在向南朝朝贡的同时，于真兴王二十五年(564)首次遣使向北齐朝贡，见金富轼著，孙文范等校勘：《三国史记卷第四》，吉林文史出版社 2003 年版，第 315~317 页。

③ 参见忽滑谷快天著，朱谦之译：《韩国禅教史》，中国社会科学出版社 1995 年版，第 29 页。

④ 沈约：《宋书·夷蛮传》，中华书局 1974 年版，第 2395 页。

半岛南部主导权的意愿，而《日本书纪》钦明天皇五年三月条引百济本纪云："(夫任那者)以安罗为父，以日本府为本也"，① 也反映出日本之于任那的地位。但是 6 世纪初，百济为充实国力、扭转困局，力图在任那扩充势力；而新罗在法兴王以来国力迅速发展，也对任那地区抱有野心。②

百济由于与日本保持良好的关系，特别是在前述 475 年被高句丽攻破汉城时，《日本书纪》文曰："(雄略)天皇闻百济为高丽所破，以久麻那利赐汶洲王(即文周王)，救兴其国。时人皆云：'百济国虽属既亡，聚忧仓下，实赖于天皇，更造其国。'"③况且迫于高句丽与新罗的压力，与日本交恶不符合百济的国家利益，因此，百济在任那问题上比较温和，基本上是通过"向日本请求赐予，得到日本同意"的形式来实现领土的小规模扩张，同时频繁向日本朝贡，将自身摆在日

---

① 《日本书纪》，四川人民出版社 2019 年版，第 259 页。

② 任那地区不仅是日本在朝鲜半岛掌握话语权的政治据点，同时也是日本吸收大陆文化、人口、物资，特别是铁资源的重要窗口。最重要的是，当时的日本还处于原始贡赋国家阶段，或者成为首长制国家阶段。任那的贡赋直接关系到大和王权的权威与合法性，特别是 6 世纪初日本王系经历了一次几乎等同于改朝换代的重大变革，即继体皇统的建立。从继体到钦明朝，大和政权发生了一系列重大的转变，部分学者还认为继体系与此前的倭王没有血缘关系——王权不稳的局面恰逢日本统一首长制社会的建立时期，国内旧体制濒临解体，以屯仓制、国造制等为代表的新体制正在建立，豪族与王族之间、豪族之间的争斗在 6 世纪也愈演愈烈。在这种局面下，任那日本府问题成为日本军事和外交活动的焦点，而军事权与外交权可以说是原始日本王权的两个本质属性，与王权的强化密切相关。在继体天皇二十一年(526)书纪中即首次出现"为复兴建新罗所破南加罗、喙己吞，合任那"的字样，整个继体—钦明时期，日本王权都摆出了主张任那复兴的强硬的外交姿态。关于任那、大和政权、屯仓制等一系列日本古代国家的问题，可参见鬼头清明：《日本古代国家の形成と東アジア》，校仓书房 1976 年版；井上秀雄：《任那日本府と倭》，东出版 1973 年版；石母田正：《日本の古代国家》，岩波书店 2001 年版；铃木靖民：《倭国史の展開と東アジア》，岩波书店 2012 年版等著述。

③ 《日本书纪》，四川人民出版社 2019 年版，第 203 页。

本"臣属国"的地位，① 以此避免使日本产生恶感。以继体天皇六年
（512）记事作为代表，据《日本书纪卷第十八》继体天皇六年条：

> 十二月，百济遣使贡调。别表请任那国上哆唎、下哆唎、娑
> 陀、牟娄四县。哆唎国守穗积臣押山奏曰："此四县近连百济，
> 远隔日本。旦暮易通，鸡犬难别。今赐百济，合为同国，固存之
> 策，无以过此。然纵赐合国，后世犹危。况为异场，几年能
> 守？"大伴大连金村具得是言……付赐物并制旨，依表赐任那四
> 县。②

百济希望日本与百济置于同一战壕，并以将"靠近百济"的地区
赐予百济作为防备手段。此外，继体朝的赐地事宜还有两起，即继体
天皇七年（513）"以己汶、带沙，赐百济国"；③ 二十三年（528）百济
"请以加罗多沙津，为臣朝贡津路……以津赐百济王"。④ 日本政府
还曾多次遣使任那、百济，或是下达旨令，或是要求百济汇报任那事
宜，以此来显示日本的政治存在。

与百济相反，新罗显然并没有过多考虑日本的要求。6 世纪初，
随着新罗实力的增长，其对外扩张的野心和需求也日益扩大，而任那
问题则成为双方斗争的焦点。日本在多次遣使未果后，演变至以军事
出兵相威胁。但是数次军事行动并没有成效，反而加剧了日本内部的
矛盾。⑤ 事实上这一时期的日本并没有实际出兵的能力，因此每一次
大张旗鼓的威吓最终都以各种原因草草收场，长期持续的任那问题催
生了日本高层内部的"韩政之争"，成为乙巳之变的契机。于是，为

---

① 除了多次遣使贡献之外，百济还通过派遣太子为质子、向日本派遣儒
佛道人或技术人员、任命在百济的日人为高级官员、参加由日本主导的任那合
议等形式，维持着与日本的友好关系。
② 《日本书纪》，四川人民出版社 2019 年版，第 232 页。
③ 《日本书纪》，四川人民出版社 2019 年版，第 234 页。
④ 《日本书纪》，四川人民出版社 2019 年版，第 237 页。
⑤ 鬼头清明：《日本古代国家の形成と東アジア》，校仓书房 1976 年版，
第 175~176 页。

了维系自己在朝鲜半岛的影响力，日本也有与百济加强联系的需要，这也能说明为何日本选择以割让的形式默许百济吞并任那的部分地区。综上所述，百济与日本的关系是地缘政治的结果，而这一结果又塑造了佛教从百济传入日本的外部契机。

最后关于百济与日本走近的另一个不能忽视的因素是任那地区诸小国的自主性活动。根据《三国志·魏书·乌丸鲜卑东夷传》记载：

> 弁辰(属任那地区)与辰韩杂居……其渎卢国与倭接界。十二国亦有王……
>
> 倭人在带方东南大海之中……从郡至倭，循海岸水行，历韩国，乍南乍东，到其北岸狗邪韩国，七千余里，始度一海，千余里至对马国……①

虽然狗邪韩国的具体位置不详，但在朝鲜半岛无疑，因而任那的部分地区曾受到日本在某种程度的支配应当是可以相信的。② 但既然任那地区存在不属于倭的国家，显然不能认为其支配者阶层会毫无自主性地接受其他国家的支配。虽然关于任那地区的历史记载十分稀缺，但从只言片语中还是有一些关于任那国家自主独立活动的记载，例如《南齐书·东南夷传》：

---

① 陈寿撰，裴松之注：《三国志·魏书·乌丸鲜卑东夷传》，中华书局1982年版，第853~854页。

② 当然也有反对此说的学者，以朝鲜学者金锡亨为代表的学者认为主张"朝鲜分国说"，即并非日本"征服"朝鲜半岛，而是朝鲜的部落、国家进入日本建立"分国"。参见金锡亨：《古代朝日関係史：大和政権と任那》，劲草书房1969年版。笔者并不认同此说。此外，江上波夫的"骑马民族国家说"也主张任那才是早期日本王权的首都，扶余系的骑马民族从任那出发进入日本建立了后来的统一倭国，参见江上波夫：《江上波夫著作集6骑马民族国家》，平凡社1986年版。但无论如何，任那的部分地区与日本诸国曾在一定程度上属于统一政权的支配下当属可信。此外，对于汉晋时代的倭与南朝宋以后的倭五王的关系，也有学者认为其并非继承关系而是取代关系，不过本文并未采用这一观点。

加罗国，三韩种也。建元元年（479），国王荷知使来献。诏曰："量广始登，远夷洽化。加罗王荷知款关海外，奉贽东遐，可授辅国将军、本国王。"①

脱离日本而独立地向中国进行朝贡，无疑显示出任那国家参与东亚国家间互动的志向。而在 6 世纪初，面临新罗、百济与日本的包围，任那诸国分别采取了自己的举措，试图延续本国的生命，其中也有不少小国试图通过与新罗交好来避免被纳入直辖领地。据《日本书纪》，日本于钦明天皇二年（541）秋七月遣使到百济、安罗，"别以安罗日本府河内直通计新罗，深责骂之"；②《三国史记》中也可见新罗法兴王九年（522）"加耶国王遣使请婚"、十一年"王出巡南境拓地。加耶国王来会"③等记载。

三、6 世纪末日本佛教的初步发展及其外部契机

上文对 6 世纪中叶佛教从百济传入日本的外部契机进行了考察，着重考察了百济与日本作为传播方与接收方的国际环境与外交互动，认为在当时的东北亚中，只有百济有意愿、有能力推动佛教传入日本。但是直到 6 世纪末丁未之乱，佛教在日本迎来了真正的受容期。

用明天皇元年（586），"穴穗部皇子阴谋王天下之事，而口诈在于杀逆君。遂与物部守屋大连，率兵围绕磐余池边"。④ 二年丁未（587），用明天皇崩，苏我马子联合泊濑部皇子、竹田皇子、厩户皇子，消灭了物部守屋与穴穗部皇子势力，其后拥立泊濑部皇子为崇峻天皇（587—592 年在位）。自此，日本正式进入苏我氏专权时代（即飞

---

① 萧子显撰：《南齐书·东南夷传》，中华书局 1972 年版，第 1012 页。

② 《日本书纪》，四川人民出版社 2019 年版，第 255 页。

③ 金富轼著，孙文范等校勘：《三国史记卷第四》，吉林文史出版社 2003 年版，第 51 页。

④ 《日本书纪》，四川人民出版社 2019 年版，第 290 页。

鸟时代）。①

中井真孝把飞鸟时代称作百济佛教文化全面传入的时代。② 但是此前一直与日本交往不多的高句丽也对这一时期的日本佛教具有重要的影响，飞鸟时代的日本佛教是在百济与高句丽佛教文化的滋养下展开受容的。这一时期日本佛教最引人瞩目的两大发展是真正的日本僧尼与寺院的出现，在两个方面也都体现出了百济与高句丽两方的影响。

首先关于日本最早的出家人，即善信尼。据《日本书纪·卷第二十》，早在丁未之乱之前的敏达天皇十三年（584）：

> 秋九月，从百济来鹿深臣。有弥勒石像一躯。佐伯连。有佛像一躯。
>
> 是岁，苏我马子宿祢请其佛像二躯，乃遣鞍部村主司马达等、池边直冰田，使于四方，访觅修行者……得僧还俗者，名高丽惠便。大臣乃以为师，令度司马达等女嶋，曰善信尼。又度善

---

① 关于丁未之乱还有很多无法在本文中展开的问题。旧来的国内学界一般将此事归为崇佛与反佛之争，或者将苏我氏看作先进势力，将物部氏视为保守派。但是一些研究表明崇佛与反佛的命题本身就不存在，物部氏与苏我氏的斗争焦点在于话语权，佛教只不过是政治斗争的手段。一般认为，苏我氏与物部氏的最根本不同在于前者是国神系臣姓地名氏，而后者是天神系连姓负名氏，结合首长制国家形成的一般原理考虑，在继体以来皇权不稳的时期，苏我氏可以与天皇竞争政、教权威，而物部氏则无法脱离皇室而存在。因此，部分学者认为所谓反佛可能只是对天皇意志的传达，真正反佛的正是天皇本人，事实上在佛教传入数十年后，物部氏也有造寺、礼佛的记录，参见速水侑：《日本仏教史：古代》，吉川弘文馆1986年版，第30页，或曽根正人：《黎明期の日本仏教と聖徳太子》，本乡真绍主编：《和国の教主：聖徳太子》，吉川弘文馆2004年版，第65页。以上提到的用明天皇、崇峻天皇，包括日后的推古天皇、圣德太子等人均出自苏我氏母系，显然丁未之乱是苏我氏彻底取代物部氏成为第一氏族的标志，其事件本身与佛教并无太大关联。但是由于苏我氏支持佛教，因此苏我氏专政无疑为佛教受容提供了良好的客观环境，其重要标志即为推古天皇二年（593）颁布的三宝兴隆之诏。

② 中井真孝：《朝鲜と日本の古代仏教》，东方出版1994年版，第67页。

信尼弟子二人……马子独依佛法，崇敬三尼……马子宿祢亦于石川宅脩治佛殿。佛法之初，自兹而作。①

为使善信尼出家需要遍寻高僧，可知此时并没有日本出身的僧人；而寻得的僧人来自高句丽，无疑是高句丽佛教对日本产生影响的重要一例。此外，日本最早的出家人为尼而非僧，速水侑等学者认为这与日本原始信仰中的巫女文化相关。② 善信尼是鞍作氏族长司马达等的女儿。如前注所述，鞍作氏是来自中国南朝梁的渡来系氏族，与苏我氏关系密切，可以说是苏我氏的附属氏族。③ 鞍作氏在日本佛教的初期受容中扮演了重要角色。而善信尼的出家以百济进献佛像为契机，表明自钦明以来，百济始终坚持不懈地向日本传播佛法、进献佛像等物品。

待到崇峻天皇元年(588)，据《日本书纪·卷第二十一》：

> 六月甲子，善信阿尼等谓大臣曰："出家之途，以戒为本。愿向百济，学受戒法。"
> 是月，百济调使来朝。大臣谓使人曰："率此尼等，将渡汝国，令学戒法。了时发遣。"④
> 三年(590)春三月，学问尼善信等自百济还，住樱井寺。⑤

戒法是佛法修行不可或缺的指导规范，受戒也是成为僧尼所必需的程序。以此次善信尼出家为标志，说明日本的戒律思想已经存在。不过善信尼归国后并没有对后继者授戒的记录，大概是由于戒师的人

---

① 《日本书纪》，四川人民出版社 2019 年版，第 284~285 页。所谓佛法之始，意为佛教"三宝"，即佛、法、僧的具备。
② 速水侑：《日本仏教史：古代》，吉川弘文馆 1986 年版，第 42 页。
③ 关于鞍作氏，可参见中井真孝：《朝鮮と日本の古代仏教》，东方出版1994 年版，第 93~99 页。
④ 《日本书纪》，四川人民出版社 2019 年版，第 292 页。
⑤ 《日本书纪》，四川人民出版社 2019 年版，第 295 页。

数不足。① 但作为日本史上第一次"留学尼"，善信尼在日本佛教史上无疑具有重要的意义。②

其次关于日本最早的僧寺，③ 即 588 年始建的飞鸟寺，据《日本书纪·卷第二十一》：

> （崇峻天皇元年）是岁，百济国遣使并僧惠聪、令斤、惠寔等，献佛舍利。百济国遣恩率首信、德率盖文、那率福富味身等进调，并献佛舍利，僧聆照律师、令威、惠众、惠宿、道严、令开等，寺工太良未太、文贾古子，鑪盘博士将德白昧淳，瓦博士麻奈父奴、阳贵文、陵贵文、昔麻帝弥，画工白加。苏我马子宿祢请百济僧等，问受戒之法……坏飞鸟衣缝造祖树叶之家，始作法兴寺。此地名飞鸟真神原，亦名飞鸟苫田。④

百济的影响再一次显露。飞鸟寺以百济进献佛舍利为契机，并在百济渡来僧及技术工人的指导下建造而成，这也得到了考古证据的证实。根据 1956—1957 年对飞鸟寺地区的考古发掘的结果，飞鸟寺用瓦的样式以及瓦窑的构造均与百济扶余的寺庙近似。不过考古成果也揭示出了高句丽佛教的影响——飞鸟寺采取了独特的"一塔三金堂"的建筑布局，这种布局与高句丽平壤附近的清岩里废寺、上古里废寺等寺庙相同，显然暗示了高句丽佛教的影响。⑤ 显然，飞鸟寺再一次

---

① 僧尼受戒时需要"三师七证"——或称为十师——的见证，而此时的日本还没有足够的能够担任十师的人员，直到 7 世纪末，随着前几批遣隋、唐留学僧的归国，日本的戒律才逐渐完善，最终由鉴真正式将系统的戒律传入日本，并开创了日本律宗。

② 需要说明的是，百济律宗的兴盛也是善信尼到百济学习戒律的缘由，详见李能和：《朝鲜佛教通史》上编，庆熙出版社 1968 年版，第 33~34 页。

③ 日本最早的寺是尼寺，即由苏我氏小垦田宫发展而来的丰浦寺（后改称樱井寺）。飞鸟寺又名法兴寺、元兴寺，是日本最早的僧寺，本文统一采用飞鸟寺的名称。

④ 《日本书纪》，四川人民出版社 2019 年版，第 294 页。

⑤ 参见中井真孝：《朝鲜と日本の古代仏教》，东方出版 1994 年版，第 50~55 页。

揭示出了日本早期佛教文化的复合性格。

在六七世纪之交，东亚地区一个无法忽视的国家间关系演变的原动力是隋统一帝国的出现。与隋帝国直接接壤的高句丽所感受到的压力尤为明显。事实上早在北周武帝灭齐之后，高句丽就已经把交往重心转向了陈，几乎连年派遣使臣。而在 589 年之后，两面外交的政策无以为继，据《隋书·东夷列传》高丽条：

> 及平陈之后，汤（即高句丽平原王）大惧，治兵积谷，为守拒之策。①

可知，高句丽并没有抱有和平共处的幻想，而是采取了对隋强硬的外交策略，主动积蓄力量，以防备隋的进攻。开皇十八年（598），更是"率靺鞨之众万余骑寇辽西"，隋文帝"闻而大怒，命汉王谅为元帅，总水陆讨之"，不料"馈运不继，六军乏食，师出临渝关，复遇疾疫，王师不振"，好在"元（即高句丽婴阳王）亦惶惧，遣使谢罪……（文帝）于是罢兵，待之如初"。② 由是双方持续了十余年的和平期，但是没有理由认为双方的关系有明显好转。正如裴矩对炀帝的进言所说："高句丽本箕子所封之地，汉晋皆为郡县，今乃不臣，别为异域，先帝欲征之久矣……当陛下之时，安可不取，使冠带之境遂为蛮貊之乡乎？"③对隋而言征讨高句丽是不容置疑的国策，而高句丽显然很明白这一道理，双方的紧张关系也在持续加剧。

在此状况下，高句丽必须为可预先的战争做好准备。正如前文所言，所谓骑马民族的高句丽，王权和官僚组织并不完善，其国家的纽带存在于部族层面。对于部落国家而言，加强集权、强化国家纽带的最简单的方式，就是战争。因此从 598 年开始，高句丽频繁入侵百济

---

① 魏征等撰：《隋书·东夷传》，中华书局 1973 年版，第 1815 页。
② 魏征等撰：《隋书·东夷传》，中华书局 1973 年版，第 1816 页。关于 598 年隋朝—高句丽爆发冲突的原因，鬼头清明进行了分析，参见鬼头清明：《日本古代国家の形成と東アジア》，校仓书房 1976 年版，第 73~74 页。
③ 金富轼著，孙文范等校勘：《三国史记卷第二十》，吉林文史出版社 2003 年版，第 245 页。

与新罗，一方面通过战争转移国内矛盾，另一方面也加强其在朝鲜半岛的地位，避免在对隋战争中两面受敌。① 此外，高句丽也要改善与突厥、日本等国的关系。这一时期的日本孤立于以隋帝国为中心的东亚世界之外。加之此前高句丽与日本官方往来的记录很少，而且从日本与百济的关系考虑，高句丽与日本的关系并不是特别密切，双方的战事记录早在好太王陵碑文中就有记载。② 因此这一时期的高句丽与日本的互动或许可以视作双方"友好"关系建立的起始。如果这种假设成立，那么推古十八年（610）和推古三十二年（625）由高句丽王"贡来"僧人的记录就格外引人注目。

当然，这一时期更多的高句丽渡来僧的记录使用的是"来归""归化"等词语，可能并不是官方的行动。或许可以从以下两个方面考虑：首先，考虑到与日本改善关系可能带来的潜在的好处，高句丽乐见高句丽僧前往日本的行动，即使并非官方的行动，但创造文化上的亲近性也能产生有益的结果。其次，高句丽国内的佛教发展情况也推动了高句丽僧人前往其他国家。由于高句丽佛教的政治属性，自始至终未能彻底与民间信仰融合，因此始终如无根之萍，自 5 世纪末以来就趋向衰落。随着道家思想的传入，道教迅速在高句丽的统治阶层中站稳脚跟，佛教在高句丽的地位为道学所取代。李能和就指出："当时《道德经》'知足、知止'之训，盛行于丽、济，熏陶国人之德性，此可为证者也。"③武德七年（624），唐高祖听闻高句丽"国人争奉五斗米教"，乃"遣道士，送天尊像，来讲《道德经》"。④ 道教伴随着唐

---

① 特别是考虑到 598 年对隋战争期间百济的活动，入侵百济对于高句丽来说就更是理所当然。据《隋书·东夷传·百济条》："开皇十八年（598），昌（即百济威德王）使其长史王辩那献方物，属兴辽东之役，遣使奉表，请为军导。"

② 好太王碑文中可见到"倭贼退""倭溃""倭寇溃败"等关于高句丽与倭国关系的记事，详见杜浩主编：《历代碑帖精粹 晋好大王碑》，安徽美术出版社2014 年版。

③ 李能和辑述，孙亦平校注：《朝鲜道教史》，齐鲁书社 2016 年版，第 31 页。

④ 一然撰，权锡焕、陈蒲清译：《三国遗事》，岳麓书社 2009 年版，第235 页。

帝国的兴起正式传入高句丽。待到宝藏王二年(643)，盖苏文进言称"三教譬如鼎足，阙一不可。今儒释并兴，而道教未盛……伏请遣使于唐，求道教以训国人"，① 于是"王喜，以佛寺为道馆。尊道士，坐儒士之上"。② 在如此情况下，僧人们无法在高句丽获得地位，前往百济、新罗与日本也就顺理成章。

百济的情况则与高句丽不同。在圣王之后，百济的外部局势持续恶化，其在朝鲜半岛势力日益消退并陷于孤立。为了挽救国运，百济只有依靠日本和中国的外部权威。百济显然不会在这种情况下破坏长期以来维系的与日本的友好关系，上文所述的日本—百济联盟与新罗围绕任那问题的斗争一直延续到 7 世纪上半叶。

综上所述，日本的佛教从 6 世纪末进入了真正的受容。但是佛教的发展还需要来自大陆的理论、技艺和僧人才能实现。更何况佛教在东亚传播过程中本身就带有强烈的政治属性，与东亚各国间的互动密不可分。因此，理解日本佛教的传入和发展，不能脱离整个东亚世界的政治互动，6 世纪末的东亚世界恰好为其提供了良好的外部环境，构成了日本佛教发展的契机。

四、结语：6—7 世纪的东亚世界

日本学者鬼头清明将 6—7 世纪的东亚世界称作一个激变的过渡期，即从多个世界(中国世界、朝鲜世界以及日本世界)走向一个世界(以统一中国为基轴的东亚世界)的过程。③ 这个过程的第一阶段以 6 世纪中叶北魏的分裂、突厥的崛起以及彻底扭转南北朝力量对比的侯景之乱为起始，高句丽的南进政策一时停滞，新罗在朝鲜世界开启"南北并进"，这同时意味着百济的"南北并退"。而新罗的南进，

① 金富轼著，孙文范等校勘：《三国史记卷第二十一》，吉林文史出版社2003 年版，第 254~255 页。

② 一然撰，权锡焕、陈蒲清译：《三国遗事》，岳麓书社 2009 年版，第236 页。

③ 参见鬼头清明：《日本古代国家の形成と東アジア》，校仓书房 1976 年版，第 271~280 页。

即任那进出则伴随着任那地区国家自主性的彰显和日本在朝鲜政治存在的消退，于是百济与日本一拍即合，以百济为中介援助任那抵抗新罗就成为日本的国策。这样的局势到 589 年之后就形成了上述的三个世界，并以高句丽—百济为轴心互相关联。611 年隋炀帝的远征开启了第二阶段，即中国与朝鲜世界的碰撞与融合。在这一阶段，百济开始融入中国世界，而日本和新罗大体上还孤立于其外。这样的过渡随着隋帝国的崩溃进入了一个缓冲期，伴随唐帝国的崛起和突厥的覆灭则进入了最终阶段——东亚世界最终形成。佛教就是在这样的国际背景下传入日本的。从 6 世纪朝鲜半岛和日本的佛教事由来看，其政治属性无疑十分明显。佛教传入日本的前提直接建立在地缘外交的考虑之上，同时也受到各国间政治互动的制约，它既不是纯粹的文化史，也不是单纯的日本史，而是东亚政治史。东亚世界从不存在孤立的国家，因此研究古代东亚国家绝不能孤立地考察国别史，特别是在考察像佛教这样的国际问题时，必须把内的契机与外的契机两方面综合起来把握。

（作者系武汉大学历史学院硕士研究生）

"九日女王"简·格雷死因再探

张 锦

摘要： "九日女王"简·格雷是英国都铎王朝中期特殊政局下的产物，统治倒台后她便身陷囹圄且遭到审判，但尚有生存之机。然而托马斯·怀亚特发起起义后，玛丽女王最终处决了简·格雷。格雷之死是多重因素所造成的：宗教信仰因素处于次要地位；亨利八世和爱德华六世提出的王位继承方案，以及由此引发的简·格雷的父亲亨利·格雷的政治野心是简·格雷殒命的根本原因；玛丽统治方针的变化则是直接因素，其中怀亚特起义和亨利·格雷的行径助推了玛丽的转变。

关键词： 简·格雷；宗教冲突；王位继承问题；玛丽女王的统治；都铎中期危机

1553 年的都铎王朝(Tudor Dynasty)处在十字路口，爱德华六世(Edward VI)的最终继承方案将简·格雷(Lady Jane Grey)推上了君主之位。亨利八世(Henry VIII)的长女玛丽(Mary I)则迅速夺取政权并巩固了自身统治。作为罪犯的简·格雷在伦敦塔(London Tower)内关押半年有余后遭到死刑惩处，她在临终前拒绝同丈夫吉尔福德·达德利(Guildford Dudley)会面，① 并在发表完临终演说后迎来了死亡。②

---

① Richard Davey, *The Nine Day's Queen*, *Lady Jane Grey and Her Times*, ed. by Martin Hume, London: Methuen & CO, 2007, p. 337.

② *The chronicle of Queen Jane*, *and of Two Years of Queen Mary*, *and especially of the Rebellion of Sir Thomas Wyat*, ed. by John Gough Nichols, London: Printed for the Camden Society, 1850, pp. 55-59.

简·格雷之死显然与都铎中期的特殊局势相关联，但具体原因为何仍有较大争论。16世纪作家约翰·福克斯(John Foxe)的经典之作《殉道者名录》(*Acts and Monuments or Book of Martyrs*)对往后简·格雷的女性宗教殉难者形象奠定了基础。① 此后如约翰·班克斯(John Banks)等人在各类作品中都注重突出简·格雷的悲剧形象，具有学识且信仰坚定的女性殉道者可以引发人们的同情之心，更能突出宗教因素是导致其被处决的决定性因素。② 不过更多的学者将宗教与当时的政治局势相关联来探析简·格雷的死因，其中托马斯·怀亚特起义(Thomas Wyatt's Rebellion)和亨利·格雷(Henry Grey)的行为受到了更多的关注。③ 埃里克·艾夫斯(Eric Ives)在此基础上强调玛丽面对起义时的"恐慌"导致她决定处死简·格雷。④ 格雷之死所反映的另一重大议题便是1553年的都铎王位继承问题，约翰·达德利(John Dudley)所扮演的角色引人关注。其中利奥波德·冯·兰克(Leopold Von Ranke)便强调达德利试图获取家族利益，⑤ 也有其他学者认为达

---

① John Foxe, *The Acts and Monuments of the Christian Church*, Ex-classics Project, 2009, Vol. 9, pp. 73-85.

② John Banks, *The Innocent Usurper or the Death of Lady Jane Grey*, London: R. Bentley, 1694.

③ Anthony Fletcher and Diarmaid MacCulloch, *Tudor Rebellions*, London and New York: Routledge, 2016, pp. 91, 97; David Loades, *Todor Queens of England*, London: Continuum, 2009, p. 63; John Stephen Edwards, "*Jane the Queen*": *A New Consideration of Lady Jane Grey*, *England's Nine-Days Queen*, ProQuest Information and Learning Company, 2007, p. 226; Richard Davey, *The Nine Day's Queen*, *Lady Jane Grey and Her Times*, ed. by Martin Hume, London: Methuen & CO, 2007, p. 322; Sarah Kim, The Truth and Tale of Lady Jane Grey: An Honest Demeanor in the Midst of Ruthless Ambition, *Young Historian Conference*, 2018, p. 3.

④ Eric Ives, *Lady Jane Grey*: *A Tudor Mystery*, Hoboken: Wiley-Blackwell, 2009, p. 267.

⑤ Leopold Von Ranke, *A History of England*: *Principally in the seventeenth century*, Cambridge: Cambridge University Press, 2010, pp. 187-188.

德利拥有强烈的野心,① 其中大卫·W. 布拉利特(David W. Bartlett)认为达德利的阴谋是"长期规划",进而造成格雷家族的悲剧。② 但也有不少学者否认达德利是一切阴谋的始作俑者,并且认为他是恪尽职守的贵族。③ 此外,简·格雷本人曾染指王位的行为以及她亲自签署文件的行径在约翰·斯蒂芬·爱德华兹(John Stephen Edwards)和理查·戴维(Richard Davey)看来也是导致她最终殒命的因素之一。④

那么简·格雷死因的究竟为何,是宗教因素决定了其命运还是围绕王位继承问题时,约翰·达德利的野心是否造成了简·格雷的悲剧? 抑或其他因素? 本文认同学界对简·格雷之死问题研究的部分成果,即宗教因素与导致简·格雷的死亡存在关联,但是必须将其纳入更宏大的政治背景中予以考量。针对约翰·达德利所扮演的角色,笔者认同其活动在结合王位继承方案进行考量的前提下,确对格雷家族的悲剧产生了重要影响。然而相较而言,亨利八世和爱德华六世提出的王位继承方案(特别是爱德华六世的继承方案),以及由此引发的简·格雷的父亲亨利·格雷的政治野心才是简·格雷殒命的根本原

① Sarah Kim, The Truth and Tale of Lady Jane Grey: An Honest Demeanor in the Midst of Ruthless Ambition, *Young Historian Conference*, 2018, p. 3; Richard Davey, *The Nine Day's Queen*, *Lady Jane Grey and Her Times*, ed. by Martin Hume, London: Methuen & CO, 2007, p. 240.

② David W. Bartlett, *The Life of Lady Jane Grey*, New York: C. M. Saxton, 25 Park Row, 1858, p. 150.

③ Eric Ives, *Lady Jane Grey: A Tudor Mystery*, Hoboken: Wiley-Blackwell, 2009, pp. 131, 153-154; David Loades, *Tudor Queens of England*, London: Continuum, 2009, p. 160; Michelle Anne, *Lady Jane Grey*, *John Dudley and the succession crisis of* 1553, The University of Houston-Clear Lake, 1992, pp. 73, 79-83; John Stephen Edwards, "*Jane the Queen*": *A New Consideration of Lady Jane Grey, England's Nine-Days Queen*, ProQuest Information and Learning Company, 2007, p. 174. 其中大卫·洛兹的观点有过转变,他原本认为达德利是一个充满野心的贵族。

④ John Stephen Edwards, "*Jane the Queen*": *A New Consideration of Lady Jane Grey, England's Nine-Days Queen*, ProQuest Information and Learning Company, 2007, p. 223; Richard Davey, *The Nine Day's Queen*, *Lady Jane Grey and Her Times*, ed. by Martin Hume, London: Methuen & CO, 2007, p. 316.

因。亨利·格雷在女儿短暂的一生中近乎发挥着决定性影响，无论是教育、婚配、继承王位以及最终命运中皆有体现。简·格雷也成了其父乃至家族野心的"牺牲品"。最后，玛丽统治稳固后施政方针的转变直接导致了简·格雷的生命岌岌可危，其中托马斯·怀亚特起义的爆发和亨利·格雷面对起义的态度助推着玛丽的转变。国内目前对于简·格雷的研究较少，对格雷之死的解读少有专题性研究。因此，本文试图从宗教因素、王位继承问题和玛丽女王的统治三个角度对这一问题展开进一步探讨。

一、宗教信仰造成的悲剧？

简·格雷的女性新教殉道者形象突出了其特有的悲剧形象，这很大程度上仰赖于约翰·福克斯的塑造。《殉道者名录》中包含了简·格雷临死前的信件与受刑前的临终演说等内容。① 简·格雷在临终前与玛丽所派遣的牧师、威斯敏斯特修院院长（Abbot of Westminster）约翰·费肯汉姆（John Feckenham）之间的对话突显其捍卫信仰的决心：

> 费肯汉姆：作为一名基督徒有什么要求？
> 简：相信圣父、圣子、圣灵，三位一体。
> 费肯汉姆：仅仅相信上帝就足够了？
> 简：对，我们必须全心全意、以我们的灵魂、以我们的思想去相信上帝，必须爱他，就像爱邻居、爱自己一样。
> ……
> 简：我的信仰基于上帝之言，而不是听信教会，即使是好的教会，教会的信仰应该践行上帝之言……②

---

① John Foxe, *The Acts and Monuments of the Christian Church*, Ex-classics Project, 2009, Vol. 9, pp. 73-85. 简·格雷的前家庭教师在玛丽取得优势后选择背弃新教信仰。

② James D. Taylor ed., *Documents of Lady Jane Grey*, *Nine Days Queen of England*, 1553, New York: Algora Publishing, 2004, pp. 124-127.

福克斯之后也不乏将简·格雷以女性殉难者形象予以宣传的作品，但是宗教因素并不能成为玛丽处死她的决定性因素。首先，玛丽在进行王位之争之际所进行的筹备活动中展现出了对于新教支持者和中立分子的宽容，她奉行的实用主义策略帮助她成功地夺取了王位。① 再者，玛丽在夺取王位后也并未急迫地对新教徒予以迫害，除了在 1553 年 8 月对主要对手约翰·达德利处以极刑以外，其他"谋反者"基本上都得到了宽恕。玛丽需要的是"统治"而非赶尽杀绝，对待投降贵族她也只是采取缴纳金钱为主的方式予以惩处。② 其中最为典型的案例莫过于亨利·格雷，玛丽与他的妻子弗朗西丝·格雷(Frances Grey)的私交甚笃，因此准许亨利·格雷享有自由。③ 而在宗教政策层面，尽管后世常用"血腥玛丽"(Blood Mary)的称号来彰显玛丽在宗教领域的残酷行径，但是玛丽在统治早期试图采用中立性的宗教政策以稳固局势。④

玛丽夺权后相对宽容的处理方案也揭示了她并不会一味地以宗教信仰上的好恶来决定"反叛者们"的生死，拥抱新教信仰的简·格雷也能够以戴罪之身而存活。⑤ 真正期待期望以宗教信仰之名来惩处简·格雷等人的恰恰是来自神圣罗马帝国(Holy Roman Empire)方面的意见。皇帝查理五世(Charles V)所派驻在英格兰的大使西蒙·雷

① Anna Whitelock and Diarmaid MacCulloch, "Princess Mary's Household and the Succession Crisis, July 1553", *The Historical Journal*, Vol. 50, No. 2 (Jun. 2007), p. 269; Eric Ives, *Lady Jane Grey: A Tudor Mystery*, Hoboken: Wiley-Blackwell, 2009, p. 237.

② Eric Ives, *Lady Jane Grey: A Tudor Mystery*, Hoboken: Wiley-Blackwell, 2009, p. 246.

③ Richard Davey, *The Nine Day's Queen*, *Lady Jane Grey and Her Times*, ed. by Martin Hume, London: Methuen & CO, 2007, p. 322.

④ Harrison Crumrine, "The Oxford Martyrs and the English Protestant Movement, 1553-1558", *The Historian*, Vol. 70, No. 1 (Spring. 2008), p. 78; Malcolm R. Thorp, Religion and the Wyatt Rebellion of 1554, *Church History*, Vol. 47, No. 4(Dec. 1978), p. 364.

⑤ "Spain: August 1553, 6-10", in *Calendar of State Papers*, *Spain*, Vol. 11, 1553, ed. by Royall Tyler, 1916, pp. 150-162.

纳德(Simon Renard)不断向玛丽煽风点火——应将简·格雷视作潜在的新教象征性人物,直接将其处死。① 但是通过对雷纳德写给西班牙王子菲利普(Philip Ⅱ)的报告来看,即使大使有着宗教因素的考量,然而实际上他是将简·格雷等人当作"达德利党人",并且他认为约翰·达德利之所以敢于策划王位继承阴谋的关键因素在于他拥有法兰西人的支持。② 因此,帝国大使对于加紧处死简·格雷这一问题的看法还是从政治局势的角度出发的,将"达德利党人"一网打尽,防止法兰西人在英格兰获得支持。

若玛丽纯粹从宗教信仰上以"一刀切"的方式来打击他人,那么她将面对更多的敌人,并且理应将诸如伊丽莎白、亨利·格雷等一众新教徒赶尽杀绝。简·格雷是一个在贵族圈内较为知名的女性,这自然得益于她所拥有的都铎血统,但是若将她视为当时英格兰的新教代表人物有些言过其实。她在民众之中知名度之低可以透过其加冕典礼的情形予以展现,人们对于一众贵族向一位少女效忠的场景感到诧异。③ 总之,就宗教层面而言,简·格雷对于玛丽的威胁远不如他人,不为大众所知的她少有可能是当时英格兰的新教代表;再者,玛丽寻求和解而非宗教迫害符合自身统治的需要。

---

① John Stephen Edwards, "*Jane the Queen*": *A New Consideration of Lady Jane Grey*, *England's Nine-Days Queen*, ProQuest Information and Learning Company, 2007, pp. 223-224; "Spain: August 1553, 11-20", in *Calendar of State Papers*, *Spain*, Vol. 11, 1553, ed. by Royall Tyler(London, 1916), pp. 162-176.

② "Spain: August 1553, 6-10", in *Calendar of State Papers*, *Spain*, Vol. 11, 1553, ed. Royall Tyler, 1916, pp. 197-211. 法兰西王国与哈布斯堡家族的争斗十分激烈,前者完全以国家利益为出发点,甚至于奥斯曼帝国(Ottoman Empire)结盟,宗教因素显然让位于现实的政治利益。

③ *The Diary of Henry Machyn*, *Citizen and Merchant-Taylor of London*, *From A. D.* 1550 *to A. D.* 1563, ed. by John Gough Nichols, London: Printed for the Camden Society, 1848, pp. 35-36; *The chronicle of Queen Jane*, *and of Two Years of Queen Mary*, *and especially of the Rebellion of Sir Thomas Wyat*, ed. by John Gough Nichols, London: Printed for the Camden Society, 1850, p. 3.

二、王位继承问题

除了天主教与新教的争端以外，都铎王朝中期所面临的另一大难题便是王位继承问题。亨利八世的婚姻风波源自对男性继承人的需求。亨利在 1537 年爱德华出生之际将玛丽和伊丽莎白分别视为非法子嗣，她们的母亲一个离世，另一个则是遭受极刑。① 此后，亨利则是收回成命，并在 1546 年给出了自己的最终继承方案，爱德华无疑具有优先地位，但是亨利也考虑到爱德华无嗣的状况：

> 排在第一位的毫无疑问是长子且唯一的男性后裔爱德华；如果自己的第六任妻子凯瑟琳·帕尔(Katherine Parr)产下男性子嗣则为下一顺位继承人；紧接着是长女玛丽；倘若玛丽没能留下子嗣则由伊丽莎白来继承大统；若伊丽莎白没有子嗣则由弗朗西丝·格雷的女儿们以类似于玛丽和伊丽莎白的条件继承王位；如若弗朗西丝·格雷的女儿们遭遇不测，则考虑弗朗西丝的妹妹埃莉诺·布兰登(Eleanor Brandon)一脉。②

亨利的继承方案带有男性优先和排外的色彩，其中早年嫁到苏格兰(Scotland)的都铎后裔玛格丽特·都铎(Margret Tudor)一系不在考虑范畴之列。而格雷家族此时已然与王位继承产生了直接联系，只是此刻并不占优势地位。埃里克·艾夫斯教授指出："有些野心家可以

---

① *Chronicle of King Henry Ⅷ of England*, trans. and with notes and introduction by Martin A. Sharp Hume, London: G. Bell and Sons, 1889, pp. 70-72.

② *The chronicle of Queen Jane, and of Two Years of Queen Mary, and especially of the Rebellion of Sir Thomas Wyat*, ed. by John Gough Nichols, London: Printed for the Camden Society, 1850, Appendix, pp. 85-87; Richard Davey, *The Nine Day's Queen, Lady Jane Grey and Her Times*, ed. by Martin Hume, London: Methuen & CO, 2007, p. 109.

将以往亨利把两个女儿视作'非法'的行为拿来做文章。"①

  爱德华·西摩尔的兄弟托马斯·西摩尔(Thomas Seymour)是率先行动之人。亨利去世后,他不仅秘密迎娶前王后凯瑟琳·帕尔,还获得了伊丽莎白和简·格雷的监护权,他甚至向格雷家族支付重金,允诺自己会让简·格雷嫁给爱德华六世。② 拥有都铎血脉的弗朗西丝·格雷在女儿的婚姻问题上拥有强势的话语权,她在与托马斯的信件交流中将其以"哥哥"称呼,对其想法较为认同。③ 格雷家族的女性后裔原本在贵族联姻体系中就属于十分优越的政治筹码,但是将女儿直接与国王爱德华相联系必然是巨大的诱惑,这也会带来野心的膨胀。只是托马斯·西摩尔还来不及贯彻自己的野心就遭到了兄弟爱德华·西摩尔打的打击。④ 随后约翰·达德利取代爱德华·西摩尔的地位,1554 年身体欠佳的爱德华给出了新的继承方案:

  首先,如若弗朗西丝·格雷在爱德华生前产下男性子嗣,那么他将加冕为王;若弗朗西丝没能实现这一点,那么其女儿们简、凯瑟琳和玛丽在爱德华生前产下的男性子嗣也可以加冕为王;若此方案不可行,则由埃莉诺·克利福德(Eleanor Clifford)之女玛格丽特·克利福德(Margaret Clifford)所生之子可以继承王位;简、凯瑟琳等一众小辈所生之女的儿子们也可以继承王位(即简的孙子辈);如若男性继承人年满 18 岁则可以自行处事,若反之则由他们的母亲来担任摄政职位,并且要由我(爱德华)

① Eric Ives, *Lady Jane Grey: A Tudor Mystery*, Hoboken: Wiley-Blackwell, 2009, p.35.

② Richard Davey, *The Nine Day's Queen*, *Lady Jane Grey and Her Times*, ed. by Martin Hume, London: Methuen & CO, 2007, p.116.

③ Salisbury Manuscripts Vol 150, folio 121; Barbara J. Harris, "Women and Politics in Early Tudor England", *The Historical Journal*, Vol. 33, No. 2(Jun. 1990) p.261.

④ *Chronicle of King Henry Ⅷ of England*, trans. and with notes and introduction by Martin A. Sharp Hume, London: G. Bell and Sons, 1889, pp.162-165.

任命的顾问们来进行协助；如若继承人之母去世则按照弗朗西丝、简·格雷一线的顺序来担任摄政……①

爱德华的继承方案依旧突出男性优先原则。他还极度排斥宗教信仰上与自己相左的玛丽，并屡次将姐姐的支持者送入监狱之中。② 除此之外，他还继承了父亲的"排外"特征，为了防止姐姐伊丽莎白嫁给外国贵族，其王位继承方案也将其予以排除。因此，爱德华在对父亲1537 年将玛丽和伊丽莎白视作非法子嗣的同时，还汲取了父亲临终遗愿中将格雷家族纳入继承体系的做法。随着 1554 年 6 月爱德华病入膏肓，他将最终意愿(Last Will)呈现给了众贵族和议会：

> 第一，王位第一继承人是弗朗西丝·格雷在国王爱德华生前所生的男性子嗣；第二，王位继承人是简·格雷(to her)和她的男性子嗣；第三，凯瑟琳·格雷本人和她所生的儿子；第四，玛丽·格雷以及她所生的儿子；第五，弗朗西丝·格雷潜在的第四个女儿的儿子；第六，玛格丽特·克利福德所生之子；第七，简·格雷女儿所生之子…… ③

文件中的"to her"是最为显著的改变，简·格雷此时与王位产生了最为直接的联系。在没有男性继承人的情况下，她既拥有都铎血统，同

---

① "The Will of King Edward the Sixth, and His Devise for the Succession to the Crown", John Gough Nichols ed., *The chronicle of Queen Jane, and of Two Years of Queen Mary, and especially of the Rebellion of Sir Thomas Wyat*, London: Printed for the Camden Society, 1850, Appendix, pp. 89-90.

② Anna Whitelock and Diarmaid MacCulloch, "Princess Mary's Household and the Succession Crisis, July 1553", *The Historical Journal*, Vol. 50, No. 2 (Jun. 2007), p. 274.

③ "Letters Patent for the Limitation of the Crown", ed. by John Gough Nichols, *The chronicle of Queen Jane, and of Two Years of Queen Mary, and especially of the Rebellion of Sir Thomas Wyat*, London: Printed for the Camden Society, 1850, Appendix, pp. 91-100.

时是新教徒，并且还与强势的达德利家族形成了联姻关系。①

吉尔福德·达德利与简·格雷的联姻以及王位继承的最终方案令人们不禁觉得是约翰·达德利设计了这一切，他似乎拥有着"长远眼光"。② 其中理查·戴维就认为不存在所谓的"最终意愿"，这完全是达德利操控的结果。③ 但是学界逐渐倾向于否认达德利的阴谋家角色。米歇尔·安妮（Michelle Anne）认为达德利忠于英格兰、国王和新教，若是想凭一己之力更改国王意愿是困难的，他的野心不比其他贵族更强烈。④ 埃里克·艾夫斯认为达德利忠于国王并关心英格兰的命运，其家族与格雷家族的联姻有着爱德华的首肯。⑤

相较于达德利，亨利·格雷更符合"长远眼光"的描述，女儿的教育、婚配、王位继承和最终命运都受到了他的影响。亨利·格雷在年轻时为了迎娶具有都铎血统的弗朗西丝·布兰登结婚而违背了与阿伦德尔伯爵（Earl of Arundel）之间的婚约，这显然有助于抬升格雷家族的政治地位。简·格雷选择信仰新教是由于父母信仰所决定的，其父对新教人士的赞助进一步让新教信仰影响女儿的思想。拥抱新教的行为有助于顺应亨利八世的改革，并且在爱德华施行激进的新教政策德背景下获取更多的信任。随后，格雷家族先后与托马斯·西摩尔"护国公"（Protector）爱德华·西摩尔，达德利联盟，在一系列剧变中受益，并且地位稳步上升，最后成为萨福克公爵（Duke of Suffolk），

① John Stephen Edwards, "*Jane the Queen*"; *A New Consideration of Lady Jane Grey*, *England's Nine-Days Queen*, ProQuest Information and Learning Company, 2007, pp. 177, 188-189, 192, 195.

② David Loades, The Mid-Tudor Crisis, 1545-1565, New York: St. Martin's Press, 1992, p. 145; David W. Bartlett, *The Life of Lady Jane Grey*, New York: C. M. Saxton, 25 Park Row, 1858, p. 150.

③ Richard Davey, *The Nine Day's Queen*, *Lady Jane Grey and Her Times*, ed. by Martin Hume, London: Methuen & CO, 2007, pp. 238-241.

④ Michelle Anne, *Lady Jane Grey*, *John Dudley and the succession crisis of* 1553, The University of Houston-Clear Lake, 1992, pp. 73, 79-83.

⑤ Eric Ives, *Lady Jane Grey*; *A Tudor Mystery*, Hoboken: Wiley-Blackwell, 2009, pp. 130-131, 153-154.

成为全英格兰境内鲜有的公爵之一。① 女儿与达德利家族的联姻可以巩固双方联盟，认同女儿称王可以做到保障都铎血统、保障英格兰不受外国贵族的统治，还可以延续爱德华的新教政策。亨利·格雷一直在做符合格雷家族利益的选择。为确保该计划的实施，简·格雷成了最后一个知晓的人。不过，亨利·格雷的野心为女儿所发觉并"斥责"：

> 我父母以及岳父的野心是将导致我陷入万劫不复之地。
>
> ……我在爱德华面前，希望他能够收回成命；但让我感到恐惧的是，我的一切努力都是徒劳；木已成舟，他们早有安排，我是最后一个知道消息的。
>
> ……我的叫喊和眼泪是没有用的，我只希望爱德华能够上天堂！②

简·格雷本人在完全不知情的状况下成了女王，这种结果包含了爱德华的考量，也是贵族们实现野心的结果，约翰·达德利和亨利·格雷在此过程中发挥着显著的作用。其中后者的影响更为明显，正是亨利·格雷的政治野心一步步将女儿推向了深渊。而亨利八世和爱德华六世所给出的继承方案又恰恰刺激贵族们施展自身的政治野心。亨利的方案将两个女儿予以排除并且反对外国人对英格兰主政。而爱德华的继承方案则要考虑新教政策、血统、可能存在的外国的统治等因素，于是他效仿父亲 1537 年的做法将两个异母姐姐排除在了继承体系之外。玛丽在宗教上与爱德华冲突激烈，并且未婚，因此爱德华以非法子嗣的名义剥夺其继承权。伊丽莎白信仰新教，但同样未婚，爱德华同样使用"非法子嗣"之名。无法选择男性继承大统已成定局，权衡之下，唯有信仰新教、已然完婚和具备都铎血统的简·格雷成了

---

① Richard Davey, *The Nine Day's Queen*, *Lady Jane Grey and Her Times*, ed. by Martin Hume, London: Methuen & CO, 2007, pp. 149-153, 179.

② *Documents of Lady Jane Grey*, *Nine Days Queen of England*, 1553, ed. by James D. Taylor, New York: Algora Publishing, 2004, pp. 40-42.

最佳人选。

三、政局变迁和玛丽施政方针的转变

简·格雷加冕的消息令玛丽感到不满，大部分公众以及阿伦德尔伯爵等贵族都将玛丽视作"合法君主"，胜利的天平由此发生转变。[①]玛丽在与约翰·达德利的战场对垒中做到了"不战而屈人之兵"，她很快便赢得了支持并且得以主宰"达德利党人"的命运。约翰·达德利和其两名亲信在8月遭到审判后不久便遭到了处决。[②] 玛丽对于这位主要政治对手没有丝毫手软，即使对方力图通过更改信仰以求生存也无济于事。而达德利的改宗行为甚至还受到了简·格雷的斥责，她在伦塔塔内与罗兰·李(Rowland Lee)的对话如下：

> 简：伦敦的民众们对于公爵突然改宗的行径并不会感到陌生，所以谁又会想到他会这么做呢？
> 李：可能公爵希望得到宽恕吧。
> 简：宽恕？他活该倒霉！他的野心害得我和我的家人沦落至最为悲惨的境地。至于他希望自己的生命迎来转机，纵使其他人也这么认为，但我绝对不会……谁认为这样一个人人厌弃之人应当期待宽恕？
> 简还补充道：他还会怎样？他的生命里充斥着邪恶和虚伪，这就是他的结局。……他不应该，他活了这么多年，他的生命不应该继续。……他将会生活在枷锁之中，不会有任何意义……[③]

---

① 大卫·休谟著，刘仲敬译：《英国史》第三卷，吉林出版社2012年版，第315~316页。

② *The chronicle of Queen Jane, and of Two Years of Queen Mary, and especially of the Rebellion of Sir Thomas Wyat*, ed. by John Gough Nichols, London：Printed for the Camden Society, 1850, pp. 16-21.

③ *The chronicle of Queen Jane, and of Two Years of Queen Mary, and especially of the Rebellion of Sir Thomas Wyat*, ed. by John Gough Nichols, London：Printed for the Camden Society, 1850, pp. 24-26.

受到严厉惩处也仅有约翰·达德利,其他的贵族基本都获得了玛丽的宽恕。作为"篡位者"的简·格雷也在伦敦塔内享受着相对优渥的生活。① 她与丈夫吉尔福德·达德利等人在 11 月曾经面临着一次审判,"叛国"罪名已然坐实,甚至有着被处死的可能,但是玛丽并没有对他们施以刑罚,反而让他们在伦敦塔内享有一定程度的自由。② 玛丽的统治的确体现了审慎与宽恕,但是作为女性统治者的她在父权制依旧盛行的都铎时代依旧面临着困局。

玛丽的困局主要体现在两个方面。一方面是天主教与新教之间的冲突,从个人私心和政治诉求上来说,玛丽更加倾向于天主教。另一方面,作为女王的她需要通过婚姻来巩固自身统治。可是具体的婚姻对象问题上,她与贵族们之间存在分歧。贵族们希望玛丽与国内的贵族进行通婚,尤其是具有金雀花(Plantagenet)血统的爱德华·考特尼(Edward Courtenay),由此避免外国男性"窃取"英格兰的统治权。这种担忧早在 1553 年 4 月或者 5 月约翰·达德利写给亨利·格雷的信件中有所体现,其中既涉及宗教问题,也彰显对外来者的统治的排斥:

> 玛丽的宗教信仰足以让她被排除在王位继承之外,伊丽莎白也不应该被视为继承人。而苏格兰的玛丽是一个外国人,自然是要排除的;而你的夫人是有权利的,她是先王亨利的外甥女。
>
> 我建议让你劝说你夫人继承王位,我想爱德华会同意的;如果你夫人不愿意,那就让你的女儿简·格雷接受王位。大人,如

---

① *The chronicle of Queen Jane, and of Two Years of Queen Mary, and especially of the Rebellion of Sir Thomas Wyat*, ed. by John Gough Nichols, London: Printed for the Camden Society, 1850, p. 33.

② *The chronicle of Queen Jane, and of Two Years of Queen Mary, and especially of the Rebellion of Sir Thomas Wyat*, ed. by John Gough Nichols, London: Printed for the Camden Society, 1850, pp. 32-33; "Spain: November 1553, 11-15", in *Calendar of State Papers, Spain*, Volume 11, 1553, ed. by Royall Tyler (London, 1916), pp. 352-363.

果你可以做到，我们将尽力劝说爱德华作出决定……①

此外，帝国大使雷纳德的报告中也谈到，外国人在英格兰并不受欢迎，而爱德华·考特尼在英格兰十分受到贵族们的爱戴。② 然而玛丽有着自身的考量，她更希望同有着亲缘关系的西班牙王子菲利普结婚。③ 玛丽意图同菲利普结合很有可能是力图巩固与哈布斯堡（Habsburg）家族的联盟，同时也能借助他们强大的势力协助防守英格兰唯一的大陆领地加莱（Calais）。④ 但这种联盟也引发了另一层面的问题，信奉天主教的玛丽和哈布斯堡家族势必会打击英格兰的新教势力。

玛丽的婚姻问题引发了不满，1554 年托马斯·怀亚特起义爆发，其中起义者们均为新教徒。⑤ 怀亚特起义的原因存在争论，反对天主教和反对玛丽婚姻二者孰先孰后难以判断，但是其起义目的必然是反对玛丽婚姻所带来的"外国人统治"和天主教政策。⑥ 然而怀亚特的起义终究没能成事，理查·戴维将其行径视作是一次愚蠢的"十字军"（Crusade），对玛丽的临危不乱则是大加赞赏。⑦ 可是简·格雷的

---

① *Documents of Lady Jane Grey*, *Nine Days Queen of England*, 1553, ed. by James D. Taylor, New York: Algora Publishing, 2004, pp. 16-17.

② "Spain: August 1553, 6-10", in Calendar of State Papers, Spain, Vol.. 11, 1553, ed. Royall Tyler, 1916, pp. 261-272.

③ *The chronicle of Queen Jane*, *and of Two Years of Queen Mary*, *and especially of the Rebellion of Sir Thomas Wyat*, ed. by John Gough Nichols, London: Printed for the Camden Society, 1850, p. 32.

④ *The chronicle of Queen Jane*, *and of Two Years of Queen Mary*, *and especially of the Rebellion of Sir Thomas Wyat*, ed. by John Gough Nichols, London: Printed for the Camden Society, 1850, pp. 34-35.

⑤ Anthony Fletcher and Diarmaid MacCulloch, *Tudor Rebellions*, London and New York: Routledge, 2016, p. 97.

⑥ Malcolm R. Thorp, Religion and the Wyatt Rebellion of 1554, *Church History*, Vol. 47, No. 4(Dec. 1978), pp. 375-376.

⑦ Richard Davey, *The Nine Day's Queen*, *Lady Jane Grey and Her Times*, ed. by Martin Hume, London: Methuen & CO, 2007, p. 325.

命运却因为自己的父亲亨利·格雷参与其中而走向末路。玛丽原本派遣亨利·格雷前去打击起义者，给他一个"戴罪立功"的机会，可是他却走上了反叛道路。① 讽刺的是，亨利·格雷纠集的支持者仅有140 人左右，其中以家臣为主。② 此举动无疑激怒了玛丽，她决定将简·格雷和吉尔福德·达德利在 2 月 12 日处以死刑。③ 对于父亲的举动，简·格雷写给父亲的信件中表明了自己的态度：

> 父亲，尽管因为你让上帝加速我的死亡，因为你，我的生命原本应该更为长久，我充满耐心地接受这一切……我感到满足，我严重地伤害了女王和法律，但我十分确信我几乎没有冒犯到上帝……父亲你也许会为我的死感到伤心，但对我来说没有什么能比从悲伤中离别而前往所渴望的天堂更加愉悦了，去陪伴我们的救世主基督……④

父亲亨利·格雷原本应当拯救女儿，可是却给女儿造成了致命一击。⑤ 无论亨利·格雷参加起义是为了反对玛丽的婚姻或者宗教政

---

① *The chronicle of Queen Jane, and of Two Years of Queen Mary, and especially of the Rebellion of Sir Thomas Wyat*, ed. by John Gough Nichols, London：Printed for the Camden Society, 1850, p. 37; Richard Davey, *The Nine Day's Queen*, *Lady Jane Grey and Her Times*, ed. by Martin Hume, London：Methuen & CO, 2007, p. 322.

② Anthony Fletcher and Diarmaid MacCulloch, *Tudor Rebellions*, London and New York：Routledge, 2016, p. 91.

③ *The chronicle of Queen Jane, and of Two Years of Queen Mary, and especially of the Rebellion of Sir Thomas Wyat*, ed. by John Gough Nichols, London：Printed for the Camden Society, 1850, pp. 54-55; "Spain：February 1554, 11-15", in *Calendar of State Papers*, *Spain*, Volume 12, 1554, ed. by Royall Tyler（London, 1949）, pp. 93-100.

④ *Documents of Lady Jane Grey, Nine Days Queen of England*, 1553, ed. by James D. Taylor, New York：Algora Publishing, 2004, pp. 123-124.

⑤ John Stephen Edwards, *"Jane the Queen"：A New Consideration of Lady Jane Grey*, *England's Nine-Days Queen*, ProQuest Information and Learning Company, 2007, p. 226.

策，又或者说是为了拯救身陷囹圄的女儿，他公然违抗玛丽的旨意并且主动参与其中的行为都是"昏招"，无动于衷或者办事不力均好过他所做出的选择。埃里克·艾夫斯认为玛丽决定处死简·格雷是出于"恐慌"，彼时亨利·格雷正与怀亚特等人勾结在一起。[1]

总之，简·格雷自统治结束后，其生杀大权全凭玛丽的意志。在玛丽早期相对宽容的统治中，她本人也深信简·格雷不过是约翰·达德利等人阴谋中的傀儡角色。但是作为女性统治者的她一方面受到自身婚姻问题的困扰；同时作为英格兰境内的天主教代表，她也希望能够扭转爱德华六世时期那激进的新教政策。托马斯·怀亚特的起义刺激了玛丽，亨利·格雷这位曾经得到宽恕的阴谋家、新教分子参与到其中更是令玛丽感到不满。简·格雷虽然头顶罪名，但玛丽对她相对宽容。因此，正是亨利·格雷给女儿的性命敲响了丧钟。

四、结　　论

都铎王朝中期面临着特殊的政治危局，亨利八世和爱德华六世所面对的王位继承问题中充斥着各个层面的考量，重病而无法生育男嗣且宗教政策更为激进的后者面临着更严峻的挑战。就具体的继承人选来说，亨利和爱德华都希望由男性来继承王位，可是爱德华特殊的身体状况等因素导致这种期待落空，只得退而求其次选择具有都铎血统的女性，同时他还要极力排斥外国贵族可能带来的干扰。在宗教层面，爱德华较之于亨利来说更希望一位新教人士来继承大统。综合以上条件，拥有都铎血统、与国内最强贵族家族联姻且信仰新教的格雷家族长女简·格雷成了最为合适的人选。亨利与爱德华的继承方案中将格雷家族与王位继承相联系，后者更是将简·格雷与王位直接关联。既传承借鉴又不断变化的继承方案给了托马斯·西摩尔、约翰·达德利和亨利·格雷等人以实现自身野心抱负的机遇，其中亨利·格雷在局势变化中所做出的选择对女儿的命运起到了决定性的作用。作

[1]　Eric Ives, *Lady Jane Grey: A Tudor Mystery*, Hoboken: Wiley-Blackwell, 2009, p. 267.

为家族长女的简·格雷，唯有听从父母之命，她无法主宰自身命数。

简·格雷成为女王也意味着她彻底卷入了政治漩涡之中，她的加冕行为实际上不为玛丽势力乃至民众所接受，政权的迅速倒台也意味着其生死全凭玛丽的意志。玛丽初期的施政方针上以宽容为主，但是也必须与哈布斯堡势力巩固同盟以保障统治，这也引发了部分人士的不满情绪。简·格雷在 1553 年的余下时光里基本享有相对优渥的生活条件，玛丽始终明白她是一个受操纵的傀儡角色，因此简·格雷的命运始终存在着转机。然而亨利·格雷的昏庸行径导致了女儿的湮灭，玛丽将叛国之罪、对亨利·格雷的不满以及若隐若现的新教威胁集中进行解决。简·格雷的死亡绝不是简单的宗教殉道的美化传说所能概括的，她的死亡背后正是都铎王朝时期特有的政治危局的表现——英格兰必然要迎来一位女性统治者，是否要让女王同外国贵族联姻成了都铎王朝面临的难题。与此同时，日趋激化的宗教之争也在撕裂着国家。而这一系列争端的表象之下，还蕴含着国家层面的争斗，即法兰西和哈布斯堡之间的争夺。简·格雷的悲剧正是这一时期特殊政治图景下的缩影。

（作者系武汉大学历史学院硕士研究生）

美国战时新闻审查制度的
演变与特征(1984—1992)

龚宇鹍

摘要：20 世纪 80 年代到 90 年代前期是美国战时新闻审查策略的转折时期，其影响一直延续到现在。从 1984 年西德尔委员会建议到 1992 年国防部发布指令规范，美国的战时新闻审查制度呈现出矛盾和磨合的特征，也有着从规范过程到保障源头安全、从人治化到法制化的特点。确立了"公开和独立的报道将是报道美国军事行动的主要方式"等诸多影响深远的原则。这种特殊的发展轨迹和特点又是与美国的国家性质以及媒体性质分不开的。

关键词：美国；新闻审查；记者团；海湾战争

新闻审查是指国家权力机构或其他权力主体对新闻采访、报道、传播和发布所做的检查与限制。战争则是交战双方综合力量在最高程度上的对决，其残酷与暴烈，打破了正常的社会秩序和价值理念。①为了取得战争的胜利，任何与战争目标不一致的行为都会受到强制性的控制。因此战争时期的新闻审查便带有钳制舆论、管控媒体、统一口径、防止泄密等功能。

时至今日，美国新闻审查制度几经变化，呈现出独特的发展轨迹。政府与媒体关于新闻自由的矛盾由来已久，从建国时的宪法第一

---

① 王亮：《美国战时新闻检查制度流变》，《军事记者》2004 年第 3 期，第 25 页。

修正案开始，美国就十分注重新闻自由的实现。这种现象的核心源头是美国价值观中的言论自由。这样的历史传统让美国的新闻审查制度在具体的审查操作和记者准入上颇为严格。在制度的执行上却较为缺乏法律的强制性，比较注重媒体的自愿配合与合作。美国战时新闻审查制度的源头可以追溯到内战时期，这一时期相比于南方相对僵化的严格审查，北方联邦政府的审查在开始时采用了自愿的报纸审查制度，让记者们自发审查。但这种不提供政府审查准则的努力失败了。两次世界大战促成了美国新闻审查制度的法制化，美国颁布的《间谍法》《煽动法》《与敌贸易法》《惩治叛乱法》等法案标志着美国战时新闻审查制度开始走向法制化。1941 年 12 月 18 日，根据《战争权力法》，总统成立了审查办公室。但由于新闻审查办公室只能发布与国内新闻审查有关的指导意见，所以其强制力其实并不高。这一时期的审查也需要媒体自愿的充分合作。在总体战的情况下，面对全国级的战争，媒体基本上还是主动配合了政府的战争动员计划，双方的合作行之有效。

然而，随着冷战的开始，世界进入局部战争的时代，继承自"二战"的自发新闻审查制度就显得有些力不从心。越南战争时期，受到国内形势以及实际后勤保障等因素的影响，美国战时新闻审查制度趋于宽松。媒体得以披露大量真实反映美军暴力行为的新闻材料。电视报道激起了人们的反战情绪，最终在一定程度上影响了越战的结局。媒体巨大的影响力让美国政府在反思战争时开始重点关注新闻失控。此后美国的新闻审查制度开始产生深刻变化。从 1984 年西德尔委员会确立原则到 1992 年政府与媒体界达成新的协议，这段时期则是一个特别重要的发展阶段和转折点。不仅形成了后越战时代美国新闻审查的正式制度，还确立了直到现在仍在发挥作用的新闻审查准则。这一时期的变化直接为今天的美国战时新闻审查体系奠基，同时也显示出一些鲜明的发展特征。

国外学界关于战时新闻审查制度的专门研究比较多，如英国学者苏珊·卡萨瑟斯的《西方传媒与战争》①介绍了不同战争的战前媒体的宣传运作，战时的新闻管制，以及战后重现历史的战争电影。菲利普·奈特利的《第一个受害者》②则认为自越南战争之后政府越来越善于管理媒体，并通过对越战后几场战争的考察来说明新闻自由受到了前所未有的挑战。但在涉及 20 世纪 80—90 年代这一具体时段的变化和总结上仍然论述较少。③ 国内学界关于美国战时新闻审查制度的研究多集中于大时间跨度的总体研究和理论研究上。其次则是重大战争新闻制度的单独研究或几场战争的比较研究，比如越南战争、海湾战争、伊拉克战争等。④ 但对越战之后到海湾战争，即 80 年代到 90 年代初的这段关键转折时期，新闻审查制度究竟如何变化，其中一直影响到现在的诸多原则又是如何确立则研究较少。因此本文试图研究这一时期美国战时新闻审查的变化，分析其发展特点，为相关研究提供更多的补充与参考。

---

① 苏珊·卡拉瑟斯著，张毓强等译：《西方传媒与战争》，新华出版社 2002 年版。

② Phillip Knightley, *The First Casualty*, New York：Harcourt Brace Jovanovich, 1975.

③ Derrick Mercer, *The Fog of War：The Media on the Battlefield*, London：Heinemann, 1987. Shannon E. Martin, "US Media Pools and Military Interventions in the 1980s and 1990s", *Journal of Peace Research*, September 2006, Vol. 43, No. 5. Teresa Joseph, "Mediating War and Peace：Mass Media and International Conflict", *India Quarterly*, September 2014, Vol. 70, No. 3.

④ 如李镭、魏超：《越战以来美军战时新闻管制述评》，《军事历史研究》2004 年第 4 期；魏超、李时：《美军战时新闻管制的历史考察》，《军事记者》2005 年第 12 期；王亮：《美国战时新闻检查制度流变》，《军事记者》2004 年第 3 期；程曼丽：《战时新闻管理体制的形成及其影响探析》，《北京大学学报》2014 年第 5 期；常庆：《战争语境下的美国新闻自由剖析》，《青年记者》2012 年第 9 期；张帆、王强：《美国战时新闻控制的双重悖论》，《现代传播》2010 年第 3 期；宋瑾：《从战争报道看美国新闻自由》，四川大学硕士学位论文，2005 年；肖志峰：《冷战后美国战时新闻控制探析》，华中科技大学硕士学位论文，2007 年。

一、《新闻界进入军事行动的原则声明》发布与记者团制度的建立

美国战时新闻检查制度在历经了越南战争时期的宽松之后，在 20 世纪 80 年代开始出现变化。政府和媒体都要求建立一个更加清晰有效的审查制度框架。记者团制度就在这样的趋势下诞生了。

20 世纪 80 到 90 年代参与的主要战争行为有两次——1983 年入侵格林纳达的"紧急狂暴行动(URGENT FURY)"与 1989 年入侵巴拿马的"正义事业行动(JUST CAUSE)"。这两次行动都对美国战时新闻审查制度的变化产生了重大影响。

1983 年 10 月 19 日格林纳达发生政变，10 月 25 日美国与东加勒比 6 个小国组成的联军在代号为"紧急狂暴行动"的夜间突袭中控制了格林纳达首都，10 月 26 日里根总统向美国公众报告说，格林纳达的行动取得了圆满成功。但是在这整场行动的初始阶段美军禁止任何记者进入格林纳达报道战事，攻击开始 4 小时后美军才公开这次行动，3 天后首批 15 名记者才被送至格林纳达。美军在新闻管制上实行空前严厉的封锁，主要出于两个原因：首先，美军制订公共事务计划过于迟钝，没有与制订作战计划同步进行。负责新闻事务的公共事务军官没能有效地协调与参谋军官的关系。在战争开始前几小时，公共事务军官才开始参与作战计划的制订。其次，美军第一次面对卫星报道这种形式，担心不能控制电视媒体经卫星传送图像。这也在一定程度上促使美军禁止记者进入战区。① 这种强行粗暴的新闻管制激起了媒体的强烈反应，它们抨击政府的隐瞒，怀疑背后的腐败与军事失误，并将其渲染成一场损害美国利益的失败战争。② 格林纳达事件后

---

① Judith Raine Baroody, *Media Access and the Military*, University Press of America, pp. 18, 90.

② Drew Middleton, "Barring Reporters from the Battlefield", *The New York Times Magazine*, February 5, 1984, p. 37. Saul Friedman, "White House Let Pentagon Cut Off News of Invasion", *The Philadelphia Inquirer*, October 28, 1983, p. 14. Robert Timberg, "Reagan Press Policy on Grenada Criticized", *Baltimore Sun*, October 29, 1983, p. 3.

的媒体争议使得国防部也开始反思自己的政策。此后，1984 年 1 月美军主力从格林纳达撤军，随后美国媒体和专业机构发表了《新闻界进入军事行动的原则声明》，要求军方在战时为记者提供便利。其中强调了自革命战争以来，新闻记者始终被允许报道正在行军中的美军。这一权利与宪法第一修正案规定的言论自由或出版自由息息相关。① 五角大楼随即发起军事媒体关系小组，由退休的美国陆军少将温纳德·西德尔主持。该委员会首次尝试确定规则来保证媒体能够出现在战场上。

为了实施这一原则，委员会提出了以下建议：当能够获得进入早期行动许可的唯一方式是采用记者团时，应使用记者团直到可以进行全面报道；国防部长应研究是否有可能建立并不断更新相应人员的资格认证名单；管理媒体访问的基本原则应符合军方发布的预定基本规则；公共事务部门应计划提供包括通信和运输在内的充分的后勤支持。②

报告发布后，国防部(Department of Defense，DOD)开始实施一些建议。该部门首先指示总司令部在开始行动计划时就开始规划公共事务。然后，国防部致力于建立一个官方组织的记者团以避免类似格林纳达的情况。1984 年 9 月，国防部助理部长迈克尔·伯奇向 10 家媒体机构宣布，他们是新成立的国防部国家新闻处(国家媒体记者团)的一部分。③ 记者团旨在确保媒体对美军在一个没有记者在场的偏远地区(格林纳达时期就是这样)的军事行动的早期阶段进行报道，同时维持行动安全和部队安全。只要作战安全不受威胁，军方愿意使用官方记者团。同时如果媒体能够确保战场上的媒体存在和拿到第一手报道，新闻界也愿意参与这一计划。国家媒体记者团根据以下原则运作：这是一个非竞争性记者团，参加该团体的新闻机

---

① Shannon E. Martin, "US Media Pools and Military Interventions in the 1980s and 1990s", *Journal of Peace Research*, September, 2006, Vol. 43, No. 5, p. 613.

② "Report to CJCS Military-Media Relations Panel (Sidle Panel)", in Peter Braestrup, Battle Lines, pp. 166-168.

③ "Media-Military Hindsight on Grenada", Broadcasting, February 13, 1984, p. 79.

构同意与其余所有媒体行业共享所有信息和产品；记者必须服从陪同人员的命令，无法脱离擅自团体；他们不能直接使用自己的设备与组织沟通，只能通过军事装备保存录制材料；他们有可能获得请求采访的机会。①

从以上原则和建议我们可以看到，记者团审查制度有许多鲜明特点：比如记者团初期的排他性(有了记者团就不允许独立记者报道)，组织行动的强制性，以及所有新闻稿件都要进行强制审查。当然，虽然限制重重，但原则规定了军事行动必须有媒体进行报道，军队应在事先进行公共事务规划以及应该为记者提供充分的后勤支持。这些原则在十年后仍然是指导美国新闻审查立法的基本规则。

然而，当时这些原则与建议没有通过正式的法律程序，从而未具有法律效力。因此这些原则在初期阶段的实践中仍然问题重重。首先，在有媒体的情况下军事行动的保密性受到挑战：1985 年 4 月，美军在洪都拉斯进行了一次以两栖登陆和模拟打击游击队为特点的环球长途跋涉(UNIVERSAL TREK)演习，然而在记者团启动后的数小时内，演习的消息就被泄露了出来。② 在巴拿马"正义事业行动"期间，《时代》杂志社社长在圣诞聚会上与记者讨论谁将执行记者团任务，因此违反了安全准则。③

其次，确保采访新闻条件等公共事务在军队指挥者心中重要性不高，因此军队并不是总能提供充分的后勤支持。如在环球长途跋涉演习中，军方没有足够的通信设施将记者团的报道及时送回华盛顿，记者们不得不等 2 天把他们的副本归档。在随后的演习中，军方建立了一套程序，使三个 600 字的信息能够在记者团到达后 2 小时内传输。

① "Department of Defense National Pool Ground Rules", DoD National Media Pool Deployers' Information Package, DoD handout for reporters participating in the national media pool in the October-December 1993 rotation.

② William G. Ackerly, "Analysis of the Pentagon's Press Pool Tests", *MA Thesis*, University of Kansas, 1987, pp. 40-41.

③ Fred Hoffman, "Review of the Panama Pool Deployment: December 1990", *Under Fire: U. S. Military Restrictions on the Media from Grenada to the Persian Gulf*, Washington: The Center for Public Integrity, 1991, Appendix C, p. 4.

然而,事实证明这种安排对媒体来说实用性有限。①

最后,由于缺乏明确的法律约束且有些行动具有很高的保密性,记者团也不是每次都来得及发挥作用。1986年4月16日里根总统命令美军对利比亚的黎波里进行突然袭击,以报复在西柏林造成两名美国军人死亡的恐怖袭击。媒体对这次袭击一无所知,也没有在袭击后被护送到现场。②

虽然问题重重,但随着时间的推移,军方与媒体不断磨合。记者团制度也渐渐发挥了不小的作用,显著的突破出现在国家新闻处。国防部国家新闻处最初是在1987—1988年的"挚诚意志(EARNEST WILL)"行动期间首次用于实际操作。该行动旨在登记某些科威特船只(主要是油轮),并由美国海军护送它们离开霍尔木兹-托库瓦特海峡,目的是通过阻止伊朗攻击波斯湾非交战方油轮,阻止苏联进一步参与该地区。国防部长决定启动国家新闻处报道从1987年7月24日开始的第一次护送任务,负责行动的中东司令部司令,海军少将哈罗德·伯恩森勉强同意了这一安排。1987年7月25日,在第一批任务中护航的两艘科威特舰船中的一艘布里奇顿撞上了一个水雷。事件发生后美联社记者理查德·派尔第一时间向五角大楼发送了报道。从那时起,记者团就常常被带上美军舰船。甚至在"螳螂行动(PRAYING MANTIS)"中还在真正交战的美国舰船上建立了记者团,让他们实际参与了危险的战斗。这种做法甚至有了日后伊拉克战争中美军使用媒体"嵌入式"报道政策的雏形。③

但是,记者团制度的使用在1989年12月入侵巴拿马的行动中遭遇了重大挫折。1989年12月20日驻巴拿马美军人数从1.3万增加到2.4万,"正义事业"行动正式开始。这种情况下媒体记者团被激活,但记者团的组织和行动过于缓慢导致其无法目睹实战行动,而独立记

---

① Lieutenant Commander Gregory Hartung, USN, *Now Is Time to Plan for Media Pools*, Individual Study Project, Newport: Naval War College, 1989, p. 10.

② Shannon E. Martin, "US Media Pools and Military Interventions in the 1980s and 1990s", *Journal of Peace Research*, September, 2006, Vol. 43, No. 5, p. 613.

③ Hans S. Pawlisch, "Operation Praying Mantis", Appendix A, in Palmer, On Course to Desert Storm, pp. 141-146.

者则滞留在霍华德空军基地以确保记者团的独家报道特权；进入战场后，记者团收到了美国大使馆人员的一系列通报，但其中没有任何最新的军事信息；在所有主要战斗发生的第一天，南方司令部总是让记者团远离战斗区域；在袭击发生前，南方司令部也未制定任何让记者团与作战部队保持联系的规定；当记者团抵达巴拿马时，军事人员拒绝带记者进入战区。此外，由于媒体中心设备简陋，记者团无法及时向其新闻机构提交充分的材料；因为五角大楼的传真机故障，打印报告传到华盛顿花了整整一天的时间，而摄影材料在最初的袭击发生 4 天后才运抵华盛顿。①

以上种种问题使得美国负责公共事务的助理国防部长皮特·威廉姆斯指定弗雷德·霍夫曼对巴拿马记者团的失败进行审查。霍夫曼把大部分责任归咎于国防部长切尼对保密问题的过度关注，并提出了 17 条建议。霍夫曼首先强调对记者团进行充分规划的重要性，他还建议"负责公共事务的助理国防部长应密切监督与作战相关的公共事务计划的制订，确保其能满足记者团覆盖战场的所有要求。"他还建议公共事务人员以及政策办公室的人员应尽早参与规划过程。他表示他们需要与国防部长和参谋长联席会议主席积极权衡，以反对秘密行动并支持记者团。他还建议对记者团程序进行一些内部更改：对那些最有可能被派往偶发紧急行动采访的单位进行培训；对 12 人的记者团进行二次分组以覆盖更加广泛的行动；提供军事情况简报以及设立适当的通信渠道。②

此次挫折促成了新指南的发布。1990 年 3 月 30 日，参谋长联席会议发布了新的公共事务规划指南，确定了美军中央司令部与负责公共事务的助理国防部长的关系以及司令部在公共事务方面的职责。该指南指示司令部与助理国防部长负责的所有公共事务活动，确保向公众提供最大限度的信息。其也为负责公共事务的助理国防部长和司令

---

① "Operation Just Cause: A Military-Media Fiasco", Military Review, May-June 1995, pp. 77-85.

② Fred Hoffman, "Review of Panama Pool Deployment: December 1989", in Jacqueline Sharkey, Under Fire, p. 17.

部之间的交流设置了渠道。根据该指令，美军司令部被授权发布适当的公共事务指示，为所有公共事务活动提供政策指导，也要负责准备充分的通信和运输支持。涉及美国武装部队的任务或安全而需要所有可用资产的情况除外。同时其也有责任确保所有国防部公共事务政策和计划的实施。① 这一指南部分规定了国防部与军方指挥在媒体公共事务上的责任关系，并明确了军方的职责，相比于之前笼统的原则性规定要更加具体和具有操作性。其对五个月后针对伊拉克入侵科威特而激起的美国"沙漠盾牌"与"沙漠风暴"行动产生了直接影响。

总的来说，入侵格林纳达到海湾战争之间的这段时间是美国政府，媒体与军方在战时审查问题上相互影响与磨合的阶段。媒体根据自己的需要不断提出呼吁和要求，在舆论上显示影响力并给予政府压力。政府则发布新的准则与指南，并根据战场的实践不断做出调整，协调媒体与军方的关系。但政府最先考虑和保证的必然是军事行动的情报安全和战场的实际情况。因此，在缺乏经验和强制性规定的情况下，尽管政府首次明文保证了战场媒体的存在必要性，但记者团制度仍然对媒体的自由报道形成了很大的限制，后勤支持也往往不能到位。尽管这一时期偶有如"挚诚意志"行动时成功的配合，但大部分时候都遭遇了审查上的挫折并加剧了美军与美国新闻媒体关系的紧张。

二、海湾战争后记者团制度的改进与
战场准入新原则确立

经过前一个阶段的相互磨合，记者团制度虽然在一定程度上缓和了军方与媒体的矛盾。但在 90 年代这一制度逐步走向了僵化，组织协调和后勤上的各种问题开始在海湾战争中爆发出来。媒体和军方开

---

① "Annex F, Planning Guidance—Public Affairs", in JCS Pub 5-02. 2, March 30, 1990, in U. S. Congress, Senate, Committee on Governmental Affairs, Pentagon Rules on Media Access to the Persian Gulf War, Washington: Government Printing Office, 1991, p. 246.

始寻求更加灵活能适应各种情况的审查制度。

1990年8月6日，美国开始了"沙漠盾牌"行动并向海湾部署军队。在与沙特政府协商之后，美国将17人组成的全国媒体记者团派往沙特。同时，美军在沙特的达兰和利雅得建立了联合新闻局，处理战时新闻事务。随后，国防部负责公共事务的助理国防部长与美军中央司令部的公共事务军官开始着手制定关于新闻管制的基本规则和指导方针。在这个阶段，沙特没有西方独立记者，记者团让媒体获得了独家的进入战场获得新闻的机会；军方则能够通过审查确保媒体在没有泄露军事机密的情况下积极报道战场行动。但当作战行动继续进行，从防御态势转向进攻态势时，情况开始变化。1991年1月14日，美国国防部向新闻媒体公布了最终确定的基本规则和指导方针。基本规则规定了记者该如何描述美军的作战行动。基本方针则指出只有记者团的成员才能允许去前线报道战事。[1]

这一政策产生了大量问题：首先，在达兰、利雅得的联合新闻局名册上登记的记者中，只有大约10%的人曾登上前线。这意味着大量有丰富战场经验的，更有能力的自由记者因为不在记者团中就被排除在外。此外，这些少数的"当选"记者没能选择他们想报道的内容。军方把他们强制安排在有空位的地方，记者被分配到他们不想采访的单位。"虽然记者团已成功地报道了很多关键事件；如果不是军方在正确的时间将记者送到适当的地点，这些事件将不会被报道。但所有地区存在的严格通行控制都给人留下了军方在隐藏秘密的印象。"[2]

其次，极差的后勤让许多记者传输的材料失去了时效性。在为期4天的地面战争中，军方将记者报道从战场传回达兰后方总部。在理论上，记者团的报道是通过军事运输(基本上是车辆或直升机)从战场发送到达兰然后返回美国。但事实证明，军事运输极不可靠，传输

---

① 李镭：《越战以来美军战时新闻管制述评》，《军事历史研究》2004年第4期，第122页。

② Captain James B. Brown, USA, "Media Access to the Battlefield", *Military Review*, July 1992, p. 16.

故障的例子比比皆是。总的来说，五角大楼的系统十分缓慢。根据国防部提交的第5篇报告，在地面战争期间，只有21%的记者团材料在12小时内抵达达兰，69%的材料在2天左右到达。因此，其中大部分是在地面进攻结束后才到达的，这些材料失去了新闻价值，也从未在正式报道中使用过。①

总体来看，记者团制度的本来目的应当是在保证行动和情报安全的情况下确保记者能够实地报道新闻事件。然而，虽然记者团在"沙漠盾牌"的头几个星期里起了作用，但却在入侵巴拿马的行动与海湾战争的"沙漠风暴"行动中遭遇了挫折。1985年建立的国家新闻处导致国防部在作战行动覆盖范围上过度使用甚至滥用记者团。记者团的排他性导致很多地方本来就有的独立记者失去了作用；巴拿马的行动中许多记者已在当地，但总司令部仍然建立了记者团系统并要求所有记者的报道都只能通过该系统发出。记者团制度反而成为了控制和强制审查的手段；军方可以通过审查随意选择对自己有利的报道角度并限制媒体进入战场的数量。这种滥用记者团的做法加剧了媒体与军方之间的紧张关系。②

记者团制度的麻烦之处在于它需要大量的后勤支持，这些支持包括人员、交通、住宿和通信等方面。实践表明，军队不能轻易满足这些要求。在军队指挥官的优先事项中，公共事务的重要性总是比军事行动低；有时候公共事务的规划也来得太慢。例如在巴拿马，国家记者团宣布启用得太晚，以至于记者们无法从行动中获得足够的后勤支持；当突然发生有新闻价值的事件时，记者团无法带着装备独自迅速到达现场。海湾战争期间的哈夫吉战役提供了一个典型的例子：在这场发生在1月底的战役中，伊拉克试图迫使美军进行地面战斗。在达兰，记者们收到了发生战斗的消息，他们要求组建记者团。但当军方

---

① DoD, Conduct of the Persian Gulf War, Final Report to Congress, Washington: Government Printing Office, April 1992, p. S-4.

② Fred Hoffman, "Review of the Panama Pool Deployment: December 1989", reprinted in Jacqueline Sharkey, *Under Fire*, pp. 7-9.

准备派出一个记者团时，战斗已经基本结束。① 这件事表明了两个问题，首先，官方迅速调动记者对这类突发新闻作出反应的能力很低。其次，在这种情况下，军事公共事务系统在反应能力上无法与媒体竞争。

后勤支持与反应能力的低下归根到底是规划和协调的问题。招待记者团这样的公共事务一般不是高级领导人、主要参谋和规划人员认为的重要项目。同时由于缺乏足够详细的明文规定的法规和条例，军方的处理在很大程度上可以随自己需要来调整。比如在入侵格林纳达之前，政府规划过程中公共事务附件(附件 F)基本上是空白的，只有"待提供"一行。当然，从格林纳达到海湾战争的十年政府也想要解决这些难题，西德尔委员会和霍夫曼报告都建议从一开始就做好公共事务规划的准备。巴拿马行动之后国防部的指令将这一建议确定为一项政策。但对于作战指挥官来说，公共事务仍然是一个低优先级的问题。

沙漠盾牌行动几乎没有事先的公共事务规划。而在沙漠风暴期间，公共事务的低优先级转化为混乱。因为协调不力等问题，负责公共事务的国防部助理部长和负责公共事务活动的军队指挥官在媒体事务上产生了一些分歧。虽然助理国防部长办公室对媒体准入逐渐放宽，但因为国防部公共事务助理部长办公室不是指挥系统的一部分，其一般无法将改进的规则强加给战场指挥官。因此，它不能命令一名指挥官带更多的记者，也不能准许一支部队与新闻界合作。它提供指导，而不是命令。除非国防部长认真对待公共事务并支持他的公共事务助理，否则其几乎没有权威。

海湾战争记者团制度暴露出的问题使得军方和媒体界之间的争论再次激烈起来。1991 年 4 月 15 日，时任美国广播公司华盛顿分社副社长的乔治·沃森组织华盛顿分社负责人开会，讨论海湾战争期间的

① Major Kenneth S. Plato, USMC, "Military-Media Relations: First Impressions of Operation Desert Shield", Individual Study Project, Newport, RI: Naval War College, February 11, 1995, p. 12.

媒体报道方针，15 名局长参与了该小组。① 与此同时，这一大型新闻组织指定了一个由五家媒体代表组成的工作组，包括华盛顿邮报、美联社、ABC 新闻、时代杂志等。该工作组的任务是撰写一份评估报告，说明沙漠风暴期间的报道和媒体程序出现了哪些问题。报告最后总结说："最终，安全审查和使用记者团系统作为审查形式的结合，使海湾战争成为美国现代历史上最隐蔽的重大冲突。在一个自由的社会里，政府根本没有这样压倒性的控制权。"②该媒体集团在报告中附上了一份十项原则的清单，其中的部分要点为：(1)公开和独立报道将是美国军事行动报道的主要手段。(2)记者团将用于确保任何军事行动第一阶段的覆盖，并将在 24 小时或 36 小时后解散。(3)应允许记者接触所有主要单位。(4)军方应向记者团以及独立记者提供交通和通信援助。(5)应放弃安全审查。③

1991 年 9 月 12 日，该小组会见了切尼部长，讨论海湾战争公共事务程序的缺陷。在随后的 8 个月里，媒体工作组定期与负责公共事务的助理国防部长及其员工会面以制定新的政策。1992 年 5 月 21日，五角大楼宣布采用新的战场准入原则：开放和独立的报道将是报道美国军事行动的主要手段；当记者团成为报道军事行动的唯一选择时才会投入使用。记者团的到来不会取消该地区已有记者的独立报道；记者必须获得证书，并且遵守基本安全规则。不遵守规定将导致认证资格丧失；军方将为记者提供所有主要部门的访问权限，但特别行动部门可能会有一些限制；军方将负责为记者团记者提供运输和通信设施，指挥官不会禁止在战场上使用由媒体操作的通信系统，但在某些情况下能够限制其使用。④

---

① Letter to the Honorable Dick Cheney, reprinted in Hedrick Smith, *The Media and the Gulf War*, April 29, 1991, p. 378.

② "Covering the Persian Gulf", unpublished report to Secretary Cheney, June 1991, p. 10.

③ "Covering the Persian Gulf", unpublished report to Secretary Cheney, June 1991, p. 10.

④ Robert Pear, "Military Revises Rules to Assure Reporters Access to Battle Areas", *The New York Times*, May 22, 1992, p. A8.

　　尽管在具体的内容审查标准上仍存在分歧，这一协议在美国军媒关系史上仍具有里程碑的意义，可以说是审查制度发展中重要的转折点。其确立了"公开和独立的报道将是报道美国军事行动的主要方式"（虽然公开和独立的概念并没有被确切界定），同时宣布"记者团不再作为报道美国军事行动的标准样式"，独立记者和记者团可以共存。该原则确立了记者团报道和独立报道的兼容性，只有当独立记者无法进入的时候记者团才会被使用。这样不仅能使得记者可以快速到达有新闻价值的地点，而且节省了庞大的后勤支持资源和资金。

　　此后根据该协议，五角大楼着手制定了国防部关于联合公共事务的指令。它记录了各个部分（公共事务助理国防部长，联合新闻局，指挥官和军事部门）要执行的任务，以在行动期间容纳记者并向公众发布相关信息。该指令强调"报道美国军事行动的主要手段应是公开的，并由具有适当资历的新闻媒体进行独立报道"。针对战争期间和之后关于公共事务官员妨碍报道的批评，该指令强调"将新闻媒体视为军事单位的成员，允许他们在执行任务期间陪同组织"。指令坚持总司令部会授予可能的活动权限，包括战斗中的活动权限。它还试图回答媒体对运输和通信援助的一些担忧：它要求司令部"确保有足够的，立即可用的专业人员，设备，运输和通信资源来满足对信息的需求"。

　　该指令为确保操作安全设置了新的审核流程。根据该协议，它承认"可能需要对新闻媒体产品进行正式的安全审查"，但它还制定了另一个流程，称为"从源头保证安全性"。在此概念下，与新闻媒体会面的人应确保没有透露机密信息。指令草案还解决了在谈判中并未引起关注的问题，即海湾战争中集中暴露出来的规划以及协调问题。指令草案指出，总体上的成功"取决于支持作战指挥官，军事部门，参谋长联席会议主席和公共事务助理国防部长的协调反应"。该指令草案阐明了这一过程中各个组成部分的作用。例如，负责公共事务的助理国防部长现在的任务是"审查，协调，批准和分发公共事务指南，公共事务计划和公共事务附件"。同时，联合新闻局的任务是确保"现有的运营公共事务计划符合已发布的联合公共事务理论和指导"。总司令部也接受了更为详细的任务，因为他们必须"将运营计划包括在内建立响应迅速的公共事务组织和机构，并应向公共事务特派团提供专门的人员，设施，设备和运输以及通信资产"①。

但同时军方也表示，在情况需要时它必须保留进行安全审查的权利，而媒体谈判人员则拒绝妥协，认为新闻材料不应接受事先的军事安全审查。这一争议在上文协议的第七条也有所体现。而当政府和军方放宽记者团的限制，扩大独立记者的战场准入，甚至允许记者访问所有主要部门并使用自己的设备和通信系统后。随之而来的也就是急剧增加的泄密风险，为了应对这一情况，国防部提出了一项影响深远的重要原则：确保源头的安全性。即主动召开记者会，给记者提供已经经过审查的信息或是利用安全守则引导记者的行动，确保记者接触到的军官和士兵不会泄密。与此相反，在过去的十年中，公共事务官员在军事作战行动中对记者团已经写出来的材料进行仔细审查，确保报告不违反行动安全基本规则。流程如下：记者撰写报告，拍摄视频和照片，然后将其移交战场审核，并在官方人员的陪同下进行审查。然后，押送人员将报告发送到后方总部，以备分发或进一步审查。如果押送人员认为报告包含安全隐患且在后方总部未达成一致，则将材料送回五角大楼进行最终裁决。最后才是媒体自己决定该报道是否应发表。② 媒体组织曾抱怨这一过程过于拖沓。

确保源头安全的原则在后来的行动中得到了比较成功的实践。该计划有规定让记者团记者和独立记者采取不同的行动。记者团记者获得了独特的报道内容，甚至连独立记者都在行动开始的前一天晚上收到了有关计划的简报，双重安排初步发挥了作用；同时，军方没有采用安全审查程序来确保记者不会透露机密的细节，取而代之的是主动给记者提供信息并在行动开始前禁止他们报道。安全审查的敏锐批评者杰奎琳·沙基对其经历持积极态度："高级官员向记者团提供了机

---

① "Pentagon Adopts Combat Coverage Principles", DoD News Release, No. 241-92, May 21, 1992.

② U. S. Congress, Senate, Committee on Governmental Affairs, Pentagon Rules on Media Access to the Persian Gulf War, p. 465.

密信息，其中包括行动指挥官亨利·休·谢尔顿。除了对入侵开始之前的禁止报道外，他们对我们可以报告的内容或方式没有任何限制。"①

总的来说，海湾战争的挫折之后，官方与媒体通过新指南的制定确立了影响深远的诸多原则。比如"公开和独立的报道将是报道美国军事行动的主要方式""记者团不再作为报道美国军事行动的标准样式，独立报道与记者团可以并存""从繁琐的过程性安全审查转向从源头上保证安全""进入战场的记者需要得到资格认证"等。这些原则从后来的科索沃战争、阿富汗战争、伊拉克战争一直影响到现在的美国战时审查政策。这一时期可以说是美国军媒关系的转折点，从此美国军事新闻审查的新时代开始了。

三、美国战时新闻审查制度在转折时期的发展特征

首先，从宏观上来说，美国战时新闻审查的发展呈现出一种矛盾性。1791 年生效的美国宪法第一修正案规定国会不得制定任何法律剥夺言论自由或出版自由。二百年来，"美国对第一修正案思想的信仰犹如宗教那样根深蒂固，不可动摇，以至于美国人民把它颂扬为'美国生活方式'的主要内容"。但现代战争的高技术和易传播性决定了情报和信息也是极为重要的战略资源。② 这使得媒体在战争时期不可能享受完全的言论自由，战场审查势在必行。越战的经验让政府和军方加强了新闻管控，却仍没有进行详细的立法，而是与媒体界进行讨论并颁布指导原则。（西德尔委员会提出的很多建议直到十年后才被国防部明文写入指令。）不能否认，虽然从越战后到海湾战争的这十年间记者团制度实质上加强了新闻审查，但至少从形式上，国防部显得比较尊重"言论自由"。

---

① Jacqueline Sharkey, "The Shallow End of the Pool?", *American Journalism Review*, December 1994, p. 44.

② 赫伯特·阿特修尔著，黄煜、裘志康译：《权力的媒介：新闻媒介在人类事务中的作用》，华夏出版社 1989 年版，第 19 页。

其次，美国审查政策显示出明显的非延续性。审查制度往往没有一以贯之的明确法律，而是在每一次局部战争之后与媒体界讨论，总结教训，再在下一次行动中形成针对性的审查指令。一边是高举言论自由和客观主义的文化传统与民族性格，一边是为确保国家利益而必须进行的新闻审查与管制，这两者的博弈造成了美国新闻审查制度中法律强制性的温和和滞后。在这种情况下，军方如果想要封锁消息的话会更加方便。他们可以随意制定自己的具体细则并强迫记者遵守，连三军的审查程序都可以不一样。这就是为什么在有原则指导的情况下，格林纳达和巴拿马事件中军方也可以实行能称之为"严厉"的封锁政策。

从转折时期的具体发展方向来看，美国战时新闻审查在 20 世纪八九十年代开始从繁琐的程序审查走向源头安全控制，从新闻阻断走向新闻约束。官方开始不再执着于审查每一条媒体发出的材料，而是利用新闻发布会，主动提供任务简报；与记者签订协议，规定记者资格审查标准；对被采访的军官进行培训等方式来确保媒体记者不会知道他们不应该知道的机密信息。除此之外就让记者自由发挥。这一政策转向的效果是明显的，不仅大大节省了军队后勤开支，还给予了记者们"自由"的感觉，使得他们对于军方的不满显著降低。这种做法看似宽松却有很强的诱导性，显然是一种更加高明高效的舆论调控方式。同时，虽然缺乏强制性的法律，但这十年间国防部颁布的指导原则和指令变得越来越详细和具有操作性。公共事务计划的制订逐渐和作战计划同步进行，记者团也由排他和独家走向能够与独立记者并列存在。美国的战时新闻审查开始从"硬控制"逐渐转向到"软控制"，从人治化走向法制化。

但另一方面我们也要看到，这一时期美国新闻审查制度的转变仍然是有漏洞的。虽然 1992 年的新协议开始了美国军媒关系的新时代，但该协议中也有局限性。比如没有对"公开和独立的报道"做出量化的规定，解释权仍然掌握在政府和军方手中；也没有对媒体使用自己的通信设备的情况做出详细界定；没有解决媒体报道跨国运营和合作的问题，对于外国记者报道美国行动的原则没有规定，美国军方未做出任何让外国(尤其是非英语国家)记者访问的规定。鉴于以上这些问题,1992 年协议的原则可以在小规模快速地对弱小对象的局部战争行动中得到比较好的执行,但若是更加激烈的战场或是电子战更加重要的行动就很难完全得到执行。后来的科索沃战争和阿富汗战争都显示美军的战时新闻管制没有适应全球传播的发展趋势,也没有适应网络新媒介的发展。以至于新闻审查再次收紧,贸然限制记者报道战争,致使美军的形象大大受损。这些情况直到 2003 年伊拉克战争中"嵌入式"报道策略的出现才得到改善。

虽然在媒体与军方的博弈中,军方往往扮演着阻止媒体自由报道的"反派"角色,但我们要清楚地认识到:美国新闻媒体标榜自己独立自主,享有言论和出版自由,但这都是有前提的,那就是不严重危害自身的经济利益和美国的国家利益。媒体的最终目的是获得经济利益,想要获得经济利益就要迎合受众。而广大美国民众显然大多数都希望听到好消息,都希望战争胜利,归根到底都是国家利益的实现,因此媒体的立场大多数情况下都无法超越国家。

在这个层面上,当涉及经济利益时,媒体自身对于战时信息的审查与传递也有危害。相比于"真相",美国新闻媒体更关心轰动的新闻效应,从前文新闻界对军方提出的要求来看,他们的不满和要求主要针对于战场准入和管制以及是否有能保证他们第一时间传回材料的后勤。而新闻是不是真相或者是否只表现了某部分真相并不是核心问题,许多媒体会为了迎合受众自己检查并选择报道内容。在 1991 年海湾倡议期间进行的一项调查中,调查对象被问及他们对 20 世纪 80年代在世界各地发生的以往事件的看法,其中 69% 的人认为入侵格林纳达是正确的,61% 的人认为巴拿马行动是正确的,对伊拉克开战也有 68% 的人认为是对的。① 莫里森和裘伯对海湾战争的调查发现,多数美国人认为反面报道应该在战后公开,并且有 34% 的美国人同意政府为了战争的胜利向媒体发布假消息,21% 美国人可以原谅媒体

① "Question: Now I'll name some major events in our history", Surveys by the Roper Organization(Roper Reports 91-3), latest that of 9-23 February 1991.

为了同样目的造假。另一项调查显示分别有 69% 和 79% 的美国人不希望在电视上看到受伤和死亡的士兵。① 指望美国媒体逆市场需求而坚持反战的立场或如实报道所有不好的消息是不现实的。

总的来说，通过对于这段转折时期历史的探究，我们能够更加清晰地把握美国新闻审查的发展脉络，并对决定其性质的深层历史与现实逻辑略窥一二。美国在新闻审查上的经验与教训也可以为我国相关政策的制定提供参考。

（作者系武汉大学历史学院硕士研究生）

---

① 苏珊·卡拉瑟斯著，张毓强等译：《西方传媒与战争》，新华出版社 2002 年版，第 178~179 页。

后　记

　　《珞珈史苑》始于 2011 年，已走过十一个春秋。在这十一年中，无数优秀的研究成果，从中涌现；一代又一代的青年学者，从这里启航。

　　本卷经专家严格评审，最终在百余篇论文中遴选出三十余篇汇编成集，内容涵盖考古、世界史，以及中国史的各个断代，涉及主题丰富多彩。每篇论文都是作者日常阅读、积累和用心思考及反复修改的成果。也许它们不成熟，更不完美，却散发着青春的气息。现在，这些成果和它们的作者们都已经鼓起勇气，准备接受学界的第一次审视。在此，我们恳请各位专家学者、师长朋友们，在阅读本卷后，能够给予作者们一些宝贵的意见。你们的关注，是他们最大的动力。

　　感谢武汉大学历史学院为我们的工作提供坚实的保障；感谢评审专家们专业中肯的评审意见；感谢武汉大学出版社给予的大力支持；感谢和我一起共事辛勤工作的编委们。

　　期待《珞珈史苑》更加美好的明天！

李兆宇

2021 年 12 月 20 日于珞珈山